"研究生学术论文写作"丛书

国际中文教育研究论文写作

案例与方法

◎主 编 阚怀未 裴雨来 江 南

Paper Writing

上海大学出版社

图书在版编目(CIP)数据

国际中文教育研究论文写作：案例与方法/阚怀未，裴雨来，江南主编.—上海：上海大学出版社，2023.11
（研究生学术论文写作）
ISBN 978-7-5671-4809-3

Ⅰ.①国… Ⅱ.①阚…②裴…③江… Ⅲ.①汉语-对外汉语教学-论文-写作 Ⅳ.①H195

中国国家版本馆 CIP 数据核字（2023）第 201521 号

责任编辑　贺俊逸　陈　强
助理编辑　夏　安
封面设计　缪炎栩
技术编辑　金　鑫　钱宇坤

"研究生学术论文写作"丛书
国际中文教育研究论文写作：案例与方法
阚怀未　裴雨来　江南　主编
上海大学出版社出版发行
（上海市上大路99号　邮政编码200444）
（https://www.shupress.cn　发行热线 021-66135112）
出版人　戴骏豪

*

南京展望文化发展有限公司排版
上海普顺印刷包装有限公司印刷　各地新华书店经销
开本 710mm×1000mm　1/16　印张 21.5　字数 362 千
2023 年 11 月第 1 版　2023 年 11 月第 1 次印刷
ISBN 978-7-5671-4809-3/H·421　定价　58.00 元

版权所有　侵权必究
如发现本书有印装质量问题请与印刷厂质量科联系
联系电话：021-36522998

"研究生学术论文写作"丛书
编委会

主 任 汪小帆

副主任 刘文光　李常品　曾桂娥

委 员（按姓氏笔画为序）
　　　　于瀛洁　王廷云　王远弟　毛建华
　　　　卢志国　田立君　闫坤如　李凤章
　　　　沈　荟　张勇安　张新鹏　姚　萱
　　　　姚　蓉　聂永有　黄晓春　曾　军

本书专家委员会

主　席　陆俭明（北京大学）

委　员　（按姓氏笔画为序）
　　　　古川裕　（日本大阪大学）
　　　　白乐桑　（法国东方语言文化大学）
　　　　李　泉　（中国人民大学）
　　　　吴勇毅　（华东师范大学）
　　　　孟柱亿　（韩国外国语大学）
　　　　柯彼德　（德国美因兹大学）
　　　　姚喜明　（上海大学）
　　　　崔希亮　（北京语言大学）

总 序

教育部办公厅《关于进一步规范和加强研究生培养管理的通知》明确指出，研究生培养单位要加强学术规范和学术道德教育，把论文写作指导课程作为必修课纳入研究生培养环节。上海大学积极响应，安排各个学院组织开设相关课程并纳入研究生培养环节，取得良好效果。

为了进一步提升研究生培养质量，上海大学研究生院和上海大学出版社联合策划了"研究生学术论文写作"丛书，作为研究生学习学术写作的指导用书。本丛书内容涵盖文科、理科、工科、医学、经济、管理等多个学科，邀请各学科教授及学术骨干领衔担任主编，并根据学科特点，采用以下两种编纂模式：一是对已发表的高水平论文进行综合分析，归纳出写作要点；二是在已发表的论文案例基础上，论文原作者解析撰文过程和注意事项。这种"案例+方法"的编纂模式，通过论文作者现身说法的方式，从问题意识、论证方法、创新之处等方面揭示论文的成文之道，为研究生提供可参考、可借鉴的学术写作范例。

上海大学老校长钱伟长生前指出，研究生培养分为两个阶段，一个是课程学习阶段，另一个是论文写作阶段。钱校长非常重视研究生学术论文写作能力的培养，他曾经在研究生开学典礼的讲话中指出："论文很重要。写论文以前，你首先要到第一线找到人家的'肩膀'在哪儿。"本丛书的编纂，践行钱伟长教育思想，探索案例和方法相结合的教学途径，为研究生提供学术研究的"肩膀"，为各学科研究生提供学术论文写作的方法指导，也可为青年教师撰写学术论文提供思路启发。

我们真诚地希望使用本丛书的教师、学生以及广大读者对其中存在的问题提出修改意见或建议，交流互鉴，共彰学术。

"研究生学术论文写作"丛书编委会

2021 年 9 月

目 录

序言：视角、理论、数据与方法 …………………………… 崔希亮 1

由指人的名词自相组合造成的偏正结构 …………………… 陆俭明 1
  方法谈：从"争取老师指导"到研究的展开 ………………… 18
"比"字句内比较项 Y 的替换规律试探 ……………………… 马 真 23
  方法谈：从语言生活中发现有意思的问题 ………………… 41
"了$_2$"与话主显身的主观近距交互式语体 ……… 王洪君 李 榕 乐 耀 46
  方法谈：对语言事实的深入观察和恰当的理论阐释 ………… 66
外界事物的"显著性"与句中名词的"有标性"
  ——"出现、存在、消失"与"有界、无界" ……… [日] 古川裕 68
  方法谈：非汉语母语者尽量多用中文书写论文 ……………… 84
说"开心"与"关心" …………………………………………… 崔希亮 88
  方法谈：社会生活中的语言学 …………………………… 104
论汉语的"自然音步" ………………………………………… 冯胜利 108
  方法谈：韵律语法研究的方法论 ………………………… 120
同形删略和离合词、不完整词形成机制
  ——兼论准定语的形成机制 …………………………… 郭 锐 125
  方法谈：透过表象看实质 ………………………………… 168
主观近距交互式书面叙事语篇中"了"的分布 ……………… 徐晶凝 171

方法谈：从教学中来，到教学中去 ················· 187
以"语素"为基础的汉语词法教学 ·············· ［德］柯彼德 191
　　方法谈：汉语的词法研究仍是有待开拓的领域 ············· 205
汉语会话中的分类行为及相关理论意义和语言教学应用 ······ 陶红印 208
　　方法谈：将语言本体研究和教学应用结合起来 ············· 225
论情感在教师汉语二语教学中的重要作用
　　——基于叙事的探究 ································· 吴勇毅 228
　　方法谈：材料的性质决定了你能运用的方法 ··············· 238
教学经验：汉语教师专业发展务实而重要的取向 ············ 李　泉 241
　　方法谈：基于汉语教学实践的老问题、真问题同样是选题的
　　　　　　核心领域 ·· 258
口语课教学模式分析 ······································ 吴中伟 261
　　方法谈：在"后方法"时代如何研究教学法 ··············· 270
韩国留学生口语中使用介词"在"的调查分析 ······· 丁安琪　沈　兰 273
　　方法谈：如何掌握确定选题的技巧？ ···················· 280
教学分析与教学计算：大数据时代汉语教学研究方法探新 ······· 郑艳群 284
　　方法谈：遇到瓶颈时，除了坚持，不妨借鉴和学习其他学科的
　　　　　　理念、知识和技术 ······························ 295
对外汉语教学本位观的理论蕴涵及其现实问题 ·············· 施春宏 298
　　方法谈：在语言事实和学理逻辑的互动中建构理论体系 ······· 324

后记 ·· 329

序言：视角、理论、数据与方法

作为研究生,在读期间除了思想品德方面的修养之外,重要的有四个方面:第一个是要有知识,第二个是要有学识,第三个是要有见识,第四个是要有胆识。这四"识"对于一个人的成长来说都是必不可少的。知识包括我们的专业知识和百科知识,知识面越宽越好,这是我们职业生涯的基础;学识是我们的学术素养,一个研究生是否具备科学研究的能力,取决于我们的学识水平;见识指的是我们的视野和胸怀,它决定了我们的思考能力、鉴赏能力、判断能力和逻辑推理能力;胆识指的是胆量和勇气,它决定了我们在遇到重大抉择的时候,能否当机立断。人才培养是一项复杂的工程,我们在评价一个学生的时候往往会提到两个方面的指标,一个是学生的知识和学识,一个是学生的能力。

我们的知识来源是多元的:一部分知识来自读书所得,一部分知识来自课堂学习所得,一部分知识来自参加各种学术会议和听讲座所得,还有一部分知识是在独立思考、在分析问题解决问题的实践过程中所得。而我们的能力来自实践。"研究生学术论文写作"丛书是为在读研究生编写的一套辅导教材,其目的不在于增加学生的知识,而在于提高学生的能力。

研究生在修学分的时候,第一步,就要考虑选择一个合适的研究课题。研究选题是论文写作的开端,也是最困难的。首先我们应该有问题意识。问题从哪里来呢?它可能来自我们的日常生活,也可能来自我们所读的论文或者课本,还可能来自课上课下的讨论。有了问题意识还不够,第二步,我们还要有观察问题、分析问题的视角。我们都知道"横看成岭侧成峰,远近高低各不同,不识庐山真面目,只缘身在此山中",同样一个问题,站在不同的立场上,用不同的视角来

看,所看到的东西是不一样的;还有一句话叫作"当局者迷,旁观者清",要跳出问题本身、站在一个更高的视角来看这个问题,这样就可以避免"不识庐山真面目"。那么怎样做才能站在一个更高的视角来看待问题呢?这就需要我们有理论修养。我们的理论修养不是无源之水,无本之木,所有的理论都是在观察语言事实的基础上形成的。中国传统的小学在研究语言问题的时候,往往就事论事,不会生发开去。而现代语言学已经超越了传统小学的做法,会从语言事实中抽象出一些规律性的东西,这就是理论。理论问题涉及对问题的看法和认识,例如索绪尔的语言学理论,认为语言是一套符号系统,而这个符号系统实际上存在于人们的心理空间,基于这样一种认识,他区分了语言和言语这两种不同性质的东西。这种认识奠定了结构主义语言学的基础,他们声称自己的研究是就语言而研究语言和为语言而研究语言。20世纪50年代结构主义语言学已经基本成熟,他们的研究对象是作为人类基本行为的语言,其理论基础是那个时代流行的行为主义,我们从布隆菲尔德的著作里不难看出行为主义的影响。到了乔姆斯基那里,由于受到笛卡尔理性主义的影响,他认为存在着一种具有自足属性的普遍语法。1957年乔姆斯基发表了一部重要著作《句法结构》,这部著作揭开了乔姆斯基革命的序幕。他声称要从语言入手来探索人类的心智活动,在他看来,语言不过是一套先验的算法,他要用形式的方法把这套算法描写出来,因此他的研究又被称作是形式主义的研究。在以后的几十年里,他不断修正自己的理论。有一部分乔姆斯基阵营的学者又开始了新的革命,他们开创了认知语法的理论,这个理论重视语言与心智的关系,指出语言的结构和功能应视为人类一般认知活动的结果和反映,因此这个理论又被称为功能主义的语言学。他们认为语言能力不是自足的,也不是天赋的,语言能力是后天获得的。语言范畴和语言结构的概念基础来自人的大脑与外部世界的互动。认知语法的哲学基础是非客观主义的。究竟哪一家的语言学理论是正确的?我们的看法是有差别,并无是非。每一家理论都有自己的内在逻辑。要提高自身的语言学理论修养,一是要了解语言学发展的历史,二是要了解国内外各种语言学流派,尤其是要了解它们的哲学背景。在这个问题上没有捷径可走,只有多读书、多思考、多比较才能提高鉴别能力,去粗取精,去伪存真。

语言研究有两种取向，一种是从问题出发的研究，一种是从理论出发的研究，这两种取向各有长短。从问题出发的研究容易走向偏执，只见树木不见森林。从理论出发的研究容易走向空洞，因为理论是灰色的，生命之树长青。所以我们提倡语言学的研究既要有问题，又要有理论。问题是我们开展学术研究的前提，我们的目标就是要解决问题；理论是我们开展学术研究的指南针，它可以让我们在纷繁复杂的语言现象面前保持清醒。不同的语言学流派，在解决不同的语言问题的时候，抽象出各种各样的语言学理论。我们以认知语言学为例，比较成熟的理论就有隐喻和转喻的理论、范畴化理论、距离象似动因理论、意象图式理论、语法化理论、原型理论、物性结构理论等，每一种理论都是解决某一类问题的钥匙。

第三步，我们要针对自己所要研究的问题收集资料。这个工作包括两个部分，第一个部分要去看前人的相关研究，已经做到了哪一步，并对前人的相关研究作出综述和评价。第二个部分要看语言事实，要采集数据。现在已经建成了一些大型语料库，这些都可以成为我们的数据来源。语言研究提倡实证研究，而实证研究不可或缺的就是数据。王力先生曾经说过"例不十，法不立"，一条规律要想成立，至少要有十个例子来支持。另外一个说法就是"例不十，法不破"，要想推翻别人的规律，至少要有十个例子来支持。当然这里边的例子不一定恰好就是十个，只是"言其多也"。

确定了选题，明确了分析视角，找到了可用的理论，也采集到了自己所要的数据，下一个步骤就是具体的分析。现代语言学的分析方法有很多种取向。有基于实验室实验数据的研究，有基于田野调查的研究，有基于语料库的研究，有基于对比分析的研究，不管是哪一种研究取向都有一套操作方法。例如我们做外国学生第二语言习得研究有一套第二语言习得研究的方法，我们做方言调查有一套方言调查的方法，我们做认知语法有一套认知语法的研究方法，我们研究课堂教学有一套课堂教学的研究方法，我们做话语分析有一套话语分析的研究方法。研究方法体现为不同的研究范式和研究规范，当然毫无疑问，研究方法是可以创新的。同样一个问题，用不同的方法来研究，可能会得到不同的结果。研究方法是需要通过专门学习才能获得的。

  我们每天都会遇到各种各样的语言学问题，但是如何确定某一个问题是否有研究价值呢？在这个问题上，我认为导师的指导作用非常大。因为导师有研究经验，知道哪个问题有研究价值，而且可操作。有一些问题是有研究价值的，但是以研究生的能力根本无法解决这样的问题，我们也不推荐学生选这样的题目来研究。学术研究总是要在前人的肩膀上更进一步，因此要尽可能穷尽地掌握研究情报，尽可能穷尽地收集到所有的相关研究材料，这样才能在学术上作出自己的贡献。

  《国际中文教育研究论文写作》邀请了本领域一些优秀的学者，结合自己的研究成果，给研究生们讲述论文的选题过程和写作过程，以及在研究的过程中自己的心得和体会，有一些可以说是独得之秘，现在借本书的出版公布于众，让它们能够惠及更多的莘莘学子，这是相当宝贵的经验，也是相当大的功德。同时也衷心期待这一套丛书的出版能够切实提高广大研究生的论文写作能力，让我们在研究生培养方面作出更大的贡献。

崔希亮

由指人的名词自相组合造成的偏正结构*

陆俭明**

摘要：本文从讨论"父亲的父亲的父亲"这一偏正结构的内部层次构造是(A)"父亲的父亲的/父亲"，还是(B)"父亲的/父亲的父亲"谈起，全面考察了现代汉语里由指人的名词自相组合造成的偏正结构的全部情况，总结得出了指人的名词自相组合造成偏正结构的六条规则，并由此确认"父亲的父亲的父亲"的内部层次构造只能是(A)，不能是(B)。

一、问题的提出

"父亲的父亲的父亲"这一偏正结构，该分析为(A)，还是该分析为(B)？

(A)〔(父亲的父亲)的〕〔父亲〕

(B)〔父亲的〕〔父亲的父亲〕

似乎(A)、(B)两种分析都是可行的，因为"父亲的父亲"在意思上跟"祖父"相等，如果我们直接用"祖父"替代上述偏正结构里的"父亲的父亲"，按(A)则是：

〔(父亲的父亲)的〕〔父亲〕⟹〔祖父的〕〔父亲〕

按(B)则是：

---

* 原载《中国语言学报》1985 年第 2 期，第 209—224 页。
** 陆俭明，北京大学教授，博士生导师，曾任国际中国语言学学会会长、世界汉语教学学会会长、中国语言学会副会长、北京大学汉语语言学研究中心主任，现任国家语委咨询委员会委员。

〔父亲的〕〔父亲的父亲〕⇒〔父亲的〕〔祖父〕

"祖父的父亲"和"父亲的祖父"等值,都指曾祖父。

然而,如果我们全面考察一下跟"父亲的父亲的父亲"相同类的偏正结构的全部情况,便会明了(A)和(B)两种分析并不都是合理的。

在"父亲的父亲的父亲"里,除了"的"之外,都是名词,而且都是指人的名词。因此,我们实际需要考察的是由指人的名词自相组合所造成的偏正结构的全部情况。

二、指人的名词的类别

本文所说的指人的名词包括以下四类六组:

I. 姓名,下分两组:
A. 带姓的姓名、称呼,例如:

王 刚	李晓平	周永泉	张伯英
王书记	李厂长	周教授	张军长
王同志	李师傅	周老师	张伯伯
老 王	小 李	周 老	张 老

B. 名字,包括小名,例如:

| 志刚 | 振华 | 菊英 | 祖棠 | 铁柱 |
| 毛毛 | 玲玲 | 小宝 | 小三 | 嘎子 |

II. 能用来转指人的职务名称,也下分两组:
C. 论职位的职务名称,例如:

| 主席 | 主任 | 书记 | 教授 | 司令员 |
| 部长 | 校长 | 行长 | 厂长 | 军长 |

D. 不论职位的职务名称,例如:

| 打字员 | 勤务员 | 驾驶员 | 司机 | 教员 |
| 通讯员 | 卫生员 | 秘书 | 保姆 | 炊事员 |

III. 表示亲属、师友等关系的称谓,例如:
E.

| 爸爸 | 妈妈 | 父亲 | 母亲 | 岳父 |
| 岳母 | 哥哥 | 姐姐 | 弟弟 | 妹妹 |

爱人	妻子	女婿	儿子	女儿
姑父	舅父	姑姑	大姨	表姐
表弟	舅妈	外孙	祖父	孙女儿
老师	学生	师傅	徒弟	同学
朋友	同事	同乡	战友	邻居

IV. 人称代词,例如:

F. 我　　你　　他(她)　　咱

我们　　你们　　他(她)们　　咱们

"某人"的作用与人称代词相当,可归入 F 组。

本文所说的指人的名词,不包括"人民""群众""人口""青少年""人们"一类的指人的集合名词。

为节省篇幅起见,以下把上述四类六组指人的名词分别简写为:

$$
\begin{aligned}
&\text{I. 名}_{\text{姓}} \begin{cases} \text{名}_{\text{姓a}} \cdots\cdots\cdots\cdots\cdots\text{A} \\ \text{名}_{\text{姓b}} \cdots\cdots\cdots\cdots\cdots\text{B} \end{cases} \\
&\text{II. 名}_{\text{职}} \begin{cases} \text{名}_{\text{职a}} \cdots\cdots\cdots\cdots\cdots\text{C} \\ \text{名}_{\text{职b}} \cdots\cdots\cdots\cdots\cdots\text{D} \end{cases} \\
&\text{III. 名}_{\text{亲}} \cdots\cdots\cdots\cdots\cdots\cdots\cdots\cdots\text{E} \\
&\text{IV. 名}_{\text{代}} \cdots\cdots\cdots\cdots\cdots\cdots\cdots\cdots\text{F}
\end{aligned}
$$

必要时就径直用 A、B、C、D、E、F 分别代表上述各组指人的名词。

三、关于"名$_1$的名$_2$"(以下简写为"名^2")[①]

一个复杂的偏正结构,我们都可以把它看成是一个由简单的偏正结构扩展成的格式。因此,要全面了解由指人的名词自相组合造成的偏正结构,最好从考察"名^2"入手。

六组指人的名词按两两组合,可以构成 $6^2=36$ 种不同的"名^2",可是事实上

[①] 为便于讨论,我们让"名^2"以及下文将讨论到的"名^3""名^4"等都带上了"的"字,事实上"的"字在这些偏正结构里并不是非出现不可的(我们的团长~我们团长)。"的"字在这些偏正结构里的出没还有它自己的规律,这里不能细说。

能成立的格式只有20种。具体的组合情况列如表1。

表 1

名1＼名2	A 名姓a	B 名姓b	C 名职a	D 名职b	E 名亲	F 名代
A 名姓a	*AA① —	AB 王刚的铁柱 周教授的小宝 老张的毛毛	*AC② —	AD 周永泉的秘书 王书记的司机 张军长的警卫员	AE 王刚的父亲 李厂长的儿子 张老的同事	*AF③ —
B 名姓b	*BA —	BB④ 志刚的玲玲 振华的小三 铁柱的嘎子	*BC —	BD 祖棠的打字员 毛毛的保姆 世友的司机	BE 玉兰的爱人 玲玲的姑母 小三的同学	*BF —
C 名职a	*CA —	CB 主任的小英子 司令员的振民 厂长的毛毛	*CC —	CD 主席的警卫员 司令员的勤务员 团长的通讯员	CE 教授的女儿 厂长的小舅子 校长的朋友	*CF —

---

① 打＊号的，表示该格式不成立，下同。
在强调区分同名同姓的两个人时，偶尔也用到 AA 格式，例如："我说的是李司令员的李小平。"这种例外可不予考虑。

② 似乎也有 AC 格式，如：(1) 今天是王刚的主席。(2) 王刚的主席是合法的。其实，例(1)里的"王刚的主席"意思相当于"王刚当主席"，这不是偏正结构，这种结构的性质有待于进一步探讨。例(2)里的"王刚的主席"是偏正结构，但这里的"主席"只表示职务名称，并不转指人。因此，例(1)(2)里的"王刚的主席"都不属于本文讨论的范围。

③ 似乎也有 AF 格式，如：(1) 你不认识吴志民吗？吴志民就是沈惠英的他！(2) 张惠敏她们看电影去了。其实，例(1)"沈惠英的他"虽是偏正结构，但这是一种修辞上的临时用法[中心语只限于"他(她)"]，含有俏皮、戏谑的语气，这里的"他"实际作为"爱人"的代名词。例(2)"张惠敏她们"不是偏正结构，是同位结构（亦说复指结构）。因此，它们也都不属于本文讨论的范围。BF、CF、DF、EF 也有类似的情形，将不再另作说明。

④ BB 格式通常表示父母和子女的关系，"振华的小三"就是"振华的孩子小三"的意思；有时也表示爱人关系，如："昌明的凤仙呢？"既可理解为"昌明的女儿凤仙呢"，也可以理解为"昌明的爱人凤仙呢"。不管表示哪种关系，由于父母跟子女很少同名，爱人俩也很少同名，所以前后为同一个名词的 BB 结构（如"志刚的志刚""玲玲的玲玲"）在实际语言里极少见。

续 表

名₁\名²	A 名姓a	B 名姓b	C 名职a	D 名职b	E 名亲	F 名代
D 名职b	*DA —	DB 打字员的小宝 司机的兰兰 保姆的小岚	*DC —	DD① 秘书的司机 打字员的保姆 司机的教员	DE 驾驶员的妹妹 打字员的老乡 通讯员的孩子	*DF —
E 名亲	*EA —	EB 哥哥的田田 大姨的敏霞 老师的小红	*EC —	ED 爷爷的卫生员 舅舅的通讯员 大伯父的打字员	EE② 师傅的女婿 父亲的徒弟 同学的姐姐	*EF —
F 名代	FA③ 你们的李惠英 我们的王书记 你的老李	FB④ 他们的志刚 我们的小宝 你的毛毛	FC⑤ 你们的司令员 他们的书记 我们的厂长	FD 他的警卫员 你们的炊事员 我们的驾驶员	FE 你的姥姥 他的同学 我们的嫂子	*FF —

很清楚,在"名²"里,名₁位置上六组指人的名词都能出现;名₂位置上,除名代(F)外其余五组指人的名词都能出现,但是当名姓a(A)和名职a(C)两组名词在名₂位置上出现时,名₁必须是名代(F)。从中我们不难概括得出六组指人的名

---

① 在DD格式里,前后也不能是同一个名词(*司机的司机|*打字员的打字员),但也不排斥下面这种说法:(1)他竟成了保姆的保姆了。(2)这样说来,你是秘书的秘书了。这种说法里往往含有不合情理的意思。

② 在EE格式里,前后可以是同一个名词,如:父亲的父亲|外婆的外婆|老师的老师|朋友的朋友。但是,表示夫妻关系的词语不能有这样的用法(*妻子的妻子|*丈夫的丈夫)。

③ 在FA格式里,F一般为复数人称代词,但也可以是第二人称单数人称代词,如:"你的王刚|你的老李|你的张惠英。"这时往往表示爱人关系。

④ 在FB格式里,F为单数人称代词时,或表示父母和子女的关系,或表示爱人关系,如:他的小宝|我的毛毛|你的惠英|他的志华。

⑤ 在FC格式里,F只能是复数人称代词。似乎也可以是单数人称代词,如:(1)今天是你的主席。(2)他的科长是大伙儿选的。但例(1)的"你的主席"和例(2)的"他的科长"都不属于本文讨论的范围,参见第4页注释2。

词两两组合的规则：

规则(一) 六组指人的名词都能在名$_1$位置上出现。

规则(二) 如果名$_1$为名代(F)，那么名$_2$可以是除了名代(F)以外的任何一组指人的名词，即

$$如果名_1为F, 则名_2为 \begin{Bmatrix} A \\ B \\ C \\ D \\ E \end{Bmatrix}。$$

规则(三) 如果名$_1$为除了名代(F)以外的任何一组指人的名词，那么名$_2$只能是名姓b(B)、名职b(D)或名亲(E)这三组名词，即

$$如果名_1为 \begin{Bmatrix} A \\ B \\ C \\ D \\ E \end{Bmatrix}, 则名_2为 \begin{Bmatrix} B \\ D \\ E \end{Bmatrix}。$$

(大括号{ }表示其中的成分是任选的，下同。)

从语义上看，"名^2"都表示领属关系。

四、关于"名$_1$的名$_2$的名$_3$"(以下简写为"名^3")

现在我们考察一下由六组指人的名词三三组合造成偏正结构的情况。

六组指人的名词，如按三三组合，则可以有 $6^3=216$ 种不同的"名^3"，经检验事实上能成立的格式只有 60 种。试以名姓a(A)打头的"名^3"为例，按说可以有 $1 \times 6 \times 6 = 36$ 种不同的格式，事实上能成立的只有 9 种。请看(打有 * 号的表示该式不成立)：

| *AAA | *AAB | *AAC | *AAD | *AAE | *AAF |
| *ABA | ABB | *ABC | ABD | ABE | *ABF |

*ACA	*ACB	*ACC	*ACD	*ACE	*ACF
*ADA	ADB	*ADC	ADD	ADE	*ADF
*AEA	AEB	*AEC	AED	AEE	*AEF
*AFA	*AFB	*AFC	*AFD	*AFE	*AFF

下面每种格式举一个实例：

ABB：魏思民的振华的小三　　ADE：李伯伯的打字员的女儿
ABD：陈惠英的毛毛的保姆　　AEB：老王的弟弟的小红
ABE：张军长的志刚的女朋友　AED：刘司令员的老战友的警卫员
ADB：王书记的司机的兰兰　　AEE：王刚的父亲的徒弟
ADD：周部长的助理的秘书

我们看到，六组指人的名词三三组合的情况和规则跟两两组合有非常一致的地方。

首先，在"名³"里，如同在"名²"里一样，六组指人的名词都能在名₁位置上出现。可见第三节里的规则（一）也能用来解释"名³"里的名₁。

其次，在"名³"里，也如同在"名²"里一样，如果名₁为名代（F），那么名₂可以是除了名代（F）以外的任何一组指人的名词；如果名₁为除了名代（F）以外的任何一组指人的名词，那么名₂只能是名姓b（B）、名职b（D）和名亲（E）三组名词。可见，第三节里的规则（二）、（三）也能用来解释"名³"里的名₂。

最后，从语义上看，"名³"也跟"名²"一样，都表示领属关系。当然，由于"名³"里有三项指人的名词，因此在"名³"里包含着两重领属关系：名₁和名₂之间一定有领属关系，名₂和名₃之间一定有领属关系。注意，名₁和名₃之间就不一定有领属关系。下面略举些实例（打 * 号的不含有领属关系）：

ADD：周老的打字员的保姆（周老的打字员｜打字员的保姆｜* 周老的保姆）
BEE：兰兰的同学的妹妹（兰兰的同学｜同学的妹妹｜* 兰兰的妹妹）
CBE：厂长的毛毛的老师（厂长的毛毛｜毛毛的老师｜* 厂长的老师）
DED：警卫员的父亲的司机（警卫员的父亲｜父亲的司机｜* 警卫员的

司机）

EEE：父亲的徒弟的爱人（父亲的徒弟|徒弟的爱人|*父亲的爱人）

FDB：他的秘书的小宝（他的秘书|秘书的小宝|*他的小宝）

与"名^2"相比，"名^3"里多一个名$_3$。我们看到，在名$_3$位置上，只能出现名$_{姓b}$(B)、名$_{职b}$(D)或名$_亲$(E)。这为什么？这情况说明了什么？为此我们有必要在下一小节里进一步考察六组指人的名词四四组合和五五组合造成偏正结构的情况。

五、关于"名^4"和"名^5"①

六组指人的名词，如按四四组合，按说可以造成 $6^4=1\,296$ 种不同的"名^4"格式，经逐一检验，事实上只有 180 种能成立；如按五五组合，按说可以造成 $6^5=7\,776$ 种不同的"名^5"格式，经检验，事实上也只有 540 种能成立。例如，"名^4"我们可以说：

ADEE：王科长（的）秘书（的）弟弟的爱人

FEEB：他（的）老师（的）姐姐的小宝

但不能说：

*DCFB：*打字员的部长的他们的毛毛

*BAFC：*振华的张芝岚的他的书记

"名^5"我们可以说：

ADDEE：赵部长（的）秘书的司机的老乡的儿子

CDEEE：团长（的）警卫员的老师的孩子的同学

---

① "名^4"即"名$_1$的名$_2$的名$_3$的名$_4$"，"名^5"即"名$_1$的名$_2$的名$_3$的名$_4$的名$_5$"。

但不能说:

*FBCCE：*我的玲玲的校长的教授的儿子
*ABADC：*张惠英的志刚的李淑兰的秘书的部长

值得注意的是,六组指人的名词四四组合和五五组合的情况、规则彼此非常一致;不仅如此,它们跟前面讲过的两两组合和三三组合的情况、规则也非常一致。这一点只需将六组指人的名词分别在"名^2""名^3""名^4"和"名^5"里出现的情况列表对照一下就可以看得很清楚:

表　2

	名$_1$	名$_2$	名$_3$	名$_4$	名$_5$
"名^2"	A.B.C.D.E.F	A.B.C.D.E			
"名^3"	A.B.C.D.E.F	A.B.C.D.E	B.D.E		
"名^4"	A.B.C.D.E.F	A.B.C.D.E	B.D.E	B.D.E	
"名^5"	A.B.C.D.E.F	A.B.C.D.E	B.D.E	B.D.E	B.D.E

表2清楚地表明,"名^4""名^5"里名$_1$和名$_2$的情况跟"名^2""名^3"里名$_1$和名$_2$的情况完全一样,这足见第三节里的规则(一)(二)(三)也都能用来解释"名^4""名^5"里的名$_1$和名$_2$。这里更需引起我们注意的是,在"名^3""名^4"或"名^5"里,名$_2$以后的各项位置上,六组指人的名词的出现情况完全相同,都只能是名$_{姓b}$(B)、名$_{职b}$(D)或名$_{亲}$(E)。这绝不是偶然的巧合,这是有规律可循的。对于"名^3""名^4"和"名^5"里名$_2$以后各项位置上指人的名词的出现情况,我们可以仿规则(三)的内容来加以解释,即由于名$_3$的前一项名$_2$只能是除名$_代$(F)以外的指人的名词,因此名$_3$只能是名$_{姓b}$(B)、名$_{职b}$(D)或名$_{亲}$(E);以此类推,由于名$_3$只能是名$_{姓b}$(B)、名$_{职b}$(D)或名$_{亲}$(E),因此名$_3$后一项的名$_4$也只能是名$_{姓b}$(B)、名$_{职b}$(D)或名$_{亲}$(E);同样道理,名$_4$后一项的名$_5$也只能是名$_{姓b}$(B)、名$_{职b}$(D)或名$_{亲}$(E)。

规则(一)(二)(三)原是根据"名^2"的情况概括得出的,按原先的表述,当然只适用于"名^2"。为使这三条规则更具有普遍性,不仅适用于"名^2",也能适用于

"名₃""名₄""名₅",我们需要把这三条规则分别修改为:

规则(一) 在由指人的名词自相组合造成的偏正结构里,首项(即名₁)位置上六组指人的名词都能出现。

规则(二) 在由指人的名词自相组合造成的偏正结构里,如果前一项是名代(F),那么相邻的后一项可以是名代(F)以外的任何一组指人的名词。

规则(三) 在由指人的名词自相组合造成的偏正结构里,如果前一项是除了名代(F)以外的任何一组指人的名词,那么相邻的后一项只能是名姓b(B)、名职b(D)或名亲(E)。

从规则(二)(三)中,我们不难发现指人的名词自相组合造成偏正结构的另一条更为重要的规则,即

规则(四) 在由指人的名词自相组合造成的偏正结构里,不管包含多少项,总是前一项名词限制着相邻的后一项名词的选择。

从语义上看,"名₄"和"名₅"也都表示领属关系,只是因为"名₄"里有四项指人的名词,"名₅"里有五项指人的名词,所以它们分别包含着三重和四重领属关系:名₁和名₂之间,名₂和名₃之间,名₃和名₄之间,以及名₄和名₅之间一定有领属关系。至于名₁和名₃之间、名₁和名₄之间、名₁和名₅之间、名₂和名₄之间、名₂和名₅之间以及名₃和名₅之间,也不一定有领属关系。试就上面所举的例子看:

ADEE:王科长的秘书的弟弟的爱人(王科长的秘书|秘书的弟弟|弟弟的爱人|*王科长的弟弟|*王科长的爱人|*秘书的爱人)

FEED:他的老师的姐姐的小宝(他的老师|老师的姐姐|姐姐的小宝|*他的姐姐|*他的小宝|*老师的小宝)

ADDEE:赵部长的秘书的司机的老乡的儿子(赵部长的秘书|秘书的司机|司机的老乡|老乡的儿子|*赵部长的司机|*赵部长的老乡|*赵部长的儿子|*秘书的老乡|*秘书的儿子|*司机的儿子)

CDEEE:团长的警卫员的老师的孩子的同学(团长的警卫员|警卫员的老师|老师的孩子|孩子的同学|*团长的老师|*团长的孩子|*团长的同学|*警卫员的孩子|*警卫员的同学|*老师的同学)

至此我们又可概括得出一条由指人的名词自相组合造成偏正结构的语义规则,即

规则(五) 由指人的名词自相组合造成的偏正结构都表示领属关系;有 n

项名词就包含 $n-1$ 重领属关系；所包含的领属关系是非传递性的，即在这种组合里，任何相邻的两项名词之间一定有领属关系，不相邻的两项名词之间不一定有领属关系。①

六、关于"名^n"及其能成立的不同格式数目

从理论上来说，六组指人的名词可以以任意数自相组合造成包含任意项名词的偏正结构"名^n"（$n \geqslant 2$）。② 第五节里所述的五条规则将适用于任何"名^n"。③

前面已分别指出，能成立的不同的"名^2"格式有 20 种（第三节），"名^3"有 60 种（第四节），"名^4"有 180 种（第五节），"名^5"有 540 种（第五节）。上述每类偏正结构能成立的格式数目，都是通过对每种格式的具体检验得到的，只是限于篇幅，未能在本文中将上述各类所有能成立的和不能成立的格式全部列出来。这里，我们不难发现，上述能成立的"名^5"格式的数目正好是能成立的"名^4"格式数目的三倍，而"名^4"又正好是"名^3"的三倍，"名^3"又正好是"名^2"的三倍。它们之间如此整齐的比例关系不是偶然的，正是由规则（一）（二）（三）（四）所决定的。

根据规则（一），名$_1$ 可以是 A、B、C、D、E 或 F；根据规则（四）和规则（二）（三），当 F 处于名$_1$ 位置上时，名$_2$ 可以是 A、B、C、D 或 E，这样可造成 $1 \times 5 = 5$ 种能成立的不同的"名^2"格式；当 A、B、C、D 或 E 处于名$_1$ 位置上时，名$_2$ 只能是 B、D 或 E，由此造成 $5 \times 3 = 15$ 种能成立的不同的"名^2"格式。加在一起，能成立的不同的"名^2"格式就是 $1 \times 5 + 5 \times 3 = 20$ 种。

---

① 当"名^n"（$n>1$）里的名$_2$ 以及名$_2$ 以后的各项名词均为名$_亲$（E）时，则有可能不相邻的两项名词之间也有领属关系，例如，"他(的)三哥的哥哥"，也就是"他(的)哥哥"；"我(的)亲戚的亲戚"，也就是"我的远亲"。其中也有规律，这里不能细说。

② 在书面上曾见到"名^5"的实例："谁的小姨子的公公的盟兄弟的寡嫂"（老舍：《正红旗下》，人民文学出版社 1980 年版）；"名^{11}"的实例："俺乃著名京剧艺术大师梅兰芳之得意门生之亲侄之三姑之六嫂之外甥之大舅之同乡之同事之同学之邻居是也！"（讽刺画"自报家门"，《北京晚报》1984 年 9 月 8 日转载自《讽刺与幽默》），这里的"之"相当于"的"。

③ "名^n"也可以概括表示为：

$$X \ Y \ Z^n$$

在上面的表示式里，X 为 $\begin{Bmatrix} F \\ \phi \end{Bmatrix}$（$\phi$ 表示零形式，下同），Y 为 $\begin{Bmatrix} A \\ C \\ E \\ \phi \end{Bmatrix}$；Z 为 $\begin{Bmatrix} B \\ D \\ E \\ \phi \end{Bmatrix}$；Z 右上角的 n 表示 Z 的项数。条件是 X、Y 和 Z 不能都是零形式 ϕ。按上面的表示式，当 X 为 F，Y 为 A，Z 为 ϕ，则便是"名^2"的 FA 格式；当 X 为 ϕ，Y 为 C，$n=2$，Z_1 为 D，Z_2 为 B，则便是"名^3"的 CDB 格式；当 X 为 ϕ，Y 为 ϕ，$n=4$，其中 Z_1 为 B，Z_2 为 E，Z_3 为 E，Z_4 为 E，则便是"名^4"的 BEEE 格式；等等。上述表示式是根据陆丙甫同志的意见设立的。

根据规则（四）和规则（二）（三），名$_3$及其以后的各项位置上，只能出现B、D或E，这就决定了"名^2"以后每增加一项名词，能成立的不同格式数目就递增三倍。造成"名^2""名^3""名^4""名^5"能成立的不同的格式数目之间整齐的比例关系的原因便由此而知。很明显，如果将"名^2""名^3""名^4""名^5"能成立的不同的格式数目依次列出来，正好是一个首项为20、公比为3的等比数列（20，60，180，540……）。这样，根据数学上的等比数列的通项公式，我们就可以求知包含任何项名词的"名^n"能成立的不同的格式数目。①

七、关于"名^n"的内部层次构造

"名^n"里的$n=2$时，即"名^2"，其内部层次构造简单。② 这里我们要讨论的是$n>2$时"名^n"的内部层次构造。

在第三节里我们曾指出，一个复杂的偏正结构都可以把它看成是一个由简单的偏正结构扩展成的格式。讨论"名^n"的内部层次构造时，最好跟由"名^2"到"名^n"的扩展联系起来考虑，这样问题会解决得透些。鉴于由指人的名词自相组合造成偏正结构的规律性极强，为使讨论尽量简洁些，下面我们着重讨论"名^3"的内部层次构造和由"名^2"到"名^3"的扩展，而所得的结论将适用于"名^n"（$n>2$）。

句法结构的扩展，有两种类型：③

一种是替换性扩展(expansion by substitution)，即原结构里的某个组成成分被比它大的合成语法形式所替换，从而形成一个长度超过原结构的新的句法结构。例如：

---

① 等比数列的通项公式是：
$$a_n = a_1 q^{n-1}$$
a_1表示等比数列首项的数目，n为自然数，a_n表示等比数列的通项（即任意项）的数目，q表示等比数列的公比数。为使等比数列的通项公式里n（项数）跟"名^n"里的n在数值上取得一致（现在不一致，"名^n"里的n比等比数列的通项公式里的n大1），我们不妨将"名^2"看作等比数列里的第二项，相应地将等比数列的通项公式改写为：
$$a_n = a_2 q^{n-2}$$
这样，就成为求知"名^n"能成立的不同格式数目的等比数列通项公式。

② "名^2"的内部层次构造是：〔名$_1$的〕〔名$_2$〕，或表示为：名$_1$ 的 名$_2$。
　　　　　　　　　　　　　　　　　　　　　　　　　|＿（　）＿|＿＿|

③ 如果B式是A式的扩展式，那么A式就是B式的模型(model)，B式的长度可以大于，也可以等于A式的长度（参见 R. S. Wells: Immediate Constituents 第四节, Language, 23, 1947）。这儿只就B式长度大于A式长度这一种扩展情况来说的。

我看 ──→ 我（看电影）
　　看小说 ──→ 看（巴金的小说）
　　老师的宿舍 ──→（语文老师）的宿舍

　　一种是组合性扩展（expansion through combination），即原结构作为一个构件跟另一个新的语法形式进行组合，从而形成一个长度超过原结构的新的句法结构。例如：

　　我不怪他 ──→ 这件事情（我不怪他）
　　钾盐含量 ──→ 土壤的（钾盐含量）
　　羊皮领子 ──→（羊皮领子）大衣

　　就偏正结构来说，如果联系扩展情况来看它的内部层次构造，将有以下四种情形：

　　a. YZ→(XY)Z　　如：老师的宿舍 ──→（语文老师）的宿舍
　　b. XZ→X(YZ)　　如：新的桌子 ──→ 新的（木头桌子）
　　c. XY→(XY)Z　　如：羊皮领子 ──→（羊皮领子）大衣
　　d. YZ→X(YZ)　　如：钾盐含量 ──→ 土壤的（钾盐含量）

　　上述四种情形中，(a)(b)属替换性扩展，(c)(d)属组合性扩展。如果不考虑扩展的因素，单就内部层次构造来说，那么(a)和(c)相同，(b)和(d)相同。

　　现在需要讨论清楚的是，由指人的名词自相组合所造成的"名[3]"是属于情形(a)，还是(b)，还是(c)，还是(d)？这个问题弄清楚了，"名[n]"的内部层次构造也就清楚了。在具体讨论这个问题之前，有必要再补充说明这样一个事实，即从理论上来说，20种能成立的不同的"名[2]"格式中的任何一种，都可以进行无限地扩展，根据规则（四）和规则（三），其扩展的形式是（试以 FC 这一格式的扩展为例）：

　　例如（以每次扩展时都是后加 E 为例）：

　　　　"名[2]"FC　　　　　我们（的）团长
　　　　"名[3]"FCE　　　　我们（的）团长的父亲

"名⁴"FCEE　　　　我们(的)团长(的)父亲的老战友

"名⁵"FCEEE　　　　我们(的)团长(的)父亲的老战友的儿子

"名⁶"FCEEEE　　　我们(的)团长(的)父亲的老战友的儿子的老师

"名⁷"FCEEEEE　　我们(的)团长(的)父亲的老战友的儿子的老师的朋友

"名⁸"FCEEEEEE　我们(的)团长(的)父亲的老战友的儿子的老师的朋友的孩子

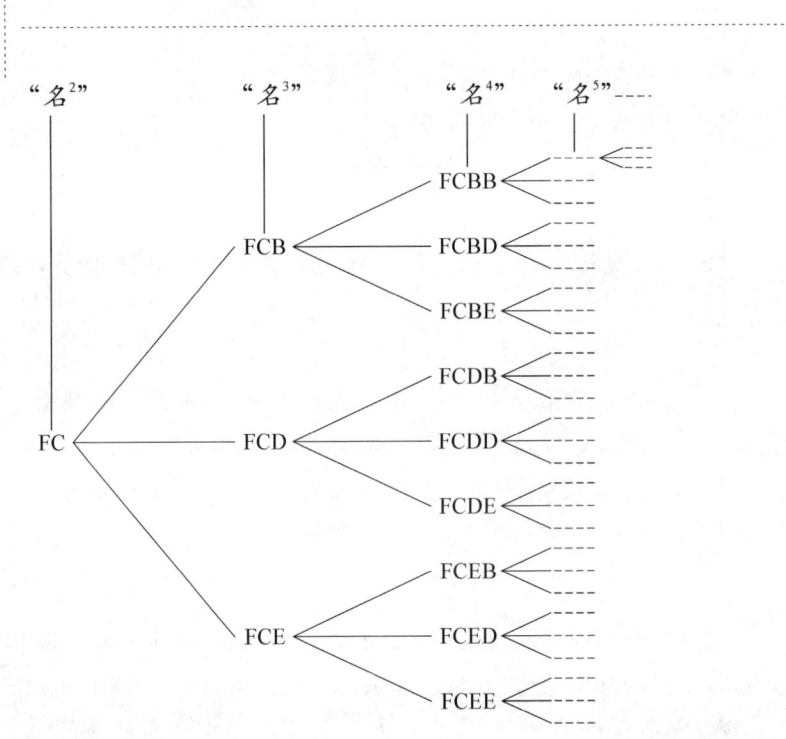

现在讨论上面所提出的问题。

根据规则(五),在"名³"里,名₁和名₃之间不一定有领属关系,这就首先可以肯定"名³"不可能是(b),即"名³"不可能是由"名₁的名₂"通过替换扩展来的。"我的同事的爱人"显然不是由"我的爱人"扩展来的。

也不可能是(d),即"名³"不可能是由"名₂的名₃"通过组合(前加名₁)扩展来的。首先,(d)是前加型组合性扩展,这种扩展从根本上来说是跟规则(四)相抵触的。其次,即使不考虑规则(四),我们也应该看到,"名²"通过前加型组合只能进行有限的扩展。举例来说,凡 F 打头的"名^2"格式就不能再进行扩展;凡 A、C 打头的"名^2"格式,只能扩展一次(前加 F);其他三组名词(即 B、D、E)打头的"名^2"格式,扩展了一次以后能否再进行扩展,还得视第一次扩展时前加哪一组指人的名词而定。因此,如果认为"名^3"属于(d),即认为"名^3"是由"名$_2$的名$_3$"通过前加型组合扩展来的,就无法解释上面已经指出的"名^2"中任何一个能成立的格式都能进行无限扩展的这一事实。

既然排除了"名^3"属于(b)、(d)这两种情形的可能性,这就可以初步肯定"名^3"的内部层次构造是"(XY)Z",即不可能是"X(YZ)"。

为使我们对"名^3"的内部层次构造的分析能适用于所有的"名^n",因此有必要进一步追究到底是属于情形(a)还是(c)。

单就"名^3"看,似乎是(a)(c)两可的,但是就整个"名^n"看,分析为(c)更为合理些。理由如下:

1. 规则(四)告诉我们,在由指人的名词自相组合造成的偏正结构里,总是前一项的名词限制着相邻的后一项的名词的选择。情形(c)正与规则(四)相吻合。

2. 如果分析为(a),也不好说明为什么任何一个能成立的"名^2"格式都可以无限扩展。需知按情形(a)也只能进行有限的扩展。

3. 前面曾不止一次地指出,指人的名词自相组合造成偏正结构有着极强的规律性,正是这种极强的规律性,使"名^2""名^3""名^4""名^5"……各偏正结构里的同项位置上可能出现的指人的名词完全相同(见表2)。这样,我们把"名^3"看作是由"名^2"后加名$_3$,即通过后加型组合扩展成的,这不仅可以较合理地解释为什么任何一个能成立的"名^2"格式都可以进行无限扩展,而且也有利于分析和认识任何一个复杂的"名^n"的内部层次构造。

按以上的认识,我们就可以把"名^n"分析为:

$$\text{"名}^n\text{"} \longrightarrow \text{"名}^{n-1}\text{"} + 名_n$$

假设 $n=8$,那么"名^8"可分析为:

$$\therefore \text{"名}^8\text{"} \longrightarrow \text{"名}^7\text{"} + 名_8$$
$$\text{"名}^7\text{"} \longrightarrow \text{"名}^6\text{"} + 名_7$$
$$\text{"名}^6\text{"} \longrightarrow \text{"名}^5\text{"} + 名_6$$

$$"名^5" \longrightarrow "名^4" + 名_5$$
$$"名^4" \longrightarrow "名^3" + 名_4$$
$$"名^3" \longrightarrow "名^2" + 名_3$$
$$"名^2" \longrightarrow 名_1 + 名_2$$
$$\therefore "名^8" \longrightarrow ((((((名_1+名_2)+名_3)+名_4)+名_5)+名_6)+名_7)+名_8$$

很显然,如果对"名⁸"进行从大到小的层次分析,那将会看到一律是左向的。例如:

我们(的)团长(的)父亲的老战友的儿子的老师的朋友的孩子

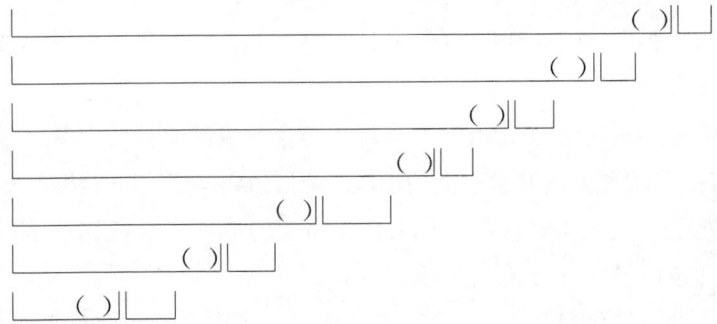

至此,我们又可概括得到一条由指人的名词自相组合造成偏正结构的重要规则,即

规则(六) 由指人的名词自相组合所造成的偏正结构,其内部层次构造,如果对它进行从大到小的分析,那一定都是左向的。

八、对"父亲的父亲的父亲"的分析

在全面了解了由指人的名词自相组合造成偏正结构的情况和规则之后,就可以明白第一节里对"父亲的父亲的父亲"所作的(A)(B)两种分析并不都是合理的。"父亲的父亲的父亲"当然是由指人的名词自相组合造成的偏正结构里EEE格式的一个特例,但是它的特殊性仅仅表现在它所包含的三项名词正好都是"父亲"一词这一点上。前面所概括得到的由指人的名词自相组合造成偏正结构的六条规则是整个这类偏正结构所具有的共性,其中每一条规则对"父亲的父亲的父亲"都起着制约作用,这就是说,"父亲的父亲的父亲"在层次构造上不可能越出上面对"名³"乃至"名ⁿ"所作的分析。因此,"父亲的父亲的父亲"按(A)分析才是合理的。

必须指出,第一节里的分析手续是很成问题的。事实上在对"父亲的父亲的父亲"作层次分析之前先用了个"代入法",即由于"父亲的父亲"与"祖父"意思相同,因而在着手分析那偏正结构之前,先直接用"祖父"替代那结构里的"父亲的父亲",然后再作层次分析。

在句法结构的层次分析中使用这种"代入法"是很要不得的。

我们承认,在语言里有时一个意思可以用一个词来表示,也可以用一个分析性的合成语法形式(这里就是指句法结构)来表示。"祖父"和"父亲的父亲"正是属于这种情形。但是,当我们对一个较复杂的句法结构作层次分析时,决不能看到所分析的句法结构里的某一串词在意思上跟长度比它短的某个词同义,于是就先用那个词去替换那串词(即先用"代入法"),然后再作层次分析。之所以不能那样做,是因为不能保证所替换下来的一串词在所分析的句法结构里一定是一个语法形式。就"父亲的父亲的父亲"来说(为便于说明,将此结构改称为"父亲₁的父亲₂的父亲₃"),按(A),替换下来的"父亲₁的父亲₂"在原结构里是个语法形式;可是按(B)替换下来的"父亲₂的父亲₃"在原结构里便不是个语法形式。因此,在句法结构的层次分析中不能用这种"代入法",更不能以此作为分析复杂句法结构的层次构造的依据或原则。

既然(B)是不合理的,那为什么分析所得的结果在意思上跟(A)等值呢? 需知,这完全是一种偶合。这如同在数学上,一个数,如 7,既可以用一个数字"7"来表示,也可以用"3+4"或"5+2"等等算式来表示。但是,当我们对一个复杂算式进行四则运算时,一定要按先乘除后加减的运算规则来运算,决不能看到所运算的算式里有"3+4"或"5+2",就不管三七二十一先用 7 去替换,然后再进行运算;如果这样做就不会得到正确的答案。例如"5×3+4"这一算式,按规则运算正确答案是 $5×3+4=15+4=19$;如果用"代入法",得到的答案将是 $5×3+4=5×7=35$,这就错了。有时,用"代入法"似乎也可以得到一个正确的答案,例如:

(a) $1×3+4=1×7=7$
(b) $2+5×1=7×1=7$

但这也仅仅是有条件的偶合。如果(a)里的被乘数和(b)里的乘数不是1,就不

能得到正确的答案。

总之,第一节里的"代入法"从根本上来说,是一个缺乏层次观念的不科学的方法,在句法分析中决不能采用。

九、结 束 语

本文从讨论"父亲的父亲的父亲"这一偏正结构的内部层次构造谈起,全面讨论了由指人的名词自相组合造成偏正结构的情况,总结得出了指人的名词自相组合造成偏正结构的六条规则。这些规则虽然是根据指人的名词自相组合造成偏正结构的情况得出的,但是这对于研究由其他词语造成的名词性偏正结构的内在规律,或许也会有些借鉴作用。譬如说,我们能否从规则(五)(六)推导出这样一条更带有普遍性的规则,即

规则 一个包含多项名词的表示领属关系的名词性偏正结构,如果每每相邻的两项名词之间总发生领属关系,那么这个偏正结构的内部层次构造,如果从大到小切分,一定是左向的。

这规则是否站得住?像"鲁镇的酒店的格局"(鲁迅《孔乙己》)是不是也应分析为:

〔(鲁镇的酒店)的〕〔格局〕

不妨用语言事实去检验检验。

方法谈:

从"争取老师指导"到研究的展开

1985年我在《中国语言学报》第2期上发表的《由指人的名词自相组合造成的偏正结构》一文,是在实际生活中发现问题,然后在朱德熙先生的指导下用心研究并完成的。

1982年8月,我应邀到北京语言学院,为来访的越南汉语教师代表团就汉语语法教学问题作报告。报告结束,一位越南老师提了一个问题:《孔乙己》开

头有句话"鲁镇的酒店的格局与别处不同",那"鲁镇的酒店的格局"这个短语在层次上该如何切分?很明显,那短语中的三个名词,层层都是领属关系——"鲁镇"与"酒店"之间是领属关系,"酒店"与"格局"之间又是领属关系。我当时在脑海中就闪现过许多类似的例子,觉得应该是先把最后一个名词切分出来,再一步一步往下分析,即:

```
鲁镇的  酒店的   格局
└──1──┘(  )└─2─┘
└─3(  )─┘└─4─┘
```

从这个实例中我悟出一个想法:如果多个名词形成的"定—中"偏正结构,如果各个相邻的名词之间是层层领属关系,那么这种结构在层次切分上应该都是左向的。正好那年在四川大学举行中国语言学会年会,会议期间有一天,晚饭后我去朱德熙先生房间,向朱先生说了自己的想法,并向朱先生请教。朱先生听了觉得我的想法有道理,可是与朱先生同屋的李荣先生(朱德熙先生在西南联大时的同窗好友)反应疾速,马上说:"未必。"李先生举了一个反例:"父亲的父亲的父亲",并说这个短语左向切分也好,右向切分也好,在语义上是等值的,都是"曾祖父",即:

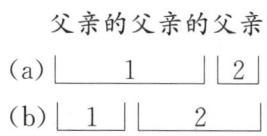

按(a)左向切分,语义上是"祖父的父亲",是"曾祖父";按(b)右向切分,语义上是"父亲的祖父",也是"曾祖父"。二者在语义上等值。当时我一时不知如何对答,朱先生也没有继续表示意见。回北京后,我反复思考,觉得就所能找到的、想到的例子来说都符合自己原先的想法,于是我又去向朱先生请教。朱先生说,我也在考虑你提出的问题,觉得你的想法有一定道理,但李荣先生的反例也得考虑啊。朱先生建议:鉴于李荣先生的例子其名词都是指人的名词,因此把研究范围限定在由指人名词构成的偏正结构上。不要受"先入之见"的影响,重语言事实,力求探求其中的规律。我就遵循朱先生的指导性意见开展了指人的名词自相组合造成的偏正结构的研究。从这里我深深感到"争取老师指导"的重要性。

研究过程：第一步，确定指人的名词的范围，并加以合理分类。分成四类六组——（一）姓名，下分（A）带星的姓名、称呼；（B）名字，包括小名。（二）能用来转指人的职务名称，下分（C）论职位的职务名称；（D）不论职位的职务名称。（三）（E）表示亲属、师友等关系的称谓。（四）（F）人称代词。

第二步，考察分析指人的名词自相组合的实际情况与内在规则。有一个基本思路：按美国结构主义描写语言学的扩展理论，一个复杂的偏正结构，都可以把它看成是由简单的偏正结构（只包含两个名词，即"$名_1$的$名_2$"，简称为"$名^2$"）扩展而成的，因此要全面了解由指人的名词自相组合造成的偏正结构，最好从考察"$名^2$"入手。

从理论上说，六组指人的名词按两两组合可以构成 $6^2=36$ 种不同的偏正结构，可是实际上能成立的只有 20 种。再考察三三组合，按理可以构成 $6^3=216$ 种不同的偏正结构，可是实际上能成立的只有 60 种；四四组合，按理可以构成 $6^4=1\,296$ 种不同的偏正结构，可是实际上能成立的只有 180 种；五五组合，按理可以构成 $6^5=7\,776$ 种不同的偏正结构，可是实际上能成立的只有 540 种。例如五五组合，可说的如：

ADDEE：赵部长（的）秘书的司机的老乡的儿子
CDEEE：团长（的）警卫员的老师的孩子的同学

不成立的如：

FBCCE：*我的玲玲的校长的教授的儿子
ABADC：*张慧英的志刚的李淑兰的秘书的部长

当时都是手工操作，从"$名^2$" 36 种到"$名^3$" 216 种，到"$名^4$" 1 296 种，到"$名^5$"达到 7 776 种，一种格式一种格式地考察、核实哪一种可说，哪一种不成立。考察分析到五五组合，就已经觉得有点头昏脑涨了。但也够了，指人的名词自相组合的内在规则已非常明显——有五条规则：

规则（一）：在由指人的名词自相组合造成的偏正结构里，首项（即"$名_1$"）位置上六组指人的名词都能出现。

规则(二)：在由指人的名词自相组合造成的偏正结构里，如果前一项是"名$_{代}$"(F)，那么相邻的后一项可以是"名$_{代}$"(F)以外的任何一组指人的名词。

规则(三)：在由指人的名词自相组合造成的偏正结构里，如果前一项的除了"名$_{代}$"(F)以外的任何一组指人的名词，那么相邻的后一项只能是"名$_{姓b}$"(B)、"名$_{职b}$"(D)或"名$_{亲}$"(E)。

规则(四)：在由指人的名词自相组合造成的偏正结构里，不管包含多少项，总是前一项名词限制着相邻的后一项名词的选择。

规则(五)：由指人的名词自相组合造成的偏正结构都表示领属关系；有 n 项名词就包含 $n-1$ 重领属关系；所包含的领属关系是非传递性的，即任何相邻的两项名词之间一定有领属关系，不相邻的两项名词之间不一定有领属关系。

不但存在明显的内在规则，而且规则性极强。"名^2"即"名$_1$的名$_2$"能说的20种，到"名^3"即"名$_1$的名$_2$的名$_3$"能说的60种，到"名^4"即"名$_1$的名$_2$的名$_3$的名$_4$"能说的180种，到"名^5"即"名$_1$的名$_2$的名$_3$的名$_4$的名$_5$"能说的540种。很明显，每增加一个名词项，能说的格式逐级以三倍数增长，以至于可以根据数学上的等比数列通项公式"$a_n = a_1 q^{n-1}$"推算出任何名词项即"名^n"自相组合造成的能说的格式的数目，而且决定了由多项指人的名词自相组合的偏正结构在层次切分上一定是左向的。

研究至此，由指人的名词自相组合造成的偏正结构的组合规则和内部层次构造都清楚了。现在的问题是怎么解释李荣先生的反例。上面说了，由指人的名词自相组合造成的偏正结构其规律性极强。"父亲的父亲的父亲"，只是由指人的名词自相组合造成的偏正结构中的一个特例，而其特殊性仅仅表现在它内中的三个名词都是"父亲"，而不是其组合规则有什么特殊性。因此，根据由指人的名词自相组合造成的偏正结构内部所具有的极强的组合规则，我们对"父亲的父亲的父亲"这个结构的切分，得出了这样的结论：按(a)切分是合理的，按(b)切分是不符合这类结构的内部组合规则的。

那么为什么"父亲的父亲的父亲"按(a)切分或按(b)切分在意义上是等值的呢？其实这完全是一种偶然的巧合。正如在数学中，如果在同一个算式里既有加减项，又有乘除项，那么一定得遵守"先乘除，后加减"这一个运算原则。可是我们有时似乎会遇到不遵守这"先乘除，后加减"的运算原则也会获得正确答案的情况。例如：

(1) (a) 1×7+3=7+3=10 　　　　【正确的运算法】
　　(b) 1×7+3=1×10=10 　　　【不正确的运算法】
(2) (a) 7+3×1=7+3=10 　　　　【正确的运算法】
　　(b) 7+3×1=10×1=10 　　　【不正确的运算法】
(3) (a) 7+3÷1=7+3=10 　　　　【正确的运算法】
　　(b) 7+3÷1=10÷1=10 　　　【不正确的运算法】

　　这也是一种巧合。就这里所举的例子看,其巧合条件是,或者算式中"乘"在前"加"在后,当且仅当被乘数为1,如例(1);或者算式中"加"在前"乘"在后,当且仅当乘数为1,如例(2);或者算式中"加"在前"除"在后,并当且仅当除数为1,如例(3)。那么"父亲的父亲的父亲"按(a)(b)两种切分在意义上等值,其条件是什么呢?那就是组成成分都是"父亲"。

"比"字句内比较项 Y 的替换规律试探[*]

马　真[**]

摘要：现代汉语中有这样一种"比"字句：N_1 的 N＋比＋N_2 的 N＋VP（N 表示名词性成分，VP 表示谓词性成分）。例如：(1) 他的马比你的马跑得快。|(2) 他的脾气比你的脾气好。|(3) 他的马比你的马多。|(4) 他的父亲比你的父亲健谈。这种"比"字句中的比较项"N_2 的 N"，有的只能为"N_2 的"替换，如例(1)（他的马比你的跑得快|*他的马比你跑得快）；有的则不能为"N_2 的"替换，只能为 N_2 替换，如例(2)（*他的脾气比你的好|他的脾气比你好）；有的既能为"N_2 的"替换，也能为 N_2 替换，如例(3)（他的马比你的多|他的马比你多）；有的既不能为"N_2 的"替换，也不能为 N_2 替换，如例(4)（*他的父亲比你的健谈|*他的父亲比你健谈）。造成种种不同替换的因素有五个：（一）N_1/N_2 跟 N 的语义联系；（二）N_1、N_2 以及 N 的性质；（三）VP 的情况；（四）社会心理；（五）句子重音。其中因素（三）（四）（五）对替换的影响只是局部的，而因素（一）（二）对替换的影响则是全局的。为便于说清楚，本文以因素（一）N_1/N_2 跟 N 的语义联系为纲，兼顾其他因素来描写说明这类"比"字句内比较项"N_2 的 N"的替换规律。

一、引　　言

1. 汉语普通话里的"比"字句，可以概括表示为：

---

[*] 原载《中国语文》1986 年第 2 期，第 97—105 页。
[**] 马真，北京大学教授，长期从事现代汉语，特别是现代汉语虚词的教学与研究工作。

X 比 Y 怎么样

X 和 Y 分别是"比"字句里的两个比较项。

下面是比较项 X、Y 分别为"N_1 的 N"和"N_2 的 N"偏正结构（N_1、N_2、N 都指名词性词语，下同）的"比"字句：

(1) 张三的公鸡比李四的公鸡更好斗。
(2) 张三的脾气比李四的脾气好。
(3) 张三的衣服比李四的衣服多。
(4) 张三的父亲比李四的父亲能干。

这些"比"字句，从表面看格式相同，都是：

N_1 的 N＋比＋N_2 的 N＋VP（VP 表示谓词性成分，包括形容词性成分、动词性成分、主谓词组等，下同。）

但是，例(1)—(4)实际代表了这类"比"字句中四个不同的小类：

A. "N_2 的 N"可以用"N_2 的"替换，而句子意思保持不变，但不能用 N_2 替换，例(1)便属于此小类。例如：

(1) a. 张三的公鸡比李四的公鸡更好斗。
    b. 张三的公鸡比李四的更好斗。
    c. *张三的公鸡比李四更好斗。

B. "N_2 的 N"不能用"N_2 的"替换，但能用 N_2 替换，而句子意思保持不变，例(2)便属于此小类。例如：

(2) a. 张三的脾气比李四的脾气好。
    b. *张三的脾气比李四的好。
    c. 张三的脾气比李四好。

C. "N_2 的 N"既能用"N_2 的"替换，也能用 N_2 替换，而句子意思保持不变，例(3)便属于此小类。例如：

(3) a. 张三的衣服比李四的衣服多。

b. 张三的衣服比李四的多。

c. 张三的衣服比李四多。

D. "N_2的N"既不能用"N_2的"替换,也不能用N_2替换,例(4)便属于此小类。例如:

(4) a. 张三的父亲比李四的父亲能干。

b. *张三的父亲比李四的能干。

c. *张三的父亲比李四能干。

例(4)c本身是能成立的,但意思与例(4)a原句大不相同了。

  例(1)—(4)是格式相同的"比"字句,为什么作为比较项Y的"N_2的N"被替换的情况各不相同?其中有无规律可循?这正是本文所要探讨和回答的。

  2. 我们先后搜集考察了近一千个例句,并向多位北京人进行咨询,发现造成上述ABCD四种情况的因素有多种。下面我们试以N_1/N_2与N之间的语义联系为纲,对上述"比"字句进行描写说明。

  3. 经考察,N_1/N_2与N之间的语义联系主要有下列八种:

(1) 领属关系,指对事物的领有,即N_1/N_2领有N。例如"小张的铅笔""小王的衣服""我们的狗"等。

(2) 亲属关系(师友和上下级关系等也包括在内)。例如"我的父亲""小张的姑妈""小红的老师""我的朋友""你们的司令员"等。

(3) 隶属关系,即N为N_1/N_2的有机组成部分。例如"他的鼻子""小张的耳朵""狐狸的尾巴""桌子的腿儿"等。

(4) 属性关系,即N为N_1/N_2所具有的属性,包括能力、性质等。例如"小李的脾气""他的本事""飞机的速度""螃蟹的味道""青年的兴趣"等。

(5) 质料关系,即N_1/N_2指明N的质料。例如"木头的桌子""的确良的衣服""尼龙的鱼网""羊皮的大衣"等。

(6) 时地关系,即N_1/N_2指明N所处的时间或处所。例如"昨天的报纸""现在的学生""今天的王刚""北京的马路""新疆的西瓜""这儿的面条儿"等。

(7) 类属关系,即 N_1/N_2 指明 N 的类属特性。例如"红色的蜡烛""四条腿儿的桌子""粉格儿的外套""四万字的小说""四五十岁的干部"等。

(8) 准领属关系。像"他的篮球打得好"里的"他的篮球",从表面看很像是领属关系,实际不是,这里的"他的篮球"意思相当于"他打篮球",因此朱德熙先生称这里的定语为准定语。① 类似的例子有"你的围棋(下得不错)""你的老师(当得好)"等。

下面我们就以 N_1/N_2 与 N 之间的语义联系为纲,并兼顾其他因素,对"比"字句中作为比较项 Y 的"N_2 的 N"被替换的情况进行具体的描写说明。

二、"N_1/N_2 的 N"表示领属关系的"比"字句

1. 上文已经指出,这里所谓的领属关系只指对事物的领有。经考察,如果"N_1/N_2 的 N"表示领属关系,那么"N_1 的 N_2"一般只能为"N_2 的"所替换。例如:

(1) 张华的猫比李军的猫跑得快。

　　张华的猫比李军的跑得快。

　　*张华的猫比李军跑得快。②

(2) 张爷爷的鹦鹉比你的鹦鹉学话学得快。

　　张爷爷的鹦鹉比你的学话学得快。

　　*张爷爷的鹦鹉比你学话学得快。

(3) 我们的狗比你们的狗听话。

　　我们的狗比你们的听话。

　　*我们的狗比你们听话。

(4) 他的资料比你的资料有用。

　　他的资料比你的有用。

　　*他的资料比你有用。

(5) 我的苹果比你的苹果脆。

---

① 参见朱德熙:《语法讲义》,商务印书馆 1982 年版,第 10 章第 6 节。
② 这个话可以说,但与原句的意思完全不同了。

  我的苹果比你的脆。

  *我的苹果比你脆。

(6) 我们的麦子比你们的麦子长得好。

  我们的麦子比你们的长得好。

  *我们的麦子比你们长得好。

2. 在咨询过程中,对例(1)—(3),即 N 为动物的例子,大家意见一致,认为"N_2的 N"确实只能为"N_2的"所替换,该属于 A 类;但是对例(4)—(6)(N 为非动物),存在不同的看法,多数人认为"N_2的 N"还是只能为"N_2的"所替换,但也有人认为还可以为 N_2 所替换,如例(4)—(6)也可以说成:

  他的资料比你有用。

  我的苹果比你脆。

  我们的麦子比你们长得好。

持此意见者还举出下面一个很有意思的例证:

  (7) 我的鸡比你的鸡下蛋多。

  (8) 我的鸡比你的鸡好吃。

例(7)(8)虽然说的都是鸡,但所指不同,例(7)是指活的鸡,属动物,所以只能替换成:

  我的鸡比你的下蛋多。

  *我的鸡比你下蛋多。

而例(8)是指的食物,属无生命的事物,所以可以有两种替换式:

  我的鸡比你的好吃。

  我的鸡比你好吃。

不过,他们也同时承认用 N_2 替换的概率比用"N_2 的"替换的概率要小得多,而且认为这是一种"不追究的理解"。①

3. 上面说"N_2 的 N"如表示领属关系,一般只能为"N_2 的"所替换,这说明有例外,这种例外跟 VP 的性质有关,如果 VP 为"多/少"时,则"N_2 的 N"既可以为"N_2 的"所替换,也可以为 N_2 所替换。上面所举的例(1)—(6)如果 VP 部分换成"多/少"便可以有两种替换式。例如:

(9) 张华的猫比李军的猫多/少。
   张华的猫比李军的多/少。
   张华的猫比李军多/少。
(10) 张爷爷的鹦鹉比你的鹦鹉多/少。
   张爷爷的鹦鹉比你的多/少。
   张爷爷的鹦鹉比你多/少。

余者类推。

下面各例的 VP 不是"多/少",但也可以有两种替换式:

(11) 小王的资料比你的资料全。
   小王的资料比你的全。
   小王的资料比你全。
(12) 我们的房子比你们的房子大多了。
   我们的房子比你们的大多了。
   我们的房子比你们大多了。
(13) 我的衬衣比你的衬衣小。
   我的衬衣比你的小。
   我的衬衣比你小。
(14) 他的棉被比小王的棉被薄。
   他的棉被比小王的薄。
   他的棉被比小王薄。

---

① 中国社会科学院语言研究所孟琮同志(北京人)持此看法。

这些 VP 都是来说明 N 的量的,它们与"多/少"在表量这一点上有共同性,这可能就是它们有两种替换式的原因。

4. 综上所述,"N_1/N_2 的 N"表示领属关系的"比"字句,根据 VP 的不同,可以分属 A、C 两类。

三、"N_1/N_2 的 N"表示亲属关系的"比"字句

1. 这里所说的亲属关系除一般所理解的亲属关系(我的妈妈,大姨的女儿)之外,还包括师生、上下级、朋友、同事等关系。表亲属关系的"N_2 的 N"一般都不能为 N_2 所替换。例如:

(1) 小红的爸爸比小刚的爸爸级别高。
   * 小红的爸爸比小刚级别高。
(2) 你的孩子比我的孩子懂事。
   * 你的孩子比我懂事。
(3) 他的朋友比你的朋友不讲信用。
   * 他的朋友比你不讲信用。

"N_2 的 N"从原则上说也不能为"N_2 的"所替换,当然也不是绝对不能替换。但是,替换与否,与人们的社会心理有关,有时也与人们的感情色彩有关。按中国的传统,对长者是应该敬重的,因此,当 N 为 N_2 的长者时,"N_2 的 N"就不能用"N_2 的"来替换,例如:

(4) 小王的爷爷比小李的爷爷硬朗。
   * 小王的爷爷比小李的硬朗。
(5) 小张的妈妈比小李的妈妈胖。
   * 小张的妈妈比小李的胖。
(6) 王英的哥哥比小军的哥哥上班早。
   * 王英的哥哥比小军的上班早。

如果 N 为 N_2 的上级、老师时,"N_2 的 N"一般也不用"N_2 的"来替换,以示敬重。

例 N_2 如：

(7) 你们的老师比我们的老师严肃。
　　＊你们的老师比我们的严肃。
(8) 你们的军长比我们的军长风趣。
　　＊你们的军长比我们的风趣。
(9) 我们的厂长比你们的厂长有魄力。
　　＊我们的厂长比你们的有魄力。

如若用"N_2的"替换，便含有不够敬重、不够礼貌的意味。
　　如果 N 是 N_2 的晚辈、下级、学生时，"N_2 的 N"可以为"N_2 的"替换。例如：

(10) 我的孩子比你的孩子笨。
　　 我的孩子比你的笨。
(11) 我们的战士比他们的战士能吃苦。
　　 我们的战士比他们的能吃苦。
(12) 王老师的学生比杨老师的学生活跃。
　　 王老师的学生比杨老师的活跃。

如若不用"N_2的"替换，在说话态度上要显得客气一些，尊重一些。
　　下面几个实例很能说明上面所说的人们的社会心理和感情色彩。
　　第一个实例：

(13) 小李的丈夫比小王的丈夫年青。
(14) 小李的妻子比小王的妻子年青。

据调查，例(13)如若用替换式"小李的丈夫比小王的年青"来表示，让人觉得很不顺耳；而例(14)用替换式"小李的妻子比小王的年青"来表示，并不让人感到刺耳。这从某个侧面反映了中国长期来夫妻之间以丈夫为主的社会心理。可是把"丈夫"或"妻子"换成新名词"爱人"，则不管所指是丈夫还是妻子，都可以用替换式(小李的爱人比小王的年青),不让人感到刺耳。[①]

第二个实例:

(15) 他的朋友比你的朋友大方。
(16) 他的朋友比你的朋友小气。
(17) 他的朋友比你的朋友更小气。

据调查,例(15)可以用替换式"他的朋友比你的大方"来表示,因为在说话者眼里"你的朋友"不大方,这种说法往往含有说话人对"你的朋友"不敬重甚至看不起的味道,而例(16)则通常不用替换式"他的朋友比你的小气"来表示,因为在说话者眼里"你的朋友"是比较大方,值得敬重的。例(17)则通常又用替换式"他的朋友比你的更小气"来表示,因为在说话者眼里"你的朋友"也是小气的,不值得敬重。

第三个实例:

(18) 你们的连长比我们的连长年青。

据调查,这个话如果出自上级之口,"N_2 的 N"可以用"N_2 的"替换,说成"你们的连长比我们的年青";如果出自下级之口,则通常不能说成"你们的连长比我们的年青",否则,说话显得没有礼貌,对上级不够敬重。

2. 上面曾指出表示亲属关系的"N_2 的 N"不能为 N_2 所替换,可是也有例外,当 VP 为"多""少"时,就可以为 N_2 所替换,也可以为"N_2 的"所替换。例如:

(19) 我的表叔比你的表叔多/少。
　　 我的表叔比你的多/少。
　　 我的表叔比你多/少。
(20) 我的朋友比你的朋友多/少。
　　 我的朋友比你的多/少。

[①] 调查了好几位北京人,他们都有这种感觉。

我的朋友比你多/少。
(21) 我的孩子比你的孩子多/少。
　　我的孩子比你的多/少。
　　我的孩子比你多/少。

但是，用"N_2的"替换的概率小于用 N_2 替换的概率。

3. 综上所述，"N_2 的 N"表亲属关系的"比"字句，如果 N 为 N_2 的长者，则属于 D 类；如 N 为 N_2 的晚辈、同辈等，通常属于 D 类，但当 VP 为"多""少"时，则属于 C 类。

四、"N_1/N_2 的 N"表示隶属关系的"比"字句

"N_2 的 N"表示隶属关系的"比"字句，无一例外地都属于 C 类，即"N_2 的 N"既可以为"N_2 的"替换，也可以为 N_2 替换。例如：

(1) 他的眼睛比你的眼睛大。
　　他的眼睛比你的大。
　　他的眼睛比你大。
(2) 圆桌的腿儿比方桌的腿儿粗。
　　圆桌的腿儿比方桌的粗。
　　圆桌的腿儿比方桌粗。
(3) 这本书的封面比那本书的封面大方。
　　这本书的封面比那本书的大方。
　　这本书的封面比那本书大方。
(4) 韭菜的叶子比麦苗的叶子厚。
　　韭菜的叶子比麦苗的厚。
　　韭菜的叶子比麦苗厚。
(5) 奶奶的头发比姥姥的头发多/少。
　　奶奶的头发比姥姥的多/少。
　　奶奶的头发比姥姥多/少。

五、"N_1/N_2 的 N"表示属性关系的"比"字句

1. "N_2 的 N"表示属性关系的"比"字句,通常属于 B 类,即通常"N_2 的 N"只能为 N_2 所替换,不能为"N_2 的"所替换。例如:

(1) 老张的精力比老李的精力充沛。
　　*老张的精力比老李的充沛。
　　老张的精力比老李充沛。
(2) 河蟹的味道比海蟹的味道鲜。
　　*河蟹的味道比海蟹的鲜。
　　河蟹的味道比海蟹鲜。
(3) 这幅画的气魄比那幅画的气魄大。
　　*这幅画的气魄比那幅画的大。
　　这幅画的气魄比那幅画大。
(4) 化纤的价格比毛料的价格低。
　　*化纤的价格比毛料的低。
　　化纤的价格比毛料低。

2. 在咨询中,有人认为这类"比"字句的"N_2 的 N"并不完全排斥用"N_2 的"替换。当"N_1 的 N"的重音在 N 上时,确实只能为 N_2 所替换,但是如果重音在 N_1 上,那么"N_2 的 N"也可以为"N_2 的"所替换。试比较:

(5) a 他的'脾气比你的脾气好。
　　　*他的'脾气比你的好。
　　　他的'脾气比你好。
　　b '他的脾气比你的脾气好。
　　　'他的脾气比你的好。
　　　'他的脾气比你好。

同是北京人,对此意见,有肯定的,有否定的。但有一点意见是大家共同的,即都

承认"N_2的 N"为"N_2的"替换的概率是极小的。

六、"N_1/N_2 的 N"表示质料关系的"比"字句

1. "N_2的"表示质料关系的"比"字句,都属于 A 类,即"N_2的 N"只能为"N_2的"所替换,不能为 N_2 所替换。例如:

(1) 木头的桌子比铁的桌子轻。
  木头的桌子比铁的轻。
  *木头的桌子比铁轻。
(2) 不锈钢的窗框比木头的窗框好看。
  不锈钢的窗框比木头的好看。
  *不锈钢的窗框比木头好看。
(3) 绢纱的灯罩比塑料的灯罩美观。
  绢纱的灯罩比塑料的美观。
  *绢纱的灯罩比塑料美观。
(4) 竹的扁担比杉木的扁担便宜。
  竹的扁担比杉木的便宜。
  *竹的扁担比杉木便宜。
(5) 尼龙绸的雨伞比油布的雨伞携带方便。
  尼龙绸的雨伞比油布的携带方便。
  *尼龙绸的雨伞比油布携带方便。

2. 有的似乎也能用 N_2 替换"N_2的 N",例如"尼龙的书包比人造革的书包结实"似乎也能说成"尼龙的书包比人造革结实",这其实是一种似是而非的说法。有的人所以能接受这种说法,是由错觉造成的。当这样说的时候,在说话人的心目中实际上已不知不觉地转移了比较的对象,已不是在比较两种书包的结实程度,而是在比较尼龙和人造革的结实程度了,严格说,这不是一种规范的说法。下面的事实很能说明这一点。例如"尼龙的书包比人造革的书包大""尼龙的书包比人造革的书包装得多",如说成"尼龙的书包比人造革大""尼龙的书包比人造革装得多",大家就会一下子感到这是不能被接受的说法。因为书包有大小或

装得多少之别,尼龙和人造革无大小或装得多少之别。

七、"N_1/N_2 的 N"表示时地关系的"比"字句

1. "N_2 的 N"表示时地关系的"比"字句,一般都属于 C 类,即"N_2 的 N"既能为"N_2 的"所替换,也能为 N_2 所替换。例如:

(1) 今天的报纸比昨天的报纸有意思。
今天的报纸比昨天的有意思。
今天的报纸比昨天有意思。

(2) 今年的蔬菜比去年的蔬菜多。
今年的蔬菜比去年的多。
今年的蔬菜比去年多。

(3) 新疆的西瓜比北京的西瓜甜。
新疆的西瓜比北京的甜。
新疆的西瓜比北京甜。

(4) 这儿的马路比我们那儿的马路宽。
这儿的马路比我们那儿的宽。
这儿的马路比我们那儿宽。

上面说这类"比"字句一般属于 C 类,这说明有例外。

2. 例外之一:当 N_1/N_2 表示时间,N_2 为指人的名词时,有时前后两个 N 是指同一个人。例如:

(5) 现在的英子比小时候的英子长得更俊了。

这时"N_2 的 N"只能为 N_2 所替换,不能为"N_2 的"所替换:

*现在的英子比小时候的长得更俊了。
现在的英子比小时候长得更俊了。

这类"比"字句该属 B 类。有时是指两个人,例如:

(6) 现在的阿姨比上午的阿姨和气。

这时"N_2 的 N"只能为"N_2 的"所替换,不能为 N_2 所替换:

现在的阿姨比上午的和气。
*现在的阿姨比上午和气。

这类"比"字句属 A 类。
有的句子可能会有歧义,例如:

(7) 今年的王玉华比去年的王玉华能干多了。

例(7)可以理解为表示前一种意思,即王玉华是指同一个人,这时"N_2 的 N"只能为 N_2 所替换,不能为"N_2 的"所替换:

*今年的王玉华比去年的能干多了。
今年的王玉华比去年能干多了。

也可能指两个同名同姓的人,这时"N_2 的 N"只能为"N_2 的"所替换,不能为 N_2 所替换:

今年的王玉华比去年的能干多了。
*今年的王玉华比去年能干多了。

当 N_1/N_2 表示处所,N 为指人的名词时,前后两个 N 通常是指两个人,因此"N_2 的 N"只能为"N_2 的"所替换,不能为 N_2 所替换,例如:

(8) 北京的张力比上海的张力学问大。
北京的张力比上海的学问大。
*北京的张力比上海学问大。

3. 例外之二：当 N 为抽象名词时，则"N_2 的 N"只能为 N_2 所替换，不能为"N_2 的"所替换。例如：

(9) 今年的气温比去年的气温高。
　　*今年的气温比去年的高。
　　今年的气温比去年高。

(10) 现在的形势比过去的形势好。
　　*现在的形势比过去的好。
　　现在的形势比过去好。

(11) 那儿的环境比这儿的环境安静。
　　*那儿的环境比这儿的安静。
　　那儿的环境比这儿安静。

4. 综上所述，"N_2 的 N"表示时地关系的"比"字句，一般属于 C 类，但有的属于 A 类，如例(6)(8)，有的属于 B 类，如例(5)、(9)—(11)。

八、"N_1/N_2 的 N"表示类属关系的"比"字句

"N_1/N_2 的 N"表示类属关系的"比"字句，都属于 A 类，即"N_2 的 N"只能为"N_2 的"所替换，不能为 N_2 所替换。例如：

(1) 红色的蜡烛比白色的蜡烛便宜。
　　红色的蜡烛比白色的便宜。
　　*红色的蜡烛比白色便宜。

(2) 百年的树比十年的树粗。
　　百年的树比十年的粗。
　　*百年的树比十年粗。

(3) 录像机的磁带比录音机的磁带贵。
　　录像机的磁带比录音机的贵。
　　*录像机的磁带比录音机贵。

九、"N_1/N_2 的 N"表示准领属关系的"比"字句

"N_1/N_2 的 N"表示准领属关系的"比"字句,都属于 B 类,即"N_2 的 N"只能为 N_2 所替换,不能为"N_2 的"所替换。例如:

(1) 他的围棋比我的围棋下得好。
　　* 他的围棋比我的下得好。
　　他的围棋比我下得好。
(2) 王文娟的林黛玉比吴小萍的林黛玉演得好。
　　* 王文娟的林黛玉比吴小萍的演得好。
　　王文娟的林黛玉比吴小萍演得好。
(3) 小周的小提琴比小李的小提琴拉得好。
　　* 小周的小提琴比小李的拉得好。
　　小周的小提琴比小李拉得好。

十、小　　结

1. 以上所说可列表如次页。
2. 从上可知,作为比较项 Y 的"N_2 的 N"被替换的不同情况是有规律的,造成不同替换情况的因素看来主要有以下五个:

(一) N_1/N_2 与 N 之间的语义联系。这一点从上文可以看得很清楚,这里不再赘述。

(二) N_1、N_2 和 N 的性质。N_1/N_2 跟 N 之间语义联系的不同,从某个角度说,这跟 N_1、N_2 以及 N 本身的性质有关。举例来说,当 N_1/N_2 同为人称代词或指人的名词时,N_1/N_2 与 N 之间可以有四种不同的语义联系——领属关系、亲属关系、隶属关系、属性关系,之所以会有这四种不同的语义联系,这显然跟 N 的性质有关。试比较:

　　N 为非指人名词——领属关系

影响替换的因素			所属的类	"N_2 的 N"被替换的情况	
				N_2 的 N→N_2 的	N_2 的 N→N_2
表领属关系	VP 不表 N 本身的量	N 为动物	A	＋	－
		N 为非动物	A	＋	⊖
	VP 为"多/少"等		C	＋	＋
表亲属关系	VP 不表 N 本身的量	N 为 N_1/N_2 的长者、上级等	D	－	－
		N 为 N_1/N_2 的晚辈、下级、同辈	A	⊕	－
	VP 为"多/少"		C	＋	＋
表隶属关系			C	＋	＋
表属性关系	全句重音在"N_1 的 N"的 N 上（N_1 的 'N＋比＋N_2 的 N＋VP）		B	－	＋
	全句重音在 N_1 上（'N_1 的 N＋比＋N_2 的 N＋VP）		B	⊖	＋
表质料关系			A	＋	－
表时地关系	N 表示非指人的具体事物		C	＋	＋
	N 指人	前后 N 指同一个人（N_1/N_2 只限于表时间）	B	－	＋
		前后 N 指不同的人	A	＋	－
	N 表示抽象事物		B	－	＋
表类属关系			A	＋	－
表准领属关系			B		＋

说明：表中"＋"号表示可以说；"－"号表示不可以说；⊖号表示基本不说，只是少数人认为可说；⊕号表示可以说，但是这种说法含有不礼貌、不敬重的意味。

(小王的铅笔)〔一般属 A 类替换〕

N 为表示人的四肢、五官、六脏等的名词——隶属关系

(小王的鼻子)〔属 C 类替换〕

N 为表亲属称谓等的名词——亲属关系

(小王的妈妈)〔一般属 D 类替换〕

　　N 为抽象名词——属性关系

　　　(小王的脾气)〔属 B 类替换〕

再如,当 N 同为表示非指人的具体事物的名词,由于 N_1/N_2 的不同,就会造成它们之间的不同语义联系。试比较:

　　N_1/N_2 为指人的名词——领属关系

　　　(我的衣服)〔一般属 A 类替换〕

　　N_1/N_2 为表示事物质料的名词——质料关系

　　　(棉布的衣服)〔属 A 类替换〕

　　N_1/N_2 为表时地的名词——时地关系

　　　(去年的衣服,上海的衣服)〔属 C 类替换〕

因此可以这样说,替换情况的不同是取决于 N_1、N_2 以及 N 的性质。

　　这里我们需要进一步指出的是,在 N_1/N_2 跟 N 的语义联系相同、VP 的情况也相同的条件下,由于 N 性质的不同,还会影响替换的不同。例如同是表示时地关系,当 N 表示非指人的具体事物时,替换属于 C 类;当 N 指人时,则替换属 A 类或 B 类;而当 N 表示抽象事物时,替换属 B 类。(详见第七章第 2—3 节)①

　　(三) VP 的情况。这对替换的不同也有一定的影响。N_1/N_2 跟 N 之间表领属关系或亲属关系的"比"字句可以有不同的替换情况,就完全取决于 VP 是否为"多/少"这一点。(详见第二章第 3 节和第三章第 2 节)

　　(四) 社会心理。这也是影响替换的一个因素。例如前面提到,N_1/N_2 跟 N 之间表亲属关系的一类"比"字句,在 VP 不是"多/少"的情况下,如果 N 为 N_1/N_2 的长者、上级,那么"N_2 的 N"既不能为"N_2 的"替换,也不能为 N_2 替换;如果 N 为 N_1/N_2 的晚辈、下级、同辈,那么"N_2 的 N"仍不能为 N_2 替换,但可以为"N_2 的"替换,不过此时含有不够敬重、不够礼貌的意味(详见第三章第 1 节)。这无疑是受社会心理影响的结果。

　　(五) 句子重音。对于 N_1/N_2 跟 N 之间表属性关系的一类"比"字句,如果我

---

① 朱德熙先生在《关于"比"字句》一文中曾指出,"N_2 的 N"如能为 N_2 所替换,则 N 可以指具体事物,也可以指抽象事物;如能为"N_2 的"所替换,那么 N 往往指具体事物。(见《语法研究和探索(一)》,北京大学出版社,1983 年)这实际上就指出了 N 的性质对替换的不同影响。

们承认有的北京人所讲的事实,即如果全句重音在 N_1 上,"N_2 的 N"可以有两种不同的替换(详见第五章第 2 节),那么我们就得承认句子重音的不同对替换也有一定的影响。关于这一点还需作更广泛的调查,才能最后作出结论。

在上述五种因素中,(三)(四)(五)三种因素对替换只有局部的影响,(一)(二)两种因素对替换的影响则是全局性的。而在(一)(二)这两种因素中,我们觉得,以 N_1/N_2 跟 N 之间的语义联系为纲兼顾其他因素来描写说明这类"比"字句内比较项 Y 的替换规律,是最便于说清楚的。

 方法谈:

从语言生活中发现有意思的问题

我在 1986 年的《中国语文》第 2 期上发表了《"比"字句内比较项 Y 的替换规律试探》一文,这是从语言生活中发现问题后经深入研究而写成的文章。

20 世纪 80 年代初,我们中文系领导要我给汉语专业高年级学生开设一门新的专题课,叫"现代汉语虚词研究",又同时让我为外国留学生中文专业本科高年级学生开设"现代汉语虚词"专题课。介词"比"是两门课都必须要讲解的虚词,它所形成的"比"字句"X 比 Y 怎么样",是现代汉语中使用频率较高的一种句式,X 和 Y 都是比较项,"怎么样"部分一般都是形容词性词语。例如:"今天比昨天暖和。"在备课过程中,我发现一个很有意思的现象。那就是当 X 和 Y 都为名词修饰名词即"名词+名词"的偏正词组时,其格式为:

名$_1$的名+比+名$_2$的名+形容词性词语

例如:"我的汽车比你的汽车新。"为了表达得经济,这种"比"字句里"比"的宾语"名$_2$的名",有时可以省去中心语"名",有时连前面的"的"一起都省去,而有时又什么都不能省。具体可以归纳为以下四种情况:

  A 张三的公鸡比李四的公鸡更好斗。
⇒ 张三的公鸡比李四的更好斗。
⇒ *张三的公鸡比李四更好斗。【可以说,但意思变了】

B 张三的脾气比李四的脾气好。
⇒ *张三的脾气比李四的好。
⇒ 张三的脾气比李四好。

C 张三的衣服比李四的衣服多。
⇒ 张三的衣服比李四的多。
⇒ 张三的衣服比李四多。

D 张三的父亲比李四的父亲能干。
⇒ *张三的父亲比李四的能干。
⇒ *张三的父亲比李四能干。【可以说,但意思变了】

都是格式相同的"比"字句,为什么"比"的宾语"名₂的名"会有不同的替换呢?是什么因素造成"名₂的名"的替换呈现不同的情况呢?内中有无规律可循?这一连串的问题,这么有趣的语言现象,引发我去研究,去探索,以解开谜团。

研究的第一步是搜集语料。当时都是手工操作,在大量的书报杂志中寻找例子。翻阅半天也难得找到几个例子,我只能同时自己想各种各样的例子,用现在的话来说就是开启自己与生俱有的"天然语料库"脑袋。当然自己想出来的例句一定要咨询他人,以防止受方言或个人习惯的影响。凡是我自己想出来的例子,曾咨询了八位不同年龄层次的北京人,共搜集了1 000多个例子。有了语料,紧接着的问题是如何找规律。我想,造成这不同替换情况的因素肯定会有多种。现在大家看到我在文章中列了五个因素:第一,定语和中心语之间的语义联系;第二,充任定语和中心语的"名₂"与"名"的性质;第三,形容词性词语的具体情况;第四,社会心理;第五,句子重音。这是研究后总结出来的。而在当时我考虑的是如何选准突破口、切入点。经反复思考,决定首先研究定语和中心语之间的语义联系,即"名₁/名₂"与"名"之间的语义联系,因为我觉得决定性因素应该是意义。研究表明这研究路子是对头的。"定语和中心语之间的语义联系"是最基本的,影响面最广。这种语义联系可以细分为八种情况:(一)领属关系(如:我的马);(二)亲属关系(如:我的父亲);(三)隶属关系(如:我的胳膊);(四)属性关系(如:飞机的速度);(五)质料关系(如:木头的桌子);(六)时地关系(如:北京的马路、今天的报纸);(七)类属关系(如:三条腿的桌子);(八)准领属关系(如:他的钢琴[比我弹得好])。接着我就以"名₁/名₂"与"名"之间的语义联系为纲,逐一考察分析。在分析中,时时会遇到例外情况。这种例外情况引导我去思考除了定语和中心语之间的语义联系这一决定性因素之外的其他因素。这一点,大家在阅读我这篇文章的过程中会明显地感觉到。这里仅举"社会心理"这一因素的发现,因为其中的奥妙之处太有意思了。

当定语和中心语之间的语义联系属于亲属关系的"名$_2$的名",一般属于D类情况。值得注意的是,当"名$_2$的名"里的"名"是长辈、上级时,只能是D类情况,即"名$_2$的名"既不能为"名$_2$的"所替换,也不能为"名$_2$"所替换。例如:

(1) 小红的爸爸比小刚的爸爸健谈。
　　*小红的爸爸比小刚的健谈。
　　*小红的爸爸比小刚健谈。
(2) 小王的爷爷比小李的爷爷硬朗。
　　*小王的爷爷比小李的硬朗。
　　*小王的爷爷比小李硬朗。

"名$_2$的名"不能为"名$_2$"所替换是不言而喻的,因为意思变了。但是"名$_2$的名"能否为"名$_2$的"所替换,有例外。具体说,如果"名$_2$的名"里的中心语"名"是指晚辈、同辈或下级时,就可以属于A类替换,即可以为"名$_2$的"所替换。例如:

(3) 你的女儿比我的女儿能干。
　　你的女儿比我的能干。
(4) 你的学生比他的学生聪明。
　　你的学生比他的聪明。

那是因为,在现代汉语里,用"的"字结构来指称人的时候往往含有不够敬重、不够礼貌的意味。所以在这种"比"字句中,"名$_2$的名"里的中心语"名"如果指长辈,指可敬重的人,"名$_2$的名"不能为"名$_2$的"所替换,如例(1)(2);如果指晚辈,则可以为"名$_2$的"所替换,如例(3)(4)。

有意思的例子是,妻子和丈夫,本属于同辈,但在能否用"名$_2$的"所替换上有区别。例如:

(5) 你的妻子比我的妻子年轻。

　　　　你的妻子比我的年轻。
　　(6) 你的丈夫比我的丈夫年轻。
　　　　*你的丈夫比我的年轻。

这是因为长期以来丈夫在家庭里占主导地位，为一家之主；户口本上的"户主"一栏填的都是丈夫的姓名。这种社会心理，决定了例(5)、例(6)的不同替换情况。下面的例子更有意思：

　　(7) 他的朋友比你的朋友大方。
　⇒　　他的朋友比你的大方。
　⇒　　*他的朋友比你大方。
　　(8) 他的朋友比你的朋友小气。
　⇒　　*他的朋友比你的小气。
　⇒　　*他的朋友比你小气。
　　(9) 他的朋友比你的朋友更小气。
　⇒　　他的朋友比你的更小气。
　⇒　　*他的朋友比你更小气。

例(7)因为是说"他的朋友比你的朋友大方"，言下之意"你的朋友小气"。这在说话者的心目中，暗含着对"你的朋友"有意见，甚至看不起。所以例(7)可以用 A 类替换。而例(8)是说"他的朋友比你的朋友小气"，言下之意"你的朋友"是比较大方的，所以不会去采用 A 类替换，因为前面说过 A 类替换所得的句子是一种不很礼貌的说法。例(9)则又可以用 A 类替换了，因为在说话人心目中不管是"他的朋友"还是"你的朋友"，都是小气的，就又可以采用不礼貌的说法。是不是很有意思？

　　在研究、分析影响不同替换的因素时，既考虑语义，又考虑句法、语音、语用，甚至社会心理。在影响不同替换的这五个因素中，发表的文章认为，第一"定语和中心语之间的语义联系"和第二"充任定语和中心语的'名$_2$'与'名'的性质"这两个因素，对不同替换的影响大，尤其是第一个因素，影响是全局性的；第三"形容词性词语的具体情况"、第四"社会心理"和第五"句子重音"这三个因素，其影响是局部的。文章发表后，我再反复思考、分析，确切地说应该只有第一个因素

"定语和中心语之间的语义联系"是影响不同替换的基本因素。

  文章所得的结论是在丰富的语料、层层细致的分析的基础上获得的。通过这项研究,我深深体会到,在研究中一定要多角度、多层面、多方位地思考、研究、分析。

"了₂"与话主显身的主观近距交互式语体[*]

王洪君[**] 李榕 乐耀

摘要：作者首先对比了新闻报道、现场直播等不同语体的句子,并对话剧对话本、即时独白体北京口语、第一人称/第三人称小说、《人民日报》这四大类五小类不同文体的真实语料进行了较大规模的定量统计和分析。单句对比和较大规模语料的定量统计分析显示,除了学界已经提出的时体义、语气义和成句作用,"了₂"不出现在若干种文体中。其次,作者简要介绍了国外有关语体理论提出的各种参数以及相关的叙事学和戏剧表演理论,指出这些理论并不能直接照搬来限制"了₂"的出现与否。最后,作者对较大规模语料中的"了₂"进行了具体分析,发现使用"了₂"的场景限制是由话主主观选择的"广义对话",并进一步论证了汉语可以用"了₂"及其他语气词作为形式标记,确定出两分的最高层的不同语体：话主显身的主观近距交互式语体(非正式语体)和话主隐身的主观远距单向式语体(正式语体)。

关键词：了₂;语体;话主显身;主观交互;展示与讲述

一、已有研究简介

关于"了₂",学界已经有相当丰富的研究成果。

---

[*] 原载《语言学论丛》2009年第40辑,第312—333页。本文得到教育部人文社会科学重点研究基地重大课题"现代汉语语篇的结构和范畴研究"(2009JJD 740004)的资助。文章初稿、二稿曾由第一作者在2004年8月苏州召开的哈佛燕京学社"文明的对话"国际学术研讨会和2008年5月底在北京召开的IACL-16年会的小组会上报告。第二稿蒙陈前瑞、方梅、徐晶凝、董秀芳指正多处,谨致谢忱。文中仍留有的错误,由笔者负责。

[**] 王洪君,北京大学教授,博士生导师。曾任中国语言学会会长、北京大学汉语语言学研究中心主任,《语言学论丛》主编,国家语委审音委员会主任。

最广为接受的对"了₂"的定义可以以《现代汉语八百词》(吕叔湘,1980)为代表,即:"用在句末,肯定事态出现了变化或即将出现变化,有成句作用。"这一定义十分精练,它指明了"了₂"的出现位置是"句末",时体义是"事态出现了变化或即将出现变化",语气是"肯定",语篇作用是"成句"。《现代汉语词典》补充了"了₂"的出现位置还可以在"句中停顿的地方",表示的意义还可以是"在某种条件下出现的情况"和"认识、想法、主张、行动等有变化"等。Chao(赵元任,1968)、Li & Thompson(1980)也曾细致列举过"了₂"表示的多种意义,详见武果(2007)的介绍。

关于"了₂"时体义的已有研究成果很多,下面只简单介绍几家所用的不同术语。

(1) 实现体。刘勋宁(1985/1988)提出,"了₁"表示的时体义是"实现体"(事态的出现)而不是"完成体"(动作结束后遗留的状态);而"了₂"的来源和语法意义相当于"了₁+也",刘(1990)进一步论证了"了₂"中的时体意义是与"了₁"相同的"实现体"。

(2) 先事时(也有学者称为"过去时")。该说可以张秀(1957)、Shi(石志强,1990)、郑素英(2004)等为代表。郑(2004)详细论证了汉语的"了₂"不是与时间完全没有关系的纯粹的"体",而是"相对时"的一种——"先事时"。这一看法特别强调"了₂"表示的情状与时点有关:说话时或句中指定时点时新事态已经出现。至于"了₂"可以用于表示即将出现的事态,郑认为是由先事时引申而来的情态义。

(3) 已然体(perfect)和"当前相关状态"。Li, Thompson & Thompson(1982)认为,体范畴中的 perfect(徐赳赳,1994,译作"已然体")表示状态跟某个"参照时间"(说话时或特别指定的时间)发生了联系,这一基本功能在不同语言中可能有所差异。"了₂"的基本功能是已然体,特点是具有"当前相关性",即表示一个事态跟某个参照时在当前具有特定的联系。Li 等的这一定义跟语用有很大的关系,后面我们还会提到。陈前瑞(2003)进一步把"了₂"所表达的典型的时体意义概括为表示"外部视点的完成体(perfect,等于徐译的'已然体')",并根据它与典型的完整体(perfective)在语法化程度上的差异将其归入边缘视点体。①

---

① 我们认为,汉语中"了₂"的语法化程度并不弱于"了₁",将"了₁"时体意义归为"核心视点体",将"了₂"时体意义归于"边缘视点体"的看法,未必合适。

(4)"事态—语气"标记。王伟(2006)提出"了$_2$"是"命题"层级上的虚词,表示的是"命题(事态)实现"和十分空灵的"确认语气",并详细论证了"太 A 了"、祈使句末的"了[lou]"都是"了$_2$"在不同语用环境下的运用。他区分"了$_1$"和"了$_2$",认为"了$_1$"的语法意义是"完整体"。

我们认为,尽管以上各家的术语很不相同,但观点却并非不能相容。以下我们认为是最重要的几点,各家其实是一致的:"了$_2$"表示的是新事态(包括主观看法)的出现而非动作的完成;"了$_2$"一定要有一个参照时间,与时范畴相关但又跟以"说话时"定位的绝对时制(absolute tense)有所不同。如果句中没有提出特别的时间参照,则以说话时为参照。

本文不拟对"了$_2$"所表示的时体意义提出新的意见。

关于"了$_2$"在语用方面的作用,我们注意到的研究有:

一般语法书上说的"成句作用"和"表肯定语气"。

"当前相关状态"和话语功能。Li, Thompson & Thompson(1982)认为,"了$_2$"的特点是所表示的事态跟参照时(一般是说话时)的说话人、听话人和言语情景相关,许多句子加或不加"了$_2$"都是"与当前相关"或"不与当前相关"的不同。另外,"了$_2$"不出现在新闻报道、学术论文、说明文等文体中,因为这些文体不能提供"了$_2$"所需的参照时间。

申明语气说。刘勋宁(1990)指出,"了$_2$"表示的语气与融入其中的中古语气词"也"相同,用于陈述句表示"申明新事态、新情况"(不是上古"也"所表达的"判断"语气),而申明的事实可以是肯定性的也可以是否定性的。

焦点说。刘勋宁(1999)指出,随着句子中单个谓语动词扩展为多个谓语动词节,词尾"了$_1$"的位置会不断后移,移到全句表示新信息的焦点动词上。如"系里开了会→系里开会表扬了老王→系里开会表扬老王去了现场→系里开会表扬老王去现场开了会→……",这一现象其实也适用于"了$_2$",在由多小句组成的连动式复句中,"了$_2$"一般只出现在最后一个小句上。

了$_2$的主观性用法。武果(2007)提出,表示"情状变化"和与变化相关的"出现新情况"是"了$_2$"的基本意义,而"太咸了""你一定是张太太了"等用法则是"了$_2$"基本语义不同程度的主观化,表示作者根据一些现象而得出的新的主观性判断、认识等。王伟(2006)对这一问题也进行了充分的论述。

"了$_2$"表示动态语篇中话主调整听说双方大脑共同接收模式的标记,用于标注一系列事件中的高峰事件。这是 M. van den Berg & Wu Guo(武果)2006 年的《汉语语气词"了":汉语语篇构造和语用标记》一书提出的,我们只看到杨素英、黄月圆(2009)的介绍。按笔者的理解,"调整大脑接收模式"就是指"提示出现新情况","系列事件中的高峰事件"就是多谓动词节中表示"焦点"事件的那个。

除了 Li et al.(1982),以上研究集中在"了₂"所表达的具体语用义,本文不拟在这一方面提出新的看法,但打算在 Li et al.(1982)的基础上对"了₂"与语体和说话人主观性的关系进行更深入的分析。

本文关心的重点是"了₂"的使用有更高一层的语体限制,特别是这种语体限制的语用义内涵究竟是什么。本文的论证线索是:第二节简单说明"了₂"已有研究的不足;第三节对"了₂"在不同文体中的出现频率进行定量分析,并初步分析"了₂"在语用上的使用限制;第四节简单介绍启发了本文研究的 Halliday 学派的语体理论、叙事学和戏剧表演理论,并指出这些理论都不能搬过来解决"了₂"的高层语用限制问题;第五节详细分析小说文体中"了₂"的使用场景,总结"了₂"出现的语体限制及汉语中最高层级的两类语体之分;第六节是余论。

二、已有研究的不足

"了₂"的已有研究只能解释语篇中实际出现的"了₂"有什么样时体义和语用义,但却无法说明为什么在符合这些条件的语境下,句末也可以不用"了₂",甚或根本不能用"了₂"。比如(下面例句中空括号表示符合"了₂"使用条件而没有用;带♯号的括号表示符合"了₂"时体条件但用了很别扭;带星号的括号表示符合"了₂"使用条件但却完全不能使用。例句均引自 1996 年 1 月 1—3 日的《人民日报》):

(1) 黎真主党袭击以巡逻队( )……今年以来,已有 28 名以士兵在黎巴嫩南部的"安全区"内被打死( )。
美国国防部 30 日证实,美国派驻波黑的和平协议执行部队的一名士兵当天早些时候在波黑西北部触雷受伤( )。
(2) ……五年来中国的国民经济持续高速发展,综合国力显著增强(♯),人民生活明显改善(♯),社会主义市场经济体制正在逐步建立,对外开放总体格局基本形成(♯),各项社会事业也取得很大成绩。尤其令人高兴的是,中国改革开放的倡导者邓小平70年代末提出的到本世纪末中国国民生产总值比1980年翻两番的目标,已于1995年提前完成( )。

(3) 10天之后,国家公用模拟移动电话网亦将实现除台湾省之外的全国大联网( )。届时,该网将成为世界上联网区域及覆盖范围最大的同类通信网( )。在该网内,近340万模拟移动电话用户将实现跨系统自动漫游( )。

(4) 朝鲜族群众还手携头顶大包小裹,给部队官兵送来可口的打糕、米酒、小菜等朝鲜族食品(＊)。自治州首府延吉市的一些街道组成了"阿妈妮拥军服务队",老妈妈们来到董存瑞生前所在部队的驻地,为官兵洗衣服、拆被褥(＊);有的来到炊事间,帮助官兵腌制朝鲜族小菜(＊)。

对此,通常的解释是:汉语中语法范畴标记大多是非强制性的,如表复数的"们"可用可不用。但这只能解释"可用可不用"的情况,无法解释"不能用"和"用了很别扭"的情况。

刘勋宁的"了"表焦点(前景)说揭示出"了$_2$"在单动句和多动句中有不同的出现规律,但仍无法说明,即使是单动句也有加"了$_2$"和不加"了$_2$"两种可能,加与不加在语用上的区别并不在于焦点。Berg & Wu(2006)的观点也有同样的弱点。比如:

(5) 收到~收到了(笔者接收到手机短信后的两种回复)
(6) 我最爱吃鱼~我最爱吃鱼了(转引自杨、黄,2009)

以上两例的两种说法都是单句,它们的区别不在时体,也显然不在焦点或系列事件中的高峰事件。

肯定语气说也无法解释以上用或不用"了$_2$"的区别。

"当前相关事态"可以很好地解释(4)和(6)。(4)是上下文中没有参照时间,只有若干事件之间的时间关系;(6)"我最爱吃鱼"只是单纯说明"我"的一种爱好,而"我最爱吃鱼了"则跟说话时的场景有特别的关联:"你"正在做鱼招待"我","我""你"正在菜场买菜等等;但对(1)(2)(3)(5)的解释就比较勉强。因为前三例并不缺少参照时,后一例的"收到"和"收到了"与Li et al.(1982)指出的几种"当前状态相关"并没有大的区别。

"主观性"是个很好的观察角度,但已有的研究还说得不够透彻。

在我们看来,已有的研究对于到底在什么样的交际场景下使用"了$_2$",还缺乏对更高层语用限制的深入剖析。

三、"了$_2$"在不同文体中的出现情况

除了时体、语气、成句之外,还有哪些因素制约着"了$_2$"的使用呢?

最初引发笔者关注这一问题的,是听到不少从事对外汉语教学工作的老师说,按照语法书教授学生,在表示"新情况""肯定语气""成句"时要用"了$_2$",结果学生交上来的日记几乎一句一个"了$_2$",需要一一删去。

于是笔者开始跟踪关注究竟什么时候用"了$_2$",以下是一些初步的结果。

报纸上的新闻报道,几乎不用"了$_2$"。原来笔者认为,社论等议论文不用"了$_2$",记叙文则用"了$_2$"。但实际上,记述事件的新闻报道也多数完全不用"了$_2$"。给笔者印象最深刻的是,在一个月的《北京晚报》中,除小说外居然未发现一个"了$_2$",包括报道某小区下水道入口的铁盖被盗这样的日常小事,也全篇不用一个"了$_2$"。附录中的文章是笔者在网上随意检索的,1 600 字对过去事件的报道没有用一个"了$_2$"。

慢慢地找出了一些规律:同为新闻报道,《新闻联播》或通讯社新闻基本不用"了$_2$",而现场直播或报告文学则多用"了$_2$"。尽管现场直播所报道的场景与其说是"过去发生的事件且影响持续至当前",还不如说就是"当前状态"。比如:

(7) ××总统于今日上午 9 时到达北京。下机后他立即走入欢迎人群与群众热烈握手。

(8) ××总统到北京了!他已经走下飞机了。他走到欢迎人群中了,正在与群众热烈握手。

同为议论,社论不用"了$_2$",而带有个人语气的议论文用"了$_2$"。如:

(9) 国际金融危机持续蔓延,世界经济增长明显减速,对我国经济的负面影响日益加深,对农业农村发展的冲击不断显现……保持农民收入较快增长的制约更加突出。(《越是面临困难越要重视农业》,2009 年 2 月 2 日

《人民日报》社论)

(10) 但如果变成夸富竞豪欲望大膨胀,搞得一宴而糜终岁之粮,一裘而费百家之饭,那就很有点没落阶级的味道了。我以为……(米博华《新年三愿话树人》,1996年1月《人民日报》)

(7)是《新闻联播》式报道,(8)是现场直播式报道,(9)是社论,(10)是带有个人语气的评论。我们初步观察的结果是,叙事也好,议论也好,都有用"$了_2$"和不用"$了_2$"两种方式:不用"$了_2$"的是一种权威的单向发布,虽然实际上一定有个消息或议论的创作者存在,发布的消息和议论也实际上是面对受众的,但权威消息和议论的创作者在所做话语中是隐身的,没有与受众互动的主观要求;而用"$了_2$"的话语则话主或明(直播)或暗(报纸)在主观上是显身的,主观上与受众有互动交流的意愿。广播电视界所说的"播新闻"和"说新闻"的差别,就是这样一种性质的差别。广告或公告语言、操作指导也有相应的用"$了_2$"和不用"$了_2$"两种方式:

(11) 我店商品一律大幅降价,欢迎购买。

(12) 我店商品大降价了!快来买吧!

(13) 锅内放入食油一斤,用旺火烧热,把豆腐一片片放入,同时放入大料,豆腐基本炸透后一同捞出沥去油滴。(菜谱的操作指导)

(14) 锅里放上一斤油。用大火烧。油热了,再一片一片放豆腐,一定要等油热了。对了,还要放点大料,跟豆腐同时放。等豆腐差不多炸透了,一起捞出来,放筷篦里沥油。(聊天中的操作指导)

为了验证初步观察的结果,笔者对剧本(全部是对话)、第一人称和第三人称小说、北京口语语料和《人民日报》中"$了_2$"(含"啦")出现的情况进行了定量统计①,统计结果如下:

---

① 统计所用语料为北京大学汉语语言学研究中心网页上《现代汉语语料库》中的《编辑部的故事(对话本)》(王朔著)、"北京口语"、王朔a、《皇城根》(陈建功、赵大年著)和清华大学8亿语料库中的1996年《人民日报》,从前往后截取了152页。为更好地体现"$了_2$"的出现频率,我们统计的字符数均未计空格,因此少于该网页上公布的字符数。统计方法是用检索工具自动检索"了。了,了?了!了……了吧 了吗 了呢 了嘛 啦",并人工排除了作动词用的"了 liǎo"和单纯用作列举式话题标记的"啦"。所检索到的分句末"了"("了,")实例可能会包含一些"$了_1$"。由于对于分句末"$了_1$""$了_2$"的区分标准学界尚有争论,我们未对此作人工区分和排除。由于这样的情况并不多见,且不因文体不同而有显著差异,所以应该不会影响本文的结论。

表　　　1

	话剧对话本	即时独白体	小说	报纸
语料来源	《编辑部的故事》	北京口语*	《空中小姐》等/《皇城根》**	《人民日报》***
字符数	132 880	131 260	584 509	133 775
了$_2$数	1 875	1 448	5 591	91
了$_2$比例	14.1‰	11‰	9.5‰	0.68‰

* 取自北京大学汉语语言学研究中心《现代汉语语料库》中的"北京口语"。
** 《空中小姐》等共6篇是第一人称小说(王朔著《空中小姐》《永失我爱》《一半是火焰一半是海水》《浮出海面》《过把瘾就死》《动物凶猛》),计267 634字符;《皇城根》是第三人称小说(陈建功、赵大年著),计316 875字符。
*** 取自1996年《人民日报》,从1月1日开始向后数截取了133 775字符。

表1的统计表明,单纯对话中"了$_2$"的出现频率最高,报纸上"了$_2$"出现的频率最低,口语性较强的小说居中,但与对话更接近:对话本"了$_2$"的频率是报纸的20余倍,差异十分显著;是小说的1.4倍上下,差异比较显著,而第一人称小说与第三人称小说的差别不是很显著(见表2)。值得注意的是,即时独白体口语中"了$_2$"的出现频率低于由作家创作的、单纯对话的《编辑部的故事》。这说明"了$_2$"的使用并不取决于表达媒介是口头还是书面。

表　　　2

	话剧对话本	第一人称小说	第三人称小说	报纸
语料来源	《编辑部的故事》	《空中小姐》等6篇	《皇城根》	《人民日报》
了$_2$总数	1 875	2 417	3 174	91
了$_2$总比例	14.1‰	9‰	10‰	0.68‰
对话(例‖比例)	全部	1 412‖5.3‰	1 666‖5.3‰	23‖0.17‰
非对话（同上）	0‖0	1 005‖3.7‰	1 508‖4.7‰	68‖0.51‰

续 表

	话剧对话本	第一人称小说	第三人称小说	报纸
故事	全部	全部	全部	61‖0.45‰
个人评说	0	0	0	25‖0.19‰
讲演或座谈	0	0	0	5‖0.04‰
其他	0	0	0	0

对话、小说、报纸只是十分粗略的分类,实际上小说中也有不少篇幅是故事人物的直接对话,而报纸的副刊版和一些贴近群众生活的专版(比如1996年《人民日报》的"经济生活·工交"版)有很多文章是小小说或报告文学。为了更细致地考察"了$_2$"的出现环境,我们对小说和报纸中采集到的"了$_2$"例句又进行了进一步的语体和文体的分类。一是区分"对话/非对话",凡出现在直接引语(有引号做标记)中的归为"对话",其余的归为"非对话";二是对报纸文章再区分"故事(记叙文)/个人评说(议论文)/讲演或座谈记录/其他"四种文体。"其他"是指报纸上最为常见的"新闻/社论/法律条文/学术研究"等文体。

表2的统计表明,在兼收各种文体的《人民日报》中,少量的"了$_2$"主要出现在小小说和个人评论中。比如,全文仅1 567字的《东海捕鲨》出现"了$_2$"15次,单篇出现频率为0.95%,等同于小说中"了$_2$"的出现频率。公开讲演或座谈记录中有极少量的"了$_2$",完全官方的新闻报道、社论等其他文体中则完全不出现"了$_2$"。而在小说中,作者讲述部分的"了$_2$"略少于人物对话的部分,但差别不很明显,并且与作家个人特点有关。比如,陈建功、赵大年的《皇城根》虽然是第三人称小说,但作者却较多地以故事中某个人物的视角描写其所思所想,或以故事中人物及作者的身份发表议论,而王朔小说中这种情况很少。

以上定量分析初步证明了我们原来的观察,"了$_2$"的使用取决于话主要在话语中营造话主显身、主观上可与受话互动的话语时空。这是对特定风格语体的选择,而不是对记叙/说明/议论等不同文体的选择。

剩下的问题是,"对话"肯定是话主与受话共处一个可即时互动的时空,但如何理解那些"非对话"实例中的话主、受话及其相互关系呢?在这方面,已有的一些理论可以给我们以启示。

四、Halliday 派语域理论、叙事学和戏剧表演理论

（一）语域理论

诸功能学派中，Halliday 学派对于语言风格、语体、文体的研究最为系统（下面的介绍主要根据《现代语言学词典》第 4 版和 Eggins，1994）。该学派把这一类区别综合为"根据其使用的社会情景而定义的语言变体"，称为"语域"（register）。进一步地，他们又把语域细分为语场（field）、语式（mode）、语旨（tenor）三种变量。其中，语式、语旨与本文讨论的"了$_2$"的使用有关。

1. 语场

指"话语所涉及的内容"，比如化学、宗教、购物、股市等是不同的语场。语场的区分与是否用"了$_2$"基本没有关系。

2. 语式

指"决定在人际互动中所起不同作用的语言方式"。所谓"所起不同作用"指话语的施为能力。具体说来，语式决定于以下两组交际距离（Eggins，1994：54，基于 Martin，1984：26 但有简化）：

（1）空间或人际距离，取决于语言交际双方得到即时反馈的可能性，比如：

```
↑  谈话：＋可视；＋可听（双方）；  ＋即时反馈
│  电话：－可视；＋可听（双方）；  ＋即时反馈
│  电邮：－可视；－可听；          ＋快速反馈
│  传真：－可视；－可听；          ＋快速反馈
│  广播：－可视；＋可听（单方）；   延后反馈
↓  小说：－可视；－可听；          －反馈
```

空间/人际距离会在相当程度上影响我们的话语，比如电话通话与录音电话留言的不同。

（2）经验距离（experiential distance），话语与话语所关联的社会进程之间的距离。

```
←  玩游戏   评论赛事      报告经历   虚构故事  →
```

最左端是指游戏时发出的与游戏指令有关的话语,比如打桥牌时的"叫牌"(如"三墩红桃")或赌博时的下注等。这一类话语本身就是话语所关联的社会进程(游戏等)的一部分。最右端的虚构故事则是用话语来构建的社会进程,故事话语只是经验的映像(reflecton experience),而并不参与到故事中的社会进程中去。

Eggins认为,综合以上两种距离连续体,取其两极,可以确定出语言运用时起不同作用的两种基本的、对立的方式——口语和书面语。

对比上一节我们的统计可以看出,"了$_2$"的分布与语式有较密切的关联,"了$_2$"最常出现的语境是面对面的直接对话,我们也可以体会出用"了$_2$"有较明显的口语风格色彩,但它跟语式又不完全相同:Halliday派定义"语式"所依据的"听—说距离"是语言交互现场客观的"听—说距离",定义口语还是书面语依据的是语言表达媒介是声音还是文字,而"了$_2$"的使用却不仅取决于客观"听—说"距离和表达媒介,被Halliday派定位于"典型书面语"的"小说中的非对话部分"也有不少"了$_2$"出现。

3. 语旨

是关于"言语交际双方的社会角色之关系"的变量,指交际双方地位高低、交往疏密、亲密度的不同。比如,学生/老师、顾客/推销员、朋友/朋友,这三种不同的社会关系之间的交际语旨不同,所用话语的正式程度、客气程度、彼此呼应性都有所不同。除社会角色关系外,Gregory & Carroll(1978)还提出涉及"交际目的"的"功能性语旨",用来指话语交际的目的是说服性的(如商业广告)、教导性的(菜谱或医药使用说明指南)、说明性的(如对某个机械产品功能的介绍等)。

语旨与"了$_2$"的使用也有密切的关系:不用"了$_2$"的文体,比如通讯社、电视台代表官方或权威媒体发布的事件报道、评论、公告,大多数正规的学术论文等,话主与受话是一种"权威—民众"的关系;而使用"了$_2$"的聊天、商品推销、现场直播、私人评论、小说等文体,话主与受众的关系是平等的。但"了$_2$"的使用也不能完全用语旨来解释,比如客观上权势很高的公司老板对员工的训骂也完全可以用"了$_2$":"混蛋!明天别来上班了!"①;而广告、教授炒菜等都可以有用"了$_2$"和不用"了$_2$"两种方式。

(二) 叙事学②

叙事学研究的对象可以大致分为两个不同的方面,一是对故事(内容)的普

---

① 感谢陈前瑞先生指出这一点。
② 下面的介绍主要依据(罗纲,1994),也融入了笔者自己的理解。

遍结构的研究,二是对叙事话语的研究。与用不用"了$_2$"相关的主要是后者。叙事理论对笔者最有启发的有以下几点:

(1) 讲述(telling)/展示(showing)的不同。讲述与展示是话主可以选择的两种不同的基本叙事方式。① 在"讲述"式叙事中,话主(故事讲述者或小说作者)在话语中是现身的,他以自己的身份在讲述,故事人物和故事情节通过话主转述给受众。② 在"展示"式叙事中,话主是隐身的,他要竭力造成没有讲述者、"故事时空"就是真实的"物质时空"的假象。比如话剧的对话底本,故事人物在"故事时空"中直接对话,语言形式完全跟真实"物质时空"中的一样。

(2) 作者叙事/人物叙事/第一人称叙事。① 作者叙事是 telling 的典型方式,作者以讲述者的身份外在于故事人物的世界,他对故事人物的所言所行所思无所不知,对人物所在的场景也多有评论,总之是以讲述者的身份与读者互动;② 人物叙事是 showing 的典型方式,话主通过故事中人物的对话和行为来展示话主对故事场景和人物的观察,而人物不与读者直接互动;③ 话主化身为故事中的一个人物,但这个人物兼有前面两种身份,既可以与读者互动也可以与故事中人物互动。

总之,① 讲述者(话主)有主观隐身和主观显身两种选择;② 故事语篇有"讲述者—受众""故事人物"两层对话关系,且第一层的对话关系可以化身为第二层的故事人物而表现出来;是对本文研究最有启发的两点。但是,无论是 telling 还是 showing,无论是作者叙事还是人物叙事,其实都可以有"了$_2$"出现,因此我们还需要在这些叙事方式中寻找出现"了$_2$"的共同场景。

(三) 戏剧表演

叙事学所着重揭示的 telling 与 showing 的区别,在戏剧表演中体现得最为直观。戏剧中演员扮演角色。演员一方面要尽量地仿真地表达角色的所作所为和性格、行为特点,另一方面也要"秀"出作为演员的演技功夫。同样,戏剧的受众,一方面要观看剧情,因戏剧情节和剧中人物而感动;另一方面也要观看演员的表演,因演员的表演而叫好或发出嘘声。不同的戏剧表演理论提出了关于演员如何处理以上双重身份的不同主张,由于与本文的问题无关,这里不多介绍。

(四) "讲述时空"与"戏剧时空"

与本文最为相关的是,戏剧或曲艺中,既有类似 telling 的演员与观众直接互动的"讲述时空",也有类似 showing 的、不与观众对话、仅展示剧情的"戏剧时空"。而且不同的戏剧、曲艺品种,两种表现方式所占的分量也各不相同。

说书、大鼓书、评弹等曲艺形式中,telling 是基本的,演员主要是以故事讲述者身份营造出与观众互动的讲述时空。但有的时候,演员也突然转换身份,直接模仿故事人物的言语、身段、表情,一会儿变身杜十娘,一会儿变身太学生李甲,把故事时空中的人物言行"展示"给观众,这在中国文学研究中称之为"代言体"。

从诸宫调开始,各种戏剧中属于 telling 的演员与观众互动的讲述时空逐渐压缩,属于 showing 的戏剧时空渐占主流。元杂剧尚有专门由某个演员向观众讲述全部剧情的楔子,四折戏中每一折的开始也有演员对观众的讲述和互动;京剧等后期戏曲则一般只有个别丑角偶尔与观众直接对话,其他角色则除了演技之外与观众没有互动关系,只有角色之间按戏剧情节彼此互动而构建出的虚构的戏剧时空。showing 最多的是典型的传统话剧,除个别话剧(如《夜幕下的哈尔滨》)有讲述者—观众互动的时空,一般的话剧只有由角色构建的"戏剧时空"。

由戏剧表演可以直观地看出,"对话"或"听说双方的互动"其实可以在两个层面上或者说两类时空中存在。在"讲述时空"中存在的是演员与观众的话语互动,在"戏剧时空"中存在的是角色之间的话语互动。

以上理论框架和术语,有利于更细致地分析所统计语料中"了$_2$"的使用场景。

五、"了$_2$"的使用场景和"了$_2$"所表示的语用范畴

上一节我们介绍了各种跟语篇有关的理论,但这些理论所区分的基本范畴并不能直接对应于"了$_2$"的出现场景。本节我们具体分析"了$_2$"可以出现的场景,总结这些场景的共同特点并抽象出新的语用范畴。

(一)"了$_2$"与对话

我们的统计中已经把"对话"作为了专门的一类,这也是"了$_2$"出现频率最高的一类。凡对话,听说双方一定同在现场,形成"即时互动关系"。这包括现实的"物质时空"中的对话,也包括小说戏剧等展示方式的"故事时空"中的对话。我们统计的都是故事时空中"展示"的对话。当讲述者王朔、陈建功完全隐身,而虚构的故事人物,如《编辑部的故事》中的戈玲、李东宝等,《皇城根》中的张全义、金秀等,活动在同一故事时空,形成同一时空中听说双方"即时互动"的对话关系,"了$_2$"就大量出现。

我们统计中的那些"非对话"出现在什么场合呢?按照与"对话"相似性的大小,我们把"非对话"再分为如下 3 小类。

(二)"了₂"与间接引语

我们的日常话语中,"了₂"在对话的间接引语中出现。比如,"小王说<u>他要去北京了</u>"中的间接引语是小王直接对话中所说的"我要去北京了",嵌入其他话语中成为间接引语,只是把第一人称主语换为了第三人称,"了₂"却没有改变。故事中"了₂"也出现在对话话语的间接引语中,如《皇城根》中的"那天晚上你说<u>怀孕了</u>,我还当你说的是气话呢"。

故事中出现了"了₂"的间接引语还可以出现在非对话中。比如,《空中小姐》中的"她问起我们舰其他人的情况,真真扫了我的兴。我告诉她,<u>都复员了</u>"。

无论是现实场景还是故事场景,间接引语都是说话者间接地引用曾经处于"即时互动对话关系"中的对话。

(三)"了₂"与人物心中所思

所思是"自己"跟"自己"的"对话"。小说中,不管是第一人称人物的所思还是非第一人称人物的所思,都出现"了₂",但我们的语料中大多是间接引语的形式。比如《空中小姐》中的"我知道,有形形色色的人在追她……实际上,倘我不是我,我也要劝王眉把胖子蹬了,另觅佳婿"。"知道"之后是作为小说人物的"我"的所思所想。《皇城根》中的"可乐的是,现在,她又被人安排了一个'知根知底'的金玉良缘!她可真是'幸福'死了!……想到<u>这些</u>,她突然笑了起来……",删节号后的"想到这些"一句,说明前面的句子是作者对第三人称身份的金枝所思的描写,尽管这些描写的主语用的是第三人称"她"而非第一人称"我"(人物所思的部分用"我"则是直接引语形式,用"她"则是间接引语形式)。

"自己"对"自己"说话,两个"自己"当然是共处同一个话语场景,是话主显身、听说双方同处一个话语场景即时互动交流的特例。

(四)"了₂"与讲述场景

小说的作者与读者其实并不处于同一个客观的物质空间,但是无论在第一人称还是第三人称小说,"了₂"在作者讲述场景中都经常出现。这些语句让读者感觉仿佛是作者正在向自己面对面地娓娓讲述他亲历的故事(第一人称小说)或别人的故事(第三人称小说)。比如《空中小姐》中的"我认识王眉的时候,她十三岁,我二十岁。那时我正在海军服役,是一条扫雷舰上的三七炮手。她呢,是个来姥姥家度假的中学生。……后来,暑假结束<u>了</u>,女孩哽咽着回了南方。……我们这些老兵也被一批批更年轻、更有文化的新兵取代。我复员<u>了</u>",《皇城根》中的"刚才她在自己的西厢房里已经听见'拣儿子'的话儿<u>了</u>。这话在她内心引起的震动远远超过了旁人"。

小说作者要讲述的个人看法或评论,还可以通过对某个故事人物心理活动的描写表达出来,使得"讲述时空"与"故事时空"两相融合,这是《皇城根》常用的叙事方式。比如,当金一趟听说义子张全义拣回个儿子后,小说的描写是"金一趟再次耷拉了眼皮。这事儿实在是太重要了。他是一家之长,一言九鼎啊,不想周全了怎能发话!",这其中画横线的部分既可以理解为金一趟当时的心理活动,作者间接引用是小说中人物自己对自己所说的话,也可以理解为是外在于小说人物的讲述者在向读者发表自己的看法和评论。

总之,小说虽然实际上是讲述者的独白,而且采用的是以诉诸书面的、可以慢慢修改的表达方式,但只要讲述者主观上要营造一个"讲述—受众"同在的"讲述时空",营造一种主观上与受众面对面讲述的气氛,就使用"了$_2$"。这是一种由话主选择的、在主观的"讲述时空"中的话主与受众的"主观近距互动"关系。

(五)"了$_2$"出现场景的总结

虽然叙事学的"讲述"与"展示"的区分与"了$_2$"出现的条件并不直接对应,但借助这一区分,可以透视出"了$_2$"的出现条件是"话主显身,客观或主观上与受话同处一个话语时空,主观上与受话近距互动"。这是"交互主观性"的一种体现,可看作是广义的"对话",包括现实的物质空间中的"对话"、讲述者虚拟的"展示式故事时空"中角色与角色的"对话",和讲述者虚拟的"讲述时空"中讲述者与受众的主观"对话"。如果不是以上两者,即话主选择的既非直接展示的人物对话,又无意建立与受众近距对话的讲述空间,则不使用"了$_2$"。

(六)实例解释

我们的分析能够在已有研究的基础上更广泛地解释"了$_2$"出现的条件。比如,新闻报道一般不用"了$_2$",在很多情况下不是因为 Li et al. 所主张的"缺乏参照时",而是因为报道者主观上没有设有"讲述者—受众"互动的讲述时空。再比如,"收到"和"收到了"的差别是"话主是否希望拉近与受话的主观距离",这是之前研究没有指出的一种"当前相关性"。

(七)"了$_2$"与最高层级的两类语体(genre)

值得注意的是,汉语中有上述语用条件限制的虚词不止"了$_2$",所有的语气词也有相同的限制。比如,凡出现"了$_2$"的语篇都出现或可以出现语气词"呢、吧、嘛、呗"等,反之,通常不出现"了$_2$"的社论、正式的新闻报道、严肃的学术论文中,也通常都不出现这些语气词,除非作者有意要拉近与读者的主观距离。从古至今,语气词都是汉语的一个重要的词类,从语用上看,它们共同的上级范畴义就是"交互主观性",其特点在于[＋言者交际态度]、[＋当下性](徐晶凝,2005/2008)。本文分析的"话主主观显身、主观上与受话共处一个话语时空、与受话主观近距交互"是它们进入语篇共同的最高层制约。

使用语气词和"了$_2$"的语篇与不使用语气词和"了$_2$"的语篇有十分明显的风格差异,如我们在第二节举的所有实例。因此我们认为,以是否使用语气词和"了$_2$"作为形式依据,可以把汉语的语体从最高的层级上分为两大类——"主观近距交互式语体"和"主观远距单向式语体",通俗的名称可叫作"正式语体"和"非正式语体"。

我们区分最高层的两类语体,只根据了"是否使用语气词和'了$_2$'"一个变量;而西方有关理论往往以根据表达媒介区分的口语和书面语作为语体两端的典型语体,但是以表达媒介区分的两种语体与语言的特点又常常不能相符,因而需要动用文章类别、内容、听说双方的客观距离、社会权势等多个变量(据陶,1999 的介绍)。我们感到,汉语是重语用的语言,一些重要的语用范畴已经语法化为句法范畴,因此从语气词、"了$_2$"这些反映特定语用范畴的句法标志出发,汉语的语体划分可以更加方便,也更加准确。

六、余 论

本文的研究还曾受以下两个研究和何莫邪先生的启发。

一是刘勋宁(1985)通过对《祖堂集》和现代陕西、山西方言的研究,提出现代汉语的"了$_2$"相当于《祖堂集》中的"了$_1$＋也",其中包含了一个与"也"义相当的表示"申明"语气的语气词。

二是李佐丰关于古代汉语句型的研究。李(2000/2003)把古代汉语的句型分为叙事、说明、判断三种,最近[①]又根据主谓之间的关系是否带话主的主观性,把判断句和说明句合并到论断句之下,作为论断句的次类,从而把句型合并为叙事句和论断句两大类。叙事句是话主仅仅客观地报道现实,而论断句则带入话

[①] 据 2008 年李佐丰在北京大学的学术讲演。另外,根据笔者与李先生的个人交流,他的这一想法至少在 2000 年已经形成。

主的主观看法和评价,两类句型主要的形式标记在于论断句带语气词而叙事句不带。比如,(1) 叙事句例"沛公军霸上"(＝话主隐身、客观报道);(2) 论断句中的说明句例"沛公军霸上矣"(＝话主显身、讲述个人见闻);(3) 论断句中的判断句例"沛公军霸上也"(＝话主显身、讲述个人判断)。

多年前,当笔者把李佐丰先生的意见转述给何莫邪先生时,他认为李的研究十分有意义,并提醒我,西方关于戏剧中讲述者显身还是隐身的理论与此有关。这使得我们进一步参考叙事学和戏剧表演理论,从而又考虑到话主可以选择与受话的主观距离的远近。

本文讨论的"主观近距交互式语体"(非正式语体)和"主观远距单向式语体"(正式语体)是汉语最高层次的语体之分,并有成套的形式化标记。我们认为,这种既有共同的语用义内涵,又有明确的形式标记的语体,能够很好地说明汉语语篇在语言风格上的差异,这既有利于话主有意识地根据交际需求(拉近或拉远与受话的距离)选用合适的语体,也有利于话主有意识地避免因选用不合适的语体或混用不同语体而造成的"不得体"。这对于教授没有母语语感的第二语言学习者来说,应该是十分重要的。

本文所讨论的"了$_2$"使用的语用限制,是一种高层的语体限制,是使用"了$_2$"的必要条件但不是充分条件。在满足"主观近距交互"的语体限制的条件下,用"了$_2$"和不用"了$_2$"还要满足时体、当前相关性、泛化的某种语气、焦点等已有研究已经指出的其他要求。在这些方面"了$_2$"的作用也许还需要进一步探索,本文暂无力涉及。另外,从语篇出发研究汉语虚词使用的语用限制,本文只是作了初步的探索。探索是否有意义,如果有意义,应该如何继续拓展和深化,还望学界专家多多指正。

附录　全篇不用一个"了$_2$"的新闻报道

防疫队空降北川消毒防疫　深山遇巨蟒镇定退敌　(郭小川)　**深山遇巨蟒镇定退敌**　茫茫深山,常遇塌方又断粮。连日来,在地震灾区执行防疫任务的江苏卫生应急救援队,其中一支小分队在这样恶劣的环境中已坚持工作了 4 天。这支包括博士硕士在内的防疫队,是在 26 日"空降"进入北川县小坝乡的,他们每天负重 30 多公斤的消杀药品,跋山涉水,在灾区执行防疫任务。　**2 000 米高山护水源**　当天下午 2 时许,5 名江苏防疫队员抵达小坝乡,此时,天开始下起了雨,但他们顾不上休息,放下物资就投入工作。防疫队员发现,这个有着 3 000

人的少数民族聚集区,只有一处水源,蓄水池和过滤池都建在了海拔近2 000米的高山上。如果该处水源一旦出现问题,后果不堪设想,队长郑一平决定带队员上山,调查当地的水源保护情况。在当地向导的带领下,5名队员带着装备,背着干粮,朝着一眼看不到顶的深山进发。在人迹罕至的深山老林里,不断有山体滑坡,野草过肩膀,每走一步都要十分小心,遇到河流,队员们还要脱下鞋子,踩着打滑的石头光脚蹚水,密林深处,队员们的手臂、脖子等处不断被荆棘、野草扎破。经过近两个小时的跋涉,队员们终于到达了3 000多人喝水的水源地。经过调查,这个水源地消毒的剂量和频率没有达到要求,存在一定卫生隐患,防疫队员当即提出对水源地的整改措施,并指导消毒。在接下来几天内,队员们分别来到回龙村、照德村、庄坪村等8个村庄,进行实地调查,指导受灾群众对厕所、垃圾处理等卫生消毒工作,防疫队员每人还要背负重达30多公斤的物品跋山涉水、走村入户开展防疫工作,还培训当地乡村医生急救和防疫知识。据悉,4天来,江苏防疫队员已覆盖了小坝乡的每个村庄,消毒面积达3.5平方公里。　**道路塌方推车前行**　昨天下午,记者驱车来到北川县擂鼓镇的5名防疫队员所驻营地采访,据悉,这支防疫队从15日开始就开进了北川县城执行任务。一进北川县境,四周就冒出了座座深山,周围山体已是满目疮痍,路上到处是被滑坡的巨石砸出的大坑。"一到这里就感到恐怖。"随队的司机说。北川是这次地震中死亡最惨重的地方,目前已被封城。在距北川县城约10公里的江苏防疫队营地,省疾控的陈书记告诉记者,5名防疫队员所在的小坝乡因为基本与外界隔绝,受灾群众的救灾物资都靠空投送进来。防疫队员刚到小坝乡时,没有帐篷,只能住前期来救援的解放军住的塑料大棚,大米、食品等物资紧缺,常常陷入断粮的境地。由于村庄路途遥远,小坝乡派出了一辆破旧的面包车运送防疫队员。有一天在执行任务时,由于地震造成山体滑坡,道路异常险峻,到处是塌方,头顶是随时都可能坠落的巨石,路下是万丈深渊和湍急的河流,司机冒着不断的余震,小心翼翼地开着车,短短10公里的路竟然走了1个半小时。中途,车辆陷在泥泞中,防疫队员只得又下车将车从泥泞中推出来。　**深山老林惊遇巨蟒**　更让队员感到恐怖的是,这座原始森林覆盖的高山上,时常有狗熊、野猪和毒蛇出没,这让从来没有爬过深山的江苏队员惊栗不已。27日上午,队员们在当地卫生院刘院长带领下徒步上山查看水源时,卫生院长特地带了把雨伞,队员从院长口中得知,雨伞可以在茂密的野草丛中开路,也可以扰蛇,这里的人进山都要带着长把的雨伞。在行进途中,刘院长一边用伞拨开一人多高的野草辟出一条路,一边打草"惊蛇",突然只听刘院长用川音一声大喊:"小心,有蛇!"队员们顿时吓出一身冷汗,赶紧停下脚步,只见两米开外,一条碗口粗的巨蟒尾巴横在路上,前半身在路边的树上缠绕了一圈又一圈,硕大的蛇头上两只滚圆的大眼睛瞪着防疫队员,嘴里吐着长长的信子,双方僵持了约一分钟,也许巨蟒无意伤人,也许看着对方人多,停顿片刻,巨蟒终于做出"让步",爬下树,拖着长长的身体向山中游去。等到巨蟒摩擦草地的声音越来越远,防疫队员才松了一口气,受到惊吓的队员这才发现,溪水已快漫过每个人的鞋面和裤脚,却全然不知。刘院长告诉队员,在深山里,经常遇到这种巨蟒,它可以一口吞下一头绵羊,但只要人不主动触怒它,它一般不主动攻击人类。

参考文献:

陈前瑞:《汉语体貌系统研究》,华中师范大学博士学位论文,2003年。

李佐丰:《〈马氏文通〉与助词"也"》,首届中国语言学史研讨会(2000年6月,北京)会议论文,载姚小平主编:《〈马氏文通〉与中国语言学史》,外语教学与研究出版社2003年版。

刘勋宁:《现代汉语句尾"了"的来源》,《方言》1985年第1期。

刘勋宁:《现代汉语词尾"了"的语法意义》,《中国语文》1988年第5期。

刘勋宁:《现代汉语句尾"了"的语法意义及其与词尾"了"的联系》,《世界汉语教学》1990年第2期。

刘勋宁:《现代汉语的句子构造与词尾"了"的语法位置》,《语言教学与研究》1999年第3期。

吕叔湘主编:《现代汉语八百词》,商务印书馆1980年版。

罗纲:《叙事学导论》,云南人民出版社1994年版。

陶红印:《试论语体分类的语法学意义》,《当代语言学》1999年第3期。

王伟:《现代汉语"了"的句法语义定位》,中国社会科学院研究生院博士学位论文,2006年。

武果:《语气词"了"的"主观性"用法》,《语言学论丛》第36辑,商务印书馆2007年版。

徐晶凝:《现代汉语话语情态研究》,昆仑出版社2008年版。

杨素英、黄月圆:《汉语语气词"了":汉语语篇构造和语用标记》介绍,《当代语言学》2009年第1期。

张秀:《汉语动词的"体"和"时制"系统》,《语法论集》(第一集),中华书局1957年版。

张新华:《汉语语篇句的指示结构研究》,学林出版社2007年版。

赵世开、沈家煊:《汉语"了"字跟英语相应的说法》,《语言研究》1984年第1期。

郑素英:《从对韩汉语教学看现代汉语时间先后的表达方式》,北京大学博士学位论文,2004年。

Berg, M. van den & Wu Guo(武果)(2006) *The Chinese Particle Le: Discouse Construction and Pragmatic Marking in Chinese*(汉语语气词"了":汉语语篇构造和语用标记). New York: Routledge.

Chao Yuen Ren(赵元任)(1968) *A Grammar of Spoken Chinese*(《中国话的文法》). The Press of U.C. Berkley.

Eggins, Suzanne (1994) *An Introduction to Systemic Functional Linguistics*. London: Pinter Publishers.

Gregory, M. & Carroll, S. (1978) *Language and Situation: Language Varieties in Their Social Context*. London: Routledge and Kegan Paul.

Li, Charles N., Sandra A. Thompson & R. M. Thompson (1982) The Discourse Motivation for the Perfect Aspect: The Mandarin Chinese Particle LE. In P. Hopper (ed.), *Tense and Aspect: Between Semantics and Pragmatics*, 19-44. Amsterdam: John Benjamins.(《已然体的话语理据:汉语助词"了"》,徐赳赳译,载戴浩一、薛凤生主编:《功能主义与汉语语法》,北京语言学院出版社1994年版。)

Martin, J. R. (1984) Language, Register and Genre. In F. Christie(ed.), *Children Writing: Reader*. Geelong, Vic: Deakin University Press.

Shi, Ziqiang (1990) Decomposition of Perfectivity and Inchoativity and the Meaning of the Particle LE in Mandarin Chinese, *Journal of Chinese Linguistics*, Vol.18.

Tao, Hongyin(陶红印)(1999) The Grammar of Demonstratives in Mandarin Conversational Discourse: A Case Study, *Journal of Chinese Linguistics*, Vol.27: 69-103.

 方法谈：

对语言事实的深入观察和恰当的理论阐释

《"了₂"与话主显身的主观近距交互式语体》(2009)这篇文章是我在语篇领域的研究之一,发表在《语言学论丛》上。另一篇是《论汉语语篇的基本单位和流水句的成因》,也发表在《语言学论丛》上(这篇文章的另一个版本《汉语最小和次小语篇单位的特点和流水句的成因》,收在冯胜利先生组织的在中国香港地区召开的《汉语韵律语法新探》国际研讨会的论文集里)。语篇方面的研究,我接触得非常早(1983年),但取得研究成果却非常晚(2009年)。

1983年秋,我考上徐通锵先生的硕士研究生,刚好赶上韩礼德先生到北京外国语大学讲学。韩礼德先生在20世纪70年代的美国是很出名的学者,是当时功能学派的代表性人物,特别是语篇语言学的研究,他是重要的开拓者。我和李平全程听了韩礼德先生的课,他讲课很有技巧,语速不快不慢,重复和解说恰到好处,每节课的板书也刚刚好写满黑板。认真学习过韩礼德的理论之后,我感觉再看近期的功能或认知学派的理论都很容易理解。这个领域,虽然我接触得很早,指导的博士生论文也最多,但我本人的研究却开展得很晚。我的研究涉及该理论的主要有四点。

第一点是国内似乎没有提到过的,就是语法层面、音系层面各层级单位体系的普遍性和具体语言的某个层面上应该区分多少大小不同级阶单位的差异性。由此,确定单位层级的原则以及各级单位在不同语言层级体系中的重要性是否相同等都是有启发的开放性问题。这对我理解和阐述徐通锵老师提出的"字本位"说起了很大的作用。

第二点是韩礼德先生的三大元功能说,语篇功能与线性排列的话题—说明组成的信息结构有关,达意功能与以动词为中心的动名关系有关,交际功能与句子的语气和情态有关。这对于我理解之后的功能语法起了很大的作用,最近几年我对于汉语"了₂"和关于汉语语篇单位的研究成果,是在韩礼德先生理论的影响下结合其他理论和汉语实际逐渐形成的。

第三点是韩礼德先生关于作格的论述,他认为作格句与主格句(现在多叫宾格句)是观察世界的两种视角,前者把不断变动的万千世界看作现象的组合,而后者看成事件的组合；前者是爱因斯坦世界观，后者是牛顿世界观。这对于我后来做语篇研究时考虑汉语的动名关系、时体范畴和话题—说明等都很有启发。

第四点是韩礼德先生的系统学说，以语义范畴的不断二分选择和范畴实现到语法层的形式关联来控制对语法的描写，这个我只是很欣赏，自己没做过。

《"了$_2$"与话主显身的主观近距交互式语体》是我的第一篇语篇研究的文章。这个题目我关注了很长时间，有六七年。缘由是偶尔听一位对外汉语教学的老师说，他们按课本教留学生"凡结句并表示新情况的出现时，一定要用'了$_2$'"，结果在批改他们交上来的日记时发现，他们在每个句子的后面都用"了$_2$"，完全符合课堂教授的规则，却不符合汉语习惯，他只好把这一个个结句位置上的"了$_2$"删去了一多半。学生拿到批改又问老师"了$_2$"使用的规律，他也说不好。我自己想了想，的确日记跟平常说话不太一样，就订了两个月的《北京晚报》来观察一下。结果发现，尽管《北京晚报》属于比较贴近生活的一类，但除了连载小说之外，几乎不出现"了$_2$"，即使是报道某小区污水井井盖一夜全部被偷这样的日常小事也没有出现一个"了$_2$"。于是我继续观察，发现央视的"新闻联播"中不用"了$_2$"，但现场直播或凤凰卫视的鲁豫讲新闻中会使用，如此等等。根据以上可以发现，用不用"了$_2$"跟所要说的客观内容没有关系，而好像是与说话人选择的与听话者的距离有关。2004年哈佛燕京校友会要在苏州召开，我在哈佛的导师Kuno教授要来，所以专门开设了一个语言学的小会场，需要我提交一篇论文，且最好是语法而不是语音的，以便能跟Kuno教授和其他与会的语言学领域的哈佛校友交流，于是就提交了关于"了$_2$"研究，叫作"何时用'了$_2$'？"，只提交了大约二三百字的提要。而大会场的议题总是很宏观，这次的是"文明的对话：东亚现代化的涵义和全球化中的文化多样性"，后来还正式出版了论文集，我的摘要也淹没在许许多多"文明对话"的摘要之中。后来，我利用语料库分别对小说、报纸和是否为有引号的直接引语等进行了大量的统计，我的学生李榕提供了叙事学的观察视角，给我介绍了一本叙事学的中文著作，我的另一位学生乐耀提供了Eggins(1994)的《系统功能语法导论》中关于交际距离的理论阐释。综合这些观察和理论，最终写成了这篇长长的文章，好像文字比较涩滞，这也是我文章一贯的缺点。

总的来说，这篇文章的写作得益于对语言事实的深入观察和恰当的理论阐释，二者缺一不可。

外界事物的"显著性"与句中名词的"有标性"*

——"出现、存在、消失"与"有界、无界"

[日] 古川裕**

摘要：本文从认知语言学的角度去解释，汉语名词在什么情况下需要数量词的修饰，什么情况下拒绝数量词的修饰。这个语法问题实际上是人类对外界的认知机制的直接反映。本文提出"显著性原则"来说明这个语言结构和认知结构的相关问题。通过隐现句、结果宾语、消失宾语、双宾语句和存在句的研究，我们发现跨越界线"出现"或"消失"的事物，因为认知结构上很显眼，很容易被看作是个体事物，所以这类宾语名词一般都要带上数量词宾语的标记。

关键词：显著性；有标性；有界和无界；出现和消失

一、引　言

关于人类在认知上形成的"有界与无界"的对立关系对现代汉语句法结构所起的制约作用，沈家煊在"'有界'与'无界'"一文中有精辟的分析和解释。沈家煊(1995：368—369)说："数量词对句法结构的制约作用实际上体现了人类认知上'有界'(bounded)和'无界'(unbounded)这样一种基本对立。人们感知和认识事物，事物在空间有'有界'和'无界'的对立；人们感知和认识动作，动作在时

---

* 原载《当代语言学》2001年第4期，第264—274页。本文初稿曾在第六届国外语言学研讨会(1996，北京)大会上宣读过。这次发表又做了较大的修改。在修改过程中有幸能得到沈家煊和陆俭明的指导和鼓励，谨在此向两位先生表示衷心的感谢。

** 古川裕，日本大阪大学教授，博士生导师，外国语学院中国语专业主任，外国学图书馆馆长。世界汉语教学学会副会长，日本中国语教育学会原会长。

间上有'有界'和'无界'的对立；人们感知和认识性状，性状在'量'或程度上也有'有界'和'无界'的对立。人类认知上的这种基本对立必定会在语法结构上有所反映，语法分析的一个任务就是要把这种反映揭示出来。"

我们都知道，现代汉语名词一般都可以受数词和量词的修饰（简称"数量词定语"），如"一个人、两张票、三本书、四把椅子"等等。表面看来，这是一个非常简单的语法规则。那么，汉语名词到底在什么情况下需要数量词的修饰，又在什么情况下拒绝数量词的修饰呢？比如说，同样一个名词"人"，有时候应该说"一个人"而不应该只说"人"，有时候正好相反。这是为什么？要回答这个问题并不那么简单。

在这里，我们也可以换个说法这样提问题：人们感知和认识事物的时候，面对同样一个事物，到底在什么情况下人们把它看作是有界事物，在什么情况下人们又把它看作是非个体的无界事物？引起人们认知上的这种基本对立的动因究竟是什么？要是能够解释清楚这些问题，我们就可以判断句中的名词什么时候该有数量词定语，而什么时候又不该有数量词定语。这不仅对对外汉语教学有实际价值，还对现代汉语语法研究也有一定的理论价值。围绕这个问题，本文将对几种述宾（V+N）结构进行研究，试图说明在说汉语的人的认知机制上，哪些事物容易被看作是有界的，哪些事物容易被看作是无界的。

我们首先要提出一条名为"显著性原则"（saliency principle）的假说，本文要通过这条假说的检验来解释有界名词出现的一些条件。

显著性原则：

> 在人的认知结构上"凸出来"的事物因为很显眼（salient），所以很容易被人们看作是"有界的个体事物"。在语法结构上这种有界事物需要用数量词定语来加以修饰，要以"显眼的形式"（即有标记的形式 marked form："数量名"词组）来表达。
>
> 与此相反，在认知结构上"不显眼的事物"很容易被人们看作是无界事物，可以用"不显眼的形式"（即无标记的光杆形式）来表达。

这个假说的理论背景，是语言结构是人的认知结构（经验结构）的模型；换言之，语言结构的某种特点是相应的认知结构特点的具体表现。根据这个看法，我们要主张：认知上凸出来、很显眼的外界事物，需要用显眼的有标形式来表达。

事物的"显著性"就是促动名词的"有标性"的主要动因。下面我们首先要考察数量词的功能，之后再讨论作为原型（prototype）的隐现句，然后继续讨论周缘性的例子，如结果宾语、消失宾语、双宾语句和存在句等。

二、数量词的功能：计数、分类、个体化

我们认为现代汉语数量词的功能可以概括为如下三类：

（1）计数功能（quantifier）：由数量词来指定所指事物的数量有多少。"一个人"和"两个人、三个人……，一些人、很多人……"之间构成对立关系。此时，数词所传达的信息量大于量词。

（2）分类功能（classifier）：根据所指事物的形状，用数量词来加以分类。例如，"一个人、一堆人、一群人、一伙人、一帮人……"，"一个面包、一块面包、一片面包、一条面包、一堆面包、一种面包……"等。此时，量词起的作用大于数词。

（3）个体化功能（individualizer）：光杆名词指称非个体性的无界事物。带有数量词定语的有标名词指称有界事物。

按照这样的看法，比如像"一个人"这样简单的"数量名"词组，我们可以说，实际上它含有上述三类功能。（1）在计数功能的条件下，"一个人"说的不是"两个人"也不是"三个人"等等，它指定所指事物"人"的数量就是"一"；（2）在分类功能的条件下，"一个人"所说的"人"不是"一位、一堆、一群……"等的对象，而只是一种个体的"一个"；（3）在个体化功能的条件下，"一个人"指称的对象是在客观世界里确实存在的作为有界事物的"人"。需要注意的是，我们在这里并不是说，数量词的这三类功能在所有的"数量名"词组里都同时起作用。我们应该说，根据各种条件，这三类功能中至少有一种功能要起主要作用。比如说，在询问句"那里有几个人？"的回答"一个人"里，计数功能起的作用远远大于其他两类。

数量词的计数功能和分类功能都属于词汇现象。计数功能是数词的用法问题，分类功能是量词的用法问题。这两种用法还比较好解释。我们面临的问题是个体化功能的激活条件。人们面对同样一个事物，到底在什么情况下容易把它看作是一个有界的个体事物，什么时候又把它看作是无界的事物呢？这根本不是词汇现象，而是牵涉到人的经验结构的认知现象。为了对这个问题作出合理的解释，我们需要作一些具体的分析。

三、隐现句的认知结构:"出现"和"消失"

存现句可分为两个句式:存在句和隐现句。我们先在本节专门研究隐现句,关于存在句我们将在下文再谈。首先为了论述的方便,我们把隐现句的句式(construction)用符号简单记为:

(1) 隐现句句式　N1(处所)＋V＋N2(事物)

句首 N1(处所)是隐现句的主语名词,指称一个特定的地方,如果有上下文的支持,成句时就可以没有 N1。从认知结构的特点来说,N1 是事件(event)[V＋N2(事物)]发生的"背景"。句末 N2(事物)是宾语名词,因为它传达句中最重要的新信息,成句时就不能没有它。N2 的所指事物只有两种可能:一种可能是,N2 是在 N1(处所)上"出现"的事物,如"老王家里生了一个胖小子"里的"一个胖小子";另外一种可能是,N2 是从 N1(处所)里"消失"的事物,如"他们村死了一个老太太"里的"一个老太太"。换言之,对背景 N1 来说,N2(事物)要么是"突如其来"的事物,要么是"突如其去"的事物。不管是"来"的还是"去"的,宾语名词 N2 都可以看作是"前景"(foreground)化的凸显事物,是一个认知上的焦点。请看实例:

"出现"类

(2) 海面上通红通红地冒出<u>一轮红太阳</u>。
(3) 正在这个时候,前边来了<u>一个老农民</u>。东郭先生急忙把老农民拉住,请他评理。
(4) 就在列车员要关上车门的时刻,车厢里进来<u>一个五六十岁的胖老太太和一个不足二十岁的姑娘</u>。看上去,她们是母女。(杨镰《青春只有一次》)
(5) 火光照亮了墙壁,眼前出现了<u>一桌丰盛的晚餐</u>。(安徒生《卖火柴的女孩儿》)
(6) 东方红,太阳升,中国出了<u>个毛泽东</u>。

"消失"类

(7) 这个大坑里,淹死过<u>不少人</u>。人们都说这坑里有水鬼,年年要"拉替身",以便自己转世为人。(梁世宁《三个女人的遭遇》)

(8) 从昨晚上起,我就觉得卧室里少了<u>一样什么东西</u>,我用目光在卧室里仔细地搜寻了好几遍,发现并没有少什么,卧室、大衣柜、组合音响都在。的确,一件也没有少。(邓建楚《92年,5月17号》)

(9) 这间房间还是老样子,只是少了<u>一张床</u>,多了些别的家具。(宗璞《红豆》)

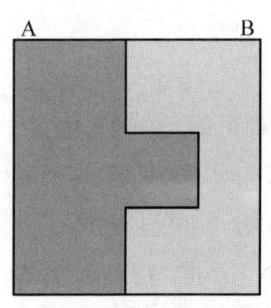

图式1 "出现"和"消失"的认知基础

从语义关系来看,隐现句所描写的"出现"和"消失"是彼此相反的对立情况,但从认知结构来看,"出现"和"消失"并不对立,而只是同一件事情的表里两面而已。我们可以把这两者概括为一个影像图式(image schema)来看待,请看图式1。

对这个影像图式,我们同时可以有两种认知解释:从A的立场来看,这个图代表"凸型"(salient),它表示事物的"出现",也就是"从无到有"的情况,"来了一个东西"或者说"多了一个东西";相反从B的立场来看,这个图就可以看作是"凹型",它表示事物的"消失",也就是"由有到无"的情况,"去了一个东西"或"少了一个东西"。在这个图式里从背景上凸出来(即凹下去)的那个最显眼的部分象征隐现句的宾语名词N2(事物)。我们利用这一图式就很容易看到凹凸两者在认知结构本质上的一致性,两者的区别只不过反映说话人的观察点的不同而已。认知结构上的"出现"和"消失"之间没有那种互相排斥的对立关系,正因为如此,汉语的语法结构上"出现"和"消失"之间也同样没有什么区别了,句式(1)既可以用来描写"出现"也可以用来描写"消失"。

关于隐现句宾语N2有一点值得注意:N2一般不能是光杆名词而应该是有标的"数量名"形式。如果N2里没有数量词定语的话,该句子的可接受性要明显地减弱,例如(??表示该句子的成句性可疑,甚至会不成句):

(10) "出现"　前边来了<u>一个老农民</u>。→ ??前边来了老农民。

(11)"消失"　卧室里少了一张床。　→??卧室里少了床。

再一次用图式1来看这两个例句,我们就不难发现"出现"或者"消失"的凸显事物N2需要数量词来加以修饰使之成为显眼的有标形式。与宾语N2相反,主语名词N1代表事件发生的背景处所,相对不显眼。根据"显著性原则",数量词拒绝修饰不显眼的东西。语言事实果然支持这个预测:

(12)"出现"　海面上冒出一轮红太阳。→??一个海面上冒出一轮红太阳。

(13)"消失"　卧室里少了一张床。→??一间卧室里少了一张床。

通过以上的考察,我们可以说隐现句就是能适用"显著性原则"的最典型的例子(原型)。下面我们接着分析离原型稍远一点儿的周缘性情况。

四、结果宾语和消失宾语的认知结构: "产生、痕迹、脱落、位移"

现代汉语有一种包含"结果宾语"的述宾(V+N)结构,如"挖井、盖房子、写信"等。其结构内部的语义关系是:经过制作行为V的结果,在特定的空间里"产生"一个东西N。举例来说,述宾结构"挖井"所描写的客观事件是在地面上进行动作"挖",结果在那个地面上"出现"一个产物N"井"。事物"井"在动作"挖"之前是根本不存在的,宾语N"井"是述语动词"挖"的结果产物。

我们不难发现结果宾语跟表示"出现"的隐现句宾语之间有密切的内在联系。结果宾语N2是动作V完成之后在某个空间里"出现"的产物,那么这个事物在认知结构上自然可以解释为"从无到有"(凸型状态)的个体事物。"产生"自然可以看作是"出现"的一个周缘现象,结果宾语也就是隐现句宾语的一个变体。既然是这样,我们就能用图式1以及"显著性原则"来预测结果宾语也应该是有标的"数量名"形式。语言事实还是支持我们的看法,从例句中一旦去掉数量词定语,句子就站不住脚了。例如:

"产生"类

(14) 奶奶辣辣地做了<u>一碗汤</u>。→ ?? 奶奶辣辣地做了汤。

(15) 他长长地打了<u>一把宝剑</u>。→ ?? 他长长地打了宝剑。

(16) 花也不很多,圆圆的排成<u>一个圈</u>,不很精神,倒也整齐。(鲁迅《药》)

崔承一(1988)把结果宾语分成两小类:"产物宾语"和"痕迹宾语"。照这个说法,刚才讨论的是所谓的"产物宾语",我们接着讨论"痕迹宾语"。顾名思义,痕迹宾语指的是动作 V 实现之后遗留下来的 N"痕迹"。这个痕迹有时在受事名词(动作对象 patient)的表面上"出现"(如下例 17—20),也有时在主语名词(动作主体 agent)的表面上"出现"(如 21—23)。①

"痕迹"类

(17) 墙上裂了<u>一道缝儿</u>了。　　　(18) 衣服让树枝剐了<u>个口子</u>。

(19) 大衣被火星烧了<u>好几个窟窿</u>。(20) 脑袋被砖头打了<u>个大包</u>。

(21) 他跑了<u>一身大汗</u>。　　　　　(22) 她吓了<u>一身冷汗</u>。

(23) 他挤了<u>一身脏东西</u>。

从本文的关键概念"出现"的角度来看,痕迹宾语也完全可以说是隐现句宾语的一个变体。通过如下的替换手续我们可以发现痕迹宾语的底层隐含着表示"出现"的句子。

"痕迹"　　　　　　　　　　　　　　"出现"

(24) 大衣被火星烧了<u>好几个窟窿</u>。　~因为被火星烧了大衣,大衣上有了<u>好几个窟窿</u>。

(25) 他跑了<u>一身大汗</u>。　　　　　　~因为他跑了,他身上出了<u>一身大汗</u>。

这类痕迹宾语有一个非常有意思的语法特点:就是说,述语动词应该带有

---

① "痕迹宾语"的例子还有"急了我<u>一身汗</u>""吓了我<u>一身冷汗</u>""捂了孩子<u>一身痱子</u>"等(例句引自马庆株,1983)。这些例句都是非典型的双宾语句。从这些例句可以看得出,不管句型如何,痕迹宾语总得带有数量词定语。关于双宾语句的问题,本文在第五节专门讨论。

实现体标记"了",痕迹宾语也应该带有数量词定语,否则根本不成句。只有动词和名词都成为"有界"的有标形式"V了+数量名",这个结构才能成立。比如,我们只能说"跑了一身汗",而不能说"??跑一身汗""??跑了汗""??跑汗"等等。这个语言事实也正好说明"显著性原则"对痕迹宾语的有效性:"痕迹"是动作实现之后才能"出现"的事物,很容易被人认知为有"显著性"的有界事物,因此在语言表达上也应该用有标形式,也就是带有数量词定语的形式来表现。

下面我们再看一下"消失"类的述宾结构。例如:

(26) 他拔了<u>一颗牙</u>。　　　　(27) 小猫断了<u>一根尾巴</u>。
(28) 衣服掉了<u>一个扣子</u>。　　　(29) 工厂塌了<u>一堵围墙</u>。
(30) 老王瞎了<u>一只眼睛</u>。　　　(31) 他跑丢了<u>一双鞋</u>。
(32) 天翼一九八五年四月二十八日逝世了! 我又少了<u>一位最纯真、最可爱的朋友</u>。(冰心《关于女人和男人》)

这类句子所描写的语义关系是,有一个附属品(宾语名词)从它的主体(主语名词)上面"脱落"而"消失"掉。① 本文管这类宾语叫作"消失宾语"。由上例可见,消失宾语都是"数量名"形式,数量词定语的有无直接影响到各个句子的成立性。特别有意思的是例句(27)"小猫断了一根尾巴"。大家都知道"小猫的尾巴"古今中外都是一根,所以这里的数量词"一根"所传达的信息量等于零,是语义上的冗余成分。尽管如此,这个宾语之所以得带上数量词定语的原因还是要归于"显著性原则"的约束。②

包含消失宾语的句子和表示"消失"的隐现句实际上仅有一点儿区别而已,即这类句子的主语都不是处所名词而是普通名词"小猫、衣服、工厂",人称代词"他、我"和专有名词"老王"等。比如说,例句(28)"衣服掉了一个扣子",稍稍改为"衣服上掉了一个扣子",这就变成了典型的隐现句。消失宾语和隐现句宾语虽然有这样一个小小的差异,但从认知结构来看它们之间没有本质上的不同,两者都

---

① 例句(30)并不是说"一只眼睛"从老王身上脱落掉,而是说"一只眼睛的视觉功能"从老王身上脱落掉。类似的例子还有"他瘸了一条腿""他跌伤了一只胳膊"等。

② 例句(26)"他拔了一颗牙"可以是歧义句。一个意思是"他(病人)的一颗牙脱落了";另一个意思是"他(牙医)拔掉了病人的一颗牙"。前者属于周缘性隐现句,这时"一颗牙"是消失宾语。后者属于及物性述宾结构,这时"一颗牙"是受事宾语。前者的数量词体现个体化的功能,后者的数量词体现计数功能。袁毓林(1994:250)指出前者是优先的解释,即"一颗牙"容易被人解释为消失宾语。

指称从某一个特定的空间里"消失"的有界事物,体现"从有到无"的凹型状态。正因为如此,消失宾语也要受到"显著性原则"的约束,总是要求数量词的修饰。

我们到此专门研究了"结果宾语"(包括"产物宾语"和"痕迹宾语")和"消失宾语"。以认知结构的观点来看,这些宾语都是隐现句宾语的周缘例子:结果宾语是"出现"类型的一个例子,消失宾语是"消失"类型的一个例子。

图式1表示"出现"和"消失"有一个共同的认知基础:有一个事物跨越界线而移动。那么根据这一点我们还可以预测,即使是受事宾语,如果它的所指事物受到动作的影响后发生"位移"的话,这个受事宾语应该带有数量词定语。这个预测也可以得到语言事实的支持,而下面例句中数量词定语是不能没有的。

(33) 他从枕头底下摸出了<u>一块</u>手表。→ ??他从枕头底下摸出了手表。

(34) "来,许瑾,你先唱一支革命歌曲,我伴奏。"说罢,他就从口袋里掏出来<u>一把</u>国光牌口琴。(康式昭《大学春秋》)

(35) 叭的一声从嘴上吐下来<u>一个</u>烟屁股。(张洁《沉重的翅膀》)

五、双宾语句的认知结构"给予"和"夺取"

我们先把表示"授受"关系的典型的双宾语句式用符号简单标记如下:

(36) 双宾语句式　N0(人)+V+N1(人)+N2(事物)

述语动词 V 可以是单个儿的动词(如"给、送、告诉"等),也可以是带"给"字补语的述补结构(如"送给、卖给、介绍给"等)。根据授受方向的不同,双宾语句的语义指向可以分为三种:"给予、夺取、予夺不分明"。例如:

"给予"类

(37) 他给了我<u>一支</u>钢笔。　　(38) 他送我<u>一张</u>电影票。

(39) 他递给我<u>一把</u>剪刀。　　(40) 他告诉我<u>一个</u>好消息。

(41) 史永明长得又矮又胖,行动却十分麻利。因此工友们送给他<u>一</u>

绰号"跳蚤"。(李清民《路,由你选择》)

"夺取"类

(42) 她拿了我<u>一支钢笔</u>。　　(43) 她抓了我<u>一只鸡</u>。
(44) 她逮了我<u>一条鱼</u>。　　(45) 她偷了我<u>一件衣服</u>。
(46) 她收了我<u>一百块钱</u>。

"予夺不分明"类

(47) 他借了我<u>一支钢笔</u>。　"给予"义:他借给我(他的)一支钢笔。
　　　　　　　　　　　　　　"夺取"义:他从我这儿借走了(我的)一支钢笔。

(48) 我租了他<u>一间房</u>。

"给予"类句子的语义结构是:主语 N0 是"授者",近宾语 N1 是"受者"。① 正好相反,"夺取"类句子的语义结构是:主语 N0 是"受者",近宾语 N1 是"授者"。至于"予夺不分明"类,由于述语动词的语义特点,没有适当的上下文无法分清授受行为的方向,分不清 N0 和 N1 到底是哪一个 shòu(授:受)者。

这里有一个不可忽视的语法现象,那就是一个双宾语句式可以用来表达两个彼此相反的动作行为:"给予"和"夺取"。② 无独有偶,隐现句式也同样可以表达两个彼此相反的事件:"出现"和"消失"。除了句式本身的平行性以外,两种句式之间还有一个很重要的共性,那就是宾语名词 N2(事物)的有标性。如上例所表示的那样,双宾语句的远宾语都是带有数量词定语的有标形式。远宾语如果不带数量词定语,句子就站不住脚。

(49) "给予"类:　他给了我<u>一支钢笔</u>。→ ??他给了我钢笔。
(50) "夺取"类:　她抓了我<u>一只鸡</u>。　→ ??她抓了我鸡。

---

① "近宾语、远宾语"是朱德熙(1982)的术语。一般分别被称为"间接宾语、直接宾语"。
② 张伯江(1999)认为"夺取(取得)"是"给予"的转喻,"夺取"是损失的"给予"。我们认为这个说法有点儿牵强,不能同意。(古川裕,2000)

双宾语句和隐现句之间为什么会有这么多有趣的平行性呢？我们还是可以通过图式1来解释这两种句式共有的认知基础。我们曾在第三节讨论隐现句的时候把图式1里头凸出来的那个部分看作是"出现"或者"消失"的宾语N2。N2指称的是一个凸显的有界事物，语言表达上也需要数量词来加以标记。那么现在，我们也同样可以把这个凸出来的部分看作"授者"和"受者"两个人之间移动的东西，即远宾语N2。要是我们站在A的一方来看这个图，A就可以解释为N2(事物)的"受者"，对"受者"A来说N2恰恰是"来"即"出现"的事物；要是站在B的一方来看这个图，B就可以解释为N2(事物)的"授者"，对B来说N2恰恰是"去"即"消失"的事物。这样看来，我们可以明白"受：授"和"出现：消失"这两组关系本质上就是平行的，它们都有一样的认知基础。换言之，"受：授"关系可以看作是"出现：消失"关系的一种应用例子，表示一个事物(及其所有权)跨越两个人之间的界线而移动。就这样看图式1，我们又发现原来双宾语句的底层还隐含着隐现句。既然是这样，远宾语也好，隐现句宾语也好，"出现"或者"消失"的事物都得接受"显著性原则"的约束，语言表达上都要加上数量词定语，结果都要成为"数量名"形式。

关于隐现句式("出现：消失")和双宾语句式("给予：夺取")的平行性关系，我们还可以做如下的解释：

隐现句		N1(处所)	+	V	+	N2(事物)	
	出现	"山那边儿		开来了		一列火车。"	
		[N2出现的地方]				[跨越界线移动的事物]	
	消失	"我们教室里		少了		一张书桌。"	
		[N2消失的地方]				[跨越界线移动的事物]	
双宾语句		N0 (人)	+ V +	N1 (人)	+	N2 (事物)	
	给予	"他	给	我		一支钢笔。"	
		[授者]		[受者]		[移动的事物]	
		[消失N2的人]		[出现N2的人]			
	夺取	"她	拿了	我		一支钢笔。"	
		[受者]		[授者]		[移动的事物]	
		[出现N2的人]		[消失N2的人]			

双宾语句表示"给予"义的时候，N1和N2构成"出现"的关系，同时N0和N2构成"消失"的关系。相反，双宾语句表示"夺取"义的时候，N1和N2构成"消失"的关系，同时N0和N2构成"出现"的关系。总而言之，隐现句和双宾语句的共同点就是，两者的N2都指称跨越界线而移动（"出现"或"消失"）的有界事物。隐现句和双宾语句的不同点就是，隐现句的N1是"处所"而不是"人"，双宾语句的N1是"人"而不是"处所"。

最后我们还可以提出特别有意思的例子——非典型的双宾语句。例如①：

非典型的双宾语句	N0(人)	+V	+N1(处所)	+N2(事物)
甲类			[N2出现的地方]	[移动的事物]
(51)	"他	刷了	桌面上	一层油漆。"
(52)	"他	钉了	电线杆上	一块广告牌。"
(53)	"爸爸	挂了	墙上	一幅山水画。"
(54)	"他们	倒了	马路上	一盆脏水。"
(55)	"昨晚	翻	沟里	一辆汽车。"
非典型的双宾语句	N0(人)	+V	+N1(处所)	+N2(事物)
乙类			[N2消失的地方]	[移动的事物]
(56)	"他	割了	地里	一畦韭菜。"
(57)	"他	偷了	商店	一台电脑。"
(58)	"他们	抢了	银行	一麻袋钱。"

这些双宾语句的"非典型"性就在于近宾语N1的性质上。如上所述，典型的双宾语句N1是"人"（一般为人称代词）。但是以上这些例句的N1都不是"人"，而恰恰是"处所"。"N1是处所，N2是移动事物"这个特点恰巧是"典型"的隐现句所具备的语义特点。我们发现"非典型"的双宾语句和"典型"的隐现句之间竟然有这样密切的互通关系。

甲类双宾语句后面隐含的是"出现"义的隐现句，N1是N2出现的地方。比如，例句(53)"爸爸挂了墙上一幅山水画"蕴含着隐现句"墙上挂了一幅山水画"。

---

① 马庆株(1983)把这类宾语叫作"处所类双宾语"。下边例句引自马庆株(1983)和沈阳(1994)。

乙类双宾语句后面隐含的是"消失"义的隐现句，N1是N2消失的地方。比如，例句(56)"他割了地里一畦韭菜"蕴含着隐现句"地里少了一畦韭菜"。这种蕴含关系很明显地说明隐现句宾语N2(事物)和双宾语句的远宾语N2(事物)的同一性。正因为这个原因，这两个宾语都有一样的语法特点。

关于双宾语句，我们在本节利用"显著性原则"发现了三点：第一，双宾语句的底层隐含着隐现句。因为远宾语N2和隐现句宾语N2本质上有共性，所以这两者都要形成有标形式的"数量名"词组。第二，典型的双宾语句里头N0和N2，N1和N2之间同时分别有着"出现"（"受"）和"消失"（"授"）的关系。第三，非典型的双宾语句和典型的隐现句之间有共同的认知基础。

除了这些例子以外，还有一类双宾语句值得我们特意提出来讨论，那就是"表称"义的双宾语句，例如"张三称他老师、李四骂他坏蛋、大家选他劳动模范"等。只有这类远宾语永远不能带上数量词定语，如"??张三称他一位老师"，其余类推。这是为什么？这些远宾语（"老师、坏蛋、劳动模范"）说的都是一种抽象的资格，跟动作以后的位移没有关系，因此它们总是以无界名词的光杆形式出现。这一类反例也大力支持"显著性原则"的有效性。

六、对有界事物和无界事物的认知："存在"和"不存在"

本文提出的假说"显著性原则"，经过对一系列宾语的验证已经有了一定的说服力。凡是在认知结构上能够解释为凸型的事物都是具有"显著性"的，这样的事物很容易被人们看作是有界的个体事物。具体的例子有：隐现句宾语、结果宾语(产物宾语、痕迹宾语)、消失宾语、位移的受事宾语和双宾语句远宾语。我们可以肯定，这些在认知结构上"显眼的有界事物"都是以"显眼的有标形式"（即数量名词组）来表达。

除此以外，还有一类宾语不能忽视，那就是存在句的宾语。存在句宾语也和上面举的那些宾语一样，一般都要求数量词定语。例如：

(59) 桌子上有<u>一台电脑</u>。→ ??桌子上有电脑。

(60) 在他们住的那条胡同附近，还有<u>一条更整齐的胡同</u>，胡同里有<u>个保护得完整的四合院</u>，四合院里住着<u>一位有身份的人物</u>。（刘心武

《钟鼓楼》)

关于存在句的认知基础,我们仍然可以利用图式1来解释。我们把它倒过来看,图式1一下子就变成一个象征存在句的图式2。

拿例句(59)"桌子上有一台电脑"来说,图中的底线代表背景处所"桌子上",凸出来的部分代表存在物"一台电脑"。图式2描绘的是名副其实的凸型状态,那么这个凸显事物自然有"显著性"。既然如此,有"显著性"的存在句宾语也还是需要形式上的有标化,这是存在句宾语要带上数量词定语的动因。

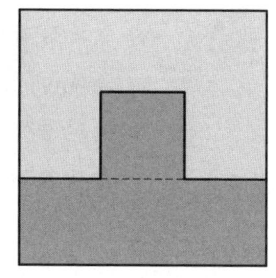

图式2 "存在"的认知基础

那么我们现在又可以把"隐现句"和"存在句"重新综合起来,用新的眼光来再一次对待"存现句"了。存现句应该说是实现"显著性原则"的最典型的语法结构。存现句宾语指称的是"出现、存在、消失"的事物。任何一个事物,它一旦"出现"了,那么这个事物在外界确实"存在"了。只有在外界已经"存在"的事物才有可能"消失"。"出现"导致"存在","存在"是"消失"的前提,"消失"的反面正是"出现"。存现句所能表达的就是事物的{"出现"→"存在"→"消失"}这样一套轮回的过程。有意思的是,跟事物(名词)的情况一样,动作行为(动词)的{"出现"→"存在"→"消失"}的轮回过程也恰好反映在动态助词"了、着、过"的功能上。实现体标记"了"表示动作的"出现";持续体标记"着"表示动作本身或者动作后状态的"存在";经验体标记"过"表示动作的过去和"消失"。由此可见,现代汉语名词和动词都是要根据其"显著性"接受形式上的标记的。

最后,我们还需要验证一下"显著性原则"的反面,就是在认知结构上"不显眼的事物"可以用"不显眼的形式"(无标形式)来表达。下面我们针对这点补充本文的看法。

哪些是不显眼的事物?一个例子是事件发生的背景处所。背景当然没有前景那么显眼。关于这点我们已经在本文第三节中谈过了,不再重复。那么最不显眼的事物是什么?是人们看不见摸不着的,在外界不存在的东西。不存在的东西我们怎么想看也看不见,是根本不起眼,也就是说最没有"显著性"的事物。根据"显著性原则",不显眼的事物自然不需要形式上的显眼化,因此数量词拒绝修饰这些不显眼的名词。否定句、疑问句、祈使句、条件句等句子里头的宾语都没有所指事物,为此这些名词一般都以无标记的光杆形式出现,排斥数量词的修饰。① 请比较下面 A 组和 B 组同一个宾语名词"地图"所体现出来的区别,A 组一定需要数量词定语"一张",B 组一律拒绝数量词定语的修饰:

A:需要数量词的修饰
  隐现句"出现"   墙上挂了<u>一张地图</u>。
  隐现句"消失"   墙上少了<u>一张地图</u>。
  存在句"存在"   墙上挂着<u>一张地图</u>。
  结果宾语"产生"   他画好了<u>一张地图</u>。
  受事宾语"位移"   他从书包里拿出来<u>一张地图</u>。
  典型的双宾语句"给予"   他昨天送给我<u>一张地图</u>。
  典型的双宾语句"夺取"   他昨天拿了我<u>一张地图</u>。
  非典型的双宾语句"给予"   老师挂了墙上<u>一张地图</u>。
  非典型的双宾语句"夺取"   他偷了书店<u>一张地图</u>。
B:拒绝数量词的修饰
  存现句的否定   墙上没有<u>地图</u>。
  存现句的疑问   墙上有没有<u>地图</u>?
  否定双宾语句   我没有给他<u>地图</u>。
  疑问双宾语句   你给他<u>地图</u>吗?
  祈使双宾语句   快给他<u>地图</u>!
  假设条件句   再好的<u>地图</u>也不会这么详细。

  综上所述,我们已经有充分的理由说"显著性原则"可以概括以及预测数量词定语出现还是不出现的条件。人们感知和认识客观世界的时候,对凸显事物有非常敏感的反应,很容易把这些事物看作是有界的个体事物。汉语表达这些有界事物的时候,认知结构要求语法结构给宾语名词加上"个体化标记(数量词定语)",使之成为显眼的有标形式。人怎么样认知事物,就怎么样表达那个事物。

---

  ① 要是在这类宾语名词前面硬加数量词定语的话,数量词起的作用已经不是个体化功能而转移到计数功能了。比如说,否定句"钱包里没有<u>一分钱</u>"主要说的是"一分钱也没有"的意思,强调最少的数量"一",这是数量词的计数功能。

最后用一句话总结本文的结论：外界事物的"显著性"促动并控制句中名词的"有标性"。

参考文献：

崔承一：《述语＋体词宾语的语义关系及宾语的语义类型》，《语文研究》1988年第3期。

大河内康宪：《量词的个体化功能》，载《日本近、现代汉语研究论文选》，北京语言文化大学出版社1993年版。

戴浩一：《以认知为基础的汉语功能语法刍议》，载《功能主义与汉语语法》，北京语言文化大学出版社1989年版。

古川裕：《谈现象句与双宾语句的认知特点》，《汉语学习》1997年第1期。又见邢福义主编：《汉语语法特点面面观》，北京语言文化大学出版社1999年版。

古川裕：《"跟"字的语义指向及其认知解释》，第六届国际汉语教学讨论会提交论文，《语言教学与研究》2000年第3期。

古川裕：《有关"为"类词的认知解释》，《语法研究和探索（十）》，商务印书馆2000年版。

古川裕：《"起点"指向和"终点"指向的不对称性及其认知解释》，21世纪首届现代汉语语法国际研讨会暨第七届现代汉语语法研讨会提交论文，2001年。

李临定：《宾语使用情况考察》，《语文研究》1983年第2期。

李临定：《双宾句类型分析》，《语法研究和探索（二）》，北京大学出版社1984年版。

陆俭明：《现代汉语中数量词的作用》，《语法研究和探索（四）》，北京大学出版社1988年版。

马庆株：《现代汉语的双宾语构造》，《语言学论丛（十）》，商务印书馆1983年版。

沈家煊：《"有界"与"无界"》，《中国语文》1995年第5期。

沈家煊：《"在"字句和"给"字句》，《中国语文》1999年第2期。

沈家煊：《转指和转喻》，《当代语言学》1999年第1期。

沈阳：《现代汉语空语类研究》，山东教育出版社1994年版。

沈阳：《数量词在名词短语移位结构中的作用与特点》，《世界汉语教学》1995 年第 1 期。

孙维张：《动词的"得"、"失"与双宾语》，《汉语学习》1981 年第 2 期。
袁毓林：《一价名词的认知研究》，《中国语文》1994 年第 4 期。
张伯江：《现代汉语的双及物结构式》，《中国语文》1999 年第 3 期。
张国宪、周国光：《索取动词的配价研究》，《汉语学习》1997 年第 2 期。
朱德熙：《语法讲义》，商务印书馆 1982 年版。

方法谈：

非汉语母语者尽量多用中文书写论文

一、我的研究历程

我是日汉语教学界的一名老兵，已有四十多年的汉语学习经历，教汉语也有三十多年的教龄了。我这几十年来都是以有关日本学生的汉语习得的问题为重点课题进行教学实践与理论研究。

我曾于 1986 年至 1988 年在北京大学中文系留学，有幸能师从我的第一位中国导师朱德熙先生深造现代汉语语法理论。我在北大留学结束之前写了两篇论文，分别是《副词修饰"是"字情况考察》(《中国语文》1989 年第 1 期)和《"的$_s$"字结构及其所能修饰的名词》(《语言教学与研究》1989 年第 1 期)，这两篇拙文可谓是我用中文撰写学术论文的处女作。从那时起一直到现在，除非是专门为日本学习汉语者用日文写的几篇启蒙性文章，我都坚持用中文写学术论文。为什么？理由很简单，就是为了方便跟中国学界的同行进行交流，进行切磋。如果你用日文或用其他外文写文章，大部分中国读者都看不懂，也就无法进行直接交流了。

我在这里要特别强调的一点是，希望在世界各地从事中文教育的非汉语母语者老师和研究生也要尽量多用中文书写论文，只有这样我们的行业才能成为名副其实的国际性的语言教育。我这三十年来积累下来的十八篇中文论文在 2021 年春天终于结集出版，书名为《现代汉语认知语法与教学语法研究》，由商务印书馆出版，希望读者朋友阅读后多提宝贵意见！

二、问题意识

我之前所写的每一篇论文中所阐述的研究课题都离不开汉语教学的现场。

我们的学生在课上或课后提出的那些有趣的问题以及产生的这样或那样的偏误为我们提供了许多有意义的研究课题。我们的学生不管是哪国人，都不是汉语母语者，他们都没有汉语母语者那样的语感，因此他们说或写汉语时容易产生各种偏误，而这些偏误往往是母语者从来没说过或一辈子都不会说出的病句。我们认为这些偏误或病句特别宝贵，利用它们，我们可以把握需要研究的问题在哪里。我在课堂上也常常开着玩笑跟同学们说欢迎大家说汉语的时候多犯错误。

正因如此，汉语教学课堂可谓是一个能够发现研究课题的聚宝盆，许多有趣的问题也等着我们去发现。但需要注意的是，作为研究者，为了发现有价值的、值得研究的课题，首先要注意培养问题意识，要关注一下前人都对哪些问题做过研究，要了解这些问题都有哪些相关的研究成果。在此基础上，要时时观察一下语言学习者的习得过程与他们所面临或所提出的问题，以这样的积极态度和问题意识去教课或听课，相信我们一定会在某一瞬间感觉到眼前一亮，发现自己的研究课题。

三、具体案例

我有一次被学生提出的一个问题问住："汉语到底什么时候用数量词？"而我 2001 年发表的《外界事物的"显著性"与句中名词的"有标性"——"出现、存在、消失"与"有界、无界"》（《当代语言学》2001 年第 4 期，又收于《现代汉语认知语法与教学语法研究》，2021 年）一文就是由学生提出的这个问题引发而完成的。

"汉语什么时候用数量词？"这个问题表面看起来似乎很简单。因为学生们在初级阶段已经学过并了解了汉语和日语一样有那么多量词这一点，也学过数量词和名词的搭配关系，他们都知道，或者严格来说，只知道数量词是为了数数儿用的。但其实仔细想想，这一问题本质上并没有那么简单。

语言事实告诉我们，汉语里有些句子确实没有数量词就站不住脚，加了数量词后，这些句子才能成立并结句。对于这些句子来说，句中的数量词并不是为了计算事物的数量而使用的，而是为了构造完整的句子而必须使用的。请看下面几个实例（例句号码同为拙文所附）：

（3）正在这个时候，前边来了<u>一个</u>老农民。（出现）

（6）东方红，太阳升，中国出了<u>个</u>毛泽东。（出现）

（9）这间房间还是老样子，只是少了<u>一张</u>床，多了<u>些</u>别的家具。（消失、

出现)

(15) 他长长地打了一把宝剑。(产生)

(21) 他跑了一身大汗。(痕迹)

(27) 小猫断了一根尾巴。(脱落)

(37) 他给了我一支钢笔。(给予)

(42) 她拿了我一支钢笔。(夺取)

(47) 她借了我一支钢笔。(予夺不明)

(51) 他刷了桌面上一层油漆。(出现)

(58) 他抢了银行一麻袋钱。(消失)

(59) 桌子上有一台电脑。(存在)

以上几个例句要是去掉下划线的数量成分,句子就无法顺利结句并画上句号,甚至有些句子就根本不能成立了。例如:

(3′) ??正在这个时候,前边来了农民。(不能断句)

(21′) *他跑了大汗。(不成立)

余例同理类推。很明显,这些例句中的数量词并不是为了表示其后面名词事物的数量,而应该是使句子完整独立而不可缺少的句法成分。

我们要承认汉语句子里数量词的功能并不仅仅是为了计数,而是还带有别的句法功能。那么我们的问题也就来了,这到底是汉语数量词的什么功能呢?汉语数量词为什么有这样独特的功能呢?关于对这个问题的具体分析和结论,请各位读者翻阅拙作一起来讨论。

四、研究方法

研究课题固然重要,因为没有具体的问题就没有什么研究可言。但是,光有素材没有适当的处理方法也不行,也就是说,研究方法也很重要。再好的问题,要是没有科学的研究方法,我们恐怕也得不到有说服力的结果。从这个意义来说,我们认为认知语言学和比较语言学这两门语言学的研究方法特别管用。

要想知道某一事物的真正特点,光看该事物本身可能永远看不出其特点在哪里,一定要拿另外一个类似的事物和它进行对比之后才能知道两者之间的

"异"和"同","异"就是各自的个性即特点,"同"就是两者的共性即共同点。这是比较语言学的研究精神和重要思路,我们可以沿着这个思路去教外国人汉语,同时也要注意汉语和他们母语之间的异同在哪里,而"异"的部分可能就是教学上的重点或难点。

然后,我们也要给学生解释"为什么"。汉语和自己的母语之间为什么有那么多"异",而这些"异"又是为什么会产生的?为了避免造成语言学习者"知其然而不知其所以然",我们还要合理地解释汉语(以及其他外语)的各种特点,从这一方面来看,认知语言学的视角可以给我们提供很好的研究思路,那就是:汉语母语者是怎么看世界的,外语母语者又是怎么看世界的?

我们都知道学好一门外语能为自己打开一扇新的窗户。我们正在从事或是将要从事国际中文教育的同仁,最大的任务就是要通过这扇新的窗户让学习者看到新的汉语世界。为了实现这个目标,我们还要继续努力,一起加油!

参考文献:

古川裕:《副词修饰"是"字情况考察》,《中国语文》1989 年第 1 期,第 19—31 页。

古川裕:《"的$_s$"字结构及其所能修饰的名词》,《语言教学与研究》1989 年第 1 期,第 10—25 页。

古川裕:《外界事物的"显著性"与句中名词的"有标性"——"出现、存在、消失"与"有界、无界"》,《当代语言学》2001 年第 4 期,第 264—274 页。后又收于古川裕:《现代汉语认知语法与教学语法研究》,商务印书馆 2021 年版,第 47—68 页。

说"开心"与"关心"*

崔希亮**

摘要：本文从现代汉语"开心"和"关心"的不对称现象出发,通过对"开"和"关"语义演变路径进行历史梳理和分析,观察"开心"和"关心"两个词汇形式的不同演变路径,探讨词汇化过程中的认知动因和语法机制,从认知角度对"开心"和"关心"的不对称现象作出解释。

关键词：开心;关心;不对称;认知解释

语言是认知的折射,我们可以通过语言来了解认知过程。认知的过程就是认识外部世界的过程,语言间接地反映了我们对外部世界的认识。如果我们把语言看作一个符号系统的话,符号的编码和解码就是我们了解语言如何运作的关键环节。编码可以分为两个部分:一部分是语言的静态编码,属于构词法范畴;一部分是语言的动态编码,属于句法范畴。我们现在讨论的"开心"与"关心"的问题主要是语言的静态编码问题。当然静态编码与动态编码不是毫无关系的两类编码系统,静态编码系统的形成往往有动态编码的动因。

语言符号的静态编码取决于我们如何认识外部世界。换句话说,语素在组合成词的过程中受到语言内在动因的影响,表现出规则的(对称的)一面;但是由于语言的发展变化不是事先规划好了的,所以有时会改变发展方向,表现出不规则(不对称)的一面。"开心"和"关心"就是一个例子。在对外汉语教学中,"开""关""心"都是常用字,也是学习者最早习得的几个。但是学习者对于它们的组

---

* 原载《中国语文》2009 年第 5 期,第 28—36、97 页。本文曾在第 16 届国际中国语言学会(IACL-16)年会上宣读,在会上得到了很多同行的宝贵意见,《中国语文》的审稿专家和编辑同志也提出了很好的意见,谨致谢忱。

** 崔希亮,北京语言大学教授,博士生导师。曾任北京语言大学校长(2005—2017)、中华炎黄文化研究会副会长,现任中国书法国际传播研究院院长、世界汉语教学学会副会长、教育书画协会副会长、北京市语言学会会长。

合形式"开心"和"关心"却很难理解。"开心"是把心打开吗？"关心"是把心关上吗？类似的问题还有"开怀"和"关怀"。"开心"的"开"与"开门"的"开"一样吗？"关心"的"关"与"关门"的"关"一样吗？"开"和"关"在现代汉语中的很多组合中是对称的,例如：

开门～关门　开窗～关窗　开灯～关灯　开仓～关仓　开闸～关闸　开张～关张

而"开心"与"关心"是不对称的,此外还有一些其他形式的不对称。例如：

1. 开腔～*关腔　开枪～*关枪　开眼～*关眼　开题～*关题　开会～*关会　开车～*关车　开镰～*关镰　开锅～*关锅　开玩笑～*关玩笑(有开无关)

2. 关禁闭～*开禁闭　关上～*开上　关照～*开照(有关无开)

3. 开口～*开嘴　开眼～*开目　开饭～*开菜(同义词搭配中不能替换)

4. 开口～关口(名词)　开矿～关矿　开起来～关起来(开和关的意义不对应)

5. 开路～开道　开河～开江　开钱～*开币　开茶馆～?开食堂(与同义词搭配时不对称)

在这些例子中"开"的意思是不一样的,有"开启"的意思,有"开辟"的意思,有"开始"的意思,有"开办"的意思,有"解冻"的意思,有"沸腾"的意思,有"举行"的意思,有"启动并操作"的意思。"开"的反义词除了"关"之外还有其他一些词,例如：

开业～歇业　开会～闭会　开河～封河　开口～合口　花开～花落(谢)

"开心"和"关心"只是现代汉语平面上的一对有趣的例子。对于与"开/关"意义相关的不对称现象,丁志丛(2006)列举了大量的例子,有些例子还是很有意思的。关于"开始""结束"意义词群的词义衍生和类推造词以及"开始""结束"意义词群的组合形态,前人有所涉及(周建民,2002;刘禀诚、陈海伦,2007)。本文只涉及"开/关"两个词汇形式,目的是找到"开心"和"关心"各自演化的轨迹。

"开/关"是两个在概念上相互依存的(conceptually interdependent)语言形式,但是它们却有不同的发展路径和组合性格。我们现在看到的只是一个历时发展的结果,它们聚集在一个平面上,而事实上"开"和"关"经历了不同的演化路径。我们想知道的是,在语义形成的过程中是什么触发了它们的发展方向?探究语言形式和意义背后的认知动因是认知语言学的目标。约定俗成的解释当然没有错,但这是一个省事的解释,因为有了这个挡箭牌就不去寻找语言之外的解释的话,我们也许会失去对我们的心智进行探索的机会。

一、"开"和"关"的历史语义演变

"开"(開)最初的意义是"启(啟)门",泛化为"开启",例如①:

(1) 大君有命,[开国]承家,小人勿用。(《周易·师》)
(2) 诸城门吏,各入请龠,[开门]已,辄复上龠。(《墨子》卷十五)
(3) 是故始如处女,敌人[开户],后如脱兔,敌不及拒。(《孙子·九地》)
(4) 天子乃献羔[开冰],先荐寝庙。(《吕氏春秋·仲春》)
(5) 天子布德行惠,命有司发仓廪,赐贫穷,振乏绝,[开府库],出币帛,周天下,勉诸侯,聘名士,礼贤者。(《礼记·月令》)
(6) 昭襄王生十九年而立。立四年,初为田[开阡陌]。(《史记·秦始皇本纪》)
(7) 故明主必谨养其和,节其流,[开其源],而时斟酌焉。(《荀子·富国》)

除了"开国、开门、开户、开冰、开府库、开阡陌、开源"之外,还有"开塞、开阖、

---

① 本文所用语料采自北京大学汉语语言学研究中心的"古代汉语语料库",为方便阅读,与本文所论有关的关键词语我们加了[ ]标记。李肖婷、李桂梅博士帮我核对了全部例句的原文,特此致谢。

开封、开路、开渎、开万物"。能够开启的东西必定具有封闭性,我们可以说"开"作为动词,它所搭配的名词性成分在语义属性上应该有共同特征[＋封闭性],那么"开＋NP"所映射的就应该是一个容器图式由封闭到打开的过程,NP作为开的对象而存在。但是在战国时期"开"已经有了引申用法,NP已经不再是具体的物理意义上的容器了。如:

(8) 上[开公利]而塞私门,以致民力。(《商君书·壹言》)

(9) 夫乐以[开山川之风]也,以耀德于广远也。(《国语·晋语》)

(10) 虽竭精思,欲[开忠信],辅人主之治。(《史记·鲁仲连邹阳列传》)

"公利""山川之风"和"忠信"都是"门户"的隐喻形式。开启的对象除了门户关塞等具体的具有封闭性的物象外,出现了抽象的、可触知性(palpability[①])比较低的物象。"开"的对象可以在"开"的后边,也可以在"开"的前边。例如:

(11) [开户]始出。(《吕氏春秋·孟春》)

(12) 女子发笄者以数百,为[开凶门],以迎盆成适。(《晏子春秋·外篇上十一》)

(13) 人上寿百岁,中寿八十,下寿六十,除病瘦死丧忧患,其中[开口]而笑者,一月之中不过四五日而已矣。(《庄子·盗跖》)

(14) 荆庄王并国二十六,[开地]三千里。(《韩非子·有度》)

(15) [田野开辟],府仓实,民众殷。(《国语·越语下》)

(16) [天门开阖],能无雌乎? (《道德经》第十章)

有时"开"的对象NP并不出现,或以代词形式出现。例如:

(17) [NPΦ]善闭无关楗而[不可开];善结无绳约而不可解。(《道德经》第二十七章)

[①] 参看 Talmy(2000,a,b)和崔希亮(2006)。

(18) 夫为剑者,示之以虚,[开之]以利。(《庄子·杂篇·说剑》)

"开"的意义由"启门"而"开启",而"开辟",而"开凿""开浚",而"开解",而表示"敞开""通达"的状态,这是一个非常大的变化。"开"的结果状态可以是"开"自身所表达的开启状态,也可以是"通""明""悟""达":

(19) 是月也,司空命曰:"时雨将降,下水上腾,循行国邑,周视原野,修利堤防,道达沟渎,[开通]道路,毋有障塞。"(《礼记·月令》)
(20) 何[开而明]。(《楚辞·天问》)
(21) 吾焉[开明]哉?惟圣人为可以[开明],它则苓。(《法言·问道》)
(22) 愚生不[开达],初生未常闻,人不犯非法而有罪也。(东汉《太平经》卷六十七)

"开"由空间域进入时间域,可以表达时间的起点。这是"开始"义的端倪。例如:

(23) [开春]始雷,则蛰虫动矣。(《吕氏春秋·开春》)
(24) [开春]发岁兮,白日出之悠悠。(《楚辞·九章·思美人》)

"开通""开明"等几个例子应该属于 Brinton & Traugott(2005)所说的次级并列形式(hypostasis),是词汇化过程中的现象,次级并列的结果就是形成动补结构的复合词。我认为它们已经开始了词汇化的过程,"开达"是次级并列形式,它们是动补复合词出现的先兆。"开始"的意义与过程有关,一个过程的开始部分叫做"开端"或者"开头"。过程与事件有关,要使一个事件开始就要"开创""开办",于是"开"有了"创办""举行"的意义,有了"启动并操作"的意义。例如:

(25) 维周公旦、太公望,[开嗣王业],建功于牧之野,终将葬,乃制谥。(《逸周书·谥法解》)
(26) 大魏创业,诸王[开国],随时之宜,未有定制,非所以永为后法也。(《三国志·魏志·明帝纪》)
(27) 征乐昌乐馆,[开筵]列壶觞。(李白《经乱离后天恩流夜郎忆旧游

书怀赠江夏韦太守良宰》)

(28)议者以为：潮荡祸殃,谓王潮除其祸患以[开基业]也。(北宋《旧五代史·僭伪列传》)

(29)后因私第[开宴席],召宾客,史宏肇、苏逢吉乘醉喧诟而罢。(北宋《旧五代史·列传四》)

(30)怎么则一句迥然[开祖胄],三玄戈甲振丛林。(南宋《五灯会元》卷第十二)

(31)当今明主要大[开学校],选用贤良。(关汉卿《状元堂陈母教子》)

(32)我辈将假尔室[开会议]。(清《清代野记》)

(33)大哥,我们就此[开刀],先将他那个贱货剥下……(清《狄公案》第四十三回)

"开"本是一个表示"启门"动作的动词,后来演变为表示"启"的结果的状态动词,它们可以跟否定副词"未""不"共现,接受否定副词的修饰,或者独用(单独充当句子成分)表示状态,甚而跟"阴阳""柔刚""弛张"并用,或用在"之"字之后。例如：

(34)昔上古龙门[未开]。(《吕氏春秋·爱类》)

(35)地不刚则冻闭[不开]。(《吕氏春秋·贵信》)

(36)塞而[不开],则民浑;浑而不用,则力多。(《商君书·壹言》)

(37)入户奉扃,视瞻毋回;户[开]亦开,户阖亦阖;有后入者,阖而勿遂。(《礼记·曲礼上》)

(38)道而弗牵则和,强而弗抑则易,[开]而弗达则思。(《礼记·学记》)

(39)变化无穷,各有所归,或阴或阳,或柔或刚,或[开]或闭,或弛或张。(《鬼谷子·捭阖》)

(40)百星之明,不如一月之光;[十牖之开],不如一户之明。(《淮南子·说林训》)

液体加热沸腾也是一种"开"的状态：

(41) 假如一锅水坐在火上,[开]了时滚上滚下,毫无停止。(清《七侠五义》)

"开"与"心"共现最早见于下例中,"开"表示开启的状态:

(42) 上古之人,皆[心开]目明耳洞,预知未然之事,深念未然,感动无情,卓然自异,未有不成之施。(东汉《太平经》丁部五至十三)

(43) 今生见是前行之事,益复改正易节,[开心]相留耳。(东汉《太平经》庚部之九)

"心"是可以作为容器看待的,在中国人看来,"心"为思之官也,一切思想感情都盛在这个容器之中。"心"也可以代表心智,心智既开,正如黑暗中得见灯火。这时的"心开"与高兴义的"开心"还不是一个意思。我们下文会考察"开心"的由来。

根据我们所看到的语言材料,总结起来看,"开"的语义演变路径大致如下:

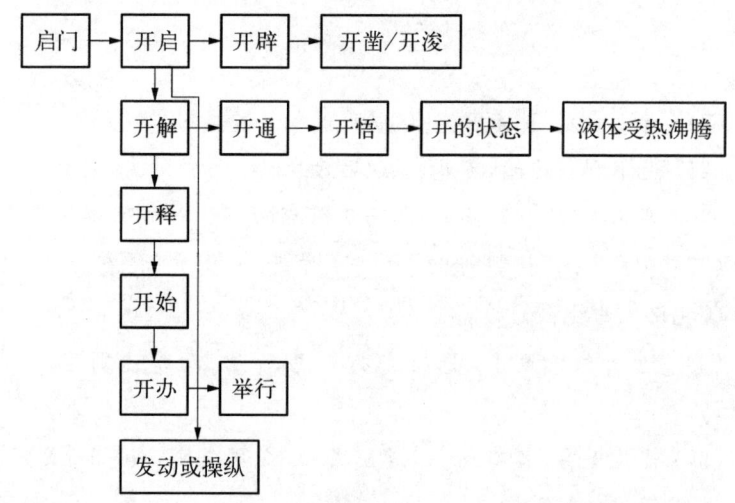

图解一

"关"的情况怎么样呢?我们也来看看"关"的原始意义。先看几个例子:

(44) 先王以至日[闭关],商旅不行,后不省方。(《周易·复》)

(45) 收敛[关市山林泽梁]之利,以实官府。(《墨子·尚贤》)

(46) 赐守边城[关塞]。(《墨子·号令》)

(47) 伯玉曰:"瑗不得闻君之出,敢闻其入?"遂行,从[近关]出。(《左传·襄公二十六年》)

(48) 古之为[关]也,将以御暴;今之为[关]也,将以为暴。(《孟子·尽心下》)

"关"(關)的本义是门闩,是闭门之横木,又称"门关"。① 如:"乙亥,臧孙斩鹿门之关以出奔邾。"(《左传·襄公二十三年》)后来引申为"关口、关隘、关市、关梁、关塞"以及具体的"郊关、阳关、城关、武关",正如今世尚存之"函谷关、雁门关、娘子关、居庸关、山海关"等,它们恰恰都是"开"的对象。与之共现的动词有"守、启、闭、叩、司、过、入、出"等,构成"守关、启关、闭关、叩关、司关、过关、入关、出关"等。"关"一直是一个名词性成分,它涉及一个封闭的物象,正是"开+NP"的 NP 中具有"容器"[+封闭性]的属性特征,所以才有了内外的区别,譬如"关内、关中、关外、关里"的用法,也才有"入关、出关"的用法。闭门之横木,它与闭门之竖木并称为关楗(即"关键"一词的前身),对于门户来说它是重要部位。人体可以转摆的重要部位叫做关节,机械可以操纵的重要部位叫做机关,这是由"关楗"的意义演变来的。由门闩的意义引申出关闭的意义,是什么时候开始变化的呢?文献无征,我们猜测大概跟"关闭"经常连用有关:

(49) 张子辞楚王曰:"[天下关闭不通],未知见日也,愿王赐之筋。"(《战国策·楚策》)

(50) 主人请宾饮食,宾顿若舍。宾如闻其家有轻子泊孙,必教亲彻馔退膳,不得饮食;[闭馆关舍],不得顿宾。宾之执计,则必不往。(《论衡·知识篇》)

(51) 出入由门,[关闭]当审;庶务在政,通塞应详。(《文心雕龙·书记》)

(52) [关闭一切诸恶趣门],开示人天涅盘正路。(唐实叉难陀译《大方广佛华严经》)

(53) 和尚欲觅阿谁消息,其城广阔万由旬,幸仓没人[关闭]得。(《敦

---

① 参考《辞源》(修订本)第 4 册,商务印书馆 1983 年版。

煌变文集新书》）

（54）又行三里许，复有一城门，其门[关闭]。（北宋《太平广记·第三百八十五再生十一》）

"关"独用表示闭合意义的例子不多见：

（55）[城郭不关]，邑无盗贼。（《淮南子·览冥训》）
（56）[不关城门]，守埤者皆令下城静坐，街巷禁断行人。（唐《北齐书·列传第三十一》）

而"关"表示关涉的意思跟几个新的构式的出现有关，如"关于＋NP""关乎＋NP""NP＋相关""所关＋NP""非关＋NP"等。我们且看例子：

（57）公孔宣回，圣相也，[而关于州部]，何哉？（《韩非子·问田》）
（58）二君者驱于声词，眩乎辩说，不试于屯伯，[不关乎州部]，故有失政亡国之患。（《韩非子·问田》）

"关"由关口的意义引申出"交、通"的意义，因为关口是交通的必经之路，汉扬雄《太玄经》有"升降相关，大贞乃通"句，注文说："关，交也。"由交通的意义引申出"经由"的意义，《汉书·董仲舒传》有"太学者，贤士之所关也"。"关"字后边出现了"于、乎"这样的虚词，重新分析就开始了，"关"有了"关涉"的意义：

（59）圣君之法，未尝不[关盛衰]焉。（《法言·先知》）
（60）山川河海，八极九垓，莫不尽[关于帝君]而受事焉。（东汉《太平经》卷一百四十五）
（61）发白齿落，属乎形骸；至于眼耳，[关于神明]，哪可便与人隔。（刘义庆《世说新语·贤媛》）
（62）四体妍蚩，本[无关于妙处]，传神写照，正在阿堵中。（刘义庆《世说新语·巧艺》）
（63）欲穿明珠，多贯鱼目。可谓寿陵匍匐，非复邯郸之步；里丑捧心，[不关西施之颦]矣。（《文心雕龙·杂文》）

(64) 贵爵,则上重,故赏功爵任而邪[无所关]。(《韩非子·心度》)

(65) 其法通乎人情,[关乎治理]也。(《韩非子·制分》)

(66) 丞相与殷共相往反,其余诸贤[略无所关]。(刘义庆《世说新语·文学》)

"关盛衰""关于神明""无所关"与"通乎人情,关乎治理"中的"关"都是"关涉"的意义。下面的例子也同样可以看出"关"已经渐渐地由名词变为动词。

(67) 冠虽敝,必加于首;履虽新,必[关于足]。(《史记·儒林列传》)

(68) 故鸿丽深懿之言,[关于大]而不通于小。(东汉《论衡·自纪篇》)

(69) 甘旨不经乎口,玄黄不过乎目,芬芳不历乎鼻,八音不[关乎耳]。(《抱朴子·内篇》)

(70) 苔滑[非关雨],松鸣不假风。(寒山诗)

(71) 肠断[非关陇头水],泪下不为雍门琴。(李白《猛虎行》)

(72) 军戎不在于职司,钱谷[非关于局分],苟陈异见,即类侵害。(北宋《旧五代史》卷四十七)

(73) 得失在于人,何[关于动静]?(南宋《五灯会元》卷第十)

以上七个例子中的"关"已经可以确认为动词,因为它们全部都是对举的句子,有动词互见:"加于首"与"关于足"互见,"关于大"和"通于小"互见,"经乎口""过乎目""历乎鼻""关乎耳"互见,"关雨"和"假风"互见,等等。

我们在这里讨论了两个问题:其一,表示关闭意义的动词是如何产生的?其二,"关"由一个表示关隘意义的名词是如何变为一个表示关涉意义的动词的?关于第一个问题我们没有过多地讨论,名词变为动词在汉语词汇发展史中并不鲜见,如"盖""由""令""塞""理""节""结""言""歌""舞""流""印""约"等,都是由名词变为动词的好例子,因此从机制上看,用来闭门用的"关"发展为关隘的意义,再发展为动词关闭的意义,应该不是很难理解的事情。第二个问题涉及语法类的变化。我们看到,下面三个构式的出现说明"关"的句法地位已经发生了变化,它不再是名词,我们可以认为这里的"关"已经是动词性的。

所+关+NP

> 关＋于/乎＋NP

> 非/不＋关＋NP

那么"关心"的意义是怎么来的？上文中我们已经说过，"关涉"的意义来源于"交""通"的意义，"交关"有"结交"的意思，"通关"有"结交、勾连、串通"的意思。例如：

（74）故太尉张温时为卫尉，素不善卓，卓心怨之，因天有变，欲以塞咎，使人言温[与袁术交关]，遂笞杀之。（《三国志·魏书·董二袁刘传》）

（75）玄备世臣，并居列位，而包藏祸心，构图凶逆，[交关阉竖]，授以奸计，畏惮天威。（《三国志·魏书·诸夏侯曹传》）

（76）无故沈浮于波涛之间，倒尸于埃尘之中，遂集京邑，[交关贵游]。（《抱朴子·外篇》）

（77）今齐王使李终之勺（赵），怒于勺（赵）之止臣也，且告奉阳君，相挢于宋，[与宋通关]。（《纵横家书·苏秦使韩山献书燕王章》）

（78）[与人通关]约交，以五百金饮人之王，使者报而反攻之，不祥，兵无成功。（《史记·燕召公世家》）

"交关"也好，"通关"也好，都是双向的，最初的交关和通关可能都要通过关口才能完成。交关或者通关的双方彼此发生某种关系：

（79）朝廷尉设法，人自犯之，勿恨主者，恨之命薄不得久生。会欲杀人，簿领为证验，乃令入土，辄见考治，[文书相关]，何有脱者。（东汉《太平经》庚部之十）

（80）[事当相关]，不得私。（东汉《太平经》庚部之十）

（81）随疏之者众多，[事事相关]。（东汉《太平经》庚部之十二）

交关的双方只是人，"相关"的双方可以是人，也可以是事情。"关涉"和"关系"的意义与"相关"有明显的联系：

（82）冠族子孙，少好学问，博通书记，多所[关涉]，口论速捷，辩而不

俗。(《三国志·魏书·二公孙陶四张传》裴注)

(83) 此在江汉之间,与河东有何[关涉]？(唐《大唐新语·卷七·宽恕第十五》)

(84) 若婚礼,便[关涉]两家,自家要行,它家又不要行,便自掣肘。(《朱子语类·卷第二十三论语五·为政篇上》)

(85) 不可不细查其来历,[关系]国家不小。(北宋《南迁录》)

(86) 这个阴阳,都[关系]着皇帝一人心术之邪正是也。(北宋《大宋宣和遗事·元集》)

"关心"的意义当来自"关"的"关涉"意义,"关心"就是"与心相关"或"与心相通"。与心相关的人或事都是比较重要的。总结起来,我们可以看到"关"的语义发展脉络大致如下：

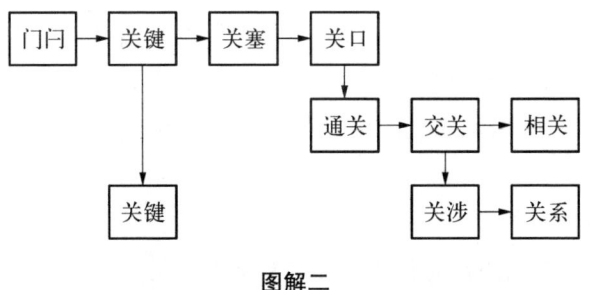

图解二

二、"开心"与"关心"的历史轨迹

说完了"开"和"关"两个词的语义演变历史,现在我们来讨论"开心"和"关心"。"开心"两个字连用最早见于东汉,意为"打开心扉",如：

(87) 今生见是前行之事,益复改正易节,[开心]相留耳。(东汉《太平经》庚部之九)

这只能说是一次偶然的搭配,"开心"并不是意义很稳定的搭配,因为在同一历史时期,"开心"有不同的用法。《论衡》中的例子"开心"意为"开窍","心"指的是心智,"开心"是佛家所说的"明心见性";《三国志》裴注中的例子"开心"意为"把心打开",这里的"心"指的是精神;而《敦煌变文集新书》和《五灯会元》中的"开心"也是"把心剖开",这里的心指的是心脏:

(88) 经增非一,略举较著,令恍惑之人,观览采择,得以[开心]通意,晓解觉悟。(《论衡·儒增篇》)

(89) 常虑所以累德者而去之,则德明矣;[开心]所以为塞者而通之,则心夷矣;慎行所以为尤者而修之,则行全矣。(《三国志·魏书·二公孙陶四张传》裴注)

(90) 或有劈腹[开心],或有面皮生剥。(《敦煌变文集新书》)

(91) 师曰:"劈腹[开心],犹未性燥。"(南宋《五灯会元》卷第十一)

真正表示心情快乐舒畅的"开心"见于李白的诗:"安能摧眉折腰事权贵,使我不得开心颜","开心颜"中的"心"指的是心情,"颜"指的是表情,"开心开颜"显然指的是心情舒畅、表情放松。在这里,"心"被看作是一个封闭的容器,它是可以打开的,这是一种隐喻。可是"开心"的这种隐喻用法很晚才开始大量出现。例如:

(92) 话是[开心]的钥匙。(清《三侠剑》)

这个例子中的"开心"仍然未词汇化,显然"心"是"锁"的隐喻,要用钥匙才能打开。心打开以后才能看到他的想法,才能够"交心"。词汇化的"开心"究竟什么时候出现的我们并不清楚,比较多的例子见于清代及以后的文献,如《九尾龟》中的"寻开心""开心作乐""这样的开心""拿他开心""寻我开心""寻个开心":

(93) 钱财,原是寻欢乐,博个快意,怎禁得倒是这般拘束起来,不是去寻[开心],倒是自寻烦恼了。

(94) 只带着那一班下流社会的人,天天往那妓院烟灯[开心]作乐,往往的成日成夜并不回家。

(95) 秋谷道:"你们两人这样的[开心],却苦着我这旁人调停劝解,费了我无数功夫。"

(96) 秋谷见王云生这般做作,觉得甚是可笑,却故意拿他[开心]道:"……"。

(97) 你们听听,他自己干了犯法的事,反要寻我[开心]。

(98) 我们花了银子,原是到你们堂子里来寻个[开心],想不到你们吃把势饭的,居然竟敢这样的放肆起来!

小说中有一些吴语的例子,如"蛮开心""寻倪格开心":

(99) 别人家看仔倪末像煞[蛮开心],倪心浪说勿出格心事,赛过勒浪黄连树底下弹琴。

(100) 耐前日仔末,叫倪"土地奶奶"[寻倪格开心],故歇倪也要叫耐"金刚老爷"哉!

清代小说已经有很多词汇化了的"开心",用法已经变得很丰富。除了"拿他开心"之外,还有"开心事""开心处""十分开心""开心得了不得""开心起来":

(101) 这明明是部里拿他[开心]罢了。(清《二十年目睹之怪现状》)
(102) 人生第一[开心事],辛苦功成闲话时。(清《侠女奇缘》)
(103) 安老爷和公子,此时真真是天下父子第一乐境,正所谓"等闲难到[开心处],似此开心又几回"了。(清《侠女奇缘》)
(104) 三十七人席地而坐,快活饮酒,[十分开心]。(清《侠女奇缘》)
(105) 一家欢笑,[开心得了不得]。(清《八仙得道》)
(106) 二人说到这里,便[开心起来],胡乱唱几句山歌解闷,不道尽被通玄子听入耳中。(清《八仙得道》)

通过观察,我们可以看到"开心"由"V+N"结构渐渐地词汇化,意义固定为"心情快乐舒畅"。这个词的成型离不开"我们生活中赖以生存的隐喻"(Lakoff and Johnson,1980)。

"关心"与"开心"走的是不同的路径。"关心"的雏形始于唐代,最初的例子几乎全是否定用法或者反问形式,直到南宋,所见多是否定用法,"关心"是"动词+宾语",意思是"与心相关",用今天的话说就是"放在心上":

(107) 今修此论者,生命尚不惜,岂以名利[关心]?(唐《神会语录》)

(108) 家事大小,了不[关心]。(唐《北齐书·卷二十二·列传第十四》)

(109) 晚年惟好静,万事不[关心]。(王维《酬张少府》)

(110) 人间千万事,无有[关心]者。(白居易《兰若寓居》)

(111) 色既不[关心],境从何处发?(南宋《五灯会元》卷第二)

(112) 知色不[关心],心亦不关人,随行有相转,鸟去空中真。(南宋《五灯会元》卷第二)

"关心"的用法比较单纯,唐诗和元杂剧中始见做定语和受程度副词修饰的例子。例如:

(113) 衰年生侄少,唯尔[最关心]。(张祜《送外甥》)

(114) 想鬼病[最关心],似宿酒迷春睡。(元《倩女离魂》)

(115) 说到[关心处],有时毛发倒竖,拍案大叫;有时悲歌长叹,涕泪交流。(元《今古奇观·沈小霞相会出师表》)

明清小说中"关心"的语法性质几乎没有变化,民初才开始出现"关心"带宾语的例子:

(116) 台谏以言为职,有[关心]政治,直言敢谏者,朝廷亦深嘉许。(现代《清朝秘史》)

归纳一下,"关心"的语法变化路径大致如下:
第一步,NP+不关心:

(117) 善恶一时忘念,[荣枯都不关心]。(明《封神演义》)

(118) [事不关心],查他做甚,此所以不知。(明《西游记》)

(119) 沙龙毫不介意,[孟杰漠不关心],一个东指西杀,一个南击北搠。(清《七侠五义》)

(120) 我们的姑老爷被擒,[你不关心],我也叫你添点心烦,……(清

《三侠剑》)

(121)且说龙珠走进中舱之后,[别人还不关心],只有文七爷的眼尖,头一个先望见。(清《官场现形记》)

第二步,(NP)+(最/真/分外/格外)关心：

(122)雨墨暗道："[真关心]啊,结了盟就是另一个样儿了。"(清《七侠五义》)

(123)康中丞见他们来了,[分外关心],连忙问他们怎么样。(清《九尾龟》)

(124)贾臬台一见是谋杀亲夫的重案,恐怕本县审得容有不实不尽,所以[格外关心],预先传谕,一俟此案解到,定须亲自过堂。(清《官场现形记》)

第三步,对NP+关心：

(125)妇人开始还笑着感谢柳毅[对她关心],后来便哭着对柳毅说："我这个人很不幸,今天让你看到了我的羞辱。"(现代《古今情海》)

第四步,关心+NP：

(126)我住的这旅舍中,同乡人不少,[关心故里消息],逢人探问,有人说……(《民国野史》)

(127)你们两个还是孩子,这官司没法打呀,谢谢你们[关心我],出去玩会儿吧,有事我叫你们。(现代《雍正剑侠图》)

可以推测,"关心"语法性质的变化路径大致是这样的：

NP+不关心 → (NP)+(最/真/分外/格外)关心 → 对NP+关心 → 关心+NP

NP的位置变化说明"关心"这个语言形式开始词汇化,它也开始由两个词变为一个动词。

北京大学语料库的古代汉语语料共出现"关心"330次,其中"不关心"87次,占总数的26.36%(这其中其实还有很多清末民初的语料,它们十分接近现代汉语);而现代汉语语料中共出现"关心"20 922次,其中"不关心"1 201次,仅占总数的5.74%。"关心"后边带宾语(即"关心+NP"形式)的大量出现标志着"关心"已经完全变为动词。

参考文献:

崔希亮:《汉语介词结构与位移事件》,《中国语言学报》2006年第12期。

丁志丛:《论"开/关+NP"的不对称》,《云梦学刊》2004年第4期。

刘禀诚、陈海伦:《"开始"、"结束"义词群的组合形态与阐释》,《汉语学习》2007年第5期。

周建民:《"开X"类开始义动词的词义衍生与类推造词》,《江汉大学学报》2002年第2期。

Brinton, Laurel J. and Elizabeth C. Traugott 2005 Lexicalization and Language Change, Cambridge, Cambridge University Press.

Lakoff, George & Mark Johnson 1980 Metaphors WeLive By, The University of Chicago Press.

Talmy, Leonard 2000a Toward a Cognitive Semantics, Volume I: Concept Structuring System. The MIT Press, Cambridge, Massachusetts, London, England.

Talmy, Leonard 2000b Toward a Cognitive Semantics, Volume II: Typology and Process in Concept Structuring, Cambridge, Massachusetts, London, England: MIT Press.

方法谈:

社会生活中的语言学

多年来从事语言研究工作让我养成了一种职业敏感,那就是每天都能发现现实生活中的语言学问题。我们都知道语言不仅仅是符号系统,它还是人类最重要的交际工具和思维工具。我们每天都离不开语言,一些语言现象在吸引着我们的注意力,因此社会生活中的语言现象可以作为我们的研究选题。《说"开心"与"关心"》就是这样写出来的。

我的一个外国朋友有一天跟我说:"我今天很关心。"我很诧异地问他:"你关心谁或者关心什么?"他也很诧异,回答说:"我学过开心这个词,是高兴的意思。我今天很不高兴,可以说我今天很关心吗?"回答当然是否定的。这位朋友认为"开心"与"关心"是一对反义词。因为他知道"开门"与"关门"中的"开"和"关"是一对反义词,于是他根据自己的类推得出结论:"开心"和"关心"也应该是一对反义词。他对我说:"开心不就是把心打开吗?关心不就是把心关上吗?"他的问题很有道理,这种类推现象在第二语言教学和学习中是很常见的。我觉得这是一个很有趣的问题,于是就想知道"开心"和"关心"这两个词的语义演变过程,他们为什么不是对称的一对反义词?

有了问题之后首先要去看文献。有没有人研究过这个问题?查看的结果是,这个问题还从来没有人讨论过。在当今时代,从来没有被别人讨论过的语言问题已经不多见了。这个问题既然没有人讨论过,那么我们选择一个什么角度来探讨呢?这就是第二步,要找一个研究视角。我们选择了认知语言学的视角。语言是思想的外化,是认知过程的折射。我们可以通过语言现象来研究认知过程,这会是一个很有趣的探索。"开"(開)和"关"(關,關,関)在概念上是相互依存的,但是它们却有各自不同的发展路径。从造字的角度看,它们最初的意义都与门有关,这可以从它们的字形上直观地看出来。繁体字"開"的义符是"門","关"有几个异体字"關、關、関",义符也是"門"。这是文字学的证据。从语言学上怎么证明这一点呢?这就涉及第三步,我们要去查找语料。北京大学汉语语言学研究中心的CCL语料库可以为我们提供帮助。"开"的原始意义是"启门",如"开门""开户",后来逐渐泛化为"开启",无论是具体的物象还是抽象的物象,都可以开启,如"开国""开冰""开府库""开阡陌""开源""开封""开万物"。"开"的对象可以是一切具有封闭性语义特征的名词。在语言使用的过程中"开"也可以跟具有相同语义特征的词并列使用,如"开启""开辟""开凿""开解",这些词后来都成为并列式双音词。"开"作为一个动词,它是会产生结果的,于是就出现了"开通""开明""开达""开悟"等组合。"开心"的"心"也是具有封闭语义特征的词,这种具有封闭语义特征的词在概念上可以对应于认知语言学中的容器,于是我们便可以用容器图式(container schema)来解释它。由此我们大概可以推测

"开"这个词的语义演变的大致路径。由开解、开通、开悟泛化为开的状态,如"开水";由开启的意义引申出创办、开始,如"开府学""开宴席""开端";然后再进一步引申为举办,如"开会";然后再进一步延伸为发动或者操纵,如"开战""开刀"。于是我们画了一个图解(见图解一)。

当然这个图解不一定是完全准确的,不管怎样,我们总算大致了解了一个词的历史演变过程,这对于我们了解"开心"这个词产生的机制会有所帮助。"开心"的意义就是"把心敞开","心"在这里是一个具有封闭性语义特征的物象。

"关"的语义演变过程怎么样呢?我们如法炮制。"关"与"开"不同,它原本是个名词,"关"(關)的本义是门闩,是闭门之横木,又称门关,它与闭门之竖木并称为关楗(即"关键"一词的前身)。后来引申为"关口、关隘、关市、关梁、关塞"以及具体的"郊关、阳关、城关、武关"以及后世之"函谷关、雁门关、娘子关、居庸关、山海关"等,它们恰恰都是"开"的对象。与之共现的动词有"守、启、闭、叩、司、过、入、出"等,构成"守关、启关、闭关、叩关、司关、过关、入关、出关"等。那么由"门关""关隘""关口"的意义怎么变成了动词呢?认知语言学有个重要的观点,就是我们人类认知有两个能力,一个是抽象能力,一个是想象能力。我们在这个问题上可以展开想象。我们都知道关口是交通要道,所以"关"这个词又衍生出了"交、通"的意义。要过关必须要有证件,古时候叫做"关牒",也就是今天我们经常说的 passport,通行证。在通关的时候还要进行交涉,或者请人关照或关说,能够为人关照或关说的人就是今天我们所说的关系。到这个时候"关"已经产生了动词的用法。总结起来,我们可以看到"关"的语义发展脉络大致如图解二。

发现语言事实,这只是我们研究走完的第一步,更重要的是要对语言现象进行解释。我们在观察一个词的语义演变或者一个语言形式语法化过程的时候,主要关注三个方面的问题:第一个是语义演变或者语法化演变的路径;第二个是语义演变或者语法化演变的动因;第三个是语义演变或者语法化演变的机制。语义演变或者语法化演变的路径,我们可以通过语料库来进行描写,正如同我们上边所画出的语义演变路径图解。而语义演变或者语法化演变的动因,则需要从认知上进行解释,我们可以用隐喻的理论来解释它。Lakoff 和 Johnson 有一本书叫作 *Metaphors We Live by*,我们生活中是离不开隐喻的,表示心情快乐舒畅意思的"开心"见于唐李白的诗:"安能摧眉折腰事权贵,使我不得开心颜","开心颜"中的"心"指的是心情,"颜"指的是表情,"开心颜"显然指的是心情舒畅、表情放松。在这里,"心"被看作是一个封闭的容器,它是可以打开的,这是一种隐喻。清代小说中有这样的话:"话是开心的钥匙",这个例子中的"开心"仍然没有完成词汇化的过程,在这里很显然"心"是"锁"的隐喻,要用钥匙才能打开。那么演变的机制是什么呢?那就是这个语言形式的语法环境。"关心"最初出现的语法环境大多是否定形式,如我们在文章中所举的例子:

家事大小,了不[关心]。(唐《北齐书·列传第十四》)
晚年惟好静,万事不[关心]。(王维《酬张少府》)
人间千万事,无有[关心]者。(白居易《兰若寓居》)
色既不[关心],境从何处发?(南宋《五灯会元》卷第二)
知色不[关心],心亦不关人,随行有相转,鸟去空中真。(南宋《五灯会元》卷第二)

后来才慢慢出现其他的语法环境。我们做了一下总结,"关心"的语法环境变化大概如图解三所示。即由"不关心"到"最关心/真关心/分外关心/格外关心"再到"对谁关心/对什么关心",最后才发展为"关心谁/关心什么"。

行文至此,我们不禁想到其实还有很多问题可以进一步研究。例如:"劳心""惊心""花心""操心""闹心""会心""扎心""小心""灰心""担心""倾心""回心""放心""清心""修心""散心""提心吊胆""成心""恶心""齐心""铭心""精心""发心""比心""静心""狠心""留心",等等。

这些词的词汇化过程都很值得研究。除此之外我们也可以观察与"心"有关的另外一些语言形式。如:"心疼""心虚""心好""心累""心静""心冷""心明眼亮",等等。"心"是重要的身体器官,在汉语语境中,它不仅仅是一个身体器官,它还是我们重要的思维工具。中国人最早认为我们的思维工具是心而不是脑,所以才有"心想事成""心思缜密""心路历程""用心学习""用心思考"等表达形式。因此在汉语中,"心"是非常值得专门研究的。

论汉语的"自然音步"*

冯胜利**

摘要：汉语音步的实现一般都受到句法、语义的限制，所以有[1+2]或[2+1]等不同的表现形式。其中"1"跟"2"的分界主要依照直接成分分析法而定。本文讨论汉语中不受句法、语义影响和限制的纯韵律的"自然音步"，认为汉语中的"自然音步"具有自己不同于非自然音步的本质属性，同时由自然音步组成的形式跟由非自然音步组成的形式表现出不同的语法性能。

一 音节的组合

音节组成的单位是音步。汉语的音步一般由两个音节组成，所以双音词如"语言""研究"以及双音节短语固定形式如"睡觉""走路"等等，都可以看作是双音节音步的产物（冯胜利，1996）。

由三个音节组成的音步叫"超音步"（Chen，1979）。参照其中成分的句法关系可以分成[1+2]的形式，如"副经理""在车间"等，以及[2+1]的形式，如"豆腐干ㄦ""皮鞋厂"等等。

四字串一般由两个双音节音步组成①，如："语言研究""跟踪追击""天翻地覆"等等。单独构成一个音步的也存在。如[1+3]的有：[副[总经理]]、[打[葡萄糖]]、[续[红楼梦]]、[副[研究员]]等等。[3+1]的如：[[红十字]会]、[[自

---

* 原载《中国语文》1998年第1期，第40—47页。

** 冯胜利，北京语言大学教授，博士生导师，章黄学术思想研究所所长，香港中文大学荣休教授，曾任哈佛大学东亚系汉语应用学科教授及中文部主任、北京语言大学长江学者讲座教授。

① 参看丁邦新译本《中国话的文法》，本文例证很多取自该书第六章。

来水]笔、[[在车间]吃]、[[用快刀]切]、[[总经理]会]、[[计算机]化]、[[二表姐]夫]、[[降落伞]兵]、[[被选举]人]、[[人类学]会]、[[东方学]会]、[[北京市]长]、[[常用字]汇]等等。当然,如果把"副总经理"念成[副总♯经理],或者把"常用字汇"等念成[常用♯字汇],则又回到韵律的[2+2]上来了。

五音节的组合最常见的是[2+3]和[3+2]两种形式。[2+3]的如:[炮打[司令部]]、[火烧[红莲寺]]、[水漫[金山寺]]、[中国[音韵学]]等等。[3+2]的有:[薛仁贵[东征]]、[无政府[主义]]、[西红柿[炒肉]]、[无记名[投票]]、[三国志[演义]]、[不着陆[飞行]]等等。这些都是由两个音步(一个双音节标准音步和一个三音节超音步)组成的。五个音节也可以组成一个独立的音步,譬如:[[布鲁氏菌]病]、[[美尼尔氏]症]、[[充足理由]律]、[[万里寻亲]记]、[[中国音韵]学]等等。但是如果把[[充足理由]律]、[[万里寻亲]记]、[[中国音韵]学]念成"充足♯理由律""万里♯寻亲记""中国♯音韵学",则仍是韵律上的[2+3]。

六音节的组合有:[2+4],如:"简直一窍不通""拼个鱼死网破""真是你死我活""北京金鱼胡同"等等。[4+2]的有:"中国音韵研究""无人驾驶飞机""吃完晚饭以后""无论如何不行""布尔什维主义"等等。如果把其中的[4]分析为[2+2],那么以上[2+4]和[4+2]的六个音节的组合都是由三个音步组成的。两个音步的也有,如[3+3]的:[[永久牌][自行车]]、[[中国语][音韵论]]、[[吃不了][兜着走]]、[[拆东墙][补西墙]]等等。其他的形式很少见。但是下面这种形式可以算作例外:[[考古人类学]刊]。从句法上分是[5+1],那么韵律上呢?[[考古][人类学]]可以说是两个音步(即[2+3])。但是"考古人类学♯刊",念起来就非常拗口。实际的说法恐怕是"考古♯人类♯学刊",那么就又回到三个双音步的组合上来了。

七音节常见的韵律形式是[4+3]。如:"热爱人民热爱党""人民总理人民爱""近水楼台先得月"以及大量的七言诗句等等。[3+4]的也有,如:"为他人做嫁衣裳""忽闻得喧声四起"。历史上出现过下列形式的诗句:"静爱竹时来野寺,独寻春偶过溪桥"(六一居士)、"鹦鹉杯且酌清浊,麒麟阁懒画丹青"(胡仔《苕溪渔隐丛话》)。总之,由一个独立的音步组成的七字串,极其少见(由轻声词参与的语串,如"在房·子·里·头·呢·吧"是例外)。

音步在句中受到语义、语法、语用等因素的制约,所以不仅可以出现上述多音节音步,而且单音节音步也不乏见:

饭,我吃(酒就不喝了)。多、快、好、省。

现代汉语的音节多半都有意义,表现出"音节—语素"的特征。因此音节的组合不可避免地造成语素的相加。如果语素的搭配不能不顾及语义和句法,那么音步的实现就不能不受语义和句法的限制。于是表现纯韵律的"自然音步"(即不受语义、句法、语用、语境影响的音步组合),似乎只有在双音节组合中实现,因为无论从句法、语义还是音节上看,它们一律都是[1+1]。然而大于双音节的组合就很难做到句法跟韵律的一致,于是出现搭配不同的现象:或者是[1+2]或者是[2+1],不但有[1+3]而且有[3+1],以至还有[1+4]或[4+1]等不同的组合。总之,为了句法和语义的需要,汉语音步几乎无法在句法、语义的影响之外而独立实现。因此从语义为表义服务这一点来看,汉语中究竟有没有纯韵律的自然音步,似乎也都成了一个问题。也许正因如此,尽管很多学者都在不同程度上看到了音节组合时的一般倾向和趋势,但均未明确提出自然音步的存在及其原始的属性。

然而,语义的自然并不意味着韵律的自然。更重要的是,只有自然音步才可以真正告诉我们音步的原始属性,因为受到语言其他因素的影响而组成的音步,不是它们的"本来面貌"。只有根据反映纯韵律结构的"本体"(default)特征,才能揭示它们的原始属性。那么有没有可能在汉语"音节—语素"的系统中,排除语义、句法、语用、语境等方面的干扰,找到"纯韵律音步",揭示"自然音步"的本来面貌呢?看来不是没有可能。譬如:"布尔什维克"是音译外来词,其中各个音节均无意义可言。这些"无义字串"不会受"音节—语素"的控制,因此也不会受语义、句法、语用的影响。那么由它们反映出来的韵律结构,就应当是纯韵律结构;而由它们组成的音步也就可以认作汉语音步的"本体"结构。此外,下面的例子也可以用来检验汉语自然音步的本体结构,如:"工农兵""东西南北""天地君亲师""柴米油盐酱醋茶"等等。虽然其中每个音节都有意义,但是并列结构使它们各自独立,诸音节之间绝无"亲疏远近"之别。因此由它们反映出来的韵律节奏也属音步的"本体结构"。下面即以这两类材料为对象来探讨汉语音步的自然属性。

二 自 然 音 步

首先,双音节自成一个韵律单位(音步)。如:"巴西""古巴"等等,这无须赘言。三音节的音译词有:"加拿大""墨西哥"等,并列结构有:"工农兵""数理化""海陆空""天地人""福禄寿"等等。值得注意的是,其中任何两个字之间都不允许有停顿(以"♯"表示):

音译:加拿大　*加♯拿大　*加拿♯大　墨西哥　*墨♯西哥　*墨西♯哥

并列:数理化　*数♯理化　*数理♯化　福禄寿　*福♯禄寿　*福禄♯寿

"不允许有停顿"说明三个音节是一个(而非两个)韵律单位,所以三个音节在纯韵律系统中也是一个独立的音步。就是说,在纯韵律系统中,三个音节跟两个音节一样,组成一个自然音步。

四音节的组合有:"斯里兰卡""巴基斯坦""坦桑尼亚""东西南北""春夏秋冬""柴米油盐""加减乘除""吃穿住行""笔墨纸砚""声光电化"等。在这些四字组合之中,每四个字之间都没有显著的停顿,但是在二、三音节之间可以有间歇,用"/"来表示("间歇"这里指比"停顿"短暂的节奏间隔),就是:

斯里/兰卡　巴基/斯坦　坦桑/尼亚　东西/南北　柴米/油盐　加减/乘除

由此可见,最自然的四字组合是[2+2]。下面看五个字的。跟四字组合一样,每字之间虽然没有明显的停顿,但是间歇可以清楚地划在第二、第三音节之间,亦即:

阿尔/巴尼亚　加利/弗尼亚　布尔/什维克　德谟/克拉西　金木/水火土　天地/君亲师　金银/铜铁锡

由此可见,五个音节的组合,最自然的音步是[2+3]。那么六个音节呢?六个音节的并列结构没有发现,但是音译词则有如"捷克斯洛伐克"。其中的间歇在二、三之间,亦即[2+4]形式:

111

捷克♯斯洛/伐克

这就是说,六个音节的自然节奏是前两个音节一个音步,后四个音节组成两个音步,尽管后两个音步的结合比较紧。七个音节的组合根据一般人的语感,前四个字后三个字明显分成两截,同时前四个字之间又取二、二间歇的形式,亦即:

布依/诺斯♯埃立斯　　柴米/油盐♯酱醋茶

这就是说,当七个字组合的时候,最自然的节奏是"[[2+2]+[3]]"。

上面各种音节的组合形式都是人们日常所感觉到的,同时也是语言学家常常谈到的现象。① 但是它们意味着什么,却很少论及。我们认为,如果上述现象是客观的存在,那么下述结论就可以成立。

基本规则:
i. 两个音节组成一个独立的音步;
ii. 三个音节也组成一个独立的音步,因为[1♯2]和[2♯1]都不能说;
iii. 四字串必须分为[2♯2]格式,因为没有[1♯3]或[3♯1]等可说形式;
iv. 五字串只能组成[2♯3]形式,因为[3♯2]的节律不能说;
v. 六字串除了[2♯2/2]节律以外,不允许其他读法(两词分译的除外,如:"盎格鲁撒克逊"(Anglo-Saxon);
vi. 七字串的节律只能是[2/2♯3],因为没有其他读法。

这六条基本规则都是对现象的归纳。此外,我们还可以在基本规则的基础上,推导出如下"派生规则":

派生规则:
i. 单音节形式不足以构成独立的音步;

---

① 陈渊泉先生最早提出诗律中的"default footing"的说法(见 Chen, 1979)。此外,端木(1993)也指出:"由两个跟三个音节组成的名称(亦即这里的音译词)构成一个'联组域'(Association Domain),由四个跟五音节组成的名称则构成两个'联组域';而六个音节的名称构成三个'联组域'。端木认为"一个'联组域'就是一个含有轻重音的音步"。本文使用音步的概念(冯胜利,1996),但不讨论轻重音的问题。

ii. 汉语的自然节律中不存在[1#1#2]、[2#1#1]、[1#2#1]等形式;

iii. 汉语的自然节律中不存在[1#2#2]、[2#2#1]、[2#1#2]等形式;

iv. 汉语自然音步实现方向是由左向右(即:"右向音步");

v. 汉语自然音步的音节"小不低于二大不过于三";

vi. 在任何一个奇数字串中,纯韵律结构至多允许一个三音节音步。

第一条派生规则是逻辑的必然。因为(一)如果偶数字串一律以双音节为音步,而不以单音节为单位,这只能说明单音节不能构成一个独立的音步。(二)即使在奇数字串中也不存在单音节音步,所以"单音节形式不足以构成独立的音步"是唯一的结论。(三)奇数字串中必然(而且只能)有一个"三音节音步",这不但说明:"音步必双",而且说明所余之"单"非以一个"三音节超音步"的形式出现不可。因此,不承认"单音节形式不足以构成一个独立的音步",无法解释这种现象。①

第二条派生规则的推导过程如下:如果四音节组合不允许[1#3]跟[3#1],同时如果三音节组合不允许[1#2]跟[2#1],那么[1#1#2]、[2#1#1]、[1#2#1]等形式的四字串就不会存在。同理,[1#2#2]、[2#2#1]、[2#1#2]等五音节形式也不允许。事实正是如此,如:

[1#3]	*斯#里兰卡	*巴#基斯坦	*坦#桑尼亚
[3#1]	*东西南#北	*柴米油#盐	*加减乘#除
[1#1#2]	*斯#里#兰卡	*巴#基#斯坦	*坦#桑#尼亚
[1#2#1]	*东#西南#北	*柴#米油#盐	*加#减乘#除
[1#2#2]	*阿#尔巴#尼亚	*加#利弗#尼亚	
[2#2#1]	*布尔#什维#克	*德谟#克拉#西	
[2#1#2]	*金木#水#火土	*天地#君#亲师	

---

① 同时正因为单音节不足以构成一个音步,所以必须贴附于一个相邻的音步之上,否则只有通过其他辅助方法来实现"独立":要么在句中有"停顿"处出现(如"饭,我吃,酒就不喝了),要么以"拉长元音"为权宜之计(如:"啊……,长城!"),而更普遍、更重要的手段则是通过使用"助词"(魏晋服虔所用术语,指无义字)才得以巩固(如:古代的"久之",今天的"阿姨")。

上述形式都"不能说",说明它们不合法。显然,这些非法形式皆从基本规则推导而来。而推导的前提皆以"存在"与"不存在"为其客观基础。

根据基本规则,我们还可以推导出汉语音步(节律)的另一重要属性,亦即音步实现的方向(Directionality of rule application)。音步的实现从哪里开始?通常人们所研究的音步都集中在短语或句子上,因此一般都以句法关系(直接成分分析法)为界来确定音步的起讫点。纯韵律音步是排除了语义跟句法的自然音步,所以没有句法可以凭借,那么音步从哪里开始建立呢?(其实把句法考虑进来的时候,也还有一个"从哪里开始"的问题)。我们仍以"德谟克拉西"为例。说汉语的人自然会按音步来组织这几个字,然而不可能从中间的某一个字开始组合音步。这里只有两种选择:要么从左边起,要么从右边起。究竟是"左"还是"右"要看按哪种方向的运作可以产生符合实际的结果。仍以"德谟克拉西"为例。如果汉语左向音步实现法,那么则从"西"开始:

步骤-Ⅰ   德谟克 # 拉西   ←
步骤-Ⅱ   德 # 谟克 # 拉西   ←
结果   [德谟克] # [拉西]   ←

根据基本规则(i),两个音节一个音步,所以"拉西"首先组成一个音步,其次才是"谟克"。根据派生规则(i),单音节不足以构成一个独立的音步,所以最后一个字"德"必须贴附于相邻的音步("谟克")之上。其结果是一个[3 # 2]型的韵律结构,即:[德谟克#拉西]。这种结果违背了基本规则(iv):五字串只能组成[2 # 3]形式,当然也不符合汉语的实际,因为没有人把"德谟克拉西"念成"德谟克#拉西"的。那么再来看,"右向音步"实现法。这回是从"德"开始:

步骤-Ⅰ   → 德谟 # 克拉西
步骤-Ⅱ   → 德谟 # 克拉 # 西
结果   → [德谟] # [克拉西]

根据上面同样的操作,结果是一个[2#3]式的韵律结构,不仅跟基本规则相符,而且与现实也无矛盾。所以,根据基本规则(iv),汉语自然音步的实现方向只能是由左向右,即:"右向音步"。①

确定了派生规则(ii)以后,派生规则(iv)跟(v)就都"怡然理顺"的了:任何长度的奇数字串,均从左边第一个字开始,而且都要"两字两字地"向左组合而不可能中途出现三字段,直到最后剩下一个"单字尾",才将它跟左邻的音步组成一个三音节音步。因此,在纯韵律结构中,任何一个奇数字串都不可能出现大于一个三音节的音步,也不可能出现一个以上的三音节音步。如果事实确是如此,那么汉语自然音步的本质特征就可以简单地归结为图1:("f"表示音步,"σ"表示音节)

汉语的单音节不足以构成一个音步,跟汉语的韵素(mora)缺乏足够的长度直接相关。譬如"I"[ai],初学英文的中国人都读成"爱";而"爱",初学中文的美国学生都读成"爱姨",把"爱"里的[i]发得过长、过清晰。这就是说英文中的每一韵素都在时间上占有一定的位置、一定的长度。因此在发[ai]时,从[a]到[i]的动程十分清晰,而这样的两个韵素自然可以构成一个音步。但是汉语则不然,这就是为什么当外国人把"天"说成"梯安"时,中国人总听着别扭。汉语的韵素缺乏足够的长度,所以音步必须在音节这一级层上满足其"抑扬轻重"的二分要求。正因为单音节不足以构成一个独立音步,标准音步必须至少要由两个音节组成,所以双音步才占据统治地位,如图2所示。同时,正因为单音节不足以构成一个独立音步,在奇数字串中才出现三音节音步。所以超音步的存在也是"单音节不成音步"的必然结果。如果说汉语的音步有其自然的属性,恐怕这就是它们的基本表现。

三 余 论

上文所说的是自然音步客观存在以及它们的韵律属性。有人会说,这里所

---

① 这一结论跟笔者(1996)所用方法有所不同,但是产生韵律词的运作结果都一样(或更有效)。因具体说明操作过程超出了本文的范围,容另文专述。

谓韵律的自然属性,只不过是古代诗歌的韵律格式。的确,现代汉语音译外来词和单音节并列形式所反映出来的节律格式跟古代诗歌的韵律格式"契如合符"。然而仅仅据此就说"今源于古",人们不禁会问:"古代诗歌的节律是从哪里来的呢?"语言的形式是由语言的内部机制决定的,韵律也不例外。那么古代诗歌的韵律形式的内部机制是什么呢? 不得而知。因此,把今天的韵律格式归源于古代诗歌的习惯,不是理想的解释。更何况仅仅根据诗歌的节律绝推导不出"右向音步"的规则①,而"右向音步"倒可以看作古代五言诗所以是[2+3]而不是[3+2],以及七言诗所以是[4+3]而不是[3+4]等的韵律基础。事实上,古诗中不是没有[3+4]的作品像上文所举的:"为他人做嫁衣裳"(唐·秦韬玉)、"静爱竹时来野寺,独寻春偶过溪桥"(六一居士)、"鹦鹉杯且酌清浊,麒麟阁懒画丹青"(胡仔《苕溪渔隐丛话》)等等,都是[3+4]式。为什么[3+4]的格式不成习惯呢? 其实[3+4]不仅不合今人的习惯,古人也认为它不"标准",所以才叫作"折句诗"。我们知道,南宋人刘克庄不但写了很多折句诗,而且还写了大量的六言诗。可惜这种尝试并没有取得多大成功。宋人在律诗里喜欢用一些折句,目的是造成"以文为诗"的句法。当然,"折句"在词曲里使用较多(这是诗跟词曲的区别之一)。但是众所周知,词曲的句式比较接近口语(话语体裁),这就是为什么[3+4]可以造成"以文为诗"的效果,因为它是"文句"而不是"诗句"的代表。换言之,[4+3]是句法满足韵律的结果,所以才是诗的"正格"。而[3+4]却是韵律"迁就"句法的格式,所以才有"文"的意味。这正说明自然音步与非自然音步的区别:诗律的"正常规格"是建立在自然音步的基础之上,而非自然的音步只有在散文造句中出现。"为他人做嫁衣裳"所以拗口,是因为在律诗中夹一句按"非自然音步"所造的散句,读起来自然有"不诗不文"之感。正因如此,在今人笔下,这句话一般都说成合乎自然音步的四字格"为人作嫁"。赵元任先生也说,"忽闻得喧声四起",如按诗律,必须改成"忽闻四处喧声起"之类的句法。因为只有[4+3]才是纯韵律要求的"右向音步"的结果。

"右向音步"是以人类发音受先后次序限制的生理机制为基础的。从这个意义上说,"右向音步"就是"顺向音步"。因为它是顺着人类发音的次序来组合的音步。根据"顺向"的要求,只有将奇数字串中的"奇字"归在最后,才最自然。这

---

① 譬如古诗中有[4+3]的格式,也有[3+4]的格式(见下文)。[4+3]是右向音步的结果,而[3+4]则是左向音步的产物。因此只凭诗律很难得出右向音步的唯一结论。然而根据纯韵律的分析,只有[4+3]符合自然音步,因而[3+4]即使存在,也必不同于[4+3](见下文)。

恐怕就是为什么汉语中的纯韵律形式(如多音节音译词、多字单音并列结构,以及五、七言律诗等等)都以奇字殿后,叫做"奇字尾"或者"三字脚"。由此可见,顺向音步自有它不依赖于古代诗歌而独立存在的理由,而古代诗歌的节律反而需要以"顺向音步"为自己的理论根据。根据这种分析,把韵律的"基本规则"跟"派生规则"归结为是受到古代诗歌影响的结果,则不免有本末倒置之嫌。

我们说汉语的音步有其自然的属性,这并不意味着音步不受句法、词汇跟语义等因素的限制。相反,汉语日常口语跟散文中所表现出来的绝大部分音步形式都是在句法、词汇及语义的限制下,以及它们跟韵律的相互作用中实现的,否则人们说话就都成了[2+1]、[2+3]、[4+3],而不会有[1+2]、[3+2]、[3+4]等形式。尽管如此,我们也不能不正视音步的自然属性,因为音步的自然属性可以帮助我们更深入地了解、认识和研究韵律跟其他层面之间的相互影响与作用。自然音步客观存在暗示我们这样一种结果:如果汉语的韵律有自然与非自然的区别,那么按"自然音步"组合的形式跟按"非自然音步"组合的形式,必然会反映出两种不同的语法性能。这一点虽非详论不能尽述,但有些明显的现象则不妨在此试作分析。譬如,汉语中名词的复合,之所以[2+1]多于[1+2],或许正是汉语的复合词必须遵从自然音步的结果:

　　　*鞋→工厂　　皮鞋→厂　　*皮→工厂　　皮鞋→工

[2+1]是"右向音步"的结果,所以由此造成的[N+N]复合词,才自然上口而且非常能产。而[1+2]则是句法(或语义)强制音步改变自然方向的结果,所以依此合成的[N+N]复合词要么不存在,要么很少见。事实上,在构词层面上,违背自然音步[1+2],一般不能接受,除非到了短语层面:"打→麻将""泡→病号""在→学校""红→皮包""小→工厂"等等。这样看来,在语言的不同层面(构词/造句)上,音步实现得自然与否,直接导致不同的结果。严格地说,短语层面上的音步不受方向的限制:"学校里"和"在学校"同样可说,可见非自然的音步来自句法、词汇、语义等多方面强制的结果。而在构词层面上,语汇的创造似乎需要严格遵循自然音步实现的方向。违背"右向音步"的形式不是绝对没有,但绝不"自然"。这里的"不自然"可以理解为不能产,而且不加以适当的改造就不顺口。譬如,"得金钱,失乐园,是否值得?""失乐园"在这里必然是一个[1+2]式动宾结构。然而要把它独立用作(书或文章的)题目(如作为 Milton 的 *Paradise Lost*

一书的译名），一般人都会不自觉地理解为[2+1]，即[[失乐]园]。就是说，三个字的组合，如果理解为VO短语，那么可以是[1+2]，如果是合成名词，那么一般是[2+1]①，否则就不自然。正因如此，"印文件"一定是短语，而"复印件"就成了复合词。如果说复合词要求"顺向音步"，而短语（或加缀词如"副总理""非官方"等）才允许"逆向音步"的话，那么上面[1+2]跟[2+1]的对立不仅可以得到自然的解释，而且为什么[2+1]比[1+2]给人以"结合得紧"的感觉，也就涣然冰释了：一般而言，[2+1]是构词形式，而[1+2]则是造句（或加缀构词）形式。

四个字的组合同样可以看出自然与非自然的区别。四字串的自然韵律是2+2，而"一衣带水"是[3+1]，不自然，于是今人都说成了"一衣♯带水"。"副总经理"是[1+3]，但是很少说[副♯总经理]的，一般都是[副总♯经理]。赵元任先生举过一个"无肺病牛"的例子，原义是[无[肺病牛]]，当然也可以理解成[[无肺病]牛]。可笑的是人们却把它读成"无肺♯病牛"，成了"无肺的病牛"了。赵先生曾自造一词"支编辑部"，因为是[1+3]，后来还是改成了[2+2]的"编辑支部"。再如"语言学会"，一般理解成"研究语言的学会"，尽管也可能是"关于语言学的会议"。这都说明[1+3]跟[3+1]的四字串不是绝对没有，但是自然音步的作用也不是不存在。更重要的是自然音步并不被动地接受句法跟语义的"管制"。这可以从五个字的组合看出来。譬如："汉语词典"可以说，"大词典"也能说。可是"大汉语词典"就非别别扭。同样"文化大革命"不能说成"大文化革命"。"大"能修饰"词典"，也能修饰"革命"，可是为什么不能修饰"汉语词典"跟"文化革命"呢？因为无论把它说成[大♯汉语词典]还是[大汉语♯词典]，都不自然。[大♯汉语词典]是[1+4]，其中的"大"是单音节，根据自然音步的要求，"大"不能独立构成一个音步，所以必须跟相邻的音步组成一个超音步。于是就成了[大汉语♯词典]。这样一来，则违背了五字串的本性：[3+2]不是自然音步的结果。此外，词汇的组合也不能无视音步的实现。因为音步的实现不仅是韵律结构的要求，更重要的是直接造成语言中的"韵律词"（冯胜利，1996）。正因如此，就词汇组合而言，"大"可以修饰"文化革命"，但就韵律结构而言，"大文化"必须是一个音步，因而是一个韵律词。然而，"大文化"（或者"大汉语"）都不成话，所以"大文化革命"跟"大汉语词典"说起来都别扭。陈建民先生举过一个七言的例子："热爱人民热爱党"。照理应该说成"热爱党热爱人民"，但不顺口。如

---

① 动宾、动补结构一般不能接受[2+1]则另有原因（冯胜利，1996）。

果把"人民总理人民爱"说成"人民爱人民总理"也有[3+4]之嫌。所以都得按"右向音步"的规律将奇数字串的"三字脚"放在最后,才能满足要求。有趣的是"他爱党/也爱人民"却不觉拗口,虽然这句话也是[3+4]。原因很简单,因为"也"等一类虚词是口语体裁的标志。上文说过,语体允许"逆向音步"。所以"热爱党/热爱人民"跟"他爱党/也爱人民"的对立,不仅说明诗体跟语体的不同,同时也说明实词跟虚词在韵律功能上的差异。

从某些有歧义的组合形式中,也可以看出自然音步对非法组合的排斥作用。例如:"鞋""皮""厂"三个字都是自由语素(词)。因此,"皮厂"和"鞋厂"都很自然。但是组成"鞋皮厂",一般的人都会理解成"制造'鞋皮'的工厂"而不是"制造鞋的'皮厂'(或给鞋制造皮的工厂)"。因为前者是[2+1],后者是[1+2]。这不是说[1+2]式的三字复合词绝对不存在,但是由于不是自然音步的产物,所以念起来都不大自然,不管句法怎样合理。正因如此,"北京市长"虽然可以是[[北京市]长],但都读成[北京♯市长]、[[常用字]汇],都读成[常用♯字汇]。而"凉拌鸡丝"自然可以是"凉"的"拌鸡丝",当然也可以是"凉拌"的"鸡丝"。但事实上,只有后者合乎汉人的习惯。可见所谓"习惯",其实还是规律的作用。

这里说的是韵律的一般规律。语言的创造不仅要合乎一般规律,同时也是为了满足实际的需要。为了需要,在没有其他选择的条件下,造出一些违背韵律自然之法的个别词语,也实属无奈。譬如:医学名称有"美尼尔氏症",农作物病理术语有"稻白叶枯病",军事术语有"后三角队形"等等。其他学科的术语里,同样有不按自然音步组合的现象。有趣的是,很多"反自然"的现象大多出现在专门术语里。这足以说明它们(1)是特殊需要的产物;(2)不是口语里的创造。无论如何,非自然的组合不能否定自然音步的存在,而只有深入了解了音步的自然属性,才能有效地解释例外现象的所以"不自然"。

参考文献:

Chen, M. Y. (1979), "Metrical Structure: Evidence from Chinese Poetry," *Linguistics Inquiry*, 10.

端木三(1993), Distinctions between Word and Phrase in Chinese, ms. University of Michigan.

冯胜利:《论汉语的"韵律词"》,《中国社会科学》1996年第1期。

方法谈：

韵律语法研究的方法论

一些基本的研究方法推动着韵律语法研究的不断发展，这里对这些方法进行简单的概括。

一、恪守(演绎)逻辑规则

现代科学的核心是演绎逻辑。因此，恪守逻辑（尤其是演绎逻辑）规则是韵律语法研究的基本原则，也是韵律语法区别于传统韵律研究的重要特征。

以学界公认的音节组配序列中的"[1+2]（单+双）松"和"[2+1]（双+单）紧"为例，我们认为其中的"松/紧""强/弱"不能仅凭感觉、举例来描述，而必须用结构来定义、论证。

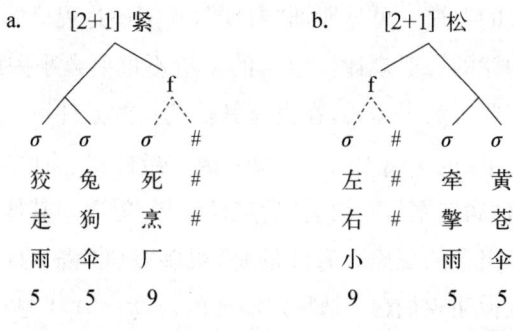

图 1

如图 1.a 所示，其[2+1]中末尾单音的延长部分在三音节结构之外；而在图 1.b 的[1+2]中，起始单音的延长部分（如果有的话，则）在三音节结构之内。因此，所谓"松/紧"只是一种感觉或比喻，其结构本质在于三音节内部是否存在"单音节的延长"也就是"停延"的有无。有，则松；无，则紧。正因如此，在快读时，因为没有停延，所以无论 995 还是 599 都遵循"阳+阳+上"的变调规律；一旦中间有停延（受语义、句法影响），[2+1]和[1+2]的变调结果则有所区别，前者为"阳+阳+上"（如"雨伞厂""559"），后者为"（半）上+阳+上"（如"小雨伞""955"）。

由此可见，韵律语法中的"松""紧"差异，其本质为不同节律结构的对立关系,而非孤立存在的现象。不仅如此,"松/紧""强/弱"对立的必然结果还必须通过具体结构及其规则推导得出。倘若没有必然性"派生",那么给出的结论、提供的例子都是表面现象的归纳,而非反映内在机制的规律。唯有机制和规则,才有逻辑必然的可能性推理,才是现象所以如此的根源。因此在韵律语法系统里,我们避免使用这种概念不清(或未经严格定义)的术语。

二、运用形式科学工具

实践证明,要发掘语法现象并揭示其中规律,仅基于现成语料(如语料库)并对其进行分类、归纳是不够的,必须借助形式科学的方法,这些方法如同"显微镜",通过它们可以使语法的现象和规则"显现出来"。韵律语法研究的理论工具就是生成语法尤其是形式句法,具体有三。

(一) 最小对立对(minimal pair)

最小对立是语言研究的经典方法,韵律语法研究对其情有独钟。最小对立对是确定、证明和建立观点或创新思想的最有效证据。因此,在韵律语法的理论体系中,表达、证明一种观点首先要提供最小对立对。

举例来说,韵律语法理论发现上古汉语是"韵素定时"的语言,那就意味着上古韵母中要素的多少(如/a/ vs. /al/)可以产生(或被用来表达)轻重的对立。如何证明呢? 首要方法就是得找到"最小对立对"。因此,当我们发现"吾"([*ŋa])[①]和"我"([*ŋal])的对立仅在于尾韵素/l/的有无时,我们就可以将其确定为最小对立对。进而,再去探寻二者是否存在语法对立,比如"吾丧我[ŋa swaŋ ŋal]"(《庄子·齐物论》)。这样,我们就为上古汉语的韵素音步提供了例证。

可见,最小对立对帮助我们发现新规律。当然,要确定一个新观点,一对最小对立对是远远不够的(因为不能排除偶然性),必须发掘相当数量的同类(同性质)的最小对立对才能证实和证伪一条规则。因此,发现和分析最小对立对的能力是语言研究者的基本功,最小对立对的典型性和普遍性直接决定了研究结论的可靠性。

(二) 排他式对立

如果说最小对立对是韵律语法研究借用的探测工具,那么排他式对立则是韵律语法理论自创的论证工具。

---

① 音标前加*,表示该读音为拟测而来的古音。

譬如并列式复合词"工农兵",一般认为其内部结构为[1+1+1]式。有没有可能是[1+2]或[2+1]式呢?这就取决于我们能否构建出结构上的最小对立对。

首先,三种结构的逻辑可能性如下:

(2) a. [1+1+1]:工+农+兵
　　 b. [1+2]:工+农兵
　　 c. [2+1]:工农+兵

其次,三种结构可能存在的逻辑真值关系如下:
其一:a、b、c 三种都合法。(这种情况意味着 a 是表象,b 或 c 才是本质。)
其二:a、b 合法,c 不合法。
其三:a、c 合法,b 不合法。
其四:a、b、c 三种可能全部不合法。(无需讨论。)
其五:b、c 合法,a 不合法。

如果是其一,三种结构都合法,如"元明清、元明、明清",则没有可供测试的最小对立对。另外还需注意三音节并列形式的"词、语"之别,[1+1+1]的"元明清"是短语而非词,指三个不同的朝代而非某一断代的专名;而这里要讨论的"工农兵"是复合词,指一般老百姓(不限于工人、农民、士兵三种职业),而非指称不同职业的短语(如:工、农、兵、学、商)。

若为其二,c 不合法,则 c 和 b 构成最小对立对。

若为其三,b 不合法,则 b 和 c 形成最小对立对。

无论其二还是其三,a 都无法参与最小对立对的计算,因为 a=[1+1+1]是表层现象,其结构无论是[2+1]还是[1+2],表面都是[1+1+1],但内部结构迥然不同。换言之,只要其二和其三有一个存在,a 就不存在,剩下 b 和 c 对立,这就是排他式对立法。

倘若是 b[1+2]和 c[2+1]的对立,那么就会出现如下结果:

(3) 工农兵　　工农　　*农兵

何以如此?根据韵律语法"右向构词、左向造语"的韵律构词规则,只能是

[2+1]构词,复合名词不允许[1+2]式。

除了"工农兵",还有一大批这样的例子:度量衡、衣食住、海陆空、福禄寿、松竹梅、日月星、德智体、真善美、党政军、港澳台、亚非拉、金银铜、天地人、你我他、打砸抢,其内部结构都是[2+1]好,[1+2]不好。

可见,"工农兵"的结构不是[1+1+1],而是[2+1]。这一结论就是靠排他式对立法论证得出的。

(三) 推寻新现象

推寻新现象就是根据已有事实和规则去推导、寻找新的现象和证据。与传统研究的"收集现象"不同的是,韵律语法研究中的大多数现象是基于理论推导发现的。换言之,韵律语法现象是运用理论(或推演)"勘探、探照"的结果。譬如之前提及的上古汉语中"吾、我"的韵素对立,倘若韵素多少确实导致二者形成音节上的轻重对立,那么我们理应推寻发现一批这样的韵素对立现象,于是我们探寻到:

(4) 虽[*sq^{hw}i](though)—纵[*ʔsloŋs](even though)①
  a. 齐国**虽**褊小,吾何爱一牛?(《孟子·梁惠王上》)
  b. 吾一妇人而事二夫,**纵**弗能死,其又奚言?(《左传·庄公十四年》)

(5) 不[*p-ɯ']—弗[*p-ɯd]②
  a. 虽有佳肴,**弗**食,不知其旨也。(《礼记·学记》)
  b. 有其人,无其世,虽贤,**弗**行矣。(《郭店竹简·穷达以时》)
  c. 今有其人**不**遇其时,虽贤,其能行乎?(《荀子·宥坐》)

类似的韵素对立现象还有更多:而[*njɯ]—乃[*nɯːʔ]③、何者/a/—何则/ək/④等等。

韵律语法理论给予我们一个重要启示:语言现象是观察的结果,语言事实则是探寻(预测)的产物。

---

① 重音节"纵"是轻音节"虽"的强调形式。
② 重音节"弗"(弗=不+之)用以加强事件的否定,轻音节"不"表示一般对象的否定。
③ 重音节"乃"表示事件的发生更加困难。
④ "何则"表示带有新信息、惊讶意味的"为什么呢","何者"表示"为什么"。"何则"是"何者"的强调形式,"则"在语音上比"者"多一个塞音韵尾-k。

三、韵律语法的理论建构及核验模式

作为一种理论,韵律语法的发展离不开有效的理论建构及核验模式,概要来说,该模式可见图2所示。

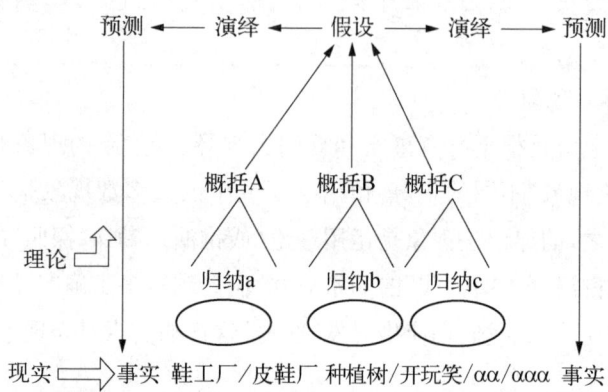

图 2

该模式分上下两段:上段的理论(假设、演绎、预测)是科学思维的产物,存在于我们的大脑之中;下段的事实则是现实世界中的具体语言现象(及其分类、归纳、概括)。与此同时,该模式又分内外两层:内层为归纳,外层是演绎。归纳的底层是现象(事实),归纳、概括的上端是假设;演绎以假设为起点,终点归于(语言学)事实。归纳与演绎以假说为枢纽而相互联结;假说又以归纳和演绎为中介而兼取现实为基础。这一模式,重视归纳在观察分析事实阶段的基础作用,同时强调演绎对理论建构、核验的核心作用。换言之,它基于归纳而旨在演绎,以演绎的理论预测为某一特定研究过程的最终目标,并将其视为下一研究过程的起点。

我们以韵律语法研究来说明以上模式。我们观察到"*鞋工厂/皮鞋厂""*阅读报/读报纸"的最小对立,提取其各自的类别属性并得到"自然音步的双音节右向组构""[N+N]右向音步构词、左向音步不合法""[V+N]右向音步不合法、左向音步成短语"的概括。然后,思考其背后的更深层原因,提出"右向构词、左向造语"假设。接下来,基于假设从多种角度做进一步的预测以证实或证伪。以上的研究程序循环往复,可以逐步达到理论系统的建构。

同形删略和离合词、不完整词形成机制
——兼论准定语的形成机制*

郭 锐**

摘要： 离合词指构词成分可以"分离"的词，不完整词指构词成分可以"部分缺失"的词。表面上看离合词和不完整词都违反了词的完整性，本文认为，违反完整性是假象，离合词的"分离"和不完整词的"部分缺失"都是语音层面的同形删略造成的，在结构上并不违反词的完整性。同形删略的方式主要受两端保留原则和核心词性一致原则的限制。从根本上说，离合词其实就是前后出现的两个不完整词。离合词中，最重要的类型是由"隐性轻动词＋实义动词"结构发生实义动词拷贝和同形删略而形成的离合词，这种结构与准定语结构实为相同结构。在准定语结构中由于存在重复出现的同形动词而发生动词的删略，造成定语与其修饰的中心语在语义和句法上的"错位"。

关键词： 离合词；不完整词；同形删略；准定语；轻动词

一、引　言

离合词和不完整词是现代汉语中的特殊现象。离合词指构词成分可以"分离"的词，不完整词指构词成分可以"部分缺失"的词。如：

---

* 原载《语言科学》2017年第3期，第225—249页。收入本书时略有修改，补出因期刊篇幅限制而未能呈现的较为重要的树形图和部分内容，并对个别文字表述和技术细节作了调整。

** 郭锐，北京大学教授，博士生导师。曾任北京大学中文系副主任，现任北京大学中国语言学研究中心主任，北京市语言学会副理事长。

(1) 退了休　帮我的忙　登一个记　后什么悔　这个忙不能帮
（离合词）
(2) 喜不喜欢　动植物　大到暴雨　离都离开了　　（不完整词）

从直观上看，离合词和不完整词都违反词的完整性。词的完整性（lexical integrity，又译作"词的自主律"）是词的"凝固性"的更精确的说法，具体表现为词内部的成分不能移出、词内不能扩展、词内成分不能省略。词（word）与词组（phrase）分别属于语法的不同层面，所适用的规则不同，属于"词"层面的范畴具有完整的自主性，适用于"词组"层面的句法、语义规则不能进入"词"的内部结构（黄正德，1988）。内部成分移出、内部成分扩展（包括插入其他词语）、内部成分省略等属于句法层面的操作，不能进入词的内部。但例(1)(2)既有词内成分的移出（这个忙不能帮），又有词内扩展（退了休、帮我的忙），也有词内成分的省略（喜不喜欢）。

离合词中有一些其实并不是真正的"动宾"格构词，如"退休、登记、后悔、幽默"。那么是什么机制使一个词，特别是非动宾格词可以像动宾结构一样"分离"呢？本文将说明，违反词的完整性其实是假象，离合词和不完整词是经过同形删略（haplology）操作而形成的，并不真正违反词的完整性。离合词的某些类型的形成机制与准定语结构的形成机制相同。

本文的研究基于生成语法的理论框架。在生成语法系统中，句子的生成是一个推导过程，其推导要经过以下层面：

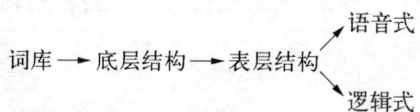

我们认为，造成离合词和不完整词的同形删略的操作不是发生在底层结构和表层结构层面，而是发生在语音式层面。

我们所说的同形删略通常叫"同音删略"，指同一句子中前后出现形式相同的片段时，部分片段被删除的现象。先看英语中的同音删略现象：

(3) a. big powers' ~~s~~ interaction.
    b. He is not ~~is~~ a student.（司富珍，2005）

汉语中的同音删略很早就有学者讨论。赵元任(1968：126,154)谈到"已经去了了"要说成"已经去了"，"卖菜的的(筐子)"可以说成"卖菜的"，原因是相邻的两个"了"和"的"由于语音相同而删略。

可以看到，同形删略只是语音层面的操作，这些被删除的片段在结构上仍然是存在的。严格地说，并不是这些成分真正被删略，而是这些成分不发音。

可以删略的成分不仅要与同句的另一成分同音，还要求字形相同，字形不同不能删略①，因此最好把"同音删略"叫作"同形删略"。比较：

(4) a. 你不是是老王吗？→你不是老王吗？
　　b. 你不是适应了吗？→ *你不适应了吗？

二、同形删略的方式

在正式分析离合词和不完整词的形成机制前，需对同形删略的方式作不同角度的分类。

(一) 删略的量：完全删略和部分删略

发生同形删略的成分有时是完全删略，如例(5)：

(5) a. 卖菜的{的}篮子　　b. 我{知道}都不知道

有时是部分删除，其他片段保留，如(6)。

(6) a. {喜欢}不喜欢　b. 我{知道}都不知道　c. {听得懂}是听得懂

发生删略的成分是单音节时，总是完全删略；而发生删略的成分多于一个音节时，多为部分删略，如(6)，但也有完全删略，如(5)b。

(二) 对哪一个同形成分进行删略：前删略和后删略

同形删略的基本条件是句中有同形的成分，而两个形式相同的成分中哪一

---

① 刘汉民(1982)已经注意到这种现象，称之为"同音同字省略"。

个发生删略操作,又有两种情况:

其一,前删略:两个同形成分中前面出现的成分发生删略。

(7) a. {喜欢}不喜欢   b. 我{知道}都不知道

其二,后删略:两个同形成分中后面出现的成分发生删略。

(8) a. 考试不{考试}   b. 小便{小便}不干净

有时,同一个结构中,既有前删略,又有后删略,即发生两次删略。如:

(9) a. 连{帮忙}也不{帮忙}   b. {后悔}什么{后悔}

(三) 删略片段的位置:右端删略和左端删略

根据保留和删略的成分的位置不同,可以把部分删略分为两种类型:

其一,右端删略,即:AB→A 或 ABC→A。如:

(10) a. {喜欢}不喜欢 b. {听得懂}是听得懂 c. 小便{小便}不干净

其二,左端删略,即:AB→B 或 ABC→BC。如:

(11) a. 连{帮忙}也不帮忙   b. 表兄{表弟}

右端删略时,只保留第一个音节,其余部分删除。左端删略时,删除第一个音节,保留其余的部分。即发生删略的成分要么删除第一音节,要么只保留第一音节,这个规律可以叫"首字原则"。

例(9)发生了两次同形删略,其中一次是左端删略(帮忙、后悔),另一次是右端删略(帮忙、后悔),前后删略的成分不同,这就是 Fanselow et al.(2002)所说的分配删略(distributed deletion),潘海华、叶狂(2015)则称之为互补删略(complementary deletion)。

三、不完整词和同形删略

不完整词都有特殊的出现条件,下面三例中的 a 满足这个条件,形成不完整词,而 b 不满足这个条件,不能形成不完整词:

(12) a. 你喜不喜欢打球? b. *我喜打球。
(13) a. 中小学都放假了。 b. *中都放假了。
(14) a. 今晚有大到暴雨。 b. *今晚有大。

不完整词出现的条件是:后面或前面有与之完全同形的词(喜欢),或者有与之部分同形且构造相同的词(中学—小学,大雨—暴雨),被删除的都是同形的那一部分。由于有这些特殊条件,不完整词实际上可分析为由同形删略造成。现代汉语中的下面 7 种不完整词都可看作同形删略的结果。①

1. 用于并列结构:

    a. A̶B̶+CB→A+CB:中{学}小学、动{物}植物、牛{肉}羊肉、上{班}下班

    b. AB+A̶C̶→AB+C:表兄{表}弟、十七{十}八、输出{输}入、统{购}派购

2. 用于定中结构:

    a. AB+B̶C̶→AB+C:中医{医}院、充电{电}池

    b. ABC+C̶D̶→ABC+D:教育部{部}长、共产党{党}员

由于两个同形片段相邻,看作"前—右"删略也是可以的,但若采取"前—右"对"教育{部}部长"进行删略,"教育部"的前两字"教育"保留下来,违反要么删除

---

① 下面的 7 种情况只是发生同形删略的必要条件,而非充分条件,满足这些条件的并非一定可以发生同形删略,对比:一班{班}长/*一师{师}长,文学院{院}长/*科学院{院}长,牛{肉}羊肉/?鸡{蛋}鸭蛋/*银{耳}木耳。

第一音节,要么只保留第一音节的"首字原则",因此还是处理为"后—左"删略好。

3. 用于"到"字结构：

$$A\cancel{B}+CB \rightarrow A+CB：大\{雨\}到暴雨、小\{雪\}到中雪$$

4. 用于正反问格式：

$$A\cancel{B}+AB \rightarrow A+AB, AB+A\cancel{B} \rightarrow AB+A：喜\{欢\}不喜欢、考试不考\{试\}$$

5. 用于让步结构：

$$A\cancel{B}+AB \rightarrow A+AB：喜\{欢\}是喜欢、干\{净\}倒是干净$$

6. 用于"连"字句：

a. $A\cancel{B}+AB \rightarrow A+AB$：离\{开\}都离开了、认\{识\}也认识了
b. $AB+A\cancel{B} \rightarrow AB+A$：睡觉都没睡\{觉\}、理发也没理\{发\}

7. 用于重动句：

$$AB+A\cancel{B} \rightarrow AB+A：睡觉睡\{觉\}不着、小便小\{便\}不干净$$

四、离合词和同形删略

（一）离合词的分离类型

我们在王海峰（2011：48）基础上,根据表层形式将离合词的分离类型分为两大类20种（见表1）,其中有些类型可以同时使用。

(15) 帮了$_{16}$我$_{20}$一个$_{11}$让我一辈子受益的$_{10}$大$_9$忙

表 1　离合词的分离形式类型

类　型	格　式	例　句
A类： O前置	1. "连"字句	(连)觉也不睡
	2. 重动句	舞跳得好
	3. "把"字句	把澡洗了
	4. 话题化结构	这个忙不能帮
	5. 任指成分前置句	什么忙也不帮，一个忙也不帮
	6. 焦点判断句	发是昨天理的
B类： 插入其他成分	7. V什么O	a. 帮什么忙　b. 后什么悔
	8. V名词的O	a. 睡你的觉　b. 帮他的忙　c. 吃他的亏
	9. V性质定语O	帮大忙
	10. V关系化定语O	帮让我一辈子受益的忙
	11. V数名量O	帮一个忙
	12. V数时量的O	帮一个月的忙
	13. V数动量/时量O	帮一次忙，帮一天忙
	14. V数O	睡一觉
	15. VVO	帮帮忙
	16. V了/着/过O	帮了忙
	17. V补O	帮不上忙
	18. V的O	a. 他帮的忙(不少)　b. 是小王帮的忙
	19. V的(是)O	帮的(是)什么忙
	20. V名词O	帮我忙，吃他亏

这些离合词的分离形式，都可以分析为同形删略造成。根据"分离"形式的同形删略条件和具体方式不同，大致可分为动词复现结构和"轻动词＋实义动词"结构两个大类，下面分类分析。

(二)动词复现结构中的同形删略

所谓动词复现结构,指谓语动词前面有一个与之同形的动词的结构,如"<u>想</u>都没<u>想</u>"、"<u>打</u>篮球<u>打</u>得好"。有几种离合词是在动词复现结构中产生的。

1."连"字句中的同形删略

这里说的"连"字句包括带"连"的和不带"连"但句式义相同的句子。我们说的"连"字句的同形删略指下面这样的例句:

(16) a. 他连头也不抬。　　　b. 喜酒都喝了,还有什么不好意思的。

"连"字句中"连"后的成分往往都与预设中的其他成分形成对比(郭锐,2006),例如:

(17) 这种事连**小学生**都知道。(对比成分序列:小学生—中学生—大学生)

但有些"连"字句却"找不到"对比成分。如例(16)a并不形成对比成分序列"头—手—脚",b不形成对比成分序列"喜酒—可乐—茶"。根据潘海华(2006),我们认为例(16)a实际上是一个VP与其他VP形成对比:抬头—打招呼—握手等热情举动;喝喜酒—拉手等亲密的举动。因此,可以认为,(16)中"连"后成分本来也带有一个动词,只是这个动词与谓语动词同形,被删除了。这样,这些"连"字句的意义才能得到解释。如下所示:

(16′) a. 他连头也不抬←他连抬头也不抬
　　　 b. 喜酒都喝了←喝喜酒都喝了

"连"字句是一种派生句式,由基础句式[主语+也/都+附加语+[$_{VP}$V+O]]变化而来。例(16)a属于拷贝基础小句的VP至"连"后"对比焦点"位置,并删略左端;原位的"抬头"包含小句谓语核心,而小句核心不能缺失,因而保留,但其中的"头"可以删略。由此形成互补删略。

如果是离合词,则有两种形式,其中第二种形式就形成"分离"形式:

(18) a. 他ⱼ连睡觉ᵢ[tⱼ也没[ᵥᵨ睡觉ᵢ]]（VP拷贝至"连"后"对比焦点"位置，原位VP保留，并删略右端，形成不完整词）

b. 他ⱼ连~~睡~~觉ᵢ[tⱼ也没[ᵥᵨ~~睡觉ᵢ~~]]（VP拷贝至"连"后"对比焦点"位置，并删略左端；原位VP保留，并删略右端，形成离合词）

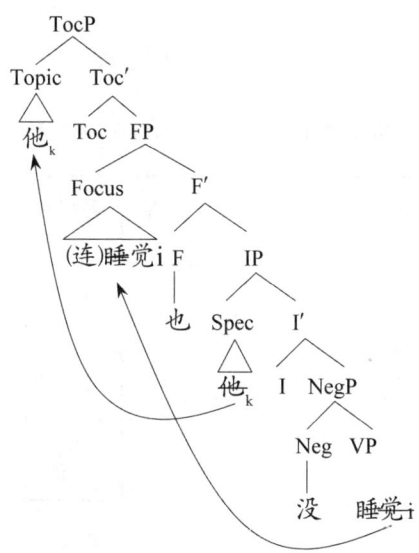

"连"字句中同形删略的规则是：当"连"后"对比焦点"与谓语动词同形，且同形成分为双音节、多音节时，谓语动词删略右端，形成不完整词；或在此基础上"连"后成分进一步删除左端，形成离合词。

单音节同形成分有时也可以删略，如：

(19) a. 小王都 ′走了←b. 小王走ᵢ都 ′走ᵢ了

完整的"连"字句中，"连"后成分重读，但此处"连"后成分被删略，原来的重音无所依托，只得转移到与原来的"连"后成分同形的谓语动词上。如(19)a中"走"要重读。

甚至一些双音节动词也可以完全删略。如：

(20) a. 我都不 ′知道←b. 我 ~~知道ᵢ~~都不知道ᵢ

可见,"连"字句中的离合词实际上是假象,看似从动词中移出的成分其实是与动词同形的另一个动词,只是在语音层面上两处都发生了删略,并未发生移出的操作,词的"分离"并不存在。严格地说,这种离合词其实是前后分别出现的两个不完整词,只是由于这两个不完整词采取的是互补删略,看起来就像是同一个词的两个片段。

"连"字句中的同形删略有4种,其中3种形成不完整词或离合词(见表2)。

表2 "连"字句中的同形删略和离合词、不完整词的形成

例　　句	删略次数	完全/部分删略	删略位置	离合词/不完整词
我知{道}都不知道	1	部分删略	前—右	不完整词
我睡觉也没睡{觉}	1	部分删略	后—右	不完整词
我{睡}觉也没睡{觉}	2	部分删略	前—左,后—右	离合词
我{知道}都不知道	1	完全删略	前	非不完整词、非离合词

2. 重动句中的同形删略

"他(的)老师当得好"一类格式的句法结构很难分析,这是因为发生了同形删略,表面形式发生变化。要分析这类格式的结构,需从同形删略的视角来分析。邓思颖(2008,2009)采取动词核心移位的分析法。黄正德(2008)用轻动词处理"他的老师当得好"一类结构的生成。我们认为用同形删略来分析更简捷自然。重动句作为话题句,也是一种派生句式。其结构可概括为:主话题+次话题+[主语+V+O+C]。其中,"[主语+V+O+C]"是基础小句,宾语"O"不在表层结构出现,主话题和次话题都是由基础小句中的成分拷贝而来。这个格式可以概括"他当老师当得好"和"当老师他当得好"两种语序。例如:

(21) a. 他$_j$(当老师)$_i$[t$_j$(当老师)$_i$得好](基础小句的主语拷贝至主话题位置,原位主语删除;"V+O"拷贝至次话题位置,原位的O被删除)

b. (当老师)$_i$他$_j$[t$_j$(当老师)$_i$得好](基础小句的主语拷贝至次话题位置,原位主语删除;"V+O"拷贝至主话题位置,原位的O

被删除）

重动句形成后，再进一步把话题位置的"V"同形删略：

(22) a. 他$_j$(当老师)$_i$[t$_j$(当老师)$_i$得好]（次话题位置上的"V"被同形删略）
　　 b. (当老师)$_i$他$_j$[t$_j$(当老师)$_i$得好]（主话题位置上的"V"被同形删略）

带"的"结构，可作平行的分析：

(23) a. 他$_j$的(当老师)$_i$[t$_j$(当老师)$_i$得好]（基础小句的"V+O"拷贝至话题位置，原位的O被删除；由于话题位置上的"当老师"已指称化，无法得到主语，故"当老师"的原位的主语拷贝到领属定语位置修饰话题位置的"当老师"，原位主语删除）
　　 b. 他$_j$的(当老师)$_i$[t$_j$(当老师)$_i$得好]（话题位置的"V"被同形删略）

例(22)a 和例(23)的差别是：例(22)a 中是指称化的动宾结构(当老师)做次话题，"他"则是主话题；例(23)中是指称化的动宾结构(当老师)受领属性定语"他的"修饰后做话题(他的当老师)。两句的共同点是，在语音层面，话题中与谓语动词同形的动词"当"被删略。

重动句中的离合词，实际上是话题位置的动词与谓语核心动词进行互补删略形成的。例如：

(24) a. 他$_j$跳舞$_i$[t$_j$跳舞$_i$得很好]。（"V"拷贝至次话题位置，原位的"V"右端删略；基础小句的主语拷贝至主话题位置，原位主语删除）
　　 b. 他$_j$跳舞$_i$[t$_j$跳$_i$得很好]。（话题位置上的"跳舞"左端删略）
(25) a. 他$_j$的跳舞$_i$[t$_j$跳舞$_i$得很好]。（基础小句的"V"拷贝至话题位置，原位的"V"右端删略；主语拷贝至话题位置上的领属定语位置，原位主语删除）

b. 他ⱼ的跳舞ᵢ[tⱼ跳ᵢ得很好]。(话题位置上的"跳舞"左端删略)

下面几例与典型的重动句不同,但其实也可以分析为重动句的同形删略。

(26) a. 我饭吃了。← b. 我ⱼ(吃饭)ᵢ[tⱼ(吃饭)ᵢ了]。

例(26)a有歧义,一种意思是"我把饭吃了",我们讨论的是后一种意思:"吃饭这件事我做了。"其中的话题"饭"带有事件含义,代表的是"吃饭"这件事。可以分析为特殊的重动句,即主语位置上的动词性成分被删略的重动句[如(26)b的分析]。

如果话题是离合词,则可发生"分离"现象。如:

(27) a. 我澡洗完了。← b. 我ⱼ(洗澡)ᵢ[tⱼ(洗澡)ᵢ完了]。

这类结构中,做次话题的成分拷贝自谓语核心动词,原位动词右端删略,话题中动词的左端删略,由此形成"分离"假象。

从上面的分析可以看到,所谓"事件名词"其实是因为在语音层面上删除了一个动词或动词性语素,剩下的宾语名词承担起原动宾短语的语义内容。

重动句中的同形删略,有的形成不完整词,有的形成离合词,其差异是什么呢?差异仅在于是一次删略还是两次删略。

表3　重动句中的同形删略和离合词、不完整词的形成

例　句	删略次数	删略位置	离合词/不完整词
小便小{便}不干净	1	后—右	不完整词
{洗}澡洗{澡}完了	2	前—左,后—右	离合词

3. "把"字句中"把"的宾语的同形删略

"把澡洗了"这类离合词的"分离"现象是如何形成的?"把OV了"结构一般只允许"去除、受损"义动词进入,整个格式表示去除某物或使某物受损(吴葆棠,1987)。但还有一类"把OV了"似乎没有使"把"的宾语所指的物体去除、受损的意思。如:

(28) a. 把书买了　　　　b. 把语文考了

这两例"把"字句中,"把"的名词宾语其实代表一个事件,这类"把"字句语义解读是:把买书这件事做了、把考语文这件事做了(参看叶向阳,2004)。因此,这类"把"字句仍有去除义。可以认为,句法上"把"的宾语其实是一个动宾短语"买书""考语文",只是由于其中的动词与"把"字句的谓语动词同形而发生了语音删略。"把"字句的结构可表示为:主语+把-宾语+[V+(C)+O]。其中,"主语+[V+(C)+O]"是基础小句。"把"的宾语是从基础小句中拷贝"O"或"VO"而来。例如:

(29) 他把衣服$_i$[洗干净了~~衣服~~$_i$]。("把"的宾语拷贝自基础小句宾语,原位宾语删除)

例(28)这样的结构生成过程可分析为:

(28′) a. 我把(~~考语文~~)$_i$[(考了~~语文~~)$_i$]。("把"的宾语拷贝自基础小句的"VO",原位"O"删除,"V"因是谓语核心,需保留;"把"的宾语位置上的动词"考"因与谓语动词同形而删略)

b. 我把语文考了。

如果"把"的谓语是离合词,则发生"分离":

(30) a. 我把澡洗了。 ← b. 我把~~洗~~澡$_i$[洗澡$_i$了]。

(三)"轻动词DO+实义动词"结构中的同形删略
1. 过去的相关研究

黄正德(2008)认为"你教你的英文""他看了三天的书"这类准定语结构可分析为:谓语"教英文""看书"(=VP_2)首先经过动名化,其主语或数量成分作为动名短语GP(Gerundive Phrase)的定语,以"你的""三天的"形式出现,得到"你的教英文""三天的看书"。动名短语上面还有个缺乏语音成分的轻动词DO,其语义属"执行、进行、做、搞、弄"之类,是个双元述词(以"你"、"他"为其主语,指涉事件的 GP 为其宾语)。由于 DO 和 G 两个核心词都没有语音成分不能独立成词,必须将下面的 V₂ 移上来补位,于是形成了"你教你的英文""他看了三天的书"这种准定语结构。

黄正德(2008)同时分析了离合词用于这类结构:轻动词也可以具有语音成分[(35)a],但当轻动词没有语音成分时[(31)b],词根核心便需移上去补位[(31)c]:

  (31) a. 他搞他的革新,你搞你的复古　　(轻动词=搞)
    b. *他__他的革新,你__你的复古　　(轻动词无语音成分)
    c. 他革他的新,你复你的古　　(词根核心补入轻动词位置)

汪国胜、王俊(2011)采用类似的处理,即用轻动词吸引离合词中核心语素前移的办法处理离合词的形成过程。

我们认为,从一个词内部移出词根的做法违反词的完整性原则,同时"移"上去的不一定是词根核心,甚至可以不是词根,而只是一个音节,无法用"移动"来解释。如:

  (32) a. 你**静**你的坐,我游我的行。　　b. 他**幽**他的默,我搞我的笑。

沈力(2006)认为"研究什么研究""研什么究"与"研究什么方言"相当,后一个"研究"是插入的,做前一个"研究"的补足语。蔡维天(2011)认为(33)衍生自隐性轻动词结构,经由动词重复(verb copying)的机制而来。进入语音式(PF)之后,删掉下层拷贝(lower copy)就成了(33)a;若上层拷贝(upper copy)删掉第一音节,下层拷贝删掉第二音节,则衍生出(33)b。

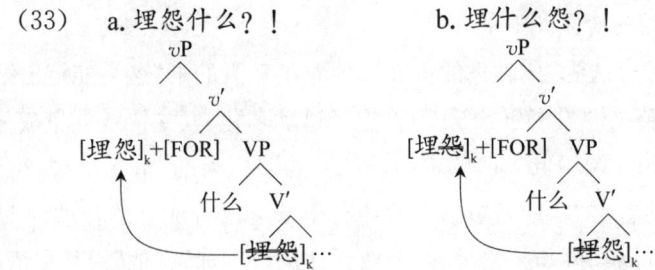

我们同意蔡维天(2011)用轻动词以及动词拷贝的方法分析问原因的"埋怨什么"这种格式,但由于"埋怨什么埋怨"和"埋什么怨"不能问原因,而只能表示否定含义,因此不应用轻动词FOR,而应用轻动词DO来分析。

上述离合词的"分离"形式都是"隐性轻动词+实义动词"结构中的同形删略形成。可以结合黄正德(2008)提出的轻动词DO和蔡维天(2011)提出的动词拷贝及音节删除来分析这类离合词"分离"形式和相关的准定语结构。

2. 实义动词受定语修饰结构中的同形删略

(1)"睡你的觉、操总理的心"类结构的分析

这类结构从表层形式看,是在离合词中间插入领属性定语。有两种情况,一是主语与领属性定语同指(你睡你的觉),二是主语与领属性定语不同指(老张操着总理的心)。这类结构中,实义动词通过拷贝的方式与隐性轻动词DO合并,只是拷贝后由于形成了前后成分的同形,因此需要进行同形删略的操作,把上层拷贝的右端删除,下层拷贝的左端删除,即互补删除。结构分析如下:

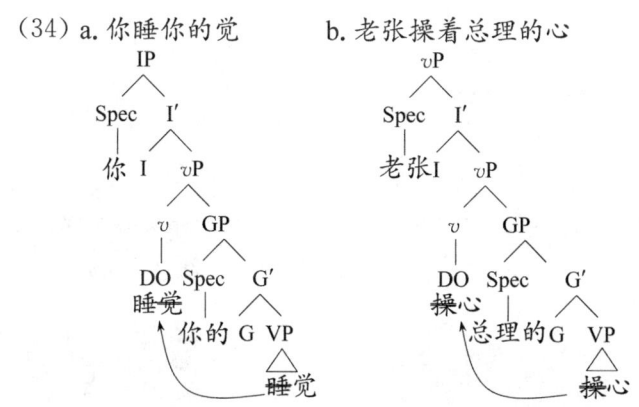

(34) a. 你睡你的觉　　b. 老张操着总理的心

现代汉语中"NP 的 VP"结构的"VP"可以受状语修饰,如"这本书的不出版",因此"VP"仍有动词性,但"NP 的 VP"整体是名词性的。此处"VP"大致与英语的动名词(V-ing)功能相当。汉语没有类似英语"-ing"的显性的动名词标记,但可假设汉语中指称化的谓词性成分带有隐性的指称化标记,我们用G表示这个指称化标记。按照一般的规则,此处的G由于是零形式,实义动词应先拷贝到G位置,然后再拷贝到DO位置。考虑到G是虚化成分,而虚化成分应与拷贝或移动的成分发生并移(pied-piping),一起拷贝或移动到DO位置,但此

处拷贝到 DO 位置的"睡（觉）"是谓语核心,不应带指称化标记,因此本文采取实义动词直接拷贝到 DO 位置的处理。

"老张操着总理的心"在构造上与"你睡你的觉"相同,差别只是主语与领属性定语是否同指,由此造成句式在语义上的差异。"你睡你的觉"一类句式的主语与事件的领属性定语同指,是说某人做自己的事,因而有了专注于某事,与其他事不相干的意思;"老张操着总理的心"一类句式的主语与事件的领属性定语不同指,是说某人做别人的事,因而有某人做本不该自己做的事的意思。

相应于(34)的分析,准定语结构也应作调整,把实义动词的上移改为拷贝和同形删略[见(35)a]。"你走你的"虽然没有准定语,但结构上其实与准定语结构相同,只是由于不带宾语,受"你的"修饰的动名词"走"被删除后,"你的"后面没有留下名词性成分。

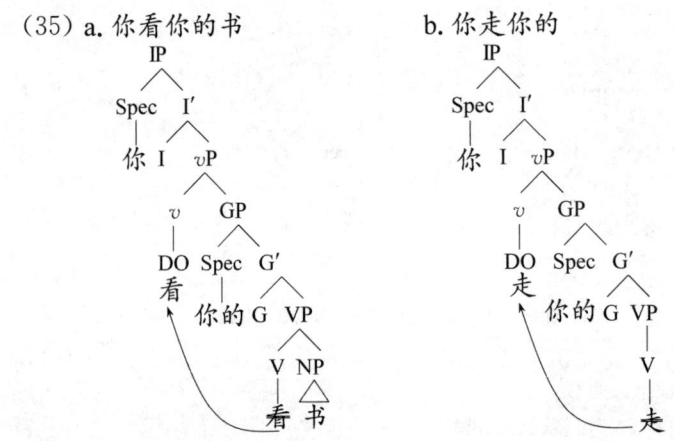

VP 做轻动词 DO 的宾语,已经动名词化,不能给施事名词赋予主格,而动名词化的成分可以接受定语的修饰,把施事论元转化为动名词化的 VP 的定语是一个很好的选择。

(2)"帮什么忙、后什么悔"类结构的分析

(36) a. 你需要我帮什么忙   b. 我也没帮什么忙
c. 他那么能干,我们还帮什么忙

离合词中间插入"什么"有三种意义：其一，真性疑问，如(36)a 表示"帮什么样的忙"；其二，不定指，如(36)b 表示"帮某些忙"；其三，否定含义，如(36)c 表示"不(应)帮忙"。表示真性疑问的"帮什么忙""考什么试"这类结构，也可以用隐性轻动词结构来分析。

(37) 帮什么忙

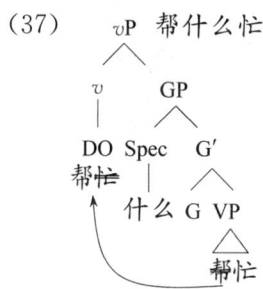

"帮什么忙"的不定指用法是真性疑问用法在语义上的扩展，否定用法是疑问的反问用法的凝固化的结果，只是语义上发生了变化，结构上应是一致的，都可用上面的方法分析。

(3) "帮大忙、帮让我一辈子受益的忙"类结构的分析

中间"插入"性质定语的"帮大忙""帮倒忙""帮特殊的忙""洗凉水澡""睡囫囵觉"和关系化定语的"帮让我一辈子受益的忙"可作相同的分析。

(38) a. [$_{v'}$ DO[$_{GP}$ 大 G[$_{VP}$ 帮忙]]] （底层结构）
b. [$_{v'}$ 帮忙$_k$[$_{GP}$ 大 G[$_{VP}$ 帮忙$_k$]]] （实义动词拷贝到轻动词 DO 位置）
c. [$_{v'}$ 帮~~忙~~$_k$[$_{GP}$ 大 G[$_{VP}$ ~~帮~~忙$_k$]]] （两个"帮忙"作互补删除）
d. 帮大忙

"(吃)放心菜""(吃一顿)饱饭""(度过了一个)愉快的假期"一类特殊的定中偏正结构，过去分析为有特殊的语义指向，如"(吃)放心菜"分析为"放心"的语义指向是"吃"的施事。

但这类定中结构的特殊语义指向是如何形成的，并没有得到很好解释。我们认为，如果用隐性轻动词引起动词拷贝并发生同形删略，那么可以很好地分析特殊语义指向的形成。

(39) a. [$_{v'}$ DO[$_{GP}$放心 G[$_{VP}$吃 菜]]]（底层结构）
　　 b. [$_{v'}$ 吃$_k$[$_{GP}$放心 G[$_{VP}$吃 菜]]]　（实义动词拷贝到轻动词DO位置）
　　 c. [$_{v'}$ 吃$_k$[$_{GP}$放心 G[$_{VP}$吃$_k$ 菜]]]　（原位动词"吃"删略）
　　 d. 吃放心菜

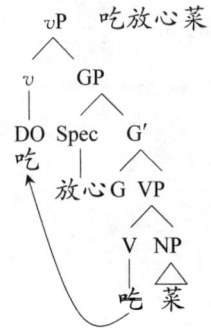

"放心"在底层结构中本来是定语，修饰指称化的"吃菜"，由于"吃"被轻动词吸引拷贝并删除原位的"吃"，就造成"放心"修饰"菜"的表象。因此，"放心菜"也是一种准定语。

3."隐性轻动词＋数量成分＋实义动词"结构中的同形删略

(1)"睡了三天的觉"类结构的分析

黄正德(2008)分析"(看了)三天的书"一类准定语结构仍采取隐性轻动词结构的分析法，认为其底层结构为"DO＋三天的＋看书"，"三天的"是动名化的"看书"的修饰语，实义动词"看"上移与轻动词DO合并，就形成准定语形式。邓思颖(2010b：238)也采取类似的分析法。

"睡了三天的觉"一类离合词，与"看了三天的书"一类准定语结构是相同的，可以借用黄正德(2008)的处理方法，不过为了避免违反词的完整性，我们仍可采取动词拷贝和同形删略来分析"看了三天的书"和"睡了三天的觉"。

(40)　a. vP 看三天的书　　　b. vP 睡三天的觉

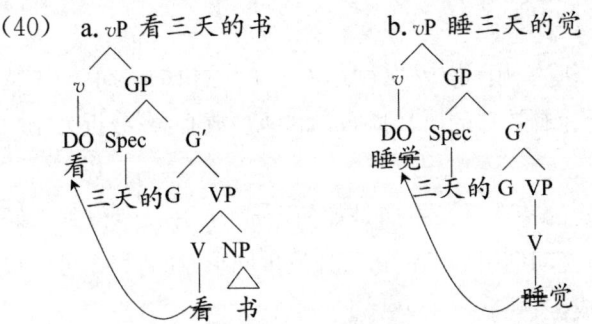

(2) "帮一次忙、帮三天忙"类结构的分析

黄正德(2008)认为"看三天书"一类数量短语后不带"的"的结构既可采取"看了三天的书"相同的分析法,把"三天"处理为 GP 的标示语,也可以把"三天"处理为动词的状语。

朱德熙(1982:117)认为,由于例(41)(42)中动量、时量成分"一次""半个月"可以与名词一起移到动词前面,因此应看成是名词"城、旅馆"的定语。

(41) a. 进一次城 → b. 一次城也没进
(42) a. 住半个月旅馆 → b. 半个月旅馆一住,胃口就没有了

因此,其结构层次应分析为:

进 一 次 城
|述|　|宾　|
　　|定|中|

而不能分析为:

进 一 次 城
|　述　|宾|
|述|宾|

从这个角度考虑,"帮三天忙""帮一次忙"宜采取与"看三天的书"相同的分析。"进一次城"也可分析为动词拷贝和同形删略形成的准定语结构。

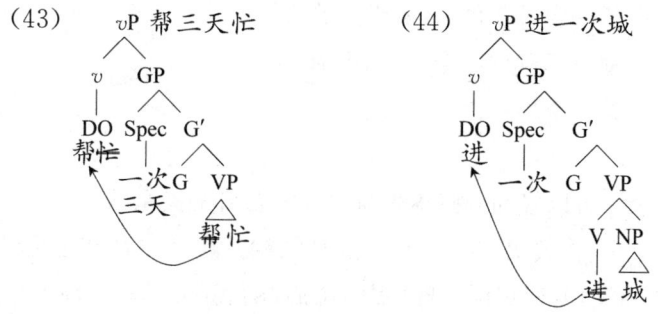

朱德熙(1982:117)说"一次"在结构上是"城"的定语,但"'一次城'不是说明'城'的数量,而是说明'进城'的次数的"。为什么如此?从上面的分析看,"一次"其实并不是"城"的定语,而是"进城"的定语,只是原位的动词"进"被删略了,形成了"一次"修饰名词"城"的表象。

(3)"帮帮忙、帮一帮忙"类结构的分析

"帮帮忙"这类离合词的重叠形式,与"看看、商量商量"其他动词重叠形式一样,实际上是一种假重叠,即重叠形式的后一部分是动量词,这个动量词借用动词词形而来。本来的形式带有数词"一"(看一看、商量一商量),数词"一"脱落造成重叠的假象。"帮帮忙"这类离合词的重叠形式性质也如此,其原形式可以分析为"帮忙一帮忙",经过同形删略和"一"脱落而形成"帮帮忙"的形式。离合词的"VVO"式重叠,在底层为轻动词 DO 的重叠,实义动词拷贝到轻动词 DO 位置,具体生成过程如下:

(45) a. $[_{v'} \text{DO} - \text{DO} \quad [_{GP}G[_{VP}\text{帮忙}]]]$ (底层结构)
  b. $[_{v'} \text{帮忙}_k - \text{帮忙}_k[_{GP}G[_{VP}\text{帮忙}_k]]]$ (实义动词拷贝到DO位置)
  c. $[_{v'} \text{帮忙}_k - \text{帮忙}_k[_{GP}G[_{VP}\text{帮忙}_k]]]$ (互补删除)
  d. $[_{v'} \text{帮}_k(-)\text{帮}_k[_{GP}G[_{VP}\text{忙}_k]]]$ ("一"脱落)

(4)"帮一个忙、帮这个忙、睡一觉"类结构的分析

(46) a. 帮一个忙   b. 理个发   c. 小个便

离合词中间插入"(x)个",这种现象与(48)一类结构是平行的。

(47) a. 不要卖半导体,留着听个歌儿。
  b. 年轻人就爱抽个烟、喝个酒。
  c. 笑一个!

数量词"x个",可以修饰一些本来与"个"没有搭配关系的名词,一些不及物动词也可以带"x个"作宾语(笑一个)。这种结构其实是一种准定语结构,可分析为轻动词 DO 带动名词宾语。即"喝一个酒"的底层结构为"DO 一个喝酒",

"一个"是修饰动名化短语"喝酒"的①,由于实义动词"喝"拷贝到轻动词 DO 位置并删除原位的"喝",就形成"一个"修饰"酒"的表象。而"笑一个"的底层为"DO 一个笑",实义动词"笑"拷贝到轻动词 DO 位置,并删除原位的"笑",就形成"一个"做"笑"的宾语的表象。②

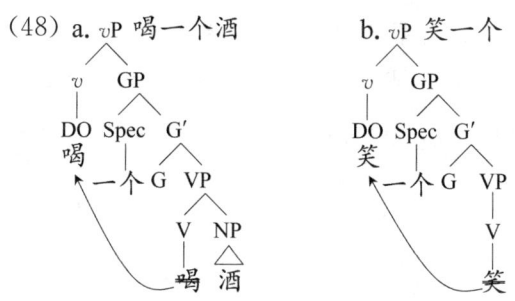

而离合词结构"帮一个忙"结构与此平行,即底层为"DO 一个帮忙",只是同形删略为互补删略。这种结构有一种变异形式:把量词"个"去掉,如"睡一个觉"变为"睡一觉",即量词"个"没有语音形式,需要把原来的宾语"觉"拷贝上去填位,原位的"觉"删除。

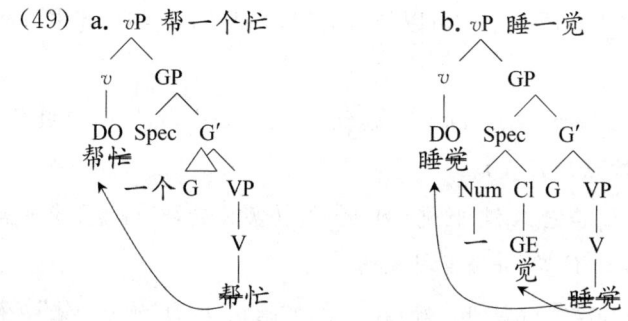

---

① 李宇明(1988)注意到"喝个酒"一类"V 个 N"中的"个"不能脱离动宾结构,由此认为这种用法的"个"的辖域是整个动宾短语,这个观察是很准确的,其背后的原因是底层结构中"一个"修饰 VP。

② "吃个饭"这类"V 个 N"结构以及"帮个忙"这类离合词表示主观性意义,《现代汉语八百词》认为这种用法的"个"使"整个语句显得轻快、随便",李宇明(1988)认为这类结构表示"轻巧随便"的非理性意义,杉村博文(2009)认为"个"有"贬值"的语义功能,祁杰(2009)任鹰(2013)则把这种主观性概括为"主观小量"。我们同意这些观点,但并不认为"小量"含义来自"个",也并非"个"的语义扩展。我们认为"V 个 N"的"主观小量"来源于底层结构的"一个+VP",数词"一"作为最小自然数,带有"小量"的含义,而"个"本身并不表示小量,只是由于"一"脱落而被误认为"小量"含义来自"个"。同时,我们认为其中的"个"仍是量词,因为"个"能受"一"的修饰,如"吃一个饭也这么难吗"。

4. 轻动词后带附加成分结构中的同形删略

中间"插入"时体助词、补语的离合词"分离"形式,也可以分析为隐性轻动词带动名化宾语结构。

(1) "帮了忙、帮着忙、帮过忙"类结构的分析

(50) a. [ᵥ· DO 了 [GP G [VP 帮忙]]]　　（底层结构）
　　 b. [ᵥ· 帮忙ₖ 了 [GP G [VP 帮忙ₖ]]]　　（实义动词拷贝到 DO 位置）
　　 c. [ᵥ· ~~帮忙~~ₖ 了 [GP G [VP ~~帮忙~~ₖ]]]　　（两个"帮忙"作互补删除）
　　 d. 帮了忙

(2) "帮不上忙、帮不了忙、帮完忙"类结构的分析

(51) a. [ᵥ· DO 不上 [GP G [VP 帮忙]]]　　（底层结构）
　　 b. [ᵥ· 帮忙ₖ 不上 [GP G [VP 帮忙ₖ]]]　　（实义动词拷贝到 DO 位置）
　　 c. [ᵥ· ~~帮忙~~ₖ 不上 [GP G [VP ~~帮忙~~ₖ]]]　　（两个"帮忙"作互补删除）
　　 d. 帮不上忙

离合词中间插入补语的结构可以与重动句和"把"字句结合起来。如:

(52) a. 他ⱼ 睡觉ᵢ [tⱼ 没 DO 好 睡觉ᵢ]。（基础小句的宾语"睡觉"拷贝至次话题位置)
　　 b. 他ⱼ 睡觉ᵢ [tⱼ 没 睡觉ᵢ 好 睡觉ᵢ]（实义动词"睡觉"拷贝至轻动词 DO 位置,并做互补删略)
　　 c. 他 ~~睡~~觉ᵢ [tⱼ 没 睡ᵢ 好 ~~觉~~ᵢ]（前面"睡觉"后面"睡……觉"互补删略)
　　 d. 他觉没睡好

(53) a. 把 睡觉ᵢ [DO 好 睡觉ᵢ]（基础小句宾语"睡觉"拷贝至"把"的宾语位置)
　　 b. 把 睡觉ᵢ [睡觉ᵢ 好 睡觉ᵢ]（基础小句内"睡觉"互补删略)
　　 c. 把 ~~睡~~觉ᵢ [睡ᵢ 好 ~~觉~~ᵢ]（前面"睡觉"后面"睡……觉"互补删略)
　　 d. 把觉睡好

5. 带对象的轻动词结构中的同形删略

如何分析"帮他忙、沾他光、做他主"这类结构?"帮忙""沾光""做主"等在语义上有一个目标对象,但由于是不及物动词,在表层结构中不能带宾语,语义上的目标对象可用介词引入,如"给他帮忙""为他做主"(参看朱德熙,1982:147)。

在轻动词结构中,有三种方式处理这个受事。第一种方式是添加介词"给",把动词"帮忙"的论元结构中的目标对象引出(54a);第二种方式中,由无语音形式的动词"给"做轻动词DO的补足语,"帮忙"的目标对象做"给"的间接宾语,动名词化的"帮忙"做"给"的直接宾语。轻动词DO吸引"帮忙"拷贝到轻动词位置与之合并,并发生互补删略(54b)。

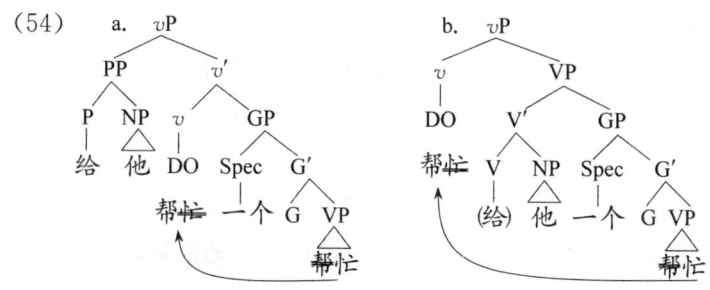

第三种方式,由于动词短语已指称化,可受定语修饰,因此也可把目标对象放在GP的标示语位置,经互补删略形成离合词的"分离"形式,并形成"他的忙"这样的准定语结构。

(55) a. 帮他的忙 b. 沾他的光 c. 做他的主

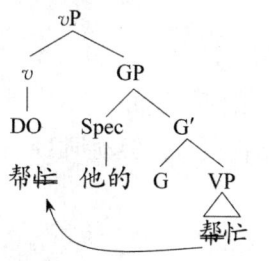

"帮他的忙"这类插入领属定语的离合词虽然看起来与"帮他忙"在结构上相似,但其实有较大差别(参看刘敏旗,2017)。比较:

(56) a. 帮他忙——帮他一个忙/帮他一次忙/帮他一天忙/*帮一次他忙

b. 帮他的忙——*帮他的一个忙/*帮他的一次忙/*帮他的一天忙/帮一次他的忙

"帮他忙"这类不带"的"的结构中,目标对象是宾语,"一个忙"也是宾语,整个结构是一个双宾结构;而"帮他的忙"是插入准定语的单宾结构(朱德熙,1982:147—148),在例(55)a中,由于GP的标示语位置被领属定语"目标对象+的"占据,而数量定语"一个"与领属性定语"他的"占据的是相同位置,两者不能共现,因此"帮他的忙"不能再添加数量定语。"帮他的一次忙"不能说,同样是因为"一次"与"他的"占据的位置相同而不被允准。"帮一次他的忙"能说,是因为动量成分"一次"放在动词后面,做动词的补足语,与"他的"占据的位置不冲突。

(57) a. 帮他忙——*他忙我不帮/*我帮的是他忙

b. 帮他的忙——他的忙我不帮/我帮的是他的忙

由于"帮他的忙"中"他的忙"是一个成分,因而可以整体话题化而前置,或在准分裂结构中做"是"的宾语,而"帮他忙"中"他忙"不是一个成分,因而不能整体话题化或在准分裂结构中做宾语。

"帮他忙""做他主"和"沾他光"的不同不是结构上的不同,而是"他"的语义角色的不同,"他"在"帮他忙"中是目标对象,在"做他主"中是受益受损对象,在"沾他光"中是来源对象。

6. 轻动词DO关系化结构中的同形删略

(1)"他帮的忙(不少)"类结构的分析

"他帮的忙(不少)"这类结构可看作轻动词DO的关系化结构。分析如下:

(58) a. [$_{CP}$[$_{IP}$[$_{vP}$他 [$_{v'}$ DO 帮忙]]的][$_{GP}$G[$_{VP}$帮忙]](底层结构)

b. [$_{CP}$[$_{IP}$[$_{vP}$他 [$_{v'}$ DO$_k$ 帮忙$_k$]]的][$_{GP}$G[$_{VP}$帮忙]](实义动词拷贝到DO位置)

c. [$_{CP}$[$_{IP}$[$_{vP}$他 [$_{v'}$ 帮忙$_k$ 帮忙$_k$]]的][$_{GP}$G[$_{VP}$帮忙]](原位"帮忙"

删除)

d. [$_{CP}$[$_{IP}$[$_{vP}$他 [$_{v'}$ ~~帮忙~~]]的][$_{GP}$G[$_{VP}$帮忙]]（两个"帮忙"作互补删除)

e. 他帮的忙(不少)。

(2) "是昨天帮的忙、是他帮的忙"类结构的分析

(59) a1. 我(是)去年退的休。　　a2. 是他帮的忙。
　　 b1. 我(是)昨天到的北京。　b2. 她(是)去年生的孩子。

例(59)a 这类带离合词的句子与(59)b 这样的表示焦点的准定语结构是同类现象。先看这类准定语结构的分析。

例(59)这类句子在结构分析上遇到很大的困难，从表面上看，"我"是判断句的主语，判断句的宾语是一个定中偏正结构"昨天到的北京"，但语义上却不构成同一或归类的判断关系。为了解释这种结构和语义上的脱节，过去的研究有两类说法。第一类是类推说或构式化说，认为"他是昨天到的北京"这类结构是普通的判断句结构类推而来。赵元任(1957)，张和友(2007)，沈家煊(2008)，龙海平、肖小平(2011)的观点基本属于这一类。第二类是移位说，从名词短语移位或"的"移位来分析，如赵元任(1968：153)，朱德熙(1978)，马学良、史有为(1982)，杉村博文(1999)，Simpson & Wu (2002)，袁毓林(2003)。无论是类推说还是移位说，都不能解释为何一个词中间插入"的"形成"我是去年退的休"这样的"分离"形式。

木村英树(2003)认为这里的"的"具有"对行为动作加以区分性限制"的语义功能，并认为它是由结构助词"的"对事物的区分功能扩展出来的。我们同意"的"具有"对行为动作加以区分性限制"的语义功能，并认为这个功能还需要从结构上加以解释，即需要说明"对行为动作加以区分性限制"的语义功能是如何产生的。我们认为"对行为动作加以区分性限制"的语义功能来自定语"X 的"对一个表示事件的指称化 VP 的修饰，这个指称化的 VP 用作轻动词 DO 的宾语，并发生拷贝和同形删略的操作，最终形成"分离"形式。

具体生成步骤解释如下(为阅读方便，省去不涉及分离形式形成过程的步骤)：

(60)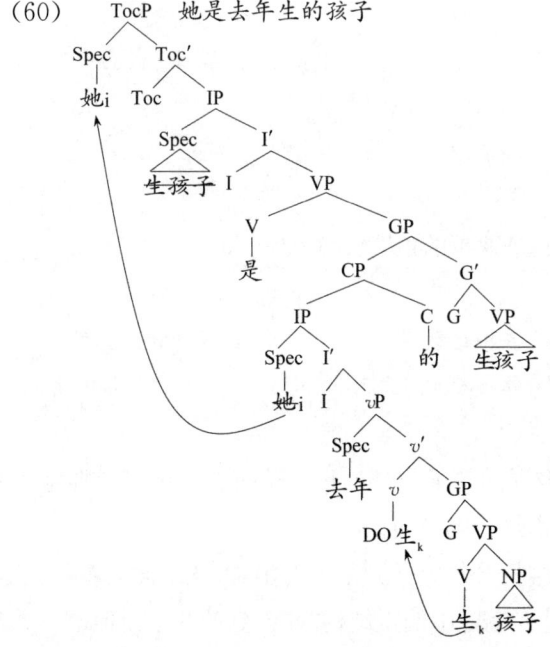

具体生成步骤解释如下(为阅读方便,省去不涉及分离形式形成过程的步骤):

(60′) a. [$_{TP}$她$_i$[$_{IP}$[$_{GP}$生孩子][$_{VP}$是[$_{CP}$[$_{IP}$t$_i$去年 DO[$_{GP}$生孩子]的][$_{GP}$生孩子]]]]]

"她是去年生的孩子"中的"她"是一个话题,是从下层的关系小句的主语位置上拷贝而来。真正的主语是指称化的"生孩子",谓语动词是判断词"是",而判断词的宾语是带轻动词 DO 的关系从句的动名词短语("去年 DO 的生孩子"),这样就能保证判断句的主语和宾语在语义上吻合。其底层形式为"她生孩子是去年 DO(生孩子)的生孩子"。

b. [$_{TP}$她$_i$[$_{IP}$[$_{GP}$生 孩子][$_{VP}$是[$_{CP}$[$_{IP}$t$_i$去年 生$_k$[$_{GP}$生$_k$孩子]的][$_{GP}$生 孩子]]]]

"DO"的宾语中的实义动词"生"拷贝到 DO 位置与之合并。由于汉语的关系化对象采取空缺策略(gap strategy),关系从句中的轻动词 DO 的宾语采取空形式而被删除。

    c. [$_{TP}$她$_i$[$_{IP}$[$_{GP}$~~生孩子~~][$_{VP}$是[$_{CP}$[$_{IP}$t$_i$去年 生 的][$_{GP}$生 孩子]]]]]

主语位置上的"生孩子"因与中心语位置的动名词短语"生孩子"同形而被删略。

    d. [$_{TP}$她$_i$[$_{IP}$[$_{VP}$是[$_{CP}$[$_{IP}$t$_i$去年 ~~生~~]的][$_{GP}$生 孩子]]]]

中心语位置的实义动词"生"与关系化结构中的动词"生"同形而被删除。

    e. 她是去年生的孩子。

从上面的分析可以看到,虽然"我是昨天到的北京"与"我是昨天到北京的"语义上基本相同,但结构上却有较大差异。"(我是)昨天到北京的"的底层结构不是轻动词 DO 的关系化结构,而是实义动词直接关系化,也不存在实义动词的移位或拷贝。这大概也是两类结构中不少不能互换的原因:

(61) a. 他会来北京的/*他会来的北京
    b. 我的眼睛是不揉沙子的/*我的眼睛是不揉的沙子
(62) a. *是谁出主意的/是谁出的主意
    b. ??我是昨天从城里买回来电视机的/我是昨天从城里买回来的电视机

包含离合词的结构与上面的准定语结构可作平行的分析:

(63) a. [$_{TP}$我$_i$[$_{IP}$[$_{GP}$退休][$_{VP}$是[$_{CP}$[$_{IP}$t$_i$去年 DO[$_{GP}$退休]的][$_{GP}$退休]]]]]
    b. [$_{TP}$我$_i$[$_{IP}$[$_{GP}$退休][$_{VP}$是[$_{CP}$[$_{IP}$t$_i$去年 退休$_k$[$_{GP}$~~退休~~$_k$]的][$_{GP}$退休]]]]]
    c. [$_{TP}$我$_i$[$_{IP}$[$_{GP}$~~退休~~][$_{VP}$是[$_{CP}$[$_{IP}$t$_i$去年 退休 的][$_{GP}$退休]]]]]
    d. [$_{TP}$我$_i$[$_{VP}$是[$_{CP}$[$_{IP}$t$_i$去年 ~~退休~~的][$_{GP}$退休]]]]

e. 我是去年退的休。

(64)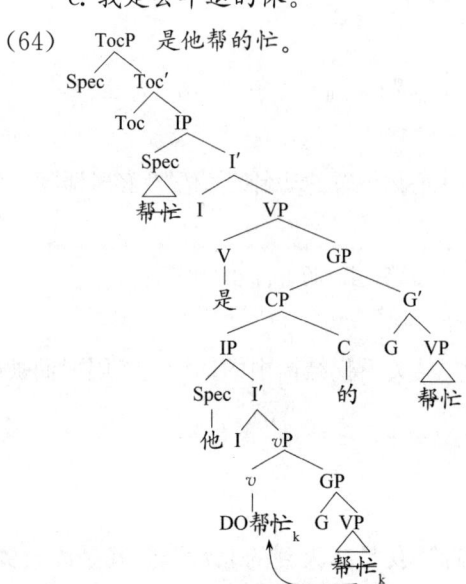

"(是)谁的主席"这类准定语结构与"(是)谁帮的忙"是平行结构,不同之处是:此句有一个动词"做",是一个比较轻的动词,因而可以在语音上删除,因此造成"谁的"修饰"主席"的表象,形成准定语。

(65)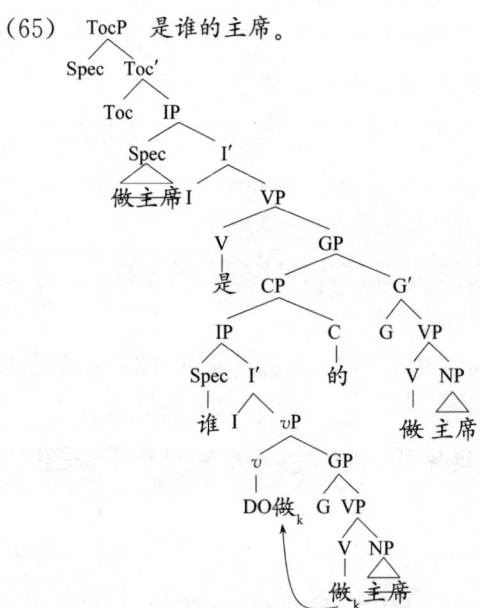

至于"信是昨天发的"一类结构,我们认为也并非由"是昨天发的信"把"信"从句尾前移至句首而来,而是"信"本来就在句首主语位置,是"发信"的部分删略形式。主语位置的"发信"左端删除,右端保留,而中心语位置的"发信"完全删略。

(66) a. [$_{IP}$[$_{GP}$发信][$_{VP}$是[$_{CP}$[$_{IP}$昨天 DO[$_{GP}$发 信]的][$_{GP}$发信]]]]
b. [$_{IP}$[$_{GP}$发信][$_{VP}$是[$_{CP}$[$_{IP}$昨天发$_k$[$_{GP}$发$_k$ 信]的][$_{GP}$发信]]]]
c. [$_{IP}$[$_{GP}$发信][$_{VP}$是[$_{CP}$[$_{IP}$昨天 发 的][$_{GP}$发信]]]]
d. [$_{IP}$[$_{GP}$发信][$_{VP}$是[$_{CP}$[$_{IP}$昨天 发 的]]]]
e. 信是昨天发的。

有时可在前面添加话题:

(67) a. [$_{TP}$我$_i$[$_{IP}$[$_{GP}$理发][$_{VP}$是[$_{CP}$[$_{IP}$t$_i$ 昨天 DO[理发]的][$_{GP}$理发]]]]]
b. [$_{TP}$我$_i$[$_{IP}$[$_{GP}$理发][$_{VP}$是[$_{CP}$[$_{IP}$t$_i$ 昨天理发$_k$[理发]$_k$的][$_{GP}$理发]]]]]
c. [$_{TP}$我$_i$[$_{IP}$[$_{GP}$理发][$_{VP}$是[$_{CP}$[$_{IP}$t$_i$ 昨天 理发 的][$_{GP}$理发]]]]]
d. [$_{TP}$我$_i$[$_{IP}$[$_{GP}$理发][$_{VP}$是[$_{CP}$[$_{IP}$t$_i$ 昨天 理发 的]]]]]
e. 我发是昨天理的。

(3) 准分裂结构"VP 的是 O"中的同形删略

(68) a. 你帮的(是)什么忙　　b. 你打的(是)什么赌

例(68)是以"O"为焦点的准分裂结构,可以表示真性疑问,也可以表示否定含义。
这类结构中"V"与"O"构成离合词,其形成机制也可以用轻动词关系化结构来分析:

(69) a. [$_{IP}$[$_{CP}$[$_{IP}$你 DO[$_{GP}$帮忙]的]帮忙][$_{VP}$是[$_{GP}$什么[$_{G'}$帮忙]]]]

b. [$_{IP}$[$_{CP}$[$_{IP}$你帮忙$_k$[$_{GP}$帮忙]$_k$的]帮忙][$_{VP}$是[$_{GP}$什么[$_{G'}$帮忙]]]]
c. [$_{IP}$[$_{CP}$[$_{IP}$你帮忙的]帮忙][$_{VP}$是[$_{GP}$什么[$_{G'}$帮忙]]]]
d. [$_{IP}$[$_{CP}$[$_{IP}$你帮的]忙][$_{VP}$是[$_{GP}$什么[$_{G'}$帮忙]]]]
e. [$_{IP}$[$_{CP}$[$_{IP}$你帮的]忙][$_{VP}$是[$_{GP}$什么[$_{G'}$忙]]]]
f. [$_{IP}$[$_{CP}$[$_{IP}$你帮的]][$_{VP}$是[$_{GP}$什么[$_{G'}$忙]]]]

7. 轻动词 DO 的宾语前置结构中的同形删略

(70) a. 这个忙不能帮　　b. 一个忙也不帮　　c. 什么忙也不帮

这几例离合词的"分离"形式其实都可以看作其他几种"分离"形式经由话题化、焦点化形成的宾语前置结构。(70)a 可以看作由"不能帮这个忙"变来；b 由"不帮一个忙"变来；c 由"不帮什么忙"变来，由于"不帮什么忙"在表层不成立，"什么忙"前置是强制的。因此，轻动词 DO 的宾语前置结构中的同形删略不必作为独立的"分离"形式，只需归入其他相应的"分离"形式。

五、不完整词和离合词的统一性和同形删略的规则

（一）不完整词和离合词的统一性

不完整词与离合词表面上看是不同的两种现象，但如果从形成机制上看，两者其实是相同的，都是由同形删略造成。不同之处是，不完整词是由一次删略造成，而离合词是由两次删略（前删略和后删略）造成。如"离{开}都离开了""睡觉都没睡{觉}"只发生一次删略，形成不完整词；"后{悔}什么{后}悔""{睡}觉都没睡{觉}"发生两次删略（前删略和后删略），形成离合词。因此，离合词实际上也是不完整词：先后出现的两个不完整词。

（二）同形删略的规则

上文说到，同形删略有不同方式。从前后同形成分看，有前删略（动{物}植物）和后删略（表兄{表}弟）的区分；从被删略的成分在词语中位置看，有右端删略（动{物}植物）还是左端删略（表兄{表}弟）的区分。那么，其中的规则是什

么呢?

首先要说明同形删略的三个基本限制:a. 被删除的片段须是同形的片段。同形删略的根本目的是避重,因此要删除的片段一定要与另一片段同形。比如"动物植物"中,"动"和"植"不与其他成分同形,因此不能删除,"物"有与之同形的片段,可以删除。b. 删略的最小单位是音节,不得删除小于音节的片段。c. 语核心不得完全删除。① 比如"睡觉也没睡觉₂","睡觉₁"处于谓语核心位置,只删除"觉",保留"睡"。"我知道₁都不知道₂"中的"知道₁"不处于谓语核心位置,可以部分删除(我知都不知道),也可以整体删除(我都不知道)。

在上述 3 条基本限制基础上,下面先分析同形删略的各种可能形式,然后总结其中的规则。

(1) 部分同形成分的删略方式

同一小句中,当双音词或多音词之间部分同形时,可发生一次同形删略,形成不完整词。被删除成分的位置与同形成分在词语中的位置有关。具体规则如下:

A. 同形成分在后,则采取"前—右"删略,即 A~~B~~+CB→A+CB。如:

(71) a. 动~~物~~植物—*动物植~~物~~　　b. 大~~雨~~到暴雨—*大雨到暴~~雨~~

B. 同形成分在前,则采"后—左"删略,即 AB+~~A~~C→AB+C。如:

(72) a. 表兄表弟—*~~表兄~~表弟　　b. 养父养母—*~~养父~~养母

c. 国内~~国~~外—*~~国~~内国外　　d. 输~~出~~入—*~~输~~出输入

C. 同形成分相邻,采取"后—左"删略,即:AB+~~B~~C→AB+C 或 ABC+~~C~~D→ABC+D。如:

(73) a. 化学~~学~~院　　　　　　b. 教育部~~部~~长

----

① 正反问"VP 否"(吃饭没有)格式似乎是例外,即把处于谓语核心的词完全删除,但其实这种格式的来源并不是"VP 否 VP"的同形删略,这种格式在上古汉语中已经产生,其中的"否"具有代句词的功能,如"丞相可得见否?"(《史记》)。而"VP 否 VP"作为正反问格式是近代汉语才产生的。

(2) 完全同形成分的删略方式

同一小句中,当有完全同形的成分时,可发生一次同形删略,形成不完整词。下面分别分析。

D. 同形成分为单音节词时,非谓语核心位置上的成分完全删除;无标"连"字句中,非谓语核心位置上的双音节词也可以完全删除。如:

(74) a. 他走₁都走₂了(后一个同形成分为核心,前删略:A̶+A→A)
b. 笑₁一个笑₂(前一个同形成分为核心,后删略:A+A̶→A)
c. 我知道都不知道(后一个同形成分为核心,前删略:A̶B̶+AB→AB)

根据基本限制 c,"笑₁一个笑₂"中"笑₁"处于谓语核心位置,不能删除。"笑₂"是单音节词,又不处于谓语核心位置,根据基本限制 b,完全删除。

E. 采取"后—右"删略,即 AB+A̶B̶→AB+A。如:

(75) a. 考试不考试̶—*考试不考试
b. 小便小便̶不干净—?小便小̶便不干净
c. 睡觉也没睡觉̶—*睡觉也没睡̶觉

F. 采取"前—右"删略,即:AB̶+AB→A+AB。如:

(76) a. 喜欢̶不喜欢—*喜̶欢不喜欢
b. 喜欢̶是喜欢—*喜̶欢是喜欢
c. 我知道̶都不知道—*我{知}道都不知道

同一小句中,当有完全同形的成分时,也可进行两次删除,形成离合词。

G. 采取"前—左"和"后—右"删略。即:A̶B+AB̶→B+A。如:

(77) a. 帮̶忙也帮忙̶不上—*帮忙也帮忙不上
b. 睡̶觉也不睡觉̶—*睡觉也不睡觉
c. 理̶发是昨天理发̶的—*理发是昨天理发的

d. ~~洗澡~~洗澡完了

这种类型的"前一左"删除往往是非强制的,有时可以不执行,而形成:~~AB~~+~~A~~B→AB+A。如:

(78) a. 帮忙也帮~~忙~~不上　　b. 睡觉也不睡觉　　c. 洗澡洗澡完了

H. 采取"前一右"和"后一左"删略。即:A~~B~~+~~A~~B→A+B。如:

(79) a. 帮~~忙~~一个帮忙—*帮忙一个帮~~忙~~
　　 b. 睡~~觉~~舒服睡觉—*睡觉舒服睡~~觉~~
　　 c. 后~~悔~~什么后悔—*~~后~~悔什么后悔
　　 d. 帮{~~忙~~}帮{~~忙~~}{~~帮~~}忙①

上述 8 种删略方式,有的根据三条基本限制可得到完全解释,如方式 4(他走₁都走₂了)。但其他 7 种方式有多种可能的删略方式,而实际实现的是其中一种或两种,那么其中的规则是什么呢? 比如,为什么是"动植物",而不是"动物植"? 为什么是"喜不喜欢",而不是"欢不喜欢"? 为什么是"考试不考",而不是"考试不试"? 为什么是"忙也帮不上",而不是"帮也忙不上"? 为什么是"帮一个忙",而不是"忙一个帮"?

我们认为,这 7 种删略方式,基本上可用"两端保留"原则和"核心词性一致"原则来解释。

原则一:两端保留原则。即把两个同形词的最左端和最右两端保留下来,而把中间的同形成分删除。这样一种删略方式保留了原形式的外部轮廓,便于删除成分的找回。②

---

① "帮帮忙"从表面上看格式为"A~~B~~+~~A~~B+~~AB~~→A+A+B",但前面两个 AB 都是与最后一个 AB 发生互补删略,可看作方式 8 的特例。

② 胡敕瑞(2006)在讨论中古译经的省略时,指出有前指省略(AB+AC+AD+… → AB+[ ]C+[ ]D+…)和后指省略(AD+BD+CD+……→A[ ]+B[ ]+CD+…)两种形式,其条件与相同成分的位置有关。胡敕瑞(2006)进一步指出这条规则符合认知原理:事物的两端是显著而重要的部分,线性结构的两端相对也是重要部分。前端与后端保留,结果是中间成分删除。但在解码过程中,中间省略的成分可以根据两端成分而被激活。本文所说的"两端保留"原则与中古译经的省略规则是相通的。

为什么采取"动植物"的删略方式,而不采取"动物植"?因为"动植物"符合两端保留原则:最左端"动"和最右端"物"保留下来;而"动物植"不符合两端保留原则:最右端"物"未保留。

符合两端保留原则的有以下删略方式:方式 A(动物植物)、方式 B(表兄表弟)、方式 C(化学学院)、方式 F(喜欢不喜欢、我知道都不知道)、方式 H(帮忙一个帮忙)。而方式 E(睡觉也不睡觉)、方式 G(帮忙也帮忙不上)不符合两端保留原则,可以用原则二来解释。

原则二:核心词性一致原则。即词的核心的词性与句法位置要求的词性应一致。具体说来,就是谓语核心位置上出现的成分应是具有谓词性,非谓语核心位置(如话题、宾语位置)上出现的成分应具有指称性。

Packard(2000:194)提出汉语复合词核心的位置规则:动词的核心在左端,名词的核心在右端。说动词的核心在左端,似乎与"后悔、静坐"这类状中式动词的情况不符。但这里说的动词的核心,不能理解为构词的核心,而应理解为动词在句法上表现出的核心。"后悔、静坐"可以像动宾式构词的动词一样,有"后什么悔""你静你的坐"这样的句法表现,其中左端"后、静"都按照核心的行为方式来表现,因此看作动词的核心是有道理的。如果这个说法是正确的,那么可以解释方式 E 和方式 G:方式 E(睡觉也不睡觉)中发生删略的成分处于谓语核心位置,需要由体现动词性的左端来充任,因而采取"后—右"删略。方式 G(帮忙也帮忙不上)发生两次删略,前删略的成分处于话题位置,适合用体现名词性的右端来充任,因而采取"前—左"删略;后删略的成分处于谓语核心位置,需要由体现动词性的左端来充任,因而采取"后—右"删略。

而符合两端保留原则的方式 Fa、方式 H 也符合核心词性一致原则。"喜欢不喜欢"常充任谓语核心,保留体现谓词性的左端;"帮忙一个帮忙"发生两次删略,前删略的成分处于谓语核心位置,需要由体现动词性的左端来充任,因而采取"前—右"删略,后删略的成分处于非谓语核心位置(宾语),适合体现指称性的右端充任,因而采取"后—左"删略。

总的说来,同形删略的方式处于"两端保留原则"和"核心词性一致原则"两条原则的竞争中,最好的删略方式当然是两条原则都满足,如方式 C(化学学院)、方式 Fa(喜欢不喜欢)、方式 H(帮忙一个帮忙);但也有不少情况是满足一条原则就违反另一条原则,如方式 Fbc(喜欢是喜欢)(符合原则一,违反原则二)、方式 E(睡觉也不睡觉)(符合原则二,违反原则一)、方式 G(帮忙也帮忙不上)(符合原则二,违反原则一)。

可见,两端保留原则和核心词性一致原则有分工,那么,分工的条件是什么呢? 总原则是以下两条:

1. 处于非谓语核心的词优先选择"两端保留原则"进行同形删略。

方式 A(动~~物~~植物)、B(表兄表弟)、C(化学~~学~~院)是名词性成分的同形删略,通常出现于非谓语核心位置,其同形删略规则遵守两端保留原则。方式 Fbc(喜~~欢~~不喜欢、我知~~道~~都不知道)虽然发生同形删略的成分是谓词,但处于非谓语核心位置,也遵守两端保留原则。

2. 处于谓语核心位置的词优先选择"核心词性一致原则"进行同形删略。若是两次删除,则相应的非谓语核心位置上的同形成分的删略也遵守该原则。

方式 E(睡觉也不睡~~觉~~)、Fa(喜~~欢~~不喜欢)、G(帮忙也帮~~忙~~不上)、H(帮~~忙~~一个帮忙)都是谓词性成分的同形删略,而且处于谓语核心位置的同形成分发生了删略,因而需遵守核心词性一致原则。这样就可以解释为何方式 G(帮忙也帮~~忙~~不上)和方式 H(帮~~忙~~一个帮忙)为何采取相反的删略方式:方式 G 中,充任谓语核心的同形成分在后面,采取"前—左""后—右"删略才满足核心词性一致原则;方式 H 中,充任谓语核心的同形成分在前面,采取"前—右""后—左"才能满足核心词性一致原则。

前面说到,离合词的正反问格式有的采取"前—右"删略,形成"A 不 AB"格式,有的采取"后—右"删略,形成"AB 不 A"格式。"前—右"删略限制很小,范围很广,而"后—右"删略限制很大,只有个别动词可以采取。可能的原因也许是"A 不 AB"格式满足"核心词性一致原则",也满足"两端保留原则";而"AB 不 A"格式只满足"核心词性一致原则",违反"两端保留原则",因而限制很大。

(三)为什么采取互补删除

可以看到,两次删略时,无论是"前右—后左",还是"前左—后右",总是互补删略。为什么两次删略需要采取互补删略的方式? 这个问题有两个含义,一是为什么不采取删除相同成分的办法,二是为什么不采取一侧成分完全删除的办法。可以从两个方面看:(1) 删略的根本动因,是避免重复,倘若删除相同成分,则仍然有重复成分,起不到避重的作用。双音节动词也可以采取一侧部分删除的办法(喜~~欢~~不喜欢),虽然未能彻底避免重复,但毕竟避免了完全重复。而互补删除则彻底避免了完全重复(帮~~忙~~一个帮忙),是一种比较好的选择。(2) 完全删除一侧的重复成分也可以避免重复,为什么双音节动词不采取这种方式?如"**帮忙一个帮忙**"为何不说成"**帮忙一个**"?这是因为把后侧完全删除,造成结构上的缺失,不利于成分的找回。语音层面的删除并不是无限制的,其实,从前面提到的各种同形删略现象看,有一个倾向,就是删除后要易于把删除的成分找回,如"大到暴雨""中小学"要求结构上相同,"外交部长"要求成分相邻,这些都便于找回删除的成分。完全删除后没有留下线索,不利于删除成分的找回,不是最好的办法,而互补删除不但避免了重复,而且在结构上保持原来结构的完整性,便于删除成分的找回,是更好的办法。

六、结　语

(一) 结论

不完整词其实是一个词出现了语音删略,条件是前后出现一个与之完全同形或部分同形且结构一致的片段。离合词并非真的发生了词内成分的分离,其实是一个词先后出现两次,并发生互补删略,造成了"分离"的假象。离合词实际上就是特殊的不完整词,即发生互补删略的前后两个不完整词。

这样,我们就可以解释为何会有赵元任(1968:203)提到的假动宾式离合词,"提醒、幽默、出恭、将军"等原本并不是动宾格,之所以可以像动宾结构一样"分离"开,是因为"分离"只是语音层面上出现的假象,这些词只是在两次出现时分别对右端和左端作了语音上的同形删除而已。

离合词有20种表层形式"分离"类型,按照"分离"机制来看,可归结为动词重复结构中同形动词的删略和轻动词带动名化宾语结构中同形动词的删略两类机制共20种"分离"类型。

某些离合词的"分离"类型与准定语的构造是相同的,这些准定语结构都是由于存在重复出现的同形动词而发生动词的删略,定语在底层结构中本来修饰一个动名化的动宾短语或动词,由于其中的动词删略,造成定语与其修饰的中心语在语义和句法上的"错位"(见表4)。其中多数准定语结构发生在轻动词带动名化宾语结构中。

不完整词和离合词从删略的成分的位置看,有前删略/后删略、左端删略/右端删略等不同情况,采取哪一种删略方式,受到两端保留原则和核心词性一致原则的限制。处于谓语核心位置的词(主要是动词、形容词)优先选择"核心词性一

表4 离合词与准定语结构、"形式动词＋动名词"结构的对应

类型	格式	不完整词/离合词	准定语结构	形式动词＋名动词
离合词A 动词复现结构	"连"字句	{睡}觉也不睡{觉}		
	重动句	他的{跳}舞跳得好 {洗}澡洗{澡}完了	他的篮球打得好	
	"把"字句	把{洗}澡洗{澡}了		
	焦点判断句	{理}发是昨天理{发}的		
离合词B 轻动词＋实义动词	V 什么 O	帮{忙}什么{帮}忙		作什么研究
	V 领属定语 O	睡{觉}你的{睡}觉	看你的书	作你的研究
	V 性质定语 O	帮{忙}大{帮}忙	吃放心菜	作仔细研究
	V 关系化定语 O	帮{忙}让我受益的{帮}忙	度过愉快的春节	作让我受益的研究
	V 数时量的 O	帮{忙}三天的{帮}忙	看了三天的书	作一个月的研究
	V 数动量/时量 O	帮{忙}一次/天{帮}忙	看三天书	作一次/年研究
	VVO	帮{忙}帮{忙}{帮}忙		作作研究
	V 数名量 O	帮{忙}个{帮}忙 这个忙不能帮	喝个酒 这个酒不能喝	作一个研究
	V 数 O	睡{觉}一{睡}觉		
	V 了/着/过 O	帮{忙}了{帮}忙		作了研究
	V 补 O	帮{忙}不上{帮}忙		作不了研究
	V 的 O	他帮{忙}的{帮}忙		他作的研究
	是 XV 的 O	是昨天帮{忙}的{帮}忙	是昨天到的北京	是去年作的研究

续 表

类型	格式	不完整词/离合词	准定语结构	形式动词+名动词
离合词B 轻动词+实义动词	VP 的是 O	帮{忙}的(是)什么{帮}忙		
	V 对象 O	帮{忙}他{帮}忙		作语法研究
	V 对象的 O	帮{忙}他的{帮}忙		进行社会的考察

致原则",处于非谓语核心的词(主要是名词和做主宾语的动词、形容词)优先选择"两端保留原则"。

对本文分析的可能的质疑有两点:(1)很多词是由词组凝固而来,因此离合词的"分离"现象可以用词组凝固过程的中间状态来解释,而不必用同形删略、轻动词等来解释。(2)有些删略无法"还原",如"帮一个忙"无法还原为"帮忙一个帮忙",因此用同形删略来分析离合词的形成不可行。对于第一点质疑,本文认为离合词其实有两种,一种是把完全凝固的词"拆开"来,包括那些原来不是动宾结构的词,如"退休、登记、睡觉、洗澡、后悔、静坐、小便、幽默"。另一类本来是短语,由于常用而逐渐凝固,但还没有完全凝固,如"吃饭、喝酒、走路、跑步、下雨、刮风"。本文分析的是前者,后者的"分离"可看作凝固不彻底的结果,但也不排除其中存在同形删略的可能。实际上,"由合到离是离合词的主体"(马清华,2009)。对于第二点质疑,本文认为,分析的中间过程形成的结构是否能说不是判断分析方法是否正确的标准,分析的中间过程能否说的实质是同形删略是否是强制的。如果同形删略是强制的,那么中间过程的结构不能说;如果是非强制的,那么中间过程的结构可以说。比如,"big powers' ~~s~~ interaction"和"吃了了"强制地要求同形删略,因此中间过程是不能说的;而"他不是~~是~~你朋友吗"的同形删略是非强制的,因此中间过程结构可以说。离合词分析中,"他跳舞跳得很好""洗澡洗完了""后悔~~什么后悔~~"是非强制的,因此中间过程结构可以说;"帮~~忙~~一个帮忙""帮~~忙了帮~~忙"等的同形删略是强制的,因此中间过程结构不可说。

(二)余论:离合词产生的动因

离合词有什么好处?从根本上说,离合词与不完整词一样,都是避免重复的经济性要求造成的。但除此之外,轻动词结构中的离合词和相应的准定语结构还有另一方面的产生动因。离合词和相应的准定语结构其实都经过了一个指称化的过程,即把表示动作、事件的词指称化了,或者让指称化的事件做话题,或者做轻动词"DO"的宾语。这与"进行研究"这样的"形式动词＋名动词"的情况完全平行。"形式动词＋名动词"好处有两点：(1) 使表示事件的动词的句法功能更广,可以出现在一般名词出现的句法位置上;(2) 使表示事件的词容纳的修饰语更丰富。汉语中实义副词较为封闭,不能满足修饰谓语的需要,把表示事件的动词指称化,使其可以受各种定语的修饰,正好可以弥补汉语实义副词不够用的不足。同时不少论元关系的表达也可以借用事件的定语来表达。比较：

(80) a. *伟大地探索(状语)　　　b. 进行了伟大的探索(定语)
(81) a. *涉及全国二十个省市地考察(状语)
　　　b. 进行了涉及全国二十个省的考察(定语)
(82) a. ?调查社会(状语)　　　b. 进行社会调查(定语)

"形式动词＋名动词"的这个作用,与离合词的作用相同。

(83) a. *大帮忙(状语)　　　b. 帮大忙(定语)
(84) a. *八辈子地倒霉(状语)　　　b. 倒了八辈子的霉(定语)
(85) a. *帮忙他(宾语)　　　b. 帮他(的)忙(定语)

两者的不同是,"形式动词＋名动词"是通过显性轻动词的方式来实现,而离合词和准定语结构则是通过隐性轻动词(空动词)的方式来实现。

显性轻动词结构：进行/给予＋很大＋帮助
隐性轻动词结构：DO＋大＋帮忙→帮忙＋大＋帮忙→帮＋大＋忙

采取哪一种方式,可能与动词的语法性质有关,如果动词在词库里本身就是名动词[①],那么倾向于采取"形式动词＋名动词"的方式,如"帮助、研究、调查、管理、讨论、检查",可做形式动词的宾语(进行必要的帮助),而一般不能采取"分

---

① 名动词指兼有名词性的动词,在"进行、加以、作"后做宾语的名动词是名词性的(朱德熙,1984)。名动词标准为：(1) 可以做"进行、加以、做"等准谓宾动词的宾语。(2) 可以受名词直接修饰。

离"的方式(*帮必要的助)。由于"形式动词+动词"要求"动词"本身具有名词性,如果动词在词库里本身不是名动词,就采取隐性轻动词的方式(DO+G+动词),并经由拷贝、删略操作形成"分离"形式及准定语,如"帮忙、退休、负责;看书、打球、喝酒"(帮必要的忙、*进行必要的帮忙)。这两种方式大致互补,仅有少数名动词兼有两种方式,如"进行学习/学一会儿习"、"进行登记/登个记"。"形式动词+名动词"结构中,"形式动词"是显性的,名动词实际上是表示行为动作的名词,这两个因素使得这种表达方式不会发生动词的拷贝或移位;而"DO+G+动词"结构中,"DO"是隐性的,"动词"仍是谓词性的,因而会受隐性的轻动词DO的吸引而发生动词拷贝。

潘海华、叶狂(2015)用同源宾语结构来分析离合词,分析的基本思路与本文的基本一致。他们认为,离合词是不及物动词带同源宾语形成的,这一点与本文认为非名动词采取隐性轻动词结构形成离合词的观点不同。我们对4万词词表中的动词进行了分析,在10 300个动词中,离合词有2 055个。离合词与不及物动词和名动词的关系统计如下:

表5 离合词与非名动词及不及物动词的关系

	离合词(2 055)	占 比
非名动词	1 829	89.0%
不及物动词	1 719	83.7%

从数据上看,非名动词形成离合词比不及物动词形成离合词略多,但不具显著差异。原因是非名动词和不及物动词具有很大相容性:不及物动词中高达85.5%是非名动词。因此,只要其中一项因素是离合词形成的原因,另一项因素也会具有相关性。非名动词和不及物动词这两种因素中到底哪一种是真正起作用的因素,还需要进一步的研究才能确定。

此外,语体因素也有一定关系。书面语、正式语体倾向于采取"形式动词+动词"方式,而口语倾向于采取"分离"或准定语方式。①

当然,并非所有的不具有名词性的动词都可以采用"分离"的方式。可以采

---

① 根据Siewierska et al.(2010),离合词更多地在口语语料中出现,而书面语、正式语体少见。

用"分离"方式的,大多是常用词、动宾格动词(史有为,2009)。非动宾格离合词还是极少数,毕竟动宾格动词与离合词的"分离"在形式上正好相同,更易于采取"分离"的方式。

参考文献:

蔡维天:《从"这话从何说起?"说起》,《语言学论丛》2011年第43卷,第194—208页。

邓思颖:《"他的老师当得好"及汉语方言的名物化》,《语言科学》2009年第3期,第239—247页。

邓思颖:《"形义错配"与名物化的参数分析》,《汉语学报》2008年第4期,第72—79页。

邓思颖:《形式汉语句法学》,上海教育出版社2010年版。

邓思颖:《形义错配与汉英的差异——再谈"他的老师当得好"》,《语言教学与研究》2010年第3期,第51—56页。

郭锐:《衍推和否定》,《世界汉语教学》2006年第2期,第5—19页。

胡敕瑞:《代用和省略——论历史句法中的缩约方式》,《古汉语研究》2006年第4期,第28—35页。

黄正德:《从"他的老师当得好"谈起》,《语言科学》2008年第3期,第225—241页。

黄正德:《汉语正反问句的模组语法》,《中国语文》1988年第4期,第247—264页。

柯航:《也谈汉语中的同音删略现象——兼与司富珍先生商榷》,《汉语学习》2006年第4期,第36—44页。

李宇明:《动宾结构中的非量词"个"》,《语文论集》1988年第3卷,第46—55页。

刘丹青:《作为典型构式句的非典型"连"字句》,《语言教学与研究》2005年第4期,第1—12页。

刘汉民:《同字同音省略》,《语言研究》1982年第2期,第165—171页。

刘敏旗:《现代汉语准领属宾语结构的句法语义研究》,北京大学中文系2017年学士学位论文。

龙海平、肖小平:《"我是昨天买的票"句式及其相关问题》,《世界汉语教学》2011年第3期,第305—317页。

马清华:《错综关系下例外的形成——汉语离合词成因再探》,《语言科学》2009年第2期,第172—187页。

马学良、史有为:《说"哪儿上的"及其"的"》,《语言研究》1982年第1期,第60—70页。

潘海华、叶狂:《离合词和同源宾语结构》,《当代语言学》2015年第3期,第304—319页。

潘海华:《焦点、三分结构与汉语"都"的语义解释》,《语法研究和探索》2006年第13卷,第163—184页。

祁杰:《"V个NP"结构的主观性及主观量研究》,《文教资料》2009年第23期,第37—40页。

任鹰:《"个"的主观赋量功能及其语义基础》,《世界汉语教学》2013年第3期,第362—375页。

邵敬敏:《从准定语看结构重组的三个原则》,《山西大学学报(社科版)》2009年第1期,第62—66页。

沈家煊:《"移位"还是"移情"?——析"他是去年生的孩子"》,《中国语文》2008年第5期,第387—395页。

沈力:《北京语における動詞の「コピー」と「分離」》,峰岸真琴编:《言语基础论の构筑へ向けて》,东京外国语大学アジア・アフリカ言语文化研究所2006年,第129—148页。

史有为:《离合词观复——兼议汉语基本词汇单位》2009年第3卷,第14—50页。

司富珍:《汉语的几种同音删略现象》,《语言教学与研究》2005年第2期,第56—62页。

汪国胜、王俊:《从轻动词角度看现代汉语离合词》,《华中师范大学学报(人文社会科学版)》2011年第3期,第101—105页。

王海峰:《现代汉语离合词离析形式功能研究》,北京大学出版社2011年版。

吴葆棠:《一种有表失义倾向的"把"字句》,载中国社会科学院语言研究所编:《句型和动词》,语文出版社1987年版,第94—116页。

叶向阳:《"把"字句的致使性解释》,《世界汉语教学》2004年第2期,第25—39页。

袁毓林:《从焦点理论看句尾"的"的句法语义功能》,《中国语文》2003年第1期,第3—16页。

张和友:《汉语分裂句的来源及其相关问题》,载王建华、张涌泉编:《汉语语言学探索》,浙江大学出版社2007年版,第264—277页。

赵元任:《汉语口语语法》,吕叔湘译,商务印书馆1979年版。

朱德熙:《"的"字结构和判断句》,《中国语文》1978年第1期,第23—27页;1978年第2期,第104—109页。

朱德熙:《语法讲义》,商务印书馆1982年版。

[日]木村英树:《"的"字句的句式语义及"的"字的功能扩展》,《中国语文》2004年第4期,第303—314页。

[日]杉村博文:《"的"字结构、承指与分类》,载江蓝生、侯精一编:《汉语现状与历史的研究——首届汉语语言学国际研讨会文集》,中国社会科学出版社1999年版,第47—66页。

[日]杉村博文:《现代汉语量词"个"的语义、句法功能扩展》,《语言学论丛》2009年第40卷,第251—269页。

Chao, Yuan Ren(赵元任). 1957. Formal and semantic discrepancies between different levels of Chinese structure. *Bulletin of the Institute of History and Philology*, Vol XXVIII, 1-16, A cademia Sinica.

Fanselow, Gisbert and Damir Cavar 2002 Distributed deletion. In Artemis Alexiadou (ed.), *Theoretical Approaches to Universals*, Amsterdam: John Benjamins, pp. 65-107.

Packard, Jerome L. 2000 *The Morphology of Chinese: A Linguistic and Cognitve Approach*. Cambridge: Cambridge University Press.

Siewierska, Anna, Xu, Jiajin & Xiao, Richard. 2010. *Bang-le yi ge da mang* (offered a big helping hand): A corpus study of the splittable compounds in spoken and written Chinese. *Language Sciences*, 32(4). 464-487.

Simpson, A. & Z. Wu. 2002. From D to T-determiner incorporation and the creation of tense. *Journal of East Asian Linguistics* 11.2: 169-209.

国际中文教育研究论文写作：案例与方法

 方法谈：

透过表象看实质

这篇论文讨论了离合词、不完整词和准定语现象，把这三种现象的形成机制解释为同形删略。关于这篇文章的写作，可以谈四点心得。

一、论文选题

选题是论文写作的起点，一篇论文选题选对了，就成功了一半。要正确选题，首先就要找到问题。好的选题有多种，其中一种是以某种与现有理论有冲突的语言现象为研究对象。一种语言现象为什么会与现有理论有冲突？无非两种可能，一是理论不完善，未能概括这种现象；二是学界对这种现象认识不清楚，没有真正把握这种现象的实质。而汉语中的离合词、不完整词和准定语现象，就是三种与现有理论有冲突的语言现象。根据现有理论，词具有完整性，因此词内成分不能分离，词内成分不能移出，词内成分不能缺失。但离合词和不完整词恰恰违反了词的完整性假说，既有词内成分的分离，又有词内成分的移出，还有词内成分的缺失。按照现有语法理论，语言表达的形式和意义是相互协调一致的，但准定语则表现出形式和意义的脱节，也与现有理论冲突。

语言现象与现有理论有冲突，如果深入研究，弄清到底是现有理论有漏洞，还是过去对这些现象认识有偏差，那么就解决了重大的学术问题。

二、透过表象看实质

从表面上看，"帮个忙""连忙也不帮"中的离合词是词的分离现象，"喜不喜欢"中的不完整词"喜"是词的词内成分缺失现象，由此出现语言现象与理论的冲突。为什么会出现词内成分分离和词内成分缺失？离合词和不完整词的实质是什么？需要透过表象发现背后的实质。

不完整词出现的条件有很大限制，即只出现在有与之同形的片段的同一小句内。如"喜不喜欢"，在不完整词"喜"（喜欢）的后面还有一个与之同形的"喜欢"；"他连知都不知道"中的不完整词"知"（知道）后面还有一个同形的"知道"；"中小学"中的不完整词"中"（中学）后面还有一个部分同形的"小学"。如果同一小句内部没有这些同形成分，那么不完整词就不能出现。因此，不完整词实际上是通过同形删略手段形成的。而离合词与不完整词出现的环境有一些是相同的，如出现于"连"字句中：连知都不知道/连忙也不帮；出现于重动句中：退休退得早/考试考得好。因此，可以把离合词分析为两次出现的不完整词，其形成机制同样是同形删略。如：连帮忙也不帮忙，考试考试得好。这样，我们就透过离合词分离的表象，看到了背后的实质：两次出现的不完整词。而离合词的所谓"分离"现象，其实只是一种假象。

离合词出现于前后有相同词形的两个词的同一小句。有两种环境，一是动词复现结构，包括重动句（考试考试得好）、"连"字句（连帮忙也不帮忙）、焦点判断句（理发是昨天理发的），前后出现的词形相同的两个词经由互补删略操作，形成同一个词"分离"的假象；二是轻动词结构中，无语音形式的轻动词 DO 吸引实义动词拷贝来与之合并，造成同形的词前后两次出现，并经由互补删略造成同一个词"分离"假象，如：DO_i一个帮忙→帮忙$_i$一个帮忙→帮一个忙，DO 什么帮忙→帮忙$_i$什么帮忙$_i$→帮什么忙，你 DO 你的睡觉→你睡觉$_i$你的睡觉$_i$→你睡你的觉。在形成离合词的同时，也形成准定语，如"一个忙""什么忙""你的觉"。那么，其他准定语能否也用轻动词结构来分析呢？从已发现的几种类型的准定语看，都可以分析为轻动词结构，如：你 DO 你的看书→你看$_i$你的看$_i$书→你看你的书，DO 放心吃菜→吃$_i$放心吃$_i$菜→吃放心菜，DO 三天的看书→看$_i$三天的看$_i$书→看三天的书，DO 个吃饭→吃$_i$个吃$_i$饭→吃个饭，昨天 DO 的到北京→昨天到$_i$的到$_i$北京→昨天到的北京。一般的准定语结构与离合词结构的差异，主要是同形的词是单音节还是双音节以及由此带来的是部分删略还是完全删略。如果同形的词是双音节，就发生互补删略（两次部分删略），由此形成离合词；如果同形的词是单音节，由于同形删略的最小单位是音节，就发生一次完全删略，由此形成一般的准定语。

因此，离合词、不完整词、准定语表面上看违反了现有的理论，但从实质看，并不是真的发生词的分离或词内成分的移出、缺失，并不违反词的完整性。而准定语结构之所以发生形式与意义的脱节，实质是结构中存在没有读音的轻动词，并发生拷贝和同形删略，其底层结构的形式和意义并不脱节。

三、看似不相关的现象背后可能有密切联系

有些现象看似不相关，但实质有密切联系。如离合词和不完整词，看起来没

有关系,经过我们的分析,发现其实是同一种现象,离合词是两次出现的不完整词。而准定语看起来也与离合词无关,而我们的分析认为,准定语结构与离合词也是同一现象的不同表现,都是轻动词结构中发生动词拷贝和同形删略,造成表面结构与底层结构的差异,形成准定语或离合词现象。

四、不同表现背后往往有共同的原则

造成不完整词和离合词的同形删略,有的删词的左端,有的删词的右端。如"输出入"中是把"输入"的左端删了,"动植物"是把"动物"的右端删了。"连忙也不帮"中,前面的"帮忙"删除左端,后面的"帮忙"删除右端,而"帮一个忙"正相反,前面的"帮忙"删除右端,后面的"帮忙"删除左端。不同的删略方式有没有共同的原则?

制约删略位置的原则有两条,第一条原则是两端保留原则,即保留同形的两个词的前后两端,删除位于中间的同形片段,如"动物植物"和"输出输入",虽然删略片段的位置不同,但都遵守两端保留原则。第二条原则是核心词性一致原则,即处于谓语位置的动词删略右端,保留左端,因为动词的左端体现了谓词性,与谓语要求的词性一致,如"帮忙一个帮忙";而处于主宾语、话题、前置对比焦点位置的动词删略左端,保留右端,因为这些位置具有指称性,动词的左端体现谓词性,不适合保留左端,如"连帮忙也不帮忙"。谓词的正反问格式有前删式"AB不AB"(知不知道)和后删式"AB不AB"(考试不考)两种删略方式,而前删式使用频率和接受度要远远大于后删式,原因就在于前删式遵守这两个原则,而后删式只遵守核心词性一致原则,违反两端保留原则。

主观近距交互式书面叙事语篇中"了"的分布[*]

徐晶凝[**]

摘要：本文基于对《空中小姐》《围城》以及汉语母语说话人撰写的《梨子的故事》语篇中"了"的分布考察，探讨书面叙事语篇中"了"的分布规律。研究发现，在主观近距交互式书面叙事语篇中，对过去已然事件的表述上，"了$_1$"与"了$_2$"的使用主要取决于语义—句法因素，95.5%的"了$_2$"的使用受到句法强制。总体而言，说话人对事件在语篇中作用的识解与句法因素二者彼此成就，共同决定"了"在书面叙事语篇中的分布。对外汉语教学中应重视相关分布规律。

关键词："了"；书面叙事语篇；句式；语义—句法—语篇制约；语体

引　言

现代汉语中的时体标记"了"不是强制性语法范畴，它是在将语汇单位带到交际场景中时，根据语用、语篇的要求而决定的（吕叔湘，1980；吴福祥，2005）。随着语言水平的提高，汉语作为第二语言的学习者对"了"的使用偏误主要发生在语篇层面（刘月华等，2001；赵立江，1997；高顺全，2006）。对二语学习者而言，学习"了"最大的难点是：对过去已然事件的表述是否需要使用"了"以及在句中什么位置使用"了"。例如：

---

[*] 原载《汉语学习》2016年第3期，第74—84页。本文曾在第十八次现代汉语语法学术讨论会（澳门，2014年10月）和第二十三届中文教学研讨会（普林斯顿大学，2015年4月）上宣读，此次发表有较大修改。感谢洪波、潘海华等专家的宝贵意见。

[**] 徐晶凝，北京大学教授，博士生导师。

① 昨天我去郊外玩了 a。我骑着我的自行车，突然看见了两筐梨，没有人。我停了我的自行车，摘了一筐梨，把筐放在我的自行车上了 b。

骑自行车的时候，我看见一个女孩子了 c，回头看了她。突然我的帽子被吹掉了，那时候，我撞了一小石头，摔倒 d。三个小孩子来了 e 帮助我，一个在打乒乓球。捡了梨以后，他们把那梨筐给了我。我出去了。

一个小孩子捡了我的帽子，吹口哨着，来了 f 给我的帽子，他也拿起来了三个梨，给了他的朋友。他们一边出去了，一边吃了 g 梨。

农民从树上下去了，看见了 h 没有一筐梨了 i，突然看见了 j 三个孩子吃了 k 梨，他想一想他们可能是小偷。

这是一位中级汉语水平的西班牙留学生在观看完微电影《梨子的故事》（具体介绍详参徐晶凝，2014）后，以小男孩的身份以及第一人称的视角所叙述的故事。① 这个语篇所反映出来的"了"的使用问题，主要有两类：

第一类：从句子层面看"了"的使用问题不大，但在语篇层面"了"的使用不当。又分两种情况：一是"了"多余，如"了 a"；二是"了"的句法位置有误，如"了 bci"三处都应改为"了$_1$"。

第二类：从句子层面看即有问题。如"d"处缺失"了"；"了 gk"与"着"混淆；"了 efhj"多余。它们的错误主要在于学习者对制约"了"使用的某些句法条件不了解，如谓语动词若带小句宾语，则谓语动词后一般不用"了"；在连动句中，若不需要强调两个动作之间的时间先后关系，第一个动词后不能带"了"。

那么，句法因素与语篇因素如何互相作用制约"了"的分布？"了"在叙事语篇中的分布规律究竟是什么？以往研究发现：

(1) 在叙事语篇中，"了$_1$"的使用远远多于"了$_2$"。（郭继懋，2002；王光全、柳英绿，2006；徐晶凝，2012）

(2) "了$_1$"用于顶峰事件（peak event，张武昌，1986），或者说焦点句。（刘勋宁，1999）"了$_2$"标记共同基础中的高峰情景（peak situation）（M. van den Berg & Wu Guo，2006，转引自杨素英等，2009），王洪君等（2009）将其通俗理解为"提示出现新情况"。

(3) "了$_1$"只关注单个事件自身，而"了$_2$"更关注事件与其他事件间的进展

---

① 上引留学生的语篇中，除"了"外，其他的语法错误已做过大致的改正。

关系;在语篇中,"了₂"句常与时间、空间、人物等指向成分(orientation)一起,共同构建故事进展的大框架,标记故事的重要进展,而"了₁"句用于对故事细节的描述。(徐晶凝,2012,2014)

但这些研究仍不能完全解决汉语学习者在叙事语篇中使用"了"的困扰,主要表现在以下几个方面:① 什么事件是"顶峰事件"或焦点句? ② 什么情景是"高峰情景"或是新情况? ③ 在构建故事进展大框架时,怎么确定一个框架的标记性事件从而使用"了₂"来标记?因此,我们有必要从学习者的视角来进一步观察叙事语篇中"了"的分布规律,尽量给出易于把握的制约条件。

本文将以《围城》(钱锺书)、《空中小姐》(王朔)两个书面叙述性语篇以及 18 位汉语母语说话人撰写的《梨子的故事》语篇作为考察语料,探讨"了₂"在书面叙事语篇中的分布规律,兼及"了₁"的表现。

在开始研究之前,先做四点说明:

(1)"了"是否应区分为"了₁"与"了₂"以及如何区分,学界有不同意见(吕叔湘,1999;卢英顺,1991;李铁根,1992;石毓智,1992 等)。句尾动词后的"了"究竟是"了₁"、"了₂"还是"了₁₊₂",这些问题的争论对于确定"了"的语法意义及其语法属性或许是有必要的。但从汉语作为第二语言教学的角度而言,这些争论无助于学生掌握"了"的用法。因此,本文采纳刘勋宁(2002)、王伟(2006)、王维贤(2006)等学者的意见,单纯依据句法位置来界定"了₁"与"了₂",并且将分句末的"了"也看作"了₂"。不过,我们暂不讨论包孕小句,如"他睡着后,我就走了"中,"他睡着"虽然也是一个小句,然而并非一个独立分句。包孕小句中"了"的使用规律需要单独讨论。

(2)"了"在口语对话和书面叙述语中的分布具有不同特点(王洪君等,2009)。在大型书面叙述语篇中,包含人物对话、心理活动、间接引语、叙述者的评价、风景描写等,这些部分所涉及的事件并不限于过去已然事件,而且它们也并非按照故事自身发展的时间顺序展开。对于故事自身发展过程的叙述,则均为过去已然事件,且按照现实世界中事件发展的顺序加以叙述(Labov, W. & Waletzky, J., 1967,转引自黄国文,1994),这些序列事件句所构成的语篇我们称之为叙事部分。因此,本文所讨论"了"的分布规律,主要针对书面叙述语篇之叙事部分而言。

(3)王洪君等(2009)研究发现,"了₂"使用的必要条件是"话主主观显身、主观上与受话共处一个话语时空、与受话主观近距交互",即只有在这样的语体中,

"了₂"才可能进入语篇。因此,本文所讨论叙事语篇,是指"主观近距交互式"叙事语篇。

(4) 本文所引例句,除标明特殊出处者外,均来自《空中小姐》和《围城》,为节省篇幅,不再一一标明出处。

一、书面叙事语篇中"了₂"的分布统计

为了了解"了₂"在书面叙述语篇中的分布规律,我们对《空中小姐》和《围城》中的"了₂"句进行了穷尽统计,其中在叙事部分共有 516 个"了₂"句。分布情况如表 1。

表 1 "了₂"的句式分布

VP 类型		叙事语句中"了₂"的数量
固定格式	含形容词的固定格式	16
	"要……了"等固定格式	3
状态变化义句式	(S)+(不)Adj+了	61
	(S)+V+Adj+了①	26
	(S)+V+可能补语+了	11
	(S)+(不)情态动词+VP+了	5
	(S)+不+VP+了	22
	O+没(有)了/(S)+没(有)O(+V)+了	6
	体词+了	1
	S+不及物动词(组)+了	228

① 用于"把"字句和受事主语句中的"V+Adj+了"的用例,分别归属在"把"字句和受事主语句中统计,《空中小姐》中有 1 例,《围城》中有 11 例。如:(1) 女孩却被凶暴的波浪吓坏了。(2) 鸿渐把辛楣的橡皮热水袋冲满了。

续 表

VP 类 型		叙事语句中"了₂"的数量
S+及物动词(组)+了	宾语省略的"及物动词+了"句	26
	把字句	38
	受事主语句①	62
	(S)VO 句	8
S+Adj 起来/下来/过去+了		3

从语料中可以发现,这些"了₂"的使用实际上可以分为两类:一类"了₂"主要受到语义—句法的双重制约,一类"了₂"则受到语义—句法—语篇的三重制约。

所谓语义—句法双重制约,是指在满足语义表达的前提下,某句式中具体使用"了₁"还是"了₂"完全取决于句法因素,即句式自身只能为"了"提供一个句法位置。比如,对于过去已然事件,若用动词重叠式来表达,就只能使用"了₁";若用"动词+形容词结果补语"句式,则只能选择使用"了₂"。

而受到语义—句法—语篇因素三重制约的"了",则是指句法因素并不能强制约束"了"在句中的位置,即句式自身可以为"了"提供两个句法位置,使用"了₁"还是"了₂"主要由语义—语篇因素决定。如"动词+复合趋向补语"句式中,"了"既可位于动词后,也可位于补语后。在具体的语篇中,究竟位于何处则主要取决于语篇意义的要求。

二、语义—句法强制制约的"了₂"

在 516 个书面叙事语篇"了₂"中,有 493 个受语义—句法强制制约使用。以下以"了₂"所使用的 VP 类型分类描写。

(一)"了₂"用于固定格式中

在固定格式中,"了₂"是结构自身的必有组成成分,只要说话人因语义表达

---

① 如果受事主语句和一般 SVO 句的谓语部分是"不V",我们将它们归在"不+VP+了"类中。如:这些书我不带走了。/没有呢,不回他信了。

的需要选用这类结构,他就必须使用"了₂"。在《空中小姐》和《围城》的叙事部分中,含有"了₂"的固定格式主要有两类:

一类是包含形容词以及以形容词为核心的一些固定格式,这类固定格式主要用于表示某种性状的程度,如"Adj 极了、Adj 透了、太 Adj 了、X 比 Y+Adj 多了、Adj 得无可 Adj 了",等等。例如:

② 我犹如兜头浇了一桶冰水,心都凉透了。
③ 孙小姐自从梦魇以后,跟鸿渐熟多了,笑说……

一类是"(就/快)要……了/该……了"等常与动词性词语共现的固定格式,表达"最近将来时(immediate future)"(Bybee et al.,1994)[①]。例如:

④ 居然到了一个小站,汽车夫要吃午饭了,客人也下去在路旁的小饭店里吃饭。

在《空中小姐》和《围城》语篇的其他部分还有两类固定格式:一类用于表达某种虚拟语气,如"早该……了/要是……就是了(就好了/就行了)"等;一类是"时量词语+没/不+V(O)了",它所表达的意义为"在一段时间内没有或不做某事",而这种情况是不同于以往的新情况。例如:

⑤ 老大也三四个月不贴家用了。
⑥ 你有大半年没吃西菜了。

(二)"了₂"用于状态变化义句式

在这些句式中,不依赖任何上下文语境,"X+了₂"都能明确表达一种状态变化的含义,即从"非 X"到"X"的变化,进入 X 的状态。这些句式主要有如下七种情况:

(1) (S)+(不)Adj+了。例如:

[①] 注意:这里所谈的是"要……了"等表示近将来时的固定格式,而且是在书面叙事部分中的分布。在口语中,近将来时的"要……了"中,"了"可能并非必需成分。如:"到我这时候儿呢,因为是,正好赶上日本要投降啊,没人干小学教师的事儿,稍微有一点儿办法也不能干这事儿。"(北京语言大学 BJKY 语料库)当然,在这个例子中,"要"也可以理解为表达意愿,而非"要……了"固定格式。

⑦ 柔嘉脸红得像斗鸡的冠,眼圈也<u>红了</u>,定了定神,……(Adj+了,不红→红)

⑧ 鸿渐等了一个多钟点,<u>不耐烦了</u>,……(不+Adj+了,耐烦→不耐烦)

(2) (S)+V+可能补语+了。例如:

⑨ 第二天在机场,刚开始广播上客,我<u>绷不住了</u>,原形毕露。(绷得住→绷不住)

(3) (S)+(不)情态动词(+VP)+了。例如:

⑩ 今天<u>可以舒舒服服地睡了</u>。(情态动词+VP+了,不可以舒舒服服地睡→可以)

⑪ 它生气<u>不肯走了</u>,汽车夫只好下车。(不+情态动词+VP+了,肯走→不肯走)

(4) (S)+不+VP+了。例如:

⑫ 鸿渐谢过他,韩学愈又危坐<u>不说话了</u>,……(说话→不说话)

(5) O+没(有)了/(S)+没(有)O(+V)+了。例如:

⑬ 晚饭后翻看的历史教科书,影踪都<u>没有了</u>。(有影踪→没影踪)

⑭ 他仔细一想,慌张得<u>没有工夫生气了</u>。(有工夫→没工夫)

(6) 体词+了。例如:

⑮ 明天早晨方鸿渐起来,太阳满窗,表上<u>九点多了</u>。他想……(九点多以前→已经九点多了)

(7) (S)+V+Adj+了。例如:

⑯ 孙小姐等他们去远了,道歉说……(不远→远)

只要叙述者在叙述的过程中选用这些句式凸显"状态变化"的含义,就必须使用"了₂"。我们在这里强调"凸显变化",是因为对于同一个事件,叙述者在叙述过程中可以有不同的识解。例如:

⑰ 雷真是聪明,他是印度人,却又来自英国,两相结合之下,让他在我们这个小镇上有如火星人一样罕见。之后我俩坐着不说话,四下寂静无声。(施清真《可爱的骨头》)

在上述这个叙事语篇中,虽然"不说话"相对于之前的"说话"来说也是一种变化,但是,叙述者并无意"凸显"这种前后对比而产生的变化,而只是聚焦于描写现下的状态。因此,在这样的情况下,"状态变化"的语义前提缺失,"了₂"当然也就不再受句法强制而出现。

另外,在口语语篇中,还有一种状态变化义句式"别＋VP＋了",也属于语义—句法强制制约的"了₂"。例如:

⑱ "别照了,没打出印儿。"阿眉这话已是带笑说了。

此例中的"别照了"义为停止"照"而进入"不照"的状态。

(三)"了₂"用于不及物动词(组)后

在叙事语篇中,绝大多数的过去已然事件都由 VP 表达,包括不及物动词,也包括及物动词。上面所列句式,虽然"了₂"也大都用于 VP 后,但因为这些句式不借助任何语境提示即可明确表达状态改变的含义,所以,我们把它们单列出来。

用于过去已然事件句中的不及物动词(组)可以分为三类:一类是单个不及物动词,如"笑、哭、睡、坐、死、塌、停、灭、熄、走"等;一类是四字成语,如"分道扬镳、手足无措"等;一类是带虚化结果补语或趋向补语"来、去"的动词短语,如"睡着、跪倒、站住、笑完、飞来"等。请看例句:

⑲ 她一见我,笑了。(单个动词＋了)

㉑ 复员后，我们可以说分道扬镳了。（四字成语＋了）
㉑ 我又睡着了。（动词＋虚化结果补语＋了）
㉒ 接着，民航领导飞来了。（动词＋趋向补语＋了）

在主观近距交互式叙事语篇中，只要说话人选用"S＋不及物动词（组）"来叙述过去已然事件，倾向于使用"了$_2$"的频率较高。

在228例"了$_2$"与不及物动词的组合中，"位移类动词＋了$_2$"共出现121例，比例高达53%。位移类动词包括三种：一是单个位移动词，如"来、去、走、跑"；二是含有位移含义的其他动词，如"退席、散、出门"；三是带有趋向补语"来/去"或位移义结果补语的动词短语，如"进来、出去、飞来、回来、开走"等。

另外，"来""到""过去""过"等也常与时间、空间词语组合。例如：

㉓ 阴历新年来了。……
㉔ 梅雨季节到了，春水泛滥，道路、小桥都被涨满的溪水淹没。
㉕ 五年过去了，我们没再见面。
㉖ 红海早过了。船在印度洋面上开驶着。但是……

"了$_2$"与位移类词语的组合，可以为故事的叙述带来时、空、人物指向（orientation）的变化，从而适时构建故事发生的指向框架。而"了$_2$"句前后小句或句群则叙述在这一时间、空间、人物指向框架内发生的每一个具体的事件。可见，"位移类动词＋了$_2$"一方面是语义—句法的强制要求，另一方面也可能与书面叙事语篇的组织特点有关。如在《梨子的故事》语篇中，母语叙述者普遍使用"位移动词＋了$_2$"句对主人公小男孩儿的空间转移进行叙述（徐晶凝，2014）。因此，引言部分所举西班牙留学生作文中"了 ef"的错误，除了句法错误之外，实际上也可以认为是一种语篇组织层面的错误，若在"来了"之后加上逗号，引入人物的出场，语篇就不会出现问题。至于"了$_2$"与汉语书面叙事语篇组织特点之间的关系，我们将另文论述。

（四）"了$_2$"用于及物动词（组）后

及物动词（组）与"了$_2$"组合表达过去已然事件的句式主要有四种："把"字句、受事主语句、SVO句，以及省略宾语的"SV"句。我们所统计的"了$_2$"所出现的受事主语句主要包括三类：一类是含有"被、为、给、让"等标记词的被动句，一类是无标记词的被动句,一类是主谓谓语句(话题句)。

在这些句式中,当谓语动词部分为"单个动词"或者"动词+结果补语/简单趋向补语"时,"了₂"的使用也大都是强制性的。分别举例如下:

㉗ 鸿渐支吾掩饰了两句,把电报给豚翁看了。("把"字句,主动词为单个动词)

㉘ 今天满腹心事,拟的信稿子里出了几处毛病,王主任动笔替他改了……(隐含的"把"字句,主动词为单个动词)

㉙ 气氛还是被破坏了。("被"字句,主动词为单个动词)

㉚ 鸿渐辛楣是同舱,孙小姐也碰见了,只找不着李顾两人。(被动句,主动词为"动词+结果补语")

㉛ 那句话(他)现在知道了,都懊悔。(主谓谓语句,主动词为单个动词)

在语料中,共88个"把"字句和受事主语句中"了₂"是句法要求强制出现的。另外的12个句子中,"了"都有两个句法位置可以进入,其中,有10个句子中VP为"动词+复合趋向补语",2例为"动词+在+宾语"。也就是说,它们都不属于语义—句法强制要求使用"了₂"的情况。例如:

㉜ 愈说愈气,连大学没毕业的事都牵出来了。

㉝ 鸿渐猛记得船上的谈话,果然这女孩全听在耳朵里了。

另外,还有26例"了₂"用于宾语承前或蒙后省略的"S+及物动词"句,也是强制要求出现的。例如:

㉞ 苏小姐问是什么一首,……说:"……亏曹先生体会得出。"诗人听了,欢喜得圆如太极的肥脸上泛出黄油。

该例中"听了"之后的宾语"苏小姐的话"承前省略,"了"必须使用。

用于固定格式、状态变化义句式、单个不及物动词后的"了₂"共379个。而"了₂"用于及物动词后的分布中,也有114例属于句式要求必须出现,否则句法不合格或者语义不自足。《空中小姐》和《围城》的叙事部分共516例"了₂"句中,有493例受到语义—句法强制制约,比例高达95.5%。

需要指出的是,除用于过去已然事件的用法外,"了$_2$"也可以用于将然或单纯的语气意义。例如:

㉟ 那么,我带他走了。(宣告即将发生的行为)
㊱ 看你的船,它来了!(宣告正在发生的新的事态)
㊲ 你再动我一下试试,非跟你拼了!(假设条件下将发生的行为)
㊳ 可能你们听到那里摔了一架飞机,……,只是嗟叹一阵,……。可我们就不同了,……(对比说明)
㊴ "谁是Bertie?""就是罗素了。"(单纯的确认语气,含"显而易见"义)

这些"了$_2$"也受到语义—句法强制要求。但它们一般用于口语对话或逻辑推理性语篇中。

三、语义—句法—语篇制约的"了$_2$"

除受到语义—句法强制要求使用的493个"了$_2$"以外,在《空中小姐》和《围城》的叙事部分中另外的23个"了$_2$"则是与"了$_1$"竞争的结果,仅占"了$_2$"总数的4.5%。与"了$_1$"存在竞争的句式中,单纯从句法的角度看,"了$_2$"与"了$_1$"皆可。二者可以出现的句法格式详见表2。

表2 "了$_1$""了$_2$"皆可出现的句式

句　　式	例　　句
1. 动词+结果补语+宾语	触到她娇嫩的脸颊。
2. 动词+趋向补语+宾语	寄来充满孩子式怀念的信。
3. 动词+在+宾语	写在纸上。
4. 双宾结构	看我一眼。
5. 动词+数量宾语	出两次事故。

续 表

句　式	例　句
6. 动词＋宾语(含离合词)	改主意。
7. 动词＋复合趋向补语	绞进去。
8. 形容词＋复合趋向补语	慌起来。

叙述者选用上面诸如"动词＋结果补语＋宾语""动词＋趋向补语＋宾语""动词＋在＋宾语""双宾结构""动词＋数量宾语""动词＋宾语(含离合词)""动词＋复合趋向补语""形容词＋复合趋向补语"等8种句式来表达过去已然事件时,从理论上来说,"了"都有两个句法位置。然而,需要注意的是,在具体语篇中选用哪个"了",主要取决于语篇表达的需要。例如:

㊵ 我们现在不只两把菜刀,我们已经有了两个营的兵力,还怕干不起来吗?
㊶ 我们起初只有两把菜刀,后来有了一个营的兵力,现在已经有两个营的兵力了,还怕干不起来吗?

在这两个例子中,带"了"的句式都是"有＋数量宾语",语义上也都表达一种变化;但是,例㊵中说话人选用"了$_1$",所表达的意思是从"没有兵力"到"有兵力"的改变;而在例㊶中说话人选用"了$_2$"则表达从"有一个营的兵力"到"有两个营的兵力"的进展。因此,叙述者主要是根据语篇意义表达的不同需要决定对"了$_1$""了$_2$"的不同选择,"了"的使用受到语义—句法—语篇的三重制约。

不过,虽然在《空中小姐》和《围城》的叙事部分大量存在上述8种句式,但仅23例使用"了$_2$",其他语句中普遍使用的是"了$_1$",或者"了$_1$"隐而未现。即,在书面叙事语篇中,受到语义—句法—语篇三重制约的这些句式中,究竟是使用"了$_1$"还是"了$_2$"具有明显的倾向性。比如,在动词带数量宾语的句子中,以出现"了$_1$"为常态(赵元任,1979),其他句式也同样存在高频率地倾向于使用"了$_1$"的现象。因此,在叙事语篇中,"了$_2$"远远少于"了$_1$"。

在"动词＋宾语"句中,"了$_1$"与"了$_2$"的竞争除了受到语篇意义表达的制约之外,还受到动词情状体类型以及宾语的有定或有指特征的制约。

徐晶凝(2012)研究发现,当动词是活动动词和终结动词时,以使用"了$_1$"为常；宾语是有定名词、有指名词和复杂名词短语时，以使用"了$_1$"为常。但当动词为静态动词时，"了$_1$"与"了$_2$"的分布频率相差不大；宾语的有无限定、有无所指等属性对"了$_1$""了$_2$"的选择也没有明显的影响。

在《空中小姐》和《围城》两个叙事语篇中，"(S)＋动词＋宾语＋了$_2$"句式中的动词，约三分之二都是静态动词，包括"有、充满、像、当、懂得、知道"等，活动动词和终结动词相当少，只有"改（主意）、变成"等。

四、"了$_1$""了$_2$"对句式选择的倾向性

对于第二语言（汉语）习得者而言，有关"了$_2$"标记"高峰情景"或者"提示出现新情况"等理论极其抽象，对相关句式的解释是难以捉摸的，我们有必要为这些习得者提供更容易把握的规则。根据本文的观察，在主观近距交互式书面叙事语篇中，当表述过去已然事件时，"了$_2$"的使用主要是由语义—句法因素制约的，只有极少一部分涉及语篇意义表达的影响。

鉴于此，从教学的角度来看，从语义—句法的角度来描述"了$_2$"在语篇中的分布是很有必要的，可以帮助二语学习者更好地学习并正确使用。

在叙事语篇过去已然事件句中，"了$_1$""了$_2$"的使用与句法因素之间的关系可以用表格总结如下，箭头方向表明倾向性。详见表3。

表3　"了$_1$""了$_2$"对句式选择的倾向性

只能使用"了$_1$"	"了$_1$""了$_2$"皆有可能	只能使用"了$_2$"
固定格式"V了又V" 动词重叠式"V了V" 动作序列 "V$_1$了(O)VP$_2$"①	←动词＋结果补语＋宾语 ←动词＋趋向补语＋宾语 ←动词＋在＋宾语 ←动词＋数量宾语 ←双宾结构 ←动词＋复合趋向补语 ←形容词＋复合趋向补语 ←活动动词/终结动词＋宾语 ←静态动词＋宾语→	各种固定格式 状态变化义句式 单个不及物动词(组)＋了 把字句[VP为单个动词或"动词＋结果补语/简单趋向补语"] 受事主语句[VP为单个动词或"动词＋结果补语/简单趋向补语"] 宾语省略的"SV"句

---

① 如：那时候我们每个周末吃了晚饭就去看电影。

此外,倾向于使用"了₁"的句式在具体语篇中还存在"了₁"的隐现情况。"了₁"在过去已然事件句中的隐现规律,学者们做过不少研究(李兴亚,1989;杨素英、黄月圆,2013;朱庆祥,2014等)。总的来说,"了₁"的隐现主要是由句法因素制约的:终结情状中的"了₁"在叙事语篇中可以自由隐现,且以"隐而不现"为常;而非终结情状中的"了₁"则以"现而难隐"为常。

五、结论与余论

"了"的使用具有很强的主观性,它不仅在书面语体和口语体中有不同的分布规律,而且在不同的书面次语体(叙述、说明、论说;主观近距交互式叙述、客观远距单向式叙述等)或不同的口语次语体中,分布规律也有不同。

另外,即便是相同的事件,也会因说话人或叙述者对事件的识解不同(如:凸显变化还是不凸显变化)而影响到"了"的使用。

据此,要描写清楚"了"在语篇中的分布规律,首先必须严格界定语篇的属性或语体类型。因此,本文将研究对象严格限定为"主观近距交互式""书面"叙述语篇中,叙述故事发展链条的序列事件句所构成的"叙事"部分。

总体而言,在面向留学生教授这一类型语篇中"了"的分布规律时,大致可以给出如下几条规则:

(1)"了₂"常与位移类动词组合,交代故事时空人物指向的变化,与其他时间、空间表达式一起构建故事进展的指向框架,界定故事发展的情节(徐晶凝,2014)。

(2)在每个故事情节中所发生的具体的事件,叙述者对"了"的使用绝大多数受制于其所使用的句式:有些句式强制要求使用"了₂",有些句式强制要求使用"了₁",有些句式则高频率地倾向于使用"了₁"或隐而不用。而这些不同句式的选用,同时也反映出叙述者将某事件引进语篇时,对该事件在故事推进中所起作用的不同识解。即,当叙述者不需要细致刻画某事件中的动作所涉及的其他具体因素如动作的对象、动作持续的时间、动作的方向、动作的终点等时,他选用的就很可能是需要强制使用"了₂"的句式。

(3)若动作所涉及的对象已然在语篇前文中出现或隐含,从语篇连贯、信息结构安排(徐晶凝,2008)等角度来考虑,叙述者可以采用把字句、受事主语句,或者采用省略宾语的句式。而若"把"字句和受事主语句中的 VP 是单个动词或

"动词+结果补语/简单趋向补语",则一般要使用"了₂",其他情况下则高频率倾向于使用"了₁"。

(4) 在书面叙事语篇中,"SVO 了"句式只有在极少数情况下才被使用,这是与口语语篇差异较大的地方。在《空中小姐》和《围城》中仅出现 8 例,且三分之二的动词属于静态动词;另外三分之一的句子中,宾语皆为光杆名词。

我们基于对《围城》和《空中小姐》两个大型书面叙述语篇中"了"的穷尽统计描写而归纳出来的是"了"的倾向性分布规律,可以解释语篇中绝大多数"了"的分布。这对于指导留学生在叙述语篇中正确使用"了"有很强的可操作性。但这一规律并非"毫无例外"。因为,在语篇中,"了₁"和"了₂"的隐现不仅受到语体、情状体(situationaspect)的影响,也受到句中副词、韵律等因素的影响(杨素英、黄月圆,2013)。例如:

㊷ 1914 年,斯坦因第二次又来,仍用一点银元换去五大箱、六百多卷经卷……(余秋雨《道士塔》)

例㊷中单个不及物位移动词"来"后并未使用"了₂",一方面是由于该语篇的语体属性更倾向于"客观远距单向式",另一方面也是由于"来"前出现了时间副词"又"。如果留学生依据本文所给出的"了"的句式分布规律而使用了"了₂",该语篇也仍然没有问题。因此,本研究可基本满足面向留学生的"了"的教学需求,而母语者真实语篇中"了"的使用规律,尤其是"了₂"隐而不用的规律,仍有待继续深入探讨。

参考文献:

高顺全:《从语法化的角度看语言点的安排——以"了"为例》,《语言教学与研究》2006 年第 5 期。

郭继懋:《"了₁"与"了₂"的差异》,郭继懋、郑天刚主编:《似同实异——汉语近义表达方式的认知语用分析》,中国社会科学出版社 2002 年版。

黄国文:《语篇分析概要》,湖南教育出版社 1994 年版。

李铁根:《"了₁""了₂"的区别方法的一点商榷》,《中国语文》1992 年第 4 期。

李兴亚:《试说动态助词"了"的自由隐现》,《中国语文》1989 年第 5 期。

刘勋宁：《现代汉语的句子构造和词尾"了"的语法位置》，《语言教学与研究》1999年第3期。

刘勋宁：《现代汉语句尾"了"的语法意义及其解说》，《世界汉语教学》2002年第3期。

刘月华、潘文娱、故韡：《现代实用汉语语法（增订本）》，商务印书馆2001年版。

卢英顺：《谈谈"了₁""了₂"的区别方法》，《中国语文》1991年第4期。

吕叔湘主编：《现代汉语八百词（增订本）》，商务印书馆1999年版。

石毓智：《论现代汉语的"体"范畴》，《中国社会科学》1992年第6期。

王光全、柳英绿：《同命题"了"字句》，《汉语学习》2006年第6期。

王洪君、李榕、乐耀：《"了₂"与话主显身的主观近距交互式语体》，《语言学论丛》（第四十辑），商务印书馆2009年版。

王伟：《现代汉语"了"的句法语义定位》，中国社会科学院博士学位论文，2006年。

王维贤：《"了"字补议》，《语法研究与探索（五）》，语文出版社2006年版。

吴福祥：《汉语体标记"了、着"为什么不能强制性使用》，《当代语言学》2005年第3期。

徐晶凝：《中级汉语语法讲义》，北京大学出版社2008年版。

徐晶凝：《过去已然事件句对"了₁""了₂"的选择》，《语言学论丛（第四十五辑）》，商务印书馆2012年版。

徐晶凝：《叙事语句中"了"的语篇功能初探》，《汉语学习》2014年第1期。

杨素英、黄月圆：《〈汉语语气词"了"：汉语的语篇构造和语用标记〉介绍》，《当代语言学》2009年第1期。

杨素英、黄月圆：《体标记在不同语体中的分布情况考察》，《当代语言学》2013年第3期。

赵立江：《留学生"了"的习得过程考察与分析》，《语言教学与研究》1997年第2期。

赵元任：《汉语口语语法》，吕叔湘译，商务印书馆1979年版。

朱庆祥：《从序列事件语篇看"了₁"的隐现规律》，《中国语文》2014年第1期。

Bybee John, William Perkins & Revere Pagliuca. *The Evolution of*

Grammar: Tense, Aspect and Modality in the Languages of the World. Chicago：The University of Chicago Press，1994.

Chang, Vincent Wuchang(张武昌). *The Particle le in Chinese Narrative Discourse*.佛罗里达大学博士学位论文，1986。

 方法谈：

从教学中来，到教学中去

自黎锦熙1924年出版《新著国文语法》开创虚词"了"研究之先河以来，汉语学界对它的研究未曾中断过，研究文献可谓汗牛充栋，然而至今仍未能把它看透说清。比如：

> 有几个"了"？
> "了₁、了₂"的意义到底是什么？
> "了₁、了₂"究竟是时（tense）标记，还是体（aspect）标记？
> "了₂"是不是一个语气助词？
> "了"在语篇中的隐现规律是什么？

在这些基本问题上，学者们众说纷纭，莫衷一是，因此，有人甚至把"了"比作是汉语语法研究中的"哥德巴赫猜想"（宋绍年、李晓琪，2000）。从汉语学习者的角度来说，"了"恐怕也是最难攻克的堡垒之一，Arin（2003：7）在谈到汉语语法时说：

> 初学时还以为汉语语法颇为容易，学起来一马平川，谁料遇到"了"之后，立刻变成了险山恶水。"了"时而显身于句中，时而又出没在句尾，对句子到底起什么作用，似乎没有一定说法；什么时候必须用，什么时候又不能用，又难以把握。查参考书吧，一本书一个说法，仍然不得要领——学"了"之难，差不多是"不可能的任务"。

即便是达到高级水平的汉语学习者，其语言产出中也会时常见到"了"的误

用情况。单看,每一个句子都合格;合起来,却不甚地道,不合乎汉语母语者的使用习惯。赵立江(1997)对此早有报道,如:

(1) *(昨天)我先去西单了,在那儿吃饭了,买了一些东西,还去书店了,然后就去国贸大厦了。

这个段落中,第二、第四个"了"都应该置于句中,而不是句末。除了不能准确把握"了"的句法位置,学习者也不了解过去已然事件表达中"了"何时可以隐而不现。如下例中第一、二、四个"了"均为冗余误用。

(2) *农民从树上下去了,看见了没有一筐梨了,突然看见了三个孩子吃了梨,他想一想他们可能是小偷。

因此,如何帮助汉语学习者理解并掌握"了"的用法,让他们走出"险山恶水",在汉语学习之路上柳暗花明,也是汉语教师面临的一个重要课题。然而,作为汉语教学"难点中的难点"(吕必松,1995),语言学本体研究的成果却并不能提供多少教学上的参考价值。因为语言学本体研究的兴趣主要集中于理论探讨,而并非"了"的具体用法描写。

语法研究的理论取向与二语教学实践的需求之间存在的这种缺口,也导致教学语法大纲对"了"的教学规定一直处于停步不前的状态。从 1996 年第一部教学语法大纲出台,到后来颁布的长期大纲、专业大纲、通用大纲等诸多大纲,对"了"的教学规定大同小异,都比较粗疏。而基于教学语法大纲编写的教材,也基本上只在初级阶段引入"了"的教学后便不再提起,"了"的诸多复杂用法便似乎完全交由学习者自己去习得了。

基于这样的研究现实,汉语国际教育领域的从业人员或者研究者就有必要继续对"了"展开研究,而且研究的取向应该是紧密围绕着教学需要,力求将"了"进入语篇后的具体用法规律描写清楚,这样,所得出的研究结论才能返回到教学实践中,直接为教学提供参考。

在基于教学需要发现一个研究选题的过程中,也必然伴随着对已有研究文献的阅读,因为只有在了解掌握前人已有研究的前提下,才能判断选题是否有进一步做下去的价值。如果在梳理综述文献的过程中,发现已有研究存在有待商权之处或者留有研究的空白,就可以进一步明确下一步研究的切入点。因此,在确定将语篇中"了"的用法作为选题之后,还需要进一步阅读文献,以明确究竟聚焦于哪个具体问题以进行深入剖析。比如,结合学习者不了解过去已然事件表达中"了"的使用规律这一难点,我们聚焦于有关"了$_1$"隐现规律的研究文献,发现从钟鍌(1965)、李兴亚(1989)以来,已有研究所提及的影响因素主要包括动词的音韵、动词的情状类型、动词后宾语的类型、故事的发展等(杨素英、黄月圆,2013)。

其中,关于"故事的发展"这一影响因素,刘勋宁(1990),张武昌(1986),王光全、柳英绿(2006),武果(2009),徐晶凝(2012,2014)等均有讨论,然而所得结论中,顶峰事件(peak event)或焦点、"高峰情景"、故事进展大框架与故事细节等,在教学中却很难让学习者理解把握。那么,究竟该怎么样以汉语学习者容易理解接受的方式将这一语法现象背后的规律揭示清楚呢?这便成为一个可以继续进行研究的切入点。

关于动词的情状类型影响"了$_1$"隐现这一现象,有一条倾向性很强的规律是:述补式 VP 中的"了$_1$"高度倾向于隐而不现,而"V+数量宾语"句中的"了$_1$"高度倾向于现而难隐。然而,在真实语料中会有少量的述补式 VP 中"了$_1$"冗余使用,而"V+数量宾语"中"了$_1$"并不出现,如:

(3) 一架飞机着陆时起火,烧死一些人,乘务员从紧急出口跌出来,<u>摔断了腰椎</u>。

(4) 她<u>笑了,瞟我一眼</u>。我把香水找出来,一边往她头发上喷了几滴,一边问她。

对此现象,又该如何进行解释呢?已有研究文献中均未提及。这便是我们可以继续进行研究的又一个切入点。

徐晶凝(2016,2022)分别对以上两个问题进行了研究。所得结论虽然仍然是高度倾向性而非规定性的,但将"了"的句法位置与句式直接建立起了关联,相比于已有研究,可以为教学提供更为直接的参考,能帮助学习者更容易了解"了"在语篇中的用法。

所以,教学实践观察与研究文献阅读,是选题过程中相辅相成、缺一不可的两个方面。在教学实践中发现了教学难点或者学习者的学习难点之后,便应迅速展开相关文献的阅读,以确定选题价值与具体的研究切入点。就语法研究来说,完成了选题过程之后,接下来要全身心地沉浸到具体语料中,从丰富繁杂的语言实例中将语法规律抽绎出来,虽然并非易事,但如果有大量文献阅读的支撑,有了足够的理论储备,还是可以抽丝剥茧,最终有所发现的。

以"语素"为基础的汉语词法教学*

[德]柯彼德**

摘要： 国际汉语教学语法体系具有厚句薄词的传统与片面性。汉语的形、音、义以及汉字、音节、语素之间的关系复杂，汉语教学语法中"词"与"语素"的定义和界限应加以充分说明。语素的意义大类：实素和虚素，语素的形式类型：基本语素、语助语素、构形语素、构词语素。我们考察了一般的词法规则、汉语词法规则的特征并进行汉外对比统计，对汉语的单素词、双素词和多素词，以及汉语复合词的结构、等级和分类等进行了分析，提出实现汉语词法和语素教学的初步设想，相信汉语词法和语素研究对语法教学改革会起到推动和促进作用。

关键词： 词；语素；构词法；构形法；语素的分类

一、汉语教学语法体系厚句薄词的传统与片面性

传统的汉语语法体系还是在"句本位"理论的基础上创建的，所以从20世纪初开始一直到现在，中国语法研究的最大特点是偏重句法，极少讲词法。这一百多年以来出版的汉语语法书几乎都大篇幅地描写句法，一般在最后几页蜻蜓点水似的讲到所谓的"词法"。

"句本位"的传统早已于1898年在《马氏文通》现出雏形，之后黎锦熙在1924年出版的《新著国语文法》明确地建立了这个理论。这个强调句子结构

---

* 原载《国际汉语教学研究》2017年第1期，第23—30页。
** 柯彼德，德国美因兹大学教授，博士生导师，汉学家。曾任德国美因兹大学翻译学、语言学与文化学学院中国语言文化系主任，美因兹大学应用语言学与文化学学院院长，德语区汉语教学协会会长，世界汉语教学学会副会长。

分析的理论对以后三四代的语言学家和语言教育家的影响较大。关于"词＝word"和"语素＝morpheme"的解释、概念和名称尚未成熟。另外，还常常采用"字"以代替 word 或者 morpheme。吕叔湘(1942,1944)在《中国文法要略》、王力(1943,1944)在《中国现代语法》及《中国语法理论》的著作中似乎才第一次把"词＝word"和"字＝morpheme"两个概念划分得比较清楚。另外，他们进一步对"单词＝simple word""复词＝compound word""词根＝word root""词尾＝suffix"等基本词法单位和结构下了定义。

从 20 世纪 50 年代起讲"词法"或者"构词法"的著作有所增加，比较突出的有陆志韦的《北京话单音词词汇》(1951)①和《汉语的构词法》(1957)。他也首次把 morpheme 称作"词素"。

在 50 年代的讨论中还出现了汉语拼音分词连写和词的定义问题，不过对"词法"的见解比较特殊：在分析词的内部结构的时候，也采用了句法分析的手段和概念。因此可以说，汉语的词法学至今还没有真正展开的机会，还是一片处女地。

二、汉语词法研究与教学是必不可少的

20 多年来有不少语言学家和汉语教育家提倡，在语法教学中也应该把注意力放在词法和语素上，如陈光磊(1994：4)："词法是语法的一个必要的组成部分。没有对词的语法性质和语法特点的深入细致的认识，要想对句子构造的规则做出充分的阐释是不可能的。"

下面从在欧洲尤其是德国进行汉语教学的角度来总结经验，对汉语词法教学和语素教学提出一些酝酿已久的设想和初步建议。其中的见解是从语言学理论出发的，同时是在教学实践经验的基础上加以考虑的。

三、汉语教学语法中传统的和新的单位层级、基本范畴及其教学内容

汉语教学最关键的问题之一是分清语法单位层级。吕文华主张，对外汉语

---

① 原书名为《国语单音词词汇》，1938 年出版。

语法体系必须超出"词—词组—句子"三个层级的老模式,而且不得不延伸到包括"语素"和"句群"的五个层级的体系。她指出:"构词法是教学中的一个空白",因而"语素教学对外国人学习汉语很有必要"。她补充说,语素教学不但"有助于汉字的认记",而且"可以大大提高学生学习词汇、掌握词汇、扩大词汇以及正确运用词汇的能力"(吕文华,1994:66—69,2000:307—314)。

世界上任何语言教学语法体系一律都很清楚地对句法(syntax)和词法(morphology)两部分加以区别。当然,在各种语言的语法系统中,句法和词法的比例不完全相同,但是可以认定的是,不管是哪一种语言的语法,都必须由这两个部分组成。如果在教学实践中不注意这一点,而且把句法和词法之间的界限模糊起来,恐怕在语法教学、词汇教学、语音和语调教学、文字教学、口头和书面理解与表达习得等许多方面会带来各种不便,甚至影响学习效果。

词法再区分为构词法(word-formation)和构形法(inflection)两部分。各种语言的词法在不同程度上都有"构词法"和"构形法"。简单地说,构词法的研究对象是以语素构成词的各种方式和规则,而且分析和描写词汇的不同类型。构形法只包括同一个词担当不同句法功能的形态变化。印欧语言的构形法主要是屈折(inflection),即表示不同语法意义的各种词形变化。

汉语有没有构形法这个问题,语言学界的意见不完全一致。但是,许多汉语词法研究者与教学者把表示群体、加在名词和代词后面的"-们"以及加在动词后面的"-了、-着、-过"收入构形法之内。有的把"听得懂、听不懂"的"得"和"不"以及名词、量词、动词、形容词和副词的重叠形式也当作构形法,并认为,汉语特有的构形法有两种:加缀法和重叠法(陈光磊,1994:40—60)。

不管包括多少形式,我们可以说,汉语的构形法十分有限,除了一些特殊的现象,词法基本上等于构词法。而且可以发现,汉语的构形法越不发达,构词法越丰富多彩。

那么,语素研究和教学的主要内容是什么?首先要分析语素本身的性质,并讲明语素这个独立的语法单位在理论和教学上所承担的作用。随后必须阐述语素与汉字和音节之间的根本区别和各种错综复杂的关系。其次要按语素各自的特征对语素加以分类,而且把大类再分小类。然后要分析语素与语素之间的语法关系以及语素的构词作用和能力,并制定出各种词法结构的类型。最后可以进一步进行与其他语言的对比研究,以便突出汉语词法的特征。

四、揭示"字"的模糊概念兼评"字本位"理论

汉语的语素和词法研究与教学至今尚未达到应有的水平,其主要原因是,词法的两个基本单位"词"和"语素"在汉语语法学中仍然是比较新的概念,而且还没有固定下来。"字本位"理论当然极为不科学,主要原因在于:

(1)"字"这个概念十分含糊,至少有下列八种不同的意思:

①"汉字""文字"
②"拼音字母"
③"符号""数字""数码"
④"词"
⑤"字音""音节"
⑥"字体"
⑦"字据"
⑧"别名"

(2)"字"在语言学和语法学中没有明确的定义,也就不是语言学和语法学的概念和名称。

(3)"字"把口头语言和书面语言混为一谈,没有把两个层面分清楚。

从理论的角度来评价"字本位"的说法,绝对站不住脚。如果从汉语教学实际出发,把"字本位"当作教学策略之一,可能它有一定的参考价值,在具体的教学条件下有用处。但是仔细一看,也有一些提倡"字本位"理论的学者对"字"的解释和定义同"语素"并无两样。其实他们所提倡的也就是"语素教学"的优点。

五、汉字、音节、语素以及形、音、义的复杂关系

汉语的语素从形、音、义三个方面有一系列应该给学生介绍的特点。一般来说,在言语中一个语素是由一个音节和一个汉字表现出来的。但是,三个方面不能混为一谈,在语言系统中它们之间的关系极为复杂,比如:

(1)一个汉字不但可以代表一个语素,也可以代表两个或若干语素,就是所

谓的多义字("信""和""就""关""总"等)。

(2) 一个音节经常代表许多语素,即所谓的同音字(shì>"是、事、试、市、室"等)。

(3) 由两个以上音节组成的语素,包括联绵字和外来词("踟蹰""璀璨""疙瘩""颉颃""旖旎""蚯蚓""喹啉""哈什蚂""巧克力"等)。

(4) 一个汉字代表两个以上音节和若干语素,即所谓的多音多义字("薄">bó/báo/bò、"圈">juān/juàn/quān、"差">cī/chā/chà/chāi、"的">de/dí/dì/dī 等)。

(5) 一个音节和语素代表两个以上汉字,即所谓的异体字("借/藉""茧/繭""浆/漿""混/浑""三/弍/叁""碗/椀/盌"等)。

(6) 一个汉字和一个语素代表两个音节("寻">xún/xín)。

(7) 一个汉字和一个音节代表两个融化为一体的语素("别"bié>bù yào、"甭"béng>bù yòng、"嫑"jiào>zhǐ yào 等)。

(8) 一个汉字(包括所有的等于汉字的书写符号)代表两个以上音节和语素("囍">shuāng xǐ,"浬">hǎi lǐ、"‰">bǎi fēn zhī、"α">ā ěr fǎ 等)。

(9) 由一个汉字所代表的,但是没有音节形式的语素(后缀"儿")。

(10) 不表现语素(意义),只表现语音的汉字("俄罗斯"的"俄"和"斯"、"安娜"的"娜"、"咖喱"的"咖"和"喱",在现代汉语里这类汉字仅仅表音,而不表意)。

可见,为了让学生理解汉语形、音、义三个平面的区别和复杂关系,"语素"与"词"和"句子"同样不得不成为语法教学中的重要概念和结构单位,决不能被"音节""汉字""词"等所代替。因此,"语素"以及它与"音节""汉字""词"等概念的界限和各种关系应该在课堂上和教科书里加以充分说明。

此外,再参考一下汉字、汉语音节和语素的数量统计与比例:如果说,常用汉字大约有 3 500 个,汉语音节(包括声调)有 1 300 个,汉语语素(与其他语言一致)有 5 000 个左右,那么三个平面的单位之间的比例如下:

- 平均 2.7 个汉字代表 1 个音节。
- 平均 3.8 个语素代表 1 个音节。
- 平均 1.4 个语素代表 1 个汉字。

从这个角度也明显看得出三个平面的区别。

下面再看在汉语语言系统中一个音节代表多少语素的分配情况(见表1)。

表　　1

音　节	语　素	比　例
1	1	25％
	2	19％
	3	14％
	4	11％
	5	7％
	6	6％
	7	6％
	8	3％

这个统计表明,四分之一的音节只代表一个语素,其余的,就是四分之三代表两个以上语素,有的少量的音节甚至代表20多个语素,比如:

fù jī jì jiàn xī yù shì zhì yì

现在从另一个角度来看汉字与汉字义项(语素)比例的统计。这个统计是根据1988年出版的共包含7 785个汉字的《汉字信息字典》进行整理的。这些数据表明,这么大量的汉字当中的一半以上汉字各自只代表一个语素,但是另一半,大多是比较常用的汉字,就代表两个以上语素,有的代表若干语素(见表2)。

表　　2

汉　字	义项(语素)	比　例
593	非语素字 (主要当大约300个双音语素/联绵字的组成部分)	7.6％
4 139	1	53.2％
1 622	2	20.8％

续　表

汉　字	义项（语素）	比　例
1 023	3—4	13.1%
351	5—8	4.5%
57	9 以上	0.7%

最后参看根据两部词典所做的汉语词汇中语素的构词统计，如表 3 所示。

表　3

	统计 1 （《汉语拼音词汇》，1964）	统计 2 （《现代汉语词典》，1978）
总词汇量	45 000	56 000
单素词	2 300（＝5%）	2 285（＝4%） （包括 1 831 个＝80%同音词）
双素词	42 700（＝95%）	34 732（＝62%） （包括 4 696 个＝13.5%同音词）
多素词		18 983（＝34%）

统计表明，汉语的词只有 4%—5% 是由一个语素组成的，就是"单素词"。绝大多数词是"双素词"。

还有三分之一是"多素词"。[①]

六、"词 word"的定义及其关键作用

在大多数的语法著作中只能看到一般的定义："最小的能够独立活用的有意义的语言单位。"（朱德熙，1982：11）这是大家都同意的定义。问题在于下面两个方面：

1. 观念的问题：到今天为止，在汉语教学中词和词法未受到适当的重视。

---

① 这里不采用显然不准确的传统概念"单音词""双音词"和"多音词"。

2. 理论上的问题：从语流中怎样分出一个词一个词的单位，在许多具体场合语法界的意见还不一致。不过，应该弄清楚的事实是，不但汉语而且世界上所有的语言当中都没有而且不可能有通行的"词"的定义，只有在一定的实用范围内才能够做出具有依据作用的定义和规则。这样，应该专门为了教学目标来下定义。

从国际汉语教学的角度来看，"词"起着十分重要的作用，因此必须为了具体教学需求对"词"制定既简便又实用的标准。"词"的重要性表现在以下几点：

（1）"词"就是语法的两部分——句法和词法之间的关键单位。没有"词"的概念，就没有句法和词法的概念，从而也没有"语法"可讲。

（2）汉语拼音在汉语教学中是必不可少的工具，而"词"的定义问题又与拼音分词连写的问题有着十分密切的关系。汉语语法争论最大的问题就是词和词组（短语）之间的界限问题。在教学中，这个问题一定要找到一个通用的解决办法。在课堂上、在教材中，汉语拼音的写法必须具有明确的标准和规则。这样就可以帮助学生很具体地了解并掌握"词"这个概念。通过正确的拼写法学生才能分析出汉语的基本结构和语法单位。只用汉字来说明，什么是"单音词"，什么是"双音词"或"多音词"，什么是词组，对学生来说非常不利，甚至行不通。

（3）"词"不但是语言结构的单位，也是语义和语用的重要单位，就是说，是进行交际不可缺少的元件。

（4）没有弄清"词"这个基本单位，就不可能进行词组（短语）的教学。

（5）从词汇教学以及在教材中编排生词表等方面来看，应该为学生把"语素""词"和"词组"很明确地区别开来，而且要通过拼音正词法表现出来。在传统的教材中这个问题一直都没有受到足够的重视。

七、"语素 morpheme"的定义和分类

"语素"从20世纪80年代以来才逐渐引起了一些语言学家和语言教学家的注意。他们基本上同意，语素是最小、最低一级的语法单位，也是词法的基本单位。"语素"的一般定义是，"语言中最小的语音语义结合体"（吕叔湘，1979：15；陈光磊，1994：5；刘月华等，2001：1）。

对语素进行分类的时候，应该从语素本身的性质出发，绝不能采用归入词类和句法关系的分析标准和方法。下面列出两种分类方法（Bußmann，2002：448—450）：

（1）语素的意义大类：与汉语传统的实词和虚词分类一样，语素也可以根据

所表现的词汇意义或者语法意义分为"实素"和"虚素"两大类。国际语言学早已有相关英文概念：实素等于 lexical 或 autosemantic morpheme，虚素等于 grammatical 或 synsemantic morpheme。

（2）语素的形式类型：世界上所有的语言当中可以根据结构的标准分出语素的四个类型（柯彼德，1992）：

基本语素＝basic morpheme（B）[①]

语助语素＝particle morpheme（P）

构形语素＝inflectional morpheme（F）

构词语素＝derivational morpheme（D）

基本语素都是实素，其他三类属于虚素。

语素的分类是按下列的标准所制定的：

- 开放类—封闭类（open—closed）：语素属于开放类还是封闭类？属于封闭类的语素可以一一列举出来，属于开放类的语素则不然。
- 自由—黏着（free—bound）：语素可以自由成词还是只能与其他语素组成词？
- 能产—不能产（productive—non-productive）：语素是能产的还是不能产的？意思是，有没有与其他语素组合产生新词的能力？
- 能否担任词根（with/without root function）：语素担任词根还是只担任词缀？
- 带/不带声调（with/without intonation）：另一个参考标准是，语素带声调还是带轻声？

可以用表格的形式显示出四类语素的特征（见表 4）。

表　4

	开　放	自　由	能　产	担任词根	带声调
B	＋	＋/－	＋	＋	＋
P	－	＋	＋	＋	＋/－
F	－	－	∅	－	－
D	－	－	－(＋)	－	－

[①] 下文用括号中字母表示。

由于四类语素及其标准是所有语言都共有的普遍特性,在此基础上可以进行不同语言的比较研究,并得出各种语言的词法特征以及它们之间的相似之处或区别。在进行汉语词法教学的时候,可以采用对比方法,以便指出学习者母语和汉语语素类型的分布情况以及两种语言词法现象的特征。这样可以提高构词法和词汇教学的效率。

下面简单地列出各类语素在德语和汉语里的一些例子供参考,如表5所示。

表　　5

	德　　语	汉　　语
B	{hallo}, {scharlach}, {faul}, {schön}, {stalt}, {mess}, {him}* [= unique morpheme*]	{rén 人}, {jiā 家}, {zǒu 走}, {péng 朋}, {shè 社}, {pí 啤}, {shén 什}* [= 独用语素*]
P	{aber}, {wenn}, {wegen}, {und}, {nicht}, {sehr}, {hier}, {da}, {auf}, {über}, {bei}	{hěn 很}, {zài 在}, {hé 和}, {yě 也}, {dōu 都}, {hái 还}, {de 的}, {de 得}, {ma 吗}
F	{-en}, {-st}, {-t}, {-te}, {-er}, {-ste} [inflectional suffixes]	{-men 们}, {-le 了}, {-zhe 着}, {-guo 过} [构形后缀]
D	{ver-}, {ent-}, {ge-}, {be-}, {un-}, {-heit}, {-ung}, {-nis} [derivational pre-/suffixes]	{ā 阿}, {-zi 子}, {-tou 头}, {-r 儿} [构词前缀与后缀]

举例来说,采用这样的对比方法可以得出下列一些富有启发性的数据:

(1) 所有的语言都有5 000个以上语素,各种语言的区别就在于四类语素在语言系统(素汇)中的数量比例。汉语各类语素的比例很特殊,和德语、英语、法语、俄语等迥然不同。汉语的特点是,96%—97%的语素是基本语素(B,即实素),其他三类(即虚素)的总数极少,只有200个语素左右,其中P类占绝大多数。

(2) 汉语的F和D类语素极少,大约不到十个。德语的F和D类语素多得多,F类有几十个,D类达几百个。

(3) 汉语里的B类语素与其他许多语言,包括德语相比绝大部分是自由的,能产力很强,这样汉语的主要构词方法是 B+B 或 B+B+B 或(B+B)+(B+B)或[(B+B)+B]+B。相反,德语常见的词法结构有:B+D、B+D+D、D+B+B+D、D+B+B+D+D 等。

构形语素和构词语素分别组成构形词缀和构词词缀,在不同的语言中可以是前缀、后缀或中缀。

(4) 关于 B 和 P 的双素构词方式,两种语言都有类似的结构:B+P、P+B、P+P。

(5) 汉语里语素变体(allomorph)的现象非常少,也许只有"不 bù"和"一 yī"的变体"bú"和"yí/yì",还有一些语气助词的变体,如"啊 a"的"呀 ya""哪 na"和"哇 wa"。德语的语素变体相当多。

(6) 所有的语言都有所谓"独用语素"(cranberry morpheme)的特殊现象,即少数的黏着基本语素只出现在唯一的组合结构中,比如"什么"的"什"、"漂亮"的"漂"、"猛犸"的"犸"、"侥幸"的"侥"、"砝码"的"砝"、"皈依"的"皈"、"痉挛"的"挛"等。不过,汉语的独用语素十分有限。

如果对汉语和德语言语系统(语段)中的语素结构和四类语素的分布进行分析和对比,也看得出来两种语言的特点和区别:

(1) B 类语素在汉语的语段中比德语差不多多一倍,分别是 80% 和 45% 左右。

(2) D 类语素在汉语中还不达 1%,在德语中大约占 15%—20%。

(3) F 类语素在汉语中只有 1%—2%,德语有 15% 左右。

(4) P 类语素比例的差别不大,汉语比德语少一点,即 20% 以下对 20% 以上。

(5) 在相同内容的语段当中,德语不止语素的数量,词的数量也比汉语多近三分之一。这个统计显然表明,汉语语段的信息密度比较大,有可能是欧美人学习汉语的难点之一。

八、从语素分类出发分析和描写词的结构类型

如上所述,汉语的构形法(即加上 F 词缀)和派生法(即加上 D 词缀),十分有限。汉语构词法绝大多数是由 B+B 或者 B+B+B 之类组成复合词。循环性组合也很少出现,即把 B+B 结构扩展为(B+B)+B,然后再继续扩展为[(B+

B)+B]+B,比如"经济学家"。这样递增的复合词结构在汉语中较少,在德语中较多。

汉语的复合名词、动词、形容词还可以分出许多小类,比如首先可以按语义把双素结构分成并列复合词和限定复合词,并列复合词有同义和反义两类。在这一分类下面还有许多次类。单素词和双素词的结构在汉德两种语言中很相似,但是派生法德语比汉语多得多。

比较一下两种语言多素词的情况,德语派生法很普遍,即D类语素较多,汉语的多素词主要由B类语素组成。汉语的名词可以达到6—7个语素,如"生物考古学家们""反帝国主义者们"。动词最多由5个语素组成,如"打扫不干净""解释清楚了"。

九、汉语词的结构规则与分析

根据汉语构词法的特殊性质可制定下列结构规则:

1. 词 → 词干(+F)
   → P-单位
2. 词干 → 词干单位
3. 词干单位 → B
   → D+词干单位
   → 词干单位+D
   → 词干单位+词干单位
4. P-单位 → P
   → P+D
   → P+B
   → B+P
   → P+P

下面用树形图的方式举个运用汉语词结构规则的例子,是由七个语素组成的名词"反帝国主义者们"。

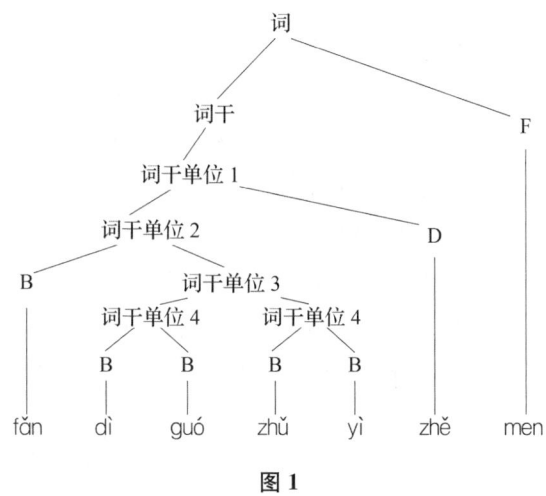

图 1

十、实现词法和语素教学的初步设想

　　既然汉语教学语法必须包括词法在内,语素教学也不得不成为语法教学中的重要组成部分,也就是词法教学的基础。而且越注重语素教学,越可以发现,汉语词法结构与汉语句法结构相比是同样错综复杂的,远远要超过传统的语法书和对外汉语教材之中所列出的篇幅和规模。在这个新领域将来必须拟定出特殊的分析方法、结构类型和概念。语素教学不但是词法教学的基础,也是语音、汉字、词汇、短语、成语等教学领域必不可少的依据。在课堂上"语素"这个基本语法单位和概念不能由"字""词"或者"音节"所代替,否则语法教学将处处遇到矛盾。学生如果弄不清"汉字""音节""词"和"语素"之间的区别和复杂关系,恐怕将来没有机会加深对汉语语法的理解,也很难培养真正的语感。

　　到目前为止,汉语的词法研究还没有达到应有的地位,在教学中也没有起到有效的作用,仍是有待开拓的领域。可以说,词法研究是将来为国际汉语教学开辟新途径的主要因素。二十多年以前陈光磊已经提醒汉语教学界说:"汉语的词法研究正日益被重视并不断有所展开。但是,还必须进一步加以确立、加强和深化。"(陈光磊,1994:4)看来,这么多年汉语词法研究和教学仍然停滞不前,还处于酝酿的阶段。

　　创造具有自己规则、方法、结构类型和概念的汉语词法教学和语素教学,大力推动汉语语法教学系统的改革,成为国际汉语教学的新挑战。

最后简要地提出一些有关汉语教学语法改革的建议,目的在于抛砖引玉:

① 限制句法和"句本位"的传统影响和"垄断"地位,扩大词法学和词汇学的范围和视野。② 促进以口头语言为基础的语法分析和教学,并把汉字归为书面符号和文字系统中的单位,以免把语言和文字混为一谈。③ 开展词法和语素研究,按词法学本身的规律、特征和方法进行分析,并创造适合教学应用的概念和术语,比如在分析各种语素的特征、类别、构词能力、语素之间的各种关系和拼音分词连写规则等方面。④ 实现词法和句法的严格"分工",在词法研究与教学中不再采用句法分析方法,如词内部的"主谓""动宾""动补"结构等说法。⑤ 解决一系列自相矛盾的问题,比如所谓的"动态助词"(-了、-着、-过)应该归属"动态后缀"和动词构形法的范围,所谓的"结果补语""趋向补语""可能补语"等应该归为动词构词法之内的问题。⑥ 更深入地研究并解决若干复合动词的结构特征和分类,如"寄给""看成""变为""来自""生于""合乎""坐在""出现在""跳到""有助于""取决于""立足(于)"等。⑦ 词法范围扩大、句法范围限制以后,语法研究与教学的概念、内容和方法都会发生规模相当大的变动,也会引起对传统语法的彻底改革。

参考文献:

陈光磊:《汉语词法论》,学林出版社1994年版。

柯彼德:《试论汉语的语素分类》,《世界汉语教学》1992年第1期,第1—12页。

黎锦熙:《新著国语文法》,商务印书馆1924年版。

刘月华、潘文娱、故韡:《实用现代汉语语法(增订本)》,商务印书馆2001年版。

陆志韦:《北京话单音词词汇》,科学出版社1951年版。

陆志韦:《汉语的构词法》,科学出版社1957年版。

吕叔湘:《中国文法要略》,商务印书馆1942、1944年版。

吕叔湘:《汉语语法分析问题》,商务印书馆1979年版。

吕文华:《对外汉语教学语法探索》,语文出版社1994年版。

吕文华:《建立语素教学的构想》,载胡明扬:《第六届国际汉语教学讨论会论文选》,北京大学出版社2000年版。

马建忠：《马氏文通》，商务印书馆 1898 年版。
上海交通大学汉字编码组：《汉字信息字典》，科学出版社 1988 年版。
王力：《中国现代语法》，商务印书馆 1943、1944 年版。
朱德熙：《语法讲义》，商务印书馆 1982 年版。
Bubmann H., *Lexikon der Sprachwissenschaft*. Stuttgart：Alfred Kröner Verlag，2002.

 方法谈：

汉语的词法研究仍是有待开拓的领域

  我为什么一直都强调"语素"（morpheme）教学的重要性？不管从自己教授汉语语言和语言学几十年的经验来讲，或者从旁听中国、德国和其他国家的不少汉语课程的心得来看，或者从调查并参考中国国内外编写的多种教材和语法书得出的总结来判断，我都发现，描写汉语词汇和生词的结构一般都采用"字""词""音节"之类的概念，但是"语素"这个语言学基本范畴几乎从不出现。这样混淆文字学、语法学、语音学等不同层次的单位所制造的矛盾是难以避免的，甚至采用"（汉）字"（character）之类的模糊概念来定义汉语词汇会严重阻碍汉语学习效果，使得学生无法深入理解汉语词的结构性质，甚至误解一个汉字等于汉语的一个词。

  "语素"的一般定义是"语言中最小的语音语义结合体"，这不但是语言学理论和语法学的基本范畴，也是各种语言教学与研究必不可少的概念。但是，由于受到传统中文语言学历史的影响，并鉴于从一个世纪以前的《马氏文通》和黎锦熙的《新著国语文法》的现代汉语语法学开始，一直到目前为止"句本位"的传统理论仍然占优势，因此词法包括语素研究在新中国 70 多年的对外汉语教学发展过程中尚未受到重视。在教学中使用的汉语语法书几乎都大篇幅描写"句法"（syntax），一般仅在最后几页蜻蜓点水似的讲到所谓的"词法"（morphology），更少注意到"语素"的关键地位和作用。比如，参考刘月华等主编的、在国际汉语教学最受欢迎的《实用现代汉语语法》（增订本，北京 2003 年），就可以发现，全书 900 多页都是阐释汉语句法的种种结构，仅仅用极小的篇幅探讨"语素"（1—2 页）以及一些"词类"（第二编）有关的前缀和后缀的特点。

虽然30多年以来笔者一直都强调语素和词法在汉语语法教学中的合理地位,但是至今,不管是中国国内或国际上的汉语课程和教材,包括汉语教师培训,都没有注意到词法和语素教学的重要性。因此可以说,汉语的词法学至今还没真正展开的机会,还是一个处女地。其实,词法是每种语言包括汉语语法的不能忽略的组成部分。没有对词的语法性质和语法特点的深入细致的认识,怎么能够充分理解句子的构造规则,并讲明句法上的各种关系呢?

那么,汉语语法教学应该采用什么方法呢?从初级阶段开始,教师的重要任务之一,是让学生弄清楚汉语的形、音、义以及汉字、音节、语素和词之间的复杂关系。如果漏掉"语素",恐怕难以对"词"等概念下恰当的定义。教师必须系统地、清晰地对汉字、音节、语素和词这些基本单位加以区别,并说明它们之间的各类型的关系。比如,一个汉字不但可以代表一个语素,也可以代表两个以上语素(多义字),一个音节可以代表许多语素(同音字),还有由两个以上音节组成的语素(联绵词和外来词),或者一个汉字代表两个以上音节和若干语素(多音多义字),一个音节和语素代表两个以上汉字(异体字)等多种情况。举个简单的例子来说明:"恶"这个汉字一共代表四种不同的音节:(1) wū,(2) wù,(3) ě,(4) è。其中每个音节又分别代表一个或一系列语素或词:(1) 疑问代词、叹词,(2) 憎恨,(3) "恶心"的三个词汇意义,(4) "作恶""凶恶""恶习"中"恶"的三个意义。总之,"恶"字一共代表八个语素。这样的汉字、音节、语素以及词之间的复杂关系是汉语里司空见惯的现象,是汉语初学者也经常碰到的,是必须在汉语入门阶段尽早解释清楚的。

对语素和词下了明确的定义以后,可以进一步区别"单素词""双素词"和"多素词",并分析各类词的内部结构。另外应该弄清"词"(word)和"词组"("短语",phrase)之间的界限问题。在更深入地研究语素的性质和特点的中、高级阶段,一方面可以根据所表现的词汇意义或者语法意义分为"实素"(lexical 或 autosemantic morpheme)和"虚素"(grammatical 或 synsemantic morpheme)两大类,另一方面可以根据语素的形式和构词作用区分为四个类型:基本语素(basic morpheme)、语助语素(particle morpheme)、构形语素(inflectional morpheme)和构词语素(derivational morpheme)。在这个理论基础上,可以进一步了解汉语构词法和构形法、加词缀法和派生法以及各种复合词(名词、动词、形容词)的内在关系和性质,最终归纳汉语特有的构词规则。

既然汉语教学语法必须包括词法在内,语素教学也不得不成为语法教学中的重要组成部分,也就是词法教学的基础。而且越注重语素教学,越可以发现,汉语词法结构与汉语句法结构同样是错综复杂的,远远要超过传统的语法书和对外汉语教材当中所列出的篇幅和规模。在这个新领域,将来必须拟定出特殊的分析方法、结构类型和概念。语素教学不但作为词法教学的基础,也是语音、汉字、词汇、短语、成语等语法教学内容必不可少的依据。在课堂上"语素"这个基本语法单位和概念不能由"字""词"或者"音节"所代替,要不然语法教学处处要遇到矛盾。学生如果弄不清"汉字""音节""词"和"语素"之间的区别和复杂关系,不对这些不同的层面加以区别,恐怕将来没有机会加深对汉语语法的理解,也很难培养真正的语感。到目前为止,汉语的词法研究还没有达到应有的地位,在教学上也没有起到有效的作用,仍是有待开拓的领域。所以可以说,词法研究是将来为国际汉语教学和汉语语法学开辟新途径的金钥匙。

汉语会话中的分类行为及相关
理论意义和语言教学应用[*]

陶红印[**]

摘要：本文讨论汉语会话中的"分类"话语行为。"分类"行为包括明确或隐晦地将人或事物划分为不同类别的谈话活动。会话中的分类活动有比较系统的言语表达形式，内容上大致可分为三类：客观描述、主观分类和主客观混合分类。分类活动常常不单是说话人的个人行为，而是受制于多种互动因素。从互动功能上看，说话人常常不是为了分类而分类，而是利用分类这种手段表明自己的主观意愿或立场，达到与听话人的交互主观性。本文最后讨论了研究分类现象对于我们重新认识语言单位及其本质的理论意义及在汉语语言教学中的可能应用。

关键词：分类；语言单位；指称论；交互主观性；临时范畴；汉语篇章教学

一、引　言

语言通常是被看作一个交流信息、传达意义的工具，而能够传递基本信息的最小单位一般被认为是句子；基于这种原因，传统上的句法分析单位通常以句子

---

[*] 原载《语言教学与研究》2020年第1期，第11—22页。本文写作过程中得到方梅、姚双云、方迪和彭欣的帮助；部分资助来自洛杉矶加州大学教师科研基金"汉语互动语言学"研究项目（Academic Senate Faculty Research Grant 2019—2020）。特此一并致谢。本文成文时适逢《语言教学与研究》创刊四十周年，希望我们能以理论语言学和应用语言学的结合为题的小文，表达对《语言教学与研究》强调理论研究与语言教学应用紧密结合的办刊宗旨的高度认同。

[**] 陶红印，美国洛杉矶加州大学教授，博士生导师，亚洲语言文化系中文部主任，台湾师范大学英语学系讲座教授，曾任国际汉语语言学会理事、美国中文教师学会会长。

为主(Fodor et al.,1974)。从 Wittgenstein(1953)开始到近期的会话分析学派(Schegloff,2007；Levinson,2013)和互动语言学派(Couper-Kuhlen & Selting,2018)则试图将关注点从以指称为中心(referentialism)的研究转向以人际互动行为(action/activities)为中心的研究。关注言语行为要求我们以一种更开放的眼光理解语言单位及功能,因为言语行为所对应的单位常常超出传统语言学所关注的语言结构单位,而这种视点无疑也需要我们通过具有高度互动性的自然谈话材料考察语言现象。

本文讨论日常谈话中的一种常见活动,即分类(categorizing/classifying)活动。分类活动指的是在会话中谈话人或明确或隐晦地将人或事物划分为不同类型,而且在谈话中对所涉及的类型用不同方式加以提及。如在例(1)中,说话人从言语上表明外国人可以"分几种",就是一种较为明确的分类活动：

(1) 针对一条新闻报道的谈话①
  1 F2：而且现在好像一来的中国的一
→ 2 　　 我觉得外国人也分好几种吧。
  3 　　 你就像^这样＝,
  4 　　 这个图片上这个人,
  5 　　 很可能就属于那种,
→ 6 　　 ((咂舌))就不是那种—跨国机构的,(CALPER B1_3)

这里说话人在第 2 行用动词"分"把来华外国人分成几类,但具体划分标准比较隐晦。如果根据说话人第 6 行的话语我们大概可以推知,说话人很可能是以"隶属跨国机构,有身份地位"等作为划分标准的。例(2)则代表了另一种分类行为,即说话人虽然没有明确说出在进行分类,但分类的标准在谈话中是明确给出了的。

(2) 女生宿舍谈话
→ 1 　　 B：哦,那你们还..挺好的呀。
→ 2 　　 A：嗯。

---

① 有关口语语料的转写规则和符号,请见文末附录中的说明。

→3　C：你们寝室关系还不错是吗？
→4　A：嗯。
　5　C：照毕业照那几个女孩子是不是你们寝室的呀？
　6　A：呃..反正就平时玩儿..一起玩儿的。
　7　C：哦。
→8　A：一个导师有一个专业的，二十二个人，人特别少。
　9　C：那么..挺多的。
　10　A：学院安排的。
　11　C：哦。
→12　B：我..我觉得这种挺好的，大家就感觉也都认识，关系———
→13　C：像我们这种人多的，就谁也不认识谁反倒是，(HS)

这里A和B、C都认为A的专业人数较少，大家相互之间比较容易熟悉和相处（第1—4、8和12行）。而C认为自己专业人多，相互不容易认识（第13行）。虽然谈话参与者都没有明确地用言语形式把学生/专业分成几大类型，但一个专业里人数的多和少两种特征及其相关后果在谈话中逐渐被确立为分类的标准。

谈话中也有把人或事物归成某种特别类型的（可以称作"归类"活动），但说话人没有点出多个类型或对相关类型加以描述，这种言语活动虽然也很有考察的价值，但暂不作为本文讨论的对象。例如：

（3）朋友电话谈话
　A：而且从我们这开车到伯明翰机场，一般就一个来小时就够了，最多不超过两个小时。
　B1：呃。呃。
　A：那么在，美国一般认为从你住地，开车到机场两个小时，
→　　这算属于比较正常的这种距离。
　B1：啊。(LDC 89_1398)

这里谈话人把开车两个小时内的距离看作"比较正常"的距离，所对应的隐含类型应该是超出两个小时的属于不太正常的距离，但是说话人没有对此专门进行分类或讨论，因此不属于我们讨论的内容。

综上所述,分类活动常常涉及"分""N 种"等动名成分。也常常有"这种、那种""你们、我们"以及后面将会看到的"左、右""男人、女人"和"老年人、年轻人"等平行或对立形式。在谈话组织方面一般会跨越多个话轮(Sacks et al., 1974)和多个说话人。

此前关于分类的研究一般是从认知心理学的角度进行的。例如 Rosch(1978)关于范畴(category,即类别)的讨论,认为范畴是客观世界中的事物在人的大脑中加工后的反映。Rosch 进一步提出了认知科学中具有影响力的原型(prototype)理论,区分了核心成员和边缘成员的不同概念。而我们比较关注的将分类作为社会行为的研究,最早可见于会话分析的创始人之一 Harvey Sacks 的著述(Sacks, 1972, 1992)。他聚焦于指人的成员的类别,即互动过程中涉及的人的身份类别。虽然成员归类分析(membership categorization analysis, MCA)已成为一个独立领域,但一直没有受到过多重视,直到近期 Butle & Weatherall(2006)、Schegloff(2007)、Fitzgerald et al.(2009)以及 Stokoe(2012)等人的研究出现,情况才有所改观。尤其是 Stokoe(2012),更为成员分析提供了一套指导原则和核心概念,使得这方面的研究更加具体化。Mayes & Tao(2019)则是较少的从会话互动的角度考察、比较英汉分类活动的一项研究。

我们关注分类活动的主要原因在于,分类活动是一种相当普遍的互动话语行为,其作用范围常常超出单句的范围,需要有多个话轮构建单位(turn constructional unit, Sacks et al., 1974)完成。通过分析汉语会话中的分类活动的互动功能,本文将以汉语的材料说明,分类主要是一种社会行为而不仅仅是个体的心理认知行为,其中所涉及的语义特征常常带有临时杜撰(ad hoc)属性;分类的主要目的跟交互主观性有关,而反映的认知能力通常也可以看作是服务于人际互动的需要。这种研究对于我们深入理解语言单位的本质及功能应当会有相当的帮助作用。同时我们也想以此说明,基于真实互动语言的理论研究应当可以为提高汉语教学提供新的视点。

本文所分析的汉语会话语料多来源于家人、朋友或熟人之间的日常会话录音录像。[①]

[①] 除了作者自己收集的语料外,我们还用到了来自美国语料共建会(LDC)的电话谈话约 100 个(Canavan & Zipperlen, 1996);另外还有 309 个日常会话录音来自华中师范大学姚双云教授的研究团队。我们对此表示感谢。

二、日常会话中的分类行为类型

对自然语料的考察发现,会话中的分类活动可以基于内容的客观主观特征分出三种常见类型:客观描述类、主观分类及主客观混合类。这里的主要划分标准与内容的属性有关,即:如果内容可以判断为客观现实,我们把分类对象称作客观分类;如果内容主要是说话人自己提出的甚至是"杜撰"的,这种分类就是主观分类。客观主观混合指的是两种要素都有。下面分别论述。

1. 客观描述类

客观描述类的内容是通过相关信息可以确认的客观存在的事物。例如:

(4) 内地室友一起回看香港游照片
  C:不要再说了。
  A:哎,这是什么啊?
→ C:各种开关..左右,分左右,
   因为分左右两边房间嘛,
   就是一人一个嘛。
  A:那一人一个开的哈相当于。(HSH74)

在这段谈话中,说话人C描述照片里所显示的她们居住过的香港旅馆里面的设施,即左右两边的开关,并对开关和房间分为左右两类进行描述。通过谈话我们可以判断,这里所描述的左和右的分别是照片里所反映的客观现实,因此这种分类活动可以归为客观描述类。不过在我们收集到的自然谈话语料中,这种情况通常比较少见。更常见的是各种含有主观意义的分类活动。

2. 主观分类

主观分类中的内容一般带有明显的抽象性或含个人想象的成分,分类依据常常是自己临时杜撰的。例如:

(5) 办公室同事回顾中小学生活
  W:他那种就是那种,特别,特别,热情那种傻子,你知道吧?
  M:嗯嗯。

→W：傻子分两种,一种是那个,特别@热情,还有特别ˆ酷那种傻子@.这个,当,最后当阿Q,这个是特别ˆ酷那个傻子。(CNZF)

这里说话人W把"傻子"分成两种,而且分类的标准("热情、酷"等)也应当是自己"杜撰"的。下面一例出自同一个会话,但带有明显的想象特征:

(6) 办公室同事回顾中小学生活
   W：反正那时候儿,那时候儿,我们班就分两拨人儿,一种就是那个=,特别底层的那种,就是,就是,早晨儿起来=,哎呀说咱们吃ˆ馒头,还是吃窝窝头,到底什么得算算账。
   M：嗯嗯嗯嗯。
   W：挺好玩儿的。(CNZF)

"底层"与"非底层"家庭的不同显然是说话人所欲描述的对象,但是"底层"家庭的饮食生活特征及其细节,尤其是引语("早晨儿起来说")的内容(Mayes, 1990),我们可以推测是说话人W在生活基础上通过想象而提出的。这两例中所体现的分类活动就是典型的主观分类。

3. 主客观混合分类

有些情况下,说话人呈现的分类类型可以说是第一和第二类的混合：有些方面可以说是客观的,另外一些则有主观的特征。例如：

(7) 宿舍女生室友回顾被男生表白的经历
   A：对呀,我跟她一起啊,然后那个男生突然跟她表白了。
   ((四个话轮转移略去))
   C：啊我从来没有遇见过表白,跟我讲讲表白的过程是什么。
   ((七个话轮转移略去))
   A：跟她讲,跟她讲一下表白的场景是什么,我跟你说表白的场景,就算人家不开口你也知道他要表白。
   B：真的吗,[不]开口也知道。
   A：   [对啊]
   A：X,你不会有那种个预见性吗。

→B：我只知道，分口头表白跟书面表白，以及，第三者间接表白，@

→C：＜@第三者@＞间接表白是什么鬼。

B：就是，他的同学，＜@塞一封信到你桌上@＞什么鬼的那一种。

C：那个不是还是书面表白吗。

B：或者还是属于那一种，就是，别人传说，啊谁谁谁喜欢你，@

C：这种谣言都算？

A：这种不算呀。（HSH258）

在这段对话中，A 和 B 为 C 解释什么是表白以及表白的类型。在 B 所提供的类型中，口头表白跟书面表白可以算作是两个比较客观的类型，因为这些应该是一般人际沟通的常见方式。但是第三种表白方式则应该是说话人自己临时推出的，而且这种类型（"第三者"）在逻辑上跟前面两种不构成平等关系，因此也造成了 C 的困惑。从这个意义上说，这段会话中的分类可以看作客观和主观的混合。

三、日常会话中的分类行为的互动特征及功能

会话材料显示，分类行为并不单纯是个人的心理活动，而是在互动中通过多人协作、商议逐渐达成的，在人际互动层面，尤其是立场表达方面具有互动交流意义。换句话说，说话人对人和事物进行分类并不仅仅是为了区别类型。下面我们对这两个问题分别讨论。

1. 分类行为的互动特征

和前人主要关注分类活动的个人心理基础不同，我们认为分类在会话中常常受制于互动因素。

第一，分类是否成立常常取决于双方互动的结果。例（2）中分类的完成一直到 C 在第 13 行提及自己所处的情况时才实现。如果没有 C 的贡献这里只能是一方的陈述，也就很难看作是分类活动了。

第二，所分出的类型可能由于听者反应而在后续话轮中受到不同待遇。这可以从例（7）得到证明。这个例子中说话人 B 一次提到三种表白方式（"口头、书面和第三者"），但由于 C 在下一个话轮中只对第三个表白方式追踪，最后只有第三类方式得到阐述和发挥，其他两个没有得到进一步讨论。

第三,如果听话人不加追踪,说话人常常放弃讨论其他类型的标签和内容,即不追求类型齐全完善,只要能达到自己所要表达的目的即可(详情可见下节)。例如例(5)和(6)虽然各自都提到两种类型("人之傻"和"高低阶层的家庭"),说话人只描述了其中自己真正关注的一种,而没有对另一种情况作出任何交代。

2. 分类行为的互动功能

分类行为的互动功能可以根据内容特征总结如下。

第一,虽然第一种分类活动常常和描述客观事物或回顾一定的事实相关(如例4),客观的事物分类也常常带有主观意愿的属性。这在下面一个例子里可以体现出来。

(8) 摊贩与顾客在水果摊上对话
1　摊贩:这四块钱一斤给你…(.3)你要尝一下嘛,这一个是——
2　　　　((此处省略顾客B说话))
→3　摊贩:啊? 有这种咧,我们有两种,哎。
4　顾客C:哪一种好吃呀?
→5　摊贩:啊? 你试一下,你试一下看哪一种好吃,这一种和这一种都是葡萄。
6　顾客C:这怎么卖咧?
7　摊贩:这个都是四块。(HSH23)

虽然这里水果摊贩对所贩售的葡萄的描述应该属于客观事实(客观分类),但是摊贩刻意强调自己所售水果有多种不同类型(第3行),而且允许顾客随意品尝这两种类型的葡萄(第5行),显示出摊贩急于推销的(正常)商人心理。

第二,大多数主观分类行为的目的是与听者达到某种程度的交互主观性(intersubjectivity)。交互主观性是一个有多重含义的概念(Wang & Tao,即出)。这里我们把交互主观性理解为谈话者试图影响对方,使对方理解并支持自己的立场,达到立场一致。交互主观性在我们的语料中具体表现为以下几个方面。

第一,展示自己的视点并借此影响听话人。如例(1)、(2)、(5)和(6)几例都是如此。在例(1)和(2)两例中,说话人指出一些事实或描述一些事实的若干方面,通过特征的选择影响对方。例(5)和(6)更是走向极端,说话人临时"杜撰"有关人或家庭的多种对比类型,目的是描述一种视点,通过这个视点使听话人理解自己所要表达的事件。这种视点显然有说话人主观的一面,但最终目的是要影响听话人的判断。

第二,表示理解并同意对方的观点。例(2)中说话人C在第13行举例说明类型的另一个方面(即"自己专业人数多,不易加深交往"),给出这个对比类型在客观上达到了显示自己和前面说话人的交互主观性,即立场一致——虽然双方所处的情景刚好相反。

第三,作为解决争议的一种手段,争取说服对方。下面是一例。

(9) 两对男女朋友在大学宿舍聊天,男友B1跟大家抱怨女朋友G1对发烧过于敏感。

1　B1(对G1):以前你老说你头疼发烧。
2　G1:什么"老说"?
3　B1:我就给你量。
→4　B2:[比]正常人体温还低。
5　G1:[X]
6　B1:@@[@]。
7　B2:　　[噢]。
8　B1:她发烧。
9　B2:嗯。
10　B1:扯淡!
11　G1:发低烧嘛。
→12　B1:人家36度。一般人都36度5到37度嘛。
13　B2:37度算高?
14　B1:不高。
15　B2:那什么算?
16　G2:37度就算高了,[就算发热了]——
→17　B1:　　　　　　[男人],男人平均体温都37。
→18　G1:我们女人37度——
19　B1:36度5,
20　G2:[37度就是有点发烧了。]

21 B1：[37度,36度9,36度8都很正常。]
22 G1：我觉得咱俩天天都得37度。@@@
23 B1：..你跑一圈你就38度。
24 B2：啊,那就39度就有问题。
25 G1：38度就有问题好吧?
26 G2：38度就高烧了。
27 B1：嗯,38度是低烧。37度5以上是低——
→28 G1：…　那是你们老年人,我们年轻人——
29 B1：错。真正婴儿啊,
30 G2：..婴儿体温高。
→31 B1：…婴儿一般一发烧就是40度。
32 B2：那么高?
33 G2：..小孩,
34 B1：(0)你小孩你只要发烧就40度。
35 G1：嗯。(KS)

在这段较长的对话中,双方多次展开争议,用到的共同手段就是围绕着列举对立的类型展示自己的立场：第4行和第12行B1的话蕴含着正常人/一般人和女友(非正常人)的对立;第17和18行两人分别列举了男人和女人的对立;第28行女方举的是老年人(对方)和年轻人(自己)的对立,接着男方在第31行把对方(年轻人)置于和婴儿的对立。为了赢对方,说话人不惜调整各种立场和身份(包括(非)常态、性别、年龄等),在互动中连续提出多种不同的类型特征。

当然并不是所有的争议都是带有"敌意"的。语料中我们发现,有些表面上含有争议的片段实为基于礼貌原则,为对方的面子着想。Mayes & Tao(2019)分析了一个汉语谈话的例子,见例(10),其中涉及好的公寓类型和不好的公寓类型的争议。参与这个谈话的是两对研究生夫妻,他们都住在学校提供的公寓里。在其中一家进行聚餐时,男主人首先向客人抱怨自己所住的这间公寓的厨房一个壁橱比较脏,进而引出其他问题,试图向对方证明自己的公寓不能算是一间好的公寓。

(10)研究生公寓聚餐谈话,HM/HF分别为主人夫妇;GM/GF分别为

访客夫妇

1 HM: //右手指向橱柜附近,看向 GM,说话人互相注视之后开始说话。//
2   我们这个,…( )房子,好像不太好。
      ((此处删去女生的背景谈话。))
3   <X 我觉得 X>这个,这个,这个上面啊,
4   //继续指着//
5   这个上面特别==(这个)脏。
6 GF: 对对对。我们的也是。
      ((此处删去 HM 的话。))
7 GM: 你们的厨房好像小一些,呵=。
8   //转过去看他太太//
9   厨房,..是不是比咱们的要小一些?
10 GF: 厨房小一些。
11 HM: 嗳,我们这个房子是不好。我们这个房子,
12   上次看了其他一家,
13   //指向较远的地方,表示他曾到过的一个地方。//
14   他们,不是,这个房子[结构]不好。
15 GF: [我觉—]
16 HM: <X 我跟你说。X>
17 GF: 我觉—我觉得你们家房子很好了。我们的房子——
18 HM: <X 没有没有。X>
19 HF: 我们家房子..主要是新,其他没一一无是处。
20 HM: 对。它这个结构不好。(CALPER)

听到男主人抱怨自己公寓房的卫生条件和整体结构不好,访客(GM/GF)表示异议,要么说自己家的公寓一样(GF 6 行),要么说这间公寓其实不错,甚至还试图要表明比他们自己的公寓还好(GF 17 行)。这个例子中,男女主人和访客夫妻所做的评价相当一部分都是表面上相互对立的。但是,双方参与者整个过程呈现出的互动并不是敌对性的,而是十分友好的沟通。这一表面矛盾可以用汉语的一条礼貌准则——卑己尊人准则(Gu, 1990: 246)来解释。这条准则又

包含两条次准则：(a) 贬低自己；(b) 抬高他人。因此，HM 将自己的公寓归为脏、布局差，因而是不好的，就做出了自我贬低的行动（次准则 a）。另一方面，做客的夫妇，特别是 GF（妻子），称赞主人的公寓并不差，从而"抬高了他人"（次准则 b）。另外，第 6 行以及第 17 行中止的话语中，GF 还试图采用贬低自己的策略，将她自己的公寓归为差的一类。第 7—9 行中，GM 采用了与他妻子稍有不同的策略，避而不谈主人家公寓的脏，而提出公寓稍微"有点小"，从而表达了对 HM 评价的部分赞同，但同时没有对更加严重的关于脏的断言表达赞同。这也可以视为部分"抬高他人"的方式。

上述种种现象说明，分类行为或范畴化并不像以往认为的那样单纯是个人心理方面的活动，而是在互动中通过多人协作、商议逐渐达成的。在人际互动层面上，说话人常常利用分类这种手段表明自己的主观意愿、阐明判断事物的某些视点，或争取听话人改变自己的立场并认同说话人的立场等。换句话说，谈话中对人和事物进行分类并不仅仅为了区别类型，而是为了达到某种程度的交互主观性。

四、小结及理论意义

上文表明，对话中的分类活动在形式上常常涉及"分""N 种"等动名成分。也常常有"这种、那种""你们、我们"等平行或对立形式。但是分类活动常常占据多个话轮，在谈话双/多方互动中形成。内容上，分类活动大致可分为三类：客观描述、主观分类和主客观混合分类。从互动功能上看，说话人常常利用分类这种手段表明自己的主观意愿或立场，达到某种程度的交互主观性。

分类现象（以及其他会话言语行为）对于我们重新认识语言单位的范围及其本质有重要的启发意义。如文章开头所提到的，传统的句法分析基本上是围绕着所谓最简单的有完整意义的单位即句子展开的。这种基于单句句法形式的语言单位对于分析话语行为或"计划"（Levinson, 2013）来说，要么不完全实用，要么不总是相关的。这一观点与 Ford et al.(2013) 基于话轮转接提出的主张不谋而合。虽然孤立的语言结构形式（construction）（或单位）在一定层面上可能具有某种分析上的优势，但有时候将这些形式提取出来，单就指称意义方面进行分析，是不利于理解真实语言运用中的完整意义的。具体到分类现象来说，分类必然包含相对、并列和/或前后联结的元素，跨越多个说话人和多个话轮。如果不

在这样大范围的语境中考察语料,貌似独立的个体单位的指称意义很可能也会被片面地理解。如例(8)的第5行水果摊贩所说的"这一种和这一种都是葡萄"这个单句,离开了前面第5行的"我们有两种"的上文以及可能伴随的身态手势就成了表意非常奇怪的语句。又如例(10)在评论公寓单元质量时,脱离了上下文对什么是"好的、差的"公寓进行判断也很难进行,因为这种判断没有绝对或客观的理由。说话人可能仅仅因为一个污点或某种室内布局就判断公寓是好的或是"一无是处"的。也就是说,在孤立考察语句的情况下,即使最基本的指称意义(如"这一种"或"好的/差的"等)也可能让人产生疑问或造成误解。

综上所述,过去我们习惯于考察的孤立范围的所谓"完整"的语言单位,还必须放到更大的语境、通过更大的互动活动的范围重新予以审视和分析。从另一方面来说,语言分析单位的范围是否需要扩大也是我们应该严肃考虑的问题。本文考察了汉语会话中的一个互动言语行为类型,相信还有很多其他的言语行为类型值得深入探讨(例如Tao,2019所讨论的列举活动及相关手势)。我们希望借此说明,对不同情境中的言语行为的研究应当是促进句法语义研究进一步深化的有效途径之一。

五、语言教学应用的思考

最后我们还想探讨一下分类行为和语言教学的关系。我们一直认为,基于真实会话材料的理论研究也应该有益于汉语教学(Tao,2005,2011)。就分类行为来说,基于互动话语的研究至少在下面几个方面可以为提高汉语教学的质量提供新的视点。

第一,语言学习的对象。和传统语言学研究一样,汉语教学一般是以单句为核心进行。这在最初级阶段语言教学环节应该是合理的,但是学生稍微有了一定的基础之后,语言教学应该朝合乎交际规律的复杂化方面拓展。传统语言学里的语句复杂化要么是强调单句内部成分(如定状补语成分)的复杂化,要么是朝复句方向复杂化,或是相关句式之间的转化(参看吕叔湘,1979:句子的复杂化一节),鲜少有以互动行为为核心的复杂化设计,而后者也应该是语言复杂化的一个可行方向。

例如,即使在初级汉语对话设计中,我们也可以模拟真实对话的分类行为设计水平适合(level-appropriate)的相应的对话。如例(11)的购物对话可以作为一个样本：

　　(11) 模拟书店对话
　　　1　顾　　客：请问有英汉词典吗？
　→　2　服务员：有啊。我们有两种呢。都在这边。
　　　3　顾　　客：哪两种呀？
　→　4　服务员：一种比较新，带图片，有点贵。
　→　5　　　　　另一种比较旧，但是很轻，用起来很方便。
　　　6　顾　　客：能不能先给我看看？
　　　7　服务员：可以呀。给，先看这种新的。

　　第二，增强学生关于语言的主观性和客观性的认识，在学习者掌握了一定客观表达能力的基础上适当培养主观表达的能力。例如可以用实例告诉学生，分类活动可以作为一种修辞手段来加强自己表达的效果。例如，如果要求学生做口头报告，谈谈"为什么要学汉语"之类的话题。学生可以这样开始：世界上的语言有很多种，有的发音好听，有的语法简单，汉语呢，既好听语法又简单，所以我喜欢学汉语！也可以培养学生利用分类法提高自己论辩的能力。高级汉语课上可以让学生讨论诸如"第三世界国家经济发展与环境保护哪个更重要"之类的话题。学生可以引入"经济发展有 N 个阶段，或经济发展有 N 种模式，因此经济发展和环境保护不一定是矛盾的"思路，并以之展开论辩或相互之间进行辩论。

　　最后，课堂活动、课外作业或测试设计也可以引进分类活动的要素。例如教师可以给出一种类型的材料，让学生补出另外类型的材料。或者在测验时给出简单的字词提示，让学生组句编排，完成篇幅稍长的组合。还可以设计一些材料，分散在不同的卡片或纸张上，让学生以相关类型（包括平行、对比等）为指针把它们以适当的顺序拼放在一起。这类练习和测试有诸多优势，一是可以逐步培养学生的篇章意识，以篇章内容突破传统教材里的只强调单句和复句的限制；二是同时培养了学生的逻辑思维能力。这些都属于语言和语言学训练的核心内容。

　　当然，和语言学理论研究一样，这里讨论的分类活动只是众多言谈话语活动的一个小小部分，其他很多活动类型及其教学应用还需要我们根据真实话语材料进一步做出有效的开发。

参考文献:

吕叔湘:《汉语语法分析问题》,商务印书馆1979年版。

陶红印:《口语研究的若干理论与实践问题》,《语言科学》2004年第1期。

Butler, Carly & Ann Weatherall (2006), "No, we're not playing families": Membership categorization in children's play. *Research on Language and Social Interaction* 39(4): 441—470.

Canavan, Alexandra & George Zipperlen (1996), CALLFRIEND Mandarin Chinese-Mainland dialect. Linguistic Data Consortium, Philadelphia.

Couper-Kuhlen, Elizabeth & Margret Selting (2018), *Interactional Linguistics: An Introduction to Language in Social Interaction*. Cambridge: Cambridge University Press.

Du Bois, John W., Stephan Schuetze-Coburn, Susanna Cumming & Danae Paolino (1993), Outline of discourse transcription. In Jane A. Edwards & Martin D. Lampert (eds.) *Talking Data: Transcription and Coding in Discourse Research*, 221—260. Hillsdale, NJ: Lawrence Erlbaum.

Fitzgerald, Richard, William Housley & Carly W. Butler (2009), Omnirelevance and interactional context. *Australian Journal of Communication* 36(3): 45—64.

Fodor, Jerry A., Thomas G. Bever & Merrill F. Garrett (1974), *The Psychology of Language: An Introduction to Psycholinguistics and Generative Grammar*. New York: McGraw-Hill Book Company.

Ford, Cecilia, Barbara Fox & Sandra A. Thompson (2013), Units and/or action trajectories?: The language of grammatical categories and the language of social action. In Beatrice Szczepek & Geoffrey Raymond (eds.) *Units of Talk-Units of Action*, 13—55. Amsterdam: John Benjamins.

Gu, Yueguo (1990), Politeness phenomena in Modern Chinese. *Journal of Pragmatics* 14(2): 237—257.

Levinson, Stephen C. (2013), Action formation and ascription. In Jack Sidnell & Tanya Stivers (eds.) *The Handbook of Conversation Analysis*,

103—130. Malden, MA: Wiley-Blackwell.

Mayes, Patricia (1990), Quotation in spoken English. *Studies in Language* 14(2): 325—363.

Mayes, Patricia & Hongyin Tao (2019), Referring expressions in categorizing activities: Rethinking the nature of linguistic units for the study of interaction. *Studies in Language* 43(2): 329—363 (Special issue on the Notion of Unit in the Study of Human Languages).

Rosch, Eleanor (1978), Principles of categorization. In Eleanor Rosch & Barbara B. Lloyd (eds.) *Cognition and Categorization*, 27—48. Hillsdale, NJ: Lawrence Erlbaum.

Sacks, Harvey (1972), On the analyzability of stories by children. In John J. Gumperz & Dell Hymes (eds.) *Directions in Sociolinguistics: The Ethnography of Communication*, 325—345. New York: Holt, Rinehart and Winston.

Sacks, Harvey (1992), *Lectures on Conversation*. (Vol.1, edited by Gail Jefferson) Oxford: Basil Blackwell.

Sacks, Harvey, Emmanuel A. Schegloff & Jefferson Gail (1974), A simplest systematics for the organization of turn-taking in conversation. *Language* 50(4): 696—735.

Schegloff, Emmanuel A. (2007), A tutorial on membership categorization. *Journal of Pragmatics* 39(3): 462—482.

Stokoe, Elizabeth (2012), Moving forward with membership categorization analysis: Methods for systematic analysis. *Discourse Studies* 14(3): 277—303.

Tao, Hongyin (1996), *Units in Mandarin Conversation: Prosody, Discourse, and Grammar*. Amsterdam and Philadelphia: John Benjamins.

Tao, Hongyin (2005), The gap between natural speech and spoken Chinese teaching material: Toward a discourse approach to pedagogy. *Journal of the Chinese Language Teachers Association* 40(2): 1—24.

Tao, Hongyin (2011), *Working with Spoken Chinese*. Center for Advanced Language Proficiency Education and Research (CALPER) Publications, Pennsylvania State University. State College, PA.

Tao, Hongyin (2019), List gestures in Mandarin conversation and their implications for understanding multimodal interaction. In Xiaoting Li & Tsuyoshi Ono(eds.) *Multimodality in Chinese Interaction*（Applications of Cognitive Linguistics），65—98. Berlin：De Gruyter Mouton.

Wang, Wei & Hongyin Tao(To appear), From matrix clause to turn expansion: The emergence of *wo juede* 'I feel/think' in Mandarin conversational interaction. In Yael Maschler, Simona Pekarek Doehler, Jan Lindström & Leelo Keevallik (eds.) *Emergent Syntax for Conversation: Clausal Patterns and The Organization of Action*. [Studies in Language and Social Interaction 32]. Amsterdam：John Benjamins.

Wittgenstein, Ludwig (1953), *Philosophical Investigations*（translated by Anscombe G.E.M.）. Oxford：Basil Blackwell.

附录：转写规则及符号

（1）为行文方便，本文引用不同语料库的语料时删掉了一些无关宏旨的转写细节但没有刻意统一所有转写规范，尤其是语调单位的转写（Du Bois et al., 1993；Tao, 1996、陶红印, 2004 等）。

（2）主要符号所代表的意义分别如下：

— 说话人一个词语或音节未说完而中断。

—— 说话人一句话未说完而中断。

［词语］ 两人说话重叠部分，可能是几个词，也可能是一个词的某一部分。

（（ ）） 转写者或研究者的注释，说明非言语事件或者周围非语言声音。

// // 重要身态动作细节。

@ 笑。

.. 不超过 0.2 秒的停顿。

... 大约 0.3—0.6 秒的停顿。

...( ) 超过 0.6 秒的长停顿。

<X 词语 X> "词语"是听得不太清楚的内容。

X 无法辨认的内容。

→ 表示该行或该行中的某个语句为分析对象。

方法谈：

将语言本体研究和教学应用结合起来

这篇拙作与通常我们所见的汉语语言学论文不同的地方在于把本体研究和汉语二语教学应用结合起来。虽然学术界有不少学者一再呼吁两者的结合是汉语学界当前要务之一，但一般的做法是分开进行，没有在同一篇文章中做到融为一体。当然自己这种做法不是心血来潮，一时之作。在此之前我们已经有过一些学术准备，也出版过一些论著，包括一部英文著作，书名即为《汉语语言学和语言教学的有机结合》(Integrating Chinese Linguistic Research and Language Teaching and Learning，Amsterdam：John Benjamins，2016)。所以如果要谈这篇论文的写作之道的话，应该分两部分来说，即语言本体研究和教学应用。

本体研究部分所涉及的内容可以称作是话语语法。谈到语法，一般我们大概会联想到句子成分、句法构式、句法语义等现象，这些固然重要，但当代功能语言学研究已经系统性地把语法的概念扩展到话语篇章层面。换句话说，语法就是语言运用的规律，这种规律既可以存在于较低层次的语言单位，也可以存在于高层次的语言单位，只不过我们通常较不熟悉篇章层次的语言单位而已。当然篇章层次的单位不像较低层次句法单位那样，前人已经做出了很多研究，其构造、层次、关联等特征都有了比较清晰的理解，操作相对比较容易。话语层次的概念由于涉及面广，不容易把握，因此很多方面都是尚未开发的领域，需要我们去发现、论证。而本文涉及的分类手段就是这样一个层面的现象。

自然口语研究也经历过一个较长的发展过程。早期的研究大多是根据随意、零碎的记录或印象来研究，研究者所能够利用到的大多是和书面材料相对应的口语句法现象。材料虽然有限，但也取得了不少卓越的成果，例如赵元任先生的《汉语口语语法》就是一个著名的代表。随着研究的深入和录音录像科技手段的发达，长篇完整口语的材料逐渐成为基本要求。这种材料的引入给研究带来了多种新的可能。例如，人们在跨越单个话轮构成单位之间能够做些什么，其中有什么规律？换句话说，语法单位的范围就扩大了。当我们问说话人"能够做些什么"，这其实也扩展了"句法语义"领域中的"语义"部分的研究范围。如拙文所指出的，话语的语义不再局限于常见的所指语义(referentialism)，而是文中所说的关涉人际互动的社会行为。因此在文章的本体研究部分我们最后总结了分类行为的两大互动功能：① 表述主观意愿；② 达成交互主观性（包含展示自己的观点以影响对方；表示同意对方观点；解决争议、说服对方等）。这些互动行为是一般句法语义研究不常涉及的语用特质。

当然研究篇章单位和互动功能不一定就要排斥传统句法语义所关注的较低层面现象，例如词语、句法格式等。而本文在描写分类手段的时候也正是借助了"分""N种"等动名成分以及"这种、那种""你们、我们"等平行或对立形式。同时这也涉及一个在话语材料中寻找相关表达手段的方法论问题。总的来说，我们应当采取多种手段，既要考察超越小句甚至超越单个说话人的大范围材料，又要参考具体层次的词语、句法手段等，因为会话篇章的结构本身有这种复杂性，而说话人在实际会话中也是调用各种语言手段进行互动，因此我们的研究方法也要有多样性。

另一个和探索话语语料中的规律有关的研究方法论问题，是研究者一定要善于基于语言事实不断修改自己的分析框架，也就是遵循所谓的语料库驱动（corpus-driven）原则。这个原则的大致意思，是研究者尽量不要（多）做假定，让语料库自己呈现或指引研究者发现规律。这个项目的研究过程体现了这种思路。刚开始着手研究话语中的分类现象的时候，自己先是被语料中的主观分类所吸引，就是例（5）所代表的"傻子分两种，一种是那个特别热情，还有特别酷那种傻子"之类的现象，因为这种例子特别能够说明自然会话中分类的临时化、个性化、功利性特征，而不是遵循一般认为的逻辑和原型驱动原则。但是经过考察更多语料发现，其他类型的分类手段也存在，也就是文中所讨论的比较客观的以及主客观混杂的分类类型。这就启发我自己对语料的分类应该更加全面，不能只谈一种现象。虽然主观类在我看来最有价值，这并不能说其他两类就没有价值；说到底它们都有上文所述的两大互动功能，区别主要体现在对谈话对方的影响程度方面。这样总结下来，不仅对材料的覆盖范围扩大了，解释力度也相应得到了强化。

接下来简单谈谈语言教学这一部分。把语言学研究成果转化成教学材料，要求研究者有一线教师的二语教学课堂经历，坐而论道或闭门造车是很难做出符合实际的贡献的。即使有这方面的教学经验，要把理论性很强的语言学研究成果转换为教学材料也不是一蹴而就的事情。尤其是基于篇章话语所开发的语言教材以及设计相关的课堂活动和语言测试等，需要我们对什么是语言、什么是教学的对象、何为基于交际能力的评估等问题都要有全新的认识,也要意识到母语说话人的常见言语活动才是学习者最需要了解从而促发其习得的。本文只是在这些方面做了很初步的尝试,有兴趣的读者可以参考本人其他相关教学论著和二语学习教材。

最后也想谈谈笔者常常被问到的口语语料问题,这个可以理解,因为一般初学者在进行口语研究的时候遇到的第一个难关就是如何获取口语语料。这方面最有效的解决方案是研究者自己进行田野调查,用摄像机录音机记录真实自然的会话。其实在移动科技发达的当代社会,人们常常只须用一个手机就可以做到很多以前需要用专业设备才能做到的事情,包括录音录像。当然大家也可以利用已经公开的口语语料库,例如美国语料共建会(the Linguistic Dara Consortium)所提供的各类汉语口语材料(详情请见 www.talkbank.org)。

论情感在教师汉语二语教学中的重要作用
——基于叙事的探究[*]

吴勇毅[**]

摘要：情感是影响第二语言习得和教学的重要因素。在以往的研究中，我们重视汉语习得的认知研究，关注教师的认知建构和知识素养，但忽略了情感，认知与情感的分离使得我们只注重汉语习得和教学的理性一面。情感是多样的、丰富的，但过往的研究只聚焦于"焦虑"这一种情感，且它在汉语习得和教学中所起的作用几乎都是负面的。文章基于社会文化理论(SCT)及其"调节"功能的理念，以叙事的方式展示了一位华语教师在教学过程中的真实情感及其情感的变化过程，阐释了情感对于教师教学、职业发展以及职业生涯的重要作用。

关键词：教师；情感；认知；社会文化理论(SCT)；汉语二语教学(CSL)；叙事

一、情感是影响第二语言学习和习得的重要因素

Swain(2013)基于维果斯基(Vygotsky)的社会文化理论(SCT)提出，在二语学习中，认知和情感是不可分割的。在我们以往的二语习得研究中，情感要么被忽略，要么与认知分离[这种二元观甚至可以追溯到苏格拉底(公元前469年—公元前399年)时代关于理性与情感(reason and emotion)的二元性：矛盾、

---

[*] 原载《华文教学与研究》2019年第4期，第54—59页。
[**] 吴勇毅，华东师范大学教授，博士生导师。曾任华东师范大学对外汉语学院院长，现任应用语言研究所所长、国务院侨办专家咨询委员会委员、中国华文教育基金会专家委员会顾问、世界汉语教学学会教师发展专业委员会委员、上海市语文学会副会长兼秘书长。

对立与分离],因为二语习得研究从一开始(20世纪六七十年代)就是认知主义的(深受乔姆斯基理论和认知心理学的影响)。二语学习与习得研究要寻求人脑中语言发生与发展的普遍机制(比如 UG)、习得次序(orders)与顺序(sequences)以及信息处理的过程。因此依据 Ellis(1994)的框架,我们注重研究第二语言/外语习得过程中学习者语言的特征,如偏误、习得顺序、中介语等,学习者外部因素,如社会环境、输入与互动等,学习者内部机制,如一语迁移、学习过程、语言普遍知识等,学习者自身因素,如动机、年龄、性别、学习策略等等,但 Ellis(1994)的"二语习得研究框架"里,恰恰没有情感的位置,认知优先成为一种普遍的认识。Gass 和 Selinker 所著的《第二语言习得》(第 3 版)(中译本,赵杨译,北京大学出版社,2011)正文近 460 页,只有不到 5 页讨论"情感",极其简单地论及语言休克和文化休克,以及焦虑和情感过滤。

在认知派的二语习得理论中有所谓"情感过滤假说(the Affective Filter Hypothesis)"(Krashen,1981,1982,1985),其基本逻辑是:正面情感→低度情感过滤→更多输入→更多学习,而负面情感→高度情感过滤→排斥输入→少学(依据 Swain,2013 的解释导出)。问题是这样的逻辑推导过程过于简单,虽不能说完全没有道理,但基本不可信,也靠不住。Swain 等(2011)和 Swain(2013)曾以叙事的方式举过两个例子以驳斥所谓负面情感一定会导致少学的看法,非常有说服力:一个是 8 岁的小姑娘 Grace(希腊语英语双语者,叙述时年近 50 岁)的故事,另一个是 12 岁的男孩儿 Dorfman(西班牙语英语双语者,在其自传中回忆)的遭遇。8 岁的 Grace 跟同学一起上课,老师拿着一张照片问他们照片中的人在吃什么,Grace 答道他们在吃色拉。老师又问,你在色拉里一般放什么? Grace 脱口而出"aggouri"。老师诧异地说"什么?"于是班上每个人都在笑话她。Grace 意识到自己不会说英语的黄瓜(cucumber),非常尴尬,非常丢脸,情感受到极大的伤害。但结果是,她跟她母亲去超市,学习每种蔬菜,包括黄瓜的名字和正确发音。负面的情感促使了她积极学习。12 岁的 Dorfman 也是如此。他随父母到智利,想进一所圣地亚哥的公立实验中学,但女校长以 Dorfman 的西班牙语不行拒绝接受他入学,Dorfman 虽然只有 12 岁,但却感到女校长对他有强烈的敌意,于是乎他就要学好西班牙语,不为别的,就为气气她。这两个例子都说明,在二语习得的过程中,情感因素是复杂的,不能被忽略,而且负面的情感也可能导致正面的积极向上的努力的学习,情感的变化是动态的,也会促使学习动机发生转变(情感是影响动机的一个重要因素)。

在以往的二语学习与习得研究中心,不是完全没有情感因素的研究,但主要聚焦在"焦虑"(焦急、忧虑、恐惧、沮丧的情感)上,而且它对二语学习基本上是起负作用的,英语教学界如此(Horwitz et al.,1986;Yan,1998;Saito et al.,1999),汉语教学界更是如此(钱旭菁,1999;张莉,2001,2002;鄢秀、王培光,2001;张莉、王飙,2002;施仁娟,2005;方画,2008;范祖奎,2009;何姗,2014)。尽管也有人提到有所谓"促进性焦虑"(facilitating anxiety)和"障碍性焦虑"(debilitating anxiety),但前者的研究几乎没有(何时促进、怎么促进、促进程度如何)。焦虑通常被视为自变量影响语言学习成绩/效果(因变量),其实,反过来,语言学习也会影响到情感的变化。那么,除了焦虑,其他情感呢?

"情感"是对外界刺激肯定和否定的心理反应,如喜欢、愤怒、悲伤、恐惧、爱慕、厌恶等(《现代汉语词典》(第5版),商务印书馆,2005),Swain(2013)列举了更多的"情感": enjoyment, relief, happiness, excitement, envy, admiration, hope, surprise, pride, gratitude, jealousy, love, hate, guilt, disgust, shame, boredom 等。人类有如此丰富的情感,且表现在二语学习与习得的一切过程和活动中,就因为习惯于量化/定量分析的我们,只注重冰冷的数字(均值、标准差、方差、显著差异等),而对活生生的情感视而不见或熟视无睹,抑或是它们不易定义和测量就被弃之不顾。

Scovel(2001)认为第二语言学习有五个最重要的因素,称其为 PLACE,即 People(人)、Language(语言)、Attention(注意)、Cognition(认知)和 Emotion(情感)。情感是二语学习与习得最重要的因素之一,与认知是一体两面。"情感之所以重要,只因它是学习的发动机,再好的机器,若不发动起来,便是一堆废物。情感的作用若发挥得好,可以启动学能,调动学习积极性,释放学习潜力,解决学习过程中的心理和思想问题。"(王初明,2001)

二、汉语教师研究中认知与情感的分离

近年来,新起步的教师发展研究已经成为热点。吴勇毅(2015)指出,从注重教师培训到关注教师自身专业发展是一个重要的转变和趋势。与"应然"研究相比,为数不多的对教师本身的"实然"研究主要包括了以下几个方面:① 汉语教师认知研究;② 汉语教师的知识,尤其是(个人)实践性知识的研究;③ 汉语教师

成长(史)研究;④ 汉语教师(教学)能力与教学(课堂)行为研究;⑤ 汉语教师观念、动机、焦虑、认知风格、自我效能感与发展需求等研究;⑥ 新手、熟手乃至专家型教师的对比研究等。

我们可以注意到,关于汉语教师认知的研究很受重视(孙德坤,2008,2015;王添淼,2011,2019;吴勇毅、凌雯怡,2013;吴勇毅,2014),我们关注汉语教师认知研究与教师发展、教师的认知建构、教师专业发展模式的构建等,但几乎没有关于教师情感的研究。如果说有的话,也仅仅是关于教师焦虑和认知风格的研究,比如对外汉语新手教师教学焦虑研究(张蔚,2012;张蔚、徐子亮,2016)、对不同认知风格的汉语教师在课堂教学策略运用差异的研究(吴勇毅、段伟丽,2016)等。其实,教师在汉语作为二语教学过程中的情感投入和情绪体验,不仅会直接影响到他们的课堂教学行为,甚至课外(课前、课后)行为,关乎教学效果,即汉语教学的成败,也会影响(支持或抑制)教师的成长和职业发展。成功的愉悦、失败的沮丧、茫然的焦躁是每个国际汉语教师在课堂教学和职业生涯中大都体验过的情感,但关注和研究的却很少。

情感通常被视为是个人/个体内心的(inner)、私密/隐私的(private),但在Swain(2013)看来,它是人际间的(interpersonal),并非隐私/私密的(intrapsychic),而是人际心理间的事件。这是基于维果斯基(Vygotsky)的社会文化理论(SCT)提出的观点,情感源于社会文化,它和认知一起调节学习(mediate learning)。对汉语学习者来说,在我们理解语言学习的过程时不能忽视其情感;对汉语教师来说,更不能忽视在教学活动过程中源于师生互动所带来的情感及其变化。

三、邮件上的教学叙事:一位汉语教师的真实故事

这里我们以叙事的方式展示一组邮件(除了把繁体字转换成简化字以及略去真实姓名和具体时间以外,邮件未做任何修改),通过内容及话语分析看教师在教学中的情感及其变化。

背景:我们的女主角 XX 是一位中国台湾地区的华语教师,具有比较丰富的华语教学经验,即将来大陆攻读博士学位,报到之前的暑假,依然从事着暑期班的华语教学。Y 是她未来的导师。

第一封邮件：

Y 老师：您好！

有件事想请教您，我现在在教一位法国人说中文，这位法国人他不懂英文，看不懂拼音，年纪大约四十几岁，他太太是中国台湾人，周一送来上团体课，我整个教到**超级挫折**，我不知道要怎样让他觉得中文不难，他太太说他每天回家因为听不懂而**在哭**，**天哪！** 一个大男人**在哭**，我真不知道该怎么办？（笔者注：下划线和粗体是笔者加的。）

他太太教他六年都没教会，之前因为住法国，可是现在要住在中国台湾，上三天课说不想上了，我该怎么办？老师救救我，我也**好有挫折感**，我该怎么教？

老师帮帮我给点小方法，好吗？

XX 敬上

Y 的回复：

XX：

不直接面对这个学生，我也没有特别的招数。你的班上有没有其他法国学生？如有，可请他们互相帮助。如果只有他一个人，可以尝试改成一对一教学。如果拼音都学不会，那么就增加肢体语言直接教短句子，甚至可以让他用法文注音。多鼓励，尽量用实物和肢体语言教学，少讲解，这样容易懂些。他跟她太太六年是怎么沟通的？他的发音怎么样？带他去逛逛街，边逛边学习些单词和短句，轻松一点，或许可以让他觉得汉语不太难。法语有很多动词变化，汉语基本没有，法语还有阴性阳性之分，汉语也没有，这些都可以说明汉语不难啊。她太太懂法语吗？如果懂，你们三人可以聊聊。

Y

第二封邮件：

老师：

谢谢！太谢谢了！班上没有其他法国人。这位同学又还很爱跟班上美国学生和日本及荷兰学生做比较。回家跟他太太说别人都会说会认识中文，包括美国人，可是他不会。嗨～～～～他的发音也很弱，又不会英文看不懂拼音。

他跟太太是用法文沟通，之前住在法国可是现在搬回中国台湾。他太太说教过他中文,教不会每次**教教就吵架**,然后**放弃**,可是上我这儿团体课**三天居然吵到快离婚**,**吓死我了**,昨天他太太跟我说她先生不想上课,每天上完课回到家**都在哭**,**很沮丧**。所以我想了又想,除了安慰他太太之外只能请求您帮帮我了,也希望在此中间我可以学到不一样的经验。

学校帮我排课到八月底,所以我现在是下午的课。刚才我将课文生字翻成法文,我又做了汉语拼音字卡,下午打算下课之后免费帮他一对一补拼音。

谢谢老师!我会再努力用您说的方式尝试去教。谢谢!感恩在心!谢谢!

XX 敬上

第三封邮件:

亲爱的 Y 老师:您好!

今天下午下课之后我请学生留下来帮他免费补拼音,用以前从大陆带来中国台湾的幼儿拼音字卡,让他慢慢熟悉拼拼音的方式,他单独拼大部分都念得出,然后请他回家用此字卡练习,至于课文让他先别碰触,先养成他的信心。只能慢慢来。这样应该可以吧!

我想今天回家他应该会比较好点吧!同时拼音图片上有些物品他也用法文教我一点,法文读音还真难念耶!希望他有些优越感,别失去学中文的兴趣。

其实我们学校没有给我压力,只是我不想这位学生失去学中文的心,连我们助教都说哪有人太太是中国台湾人,结婚六年还不会写自己的中文名字的,也许法国人真的自我要求很高吧。以前我教过法国学生,但是大部分都会说一点英文,这次真的是我第一次,真的好谢谢老师的方式,下一步我将用实体或图片让他去直接接触或看到,应该会有帮助吧!真是谢谢老师!感恩!感谢!

鞠躬

XX 敬上

第四封邮件: XX 谢谢老师

Y 老师:您好!

谢谢您上次的法宝,**真的好好用**,那位法国人终于**不再带着沮丧的脸来上课了**,每天都会开口说一点中文了,哈哈,他的发音也标准了,也会看着拼音念课文对话,只是写字变得有点困难了,因为他都会忘记字怎么写,但是看着字会慢慢念了,也让我**小小松了一口气**,**真的好谢谢您**,让我上课**非常 high**,因为我**肢体语言越来越丰富了**,哈哈,感谢!

XX 敬上

Y 的回复:

XX:

你现在最好班教和个教结合起来,不必急着写,字以认读为主,能读就好。多鼓励,提高他的兴趣,让他看到自己的进步。

老师

这位教师的四封邮件跟她未来导师的两封邮件构成了一个完整的教学事件。在这个事件中,XX 老师叙述了她在进行班教("团体课")时遇到一位中年法国学生(太太是中国台湾人)的情形。从邮件的内容上看,她是在讲述教学和学生的情况,但实际上却伴随着强烈的情感宣泄和表达。事件的起因是这个法国学生学不会、听不懂中文(尽管有学习动机),且既"不懂英文",又"看不懂拼音",而教师又没有行之有效的方法,拿他没辙。于是,学生"每天回家因为听不懂而在哭""上三天课说不想上了",教师"整个教到超级挫折""真不知道该怎么办""好有挫折感",无奈之下只能寻求未来导师的帮助("老师救救我""老师帮帮我给点小方法,好吗?"),这也是一种认知的需求。

随着整个教学事件(叙事)的展开和推进,我们不仅可以观察到教学对象(法国学生)的情感(通过教师的转述)和情感变化,更可以看到这位教师的"当下"情感和情感的变化。起初(第一封邮件)在教学(互动)中,交际一方——学生产生的是一种"绝望""气馁"的情感,而交际的另一方——教师则产生的是"受挫""无奈""焦虑""无助"的情感,甚至是"吃惊"和"意想不到"("天哪!一个大男人在哭")。这从第一封邮件教师所用的语句已经可以得到证明。不仅如此,从教师话语的分析中我们发现,她连着使用了四个由疑问代词"怎么/怎样"组成的句子/问句(这是一种下意识的表露),突显了她的"彷徨"和"不知所措":

"我不知道要怎样让他觉得中文不难,……"
"我真不知道该怎么办?"
"我该怎么办?"

"我该怎么教?"

在社会文化理论(SCT)中,"调节"(mediate,也有人译为"中介")是一个非常重要的概念(Swain等,2011)。未来导师的介入,包括他的各种建议,构建起了与这位教师的情感(安抚)和认知(支招:教法招数)的"桥梁",开始"调节"教学。在XX的第二封邮件中,我们除了能继续看到教师对学生情感的叙述("每天上完课回到家都在哭,很沮丧")和自己的"惊讶"("上我这儿团体课三天居然吵到快离婚,吓死我了"),也看到教师开始"调节"自己的教学,愿意尝试不同的教法("我会再努力用您所说的方式尝试去教")和为此所做的努力(行为的改变)(详见第二封邮件)。

第三封邮件是教师情感的一个转折点。在尝试教学方法的改进与调整后(各种具体行为详见第三封邮件),教师的情感也开始发生变化,由最初的受挫、无奈、彷徨到对新尝试的犹豫和不确定,突显的话语表现就是她连续使用了四个带有揣测、估摸的句末语气词"吧"组成的句子:

"这样应该可以吧!"
"我想今天回家他应该会比较好点吧!"
"也许法国人真的自我要求很高吧。"
"应该会有帮助吧!"

新的尝试终于取得了可喜的效果。改进和调整后的教法"真的好好用",学生的情感发生了根本性的转变("那位法国人终于不再带着沮丧的脸来上课了"),教师的情感也在不经意地显露无余,那是愉悦、兴奋、欢乐的情感(两次使用"哈哈";"让我上课非常high,因为我的肢体语言越来越丰富了"),一种积极向上进取的情感。

在社会文化理论看来,未来导师的及时介入、教师教学方法的改进与调整、教学效果的显现,不仅调节了教学(mediate teaching),调节了学习(mediate learning),也调节了情感(mediate emotions),从某种意义上说,这位教师写邮件给她未来的导师,其行为本身就是一种调节手段,在认知上她需要帮助,在情感上她需要宣泄,需要找人倾诉。

四、结　　语

　　情感通常分为正面积极的(positive)，如喜好(like)、高兴(happy)，负面消极的(negative)，如悲哀(sad)、恐惧(fear)、厌恶(disgust)、愤怒(anger)，中性的(neutral)，如惊讶(surprise)等，这些在整个教学事件(一组电子邮件)中几乎都能看到。教师的情感是与其认知活动和教学实践交织在一起的(语言教学活动本质上就是一种认知活动)，是一体两面，不可分割与分离且相互调节。正面情感的产生、维持与发展，对汉语教师职业发展和职业生涯具有重要的促进作用，从这个意义上说，情感是维持教师职业发展的助推器；负面情感的产生，虽不一定就会导致教师职业发展和职业生涯的停滞，但长期积郁最终会影响到教师的职业生涯发展，乃至终止(我们有的志愿者教师，甚至公派教师因为情感出现的障碍不能顺利完成在国外的汉语教学工作，中途中断教学回国；有的工作结束回国后立马就放弃了汉语教学职业)。

　　在教师成长与发展的过程中，我们重视教师的素质培养(陆俭明、马真，2016)，注重教师认知的研究，这都非常重要，但不应忽视情感在教学中所起的作用(对教学的成功与失败至关重要)，尤其是对教师职业生涯和职业发展的作用。我们不能只关注教师知识的积累、技能的增长，对情感的关注，甚至干预也是非常必要的。

　　语言是情感的表达，有其标识的特征，这在上述邮件的叙事和话语分析中可以清楚地看到。

参考文献：

范祖奎：《汉语阅读焦虑源的国别差异分析》，《汉语学习》2009年第3期。

方画：《美日留学生汉语学习焦虑对比研究》，华东师范大学硕士学位论文，2008年。

何姗：《外国留学生汉语学习焦虑研究》，《云南师范大学学报(对外汉语教学与研究版)》2014年第2期。

陆俭明、马真：《汉语教师应有的素质与基本功》，外语教学与研究出版社2016年版。

钱旭菁：《外国留学生学习汉语时的焦虑》，《语言教学与研究》1999年第 2 期。

施仁娟:《留学生汉语学习焦虑的状况、成因和应付方式研究》,华东师范大学硕士学位论文,2005 年。

孙德坤:《教师认知研究与教师发展》,《世界汉语教学》2008 年第 3 期。

孙德坤:《教师知识、叙事探究与教师发展》,《国际汉语教学研究》2015 年第 3 期。

王初明:《影响外语学习的两大因素与外语教学》,《外语界》2001 年第 6 期。

王添淼:《文化定势与文化传播——国际汉语教师的认知困境》,《中国文化研究》2011 年第 3 期。

王添淼:《国际汉语教师专业发展模式的构建》,《国际汉语教育(中英文)》2019 年第 1 期。

吴勇毅:《叙事探究与汉语作为二语/外语教师的认知建构》,《台湾师大学报(语言文学类)》第 59 卷,2014 年第 2 期。

吴勇毅:《关于教师与教师发展研究》,《国际汉语教学研究》2015 年第 3 期。

吴勇毅、段伟丽:《后方法时代的教师研究:不同认知风格的汉语教师在课堂教学策略运用上的差异》,《语言教学与研究》2016 年第 2 期。

吴勇毅、凌雯怡:《教师认知建构与汉语教师的职业发展》,载《第十一届国际汉语教学研讨会论文选》,高等教育出版社 2013 年版。

鄢秀、王培光:《第二语言课堂焦虑对香港学生普通话学习的影响》,《语言教学与研究》2001 年第 6 期。

张莉:《留学生汉语学习焦虑感与口语流利性关系初探》,《语言文字应用》2001 年第 3 期。

张莉:《留学生汉语阅读焦虑感研究》,《语言文字应用》2002 年第 4 期。

张莉、王飙:《留学生汉语焦虑感与成绩相关分析及教学对策》,《语言教学与研究》2002 年第 1 期。

张蔚:《对外汉语新手教师教学焦虑研究》,华东师范大学硕士学位论文,2012 年。

张蔚、徐子亮:《基于扎根理论的对外汉语新手教师教学焦虑研究》,《华文教学与研究》2016 年第 2 期。

Ellis, R. (1994), *The Study of Second Language Acquisition*. Oxford: Oxford University Press.

Horwitz, E. K., M. B. Horwitz, & J. Cope (1986), Foreign language classroom anxiety. *The Modern Language Journal*, 70, 125-132.

Krashen, S. (1981), *Second Language Acquisition and Second Language Learning*. Oxford: Pergamon.

Krashen, S. (1982), *Principles and Practice in Second Language Acquisition*. Oxford: Pergamon.

Krashen, S. (1985), *The Input Hypothesis: Issues and Implications*. London: Longman.

Saito Yoshiko, Elaine K. Horwitz & Thomas J. Garza. (1999), Foreign language reading anxiety. *The Modern Language Journal*, 83, 202—218.

Scovel, T. (2001), *Learning New Languages: A Guide to Second Language Acquisition*. Boston: Heinle & Heinle.

Swain, M. (2013), The inseparability of cognition and emotion in second language learning. *Language Teaching*, 46, 195—207.

Swain, M., P. Kinnear & L. Steinman (2011), *Sociocultural Theory in Second Language Education: An Introduction through Narratives*. Clevedon, UK: Multilingual Matters.

Yan, X. (1998), *An Examination of Foreign Language Classroom Anxiety: Its Sources and Effects in a College English Program in China*. Unpublished doctoral dissertation, University of Texas, Austin.

方法谈：

材料的性质决定了你能运用的方法

教师和研究者,包括研究生,应该始终保持着对各种现象(研究)的敏感,敏感也是一种好奇心,源自本领域和跨领域的阅读,源自社会和个人生活,源自经验,好奇引起思考,思考则开始研究。一位想要报考我的博士生的中国台湾地区的华语教师在即将来华东师大学习之前的最后一个暑假,在台从事短期华文教学时遭遇前所未有的挫折,给我写了一连串的邮件与我互动——她称之为"求救"。我一直对汉语作为二语/外语教师的培养与发展抱有浓厚的兴趣,因此收到这些邮件时,作为一个有经验的研究者,我本能地感到,这是一组一手的珍贵的材料(data)①,从"材料"阅读中,你可以明显地感觉到一个教师的情感和情绪的宣泄和变化。"情感"在目前认知主义占主导地位的研究中,一直被边缘化,甚至被忽视,在我看来,这正是一个在汉语教师研究领域中前沿(甚至具有某种开创意义)的课题/选题,既有理论价值(与强调认知主义的研究不同)又有实践意义。②

通常认为,研究方法决定了需要收集什么样的材料或数据去进行分析,但有时候是有什么食材做什么菜,材料本身的性质决定了(也可是说是限制了)你能运用的方法。我在国内是最早使用叙事探究的方法研究汉语教师的学者(吴勇毅等,2014;吴勇毅,2014),对其有着浓厚的兴趣,也比较了解。这组邮件"材料",有着三维叙事探究空间需要的所有要素(克兰迪宁、康纳利,2008)③和完整的"故事"情节,构成了一个真实的教学事件,最适合采用叙事探究的研究路子。

"教师在汉语作为二语教学过程中的情感投入和情绪体验,不仅会直接影响到他们的课堂教学行为,甚至影响到他们的课外(课前、课后)行为,关乎教学效果,即汉语教学的成败,也会影响(支持或抑制)教师的成长和职业发展。成功的愉悦、失败的沮丧、茫然的焦躁是每个国际汉语教师在课堂教学和职业生涯中大都体验过的情感"(吴勇毅,2019),在阅读这个故事时,"情感""变化""教学(手段、方式)"和"认知"是关键概念,且互相勾连。作为故事中的一个角色,我关注的是,这位教师是如何从故事开始的"受挫、无奈、焦虑、无助、彷徨",甚至是"吃惊"和"意想不到"的情感(方雯、吴勇毅,2021),到最后"愉悦、兴奋、欢乐",积极向上进取的情感变化,这期间的"关键事件"(内力、外力)是什么,认知与情感又是如何相互作用的,情感对于教师职业生涯的意义何在。"一旦这个叙事过程开始,叙事探究空间就随着时间的往复移动,随着个人和社会思考的连续体而搏动。"(克兰迪宁、康纳利,2008)而更重要的是叙事的过程要使读者"身临其境",读懂故事背后的"真谛"。

如何探究这样一组叙事材料是做研究必须要考虑的问题。语言是思想的表达,是情感的述说。"文本"在表现情感时一定有其特征,话语分析的技术可以用

---

① data 这个术语用在不同的研究范式中有不同的含义,若是量化研究,data 就是数据;若是质性研究,data 就是材料,在不同范式研究中不应混淆。
② 在有了这组"材料"后,我并没有马上展开分析与写作,而是搁置材料,思考着用什么方法去解构材料,同时增加国内外有关情感研究的文献阅读。
③ "以时间性为第一维度,人和社会为第二维度,地点为第三维度。"(克兰迪宁、康纳利,2008:54)

来帮助我们解构"文本",找到剖析的"线索"。经过仔细阅读与分析,在这组"文本"中我们看到了:① 表达情感的感叹词语和实词语的运用,比如"(一个大男人在哭)天哪""教到超级挫折""好有挫折感""哈哈""非常 high"等等;② 疑问词语的使用,比如在第一封邮件里,反复使用"怎么(办、教、让他觉得中文不难)"表示自己的"迷茫、焦虑、彷徨",第三封邮件里,则反复使用"吧",表示尝试改变教学方法后的"疑虑"和"不确定"等。语言是情感的表达,有标识情感的特征,这在叙事文本和话语分析中可以清楚地看到。

作为一名研究者,要学会在浩瀚的故事中,在海量的材料/数据里,在茫茫的现象上,抽丝剥茧,层层剥笋,学会探究真相,总结规律,甚至概括模式/模型。无论是做质性研究还是定量分析,我们都是在寻求相对的真理。定量分析是一种宏大叙事,从某种意义上说,它研究的"人"或"事"都是抽象的、具有代表性的,是数据说话,卡伦·维兰解释说,"就像我们会说,你知道,一个孩子在你的班里表现是一年级水平,另一个孩子在三年级的课堂就要表现出三年级的水平,我们要同样地去评估他们"(见克兰迪宁、康纳利,2008),而叙事探究的是真实的人和事,是个体的,异质的,甚至独特的,是事实说话。在叙事探究中,如何把现场文本转换成研究文本,是研究者要着力下功夫的,也是很难的。

参考文献:

方雯、吴勇毅:《惊讶情感与汉语教师认知生成性发展的交互作用——基于叙事的探究》,《上海教师》2019 年第 3 辑。

吴勇毅、华霄颖、储文怡:《叙事探究下的 CSL 教师成长史研究——实践性知识的积累》,《国际汉语教学研究》2014 年第 1 期。

吴勇毅:《叙事探究与汉语作为二语/外语教师的认知建构》,《(台湾)师大学报(语言文学类)》2014 年第 2 期。

吴勇毅:《论情感在教师汉语二语教学中的重要作用——基于叙事的探究》,《华文教学与研究》2019 年第 4 期。

D.简·克兰迪宁、F.迈克尔·康纳利:《叙事探究:质的研究中的经验和故事》,张园译,北京大学出版社 2008 年版。

教学经验：汉语教师专业发展务实而重要的取向*

李 泉**

摘要：经验来自实践、用于实践并在实践中得以更新和发展。教学经验有助于教师对学科内涵和教学内容的认识，有助于教师进行学术研究。教师在发展专业知识和理论的同时，决不应忽视教学经验的积累和发展。经验不是理论许多时候却堪比理论，积累经验应成为教师专业发展务实而重要的取向和职业生涯的必备功课。观察与反思、探索与尝试是获取教学经验的重要途径。经验的应用策略不在于因循守旧，而在于创新和发展。感性的教学经验与理性的教学理论相辅相成，都是对教学实践的认识。研究教师个人和群体的教学经验，有助于教学理念的提炼和教学理论的发展。经验因其实用和有效而宝贵，因其蕴含规律和科学而值得研究。汉语教师应秉持工匠精神，执着于积累属于自己的教学经验。对外汉语教学界亦应加强对教学经验的系统总结，并提炼出属于汉语汉字的教学理论和方法，为国际汉语教学提供"中国经验""中国理论"。

关键词：教师发展；教学实践；教学经验；教学理论

一、题解、本文意图、理论基础

经验可贵：经验几乎无处不在、无事不有。长期观察某种事物或现象，便可积累起相关的经验，生活中的谚语、俗语（"早霞不出门，晚霞行千里""千里之堤

---

* 原载《语言教学与研究》2021年第3期，第10—21页。

** 李泉，中国人民大学教授，博士生导师，全国汉语国际教育专业学位研究生教育指导委员会委员，世界汉语教学学会常务理事，北京市语言学会副会长。

溃于蚁穴")大都是这类经验的结晶。长期从事某种职业亦可积累起相关经验并得到经验的回馈,如"驾驶经验""行医经验""管理经验"等等。常言所谓"一回生,二回熟""吃一堑,长一智""失败是成功之母",即言经验的作用。科学研究同样离不开经验的支持,千百次试验就是千百次经验积累的过程。可以说,生活和工作等人类各种活动,都离不开经验的参与。

教学经验:权威辞书对"经验"的解释是"① 由实践得来的知识或技能。② 经历;体验"(《现代汉语词典》第7版,商务印书馆2016:686)。据此并结合汉语教师的工作实际,本文把教学经验概括为:从教学实践中获得的知识或技能,从亲历的教学事件中获得的体验和认识,从对自己和他人教学实践的反思中获得的感想和理念。泛而言之,教学经验就是教师在教学活动中所获得的各种体会和观念、感悟和认识、方法和技巧等实践性知识。教学经验大都是零散的、缺乏理性化的感性认识,但却是教师实际掌握和应用的知识和技能,并影响其教学行为和教学效果。可以说,教学经验是教师个人专业发展不可或缺的丰厚土壤,也是研究教师专业发展不可或缺的宝贵材料。

经验取向:近十多年来,伴随汉语国际教育硕士人才培养,教师发展成为广受关注的研究领域。然而,有关文献无论是论述职前培养,还是探讨职中培训,大都只涉及教师所应具备的各种专业知识、理论和方法,如汉语本体和中华文化知识,第二语言教学理论和教学方法、习得理论,语言学、教育学、心理学、跨文化交际等方面的知识和理论,这无疑是必要的,但仅发展理论知识是不够的,还应发展教学经验方面的知识。也就是说,教学经验是教师专业发展另一个务实而重要的取向,这是因为:理论知识在实践中不一定都用得上,教学中许多具体问题在书本上找不到答案;现有教学理论(包括语言要素教学)研究的成果还不能充分满足教学实践的需求,许多时候无理论可用、无成果可借鉴;理论是概括的,实践则多样复杂,比如"可适当将名家名篇编入教材"是一条可接受的教材编写原则,但何为适当,什么样的名篇可编选,尚无共识和可操作的标准,只能借助实践经验来做出选择。

进一步说,如果不想论道式的辩论理论和经验孰轻孰重,不想只停留在"经验大都是个人性的,且不都是可靠的"认识层面,不想坐等理论从天而降来指导实践,而是想发展自己的专业知识和教学技能,那么切实可行的措施就是不断积累教学经验,并依据二语教学的基本属性和相关理论、教学目标和教学效果,来反思和检验相关的教学经验,再将成功和有效的经验用之于实践。这样做不仅有助于改变因理论短缺而使实践无所适从的窘境,更有助于发挥教师的能动性和创造性:基于实践、认识实践,在实践中总结经验改进教学。实际上,教师的知识就包括"理论性知识"和"实践性知识",前者指本学科及相关科学的原理类知识,后者指教师在教学中实际使用或表现出来的显性的和隐性的知识(陈向明,2003)。

退一步讲,承认一些基本事实,便不应忽视经验的价值:有经验和经验多,总比没经验和经验少好;经验不能解决所有问题,但也不是所有问题都不能解决;努力积累实践性知识,总比坐等理论为好;理论是高端的理性认识,但它不是遍地存在(这正是本文探讨教学经验的背景和理据),也不总是管用的;经验虽属低端的感性认识,却也相对易得,且大都适合教师自己的教学。事实上,积累教学经验不仅仅是一种务实的选择,任何理性认识都不能越过感性认识这一步,把基于教学实践所获得的感性经验与教学理论截然分开,既不完全符合理论与实践关系,也无视一线教师理论创造的权利和潜力。"从事教学实践的教师们的经验性知识",都可以成为"教师的实践性理论"的来源(库玛,2013:13)。

本文意图:将教学经验的积累视为教师专业发展的重要取向,并非无视理论高于实践经验的基本常识,更不是妄图否定理论的价值和抬高经验的作用,而是强调教师的专业发展应兼顾"理论"和"经验"两个取向,强调在学习专业理论的同时,不应忽视教学经验的积累和总结。丰富的教学经验不仅有利于教学实践,也有利于对相关理论的辨别、选择和使用,相反则不然。与此同时,呼吁学界重视教学经验在教师专业发展和评价中的地位和作用,重视基于汉语教学实践经验的理论研究对学科建设的重要意义。源于拼音文字的二语教学理论,未必都适合汉语汉字的二语教学(李泉,2020),基于汉语汉字的特点及其作为二语教学的实践经验,才可能探索出更加适合汉语教学的理念和概念、知识和理论、方法和技巧。基于以上认识,特别是针对近些年来,忽视教学经验的积累和反思,忽视教师教育和教师培训过程中对教学经验的总结和承传,以及学术界不重视研究教学经验的现状,本文拟在教师专业发展语境下,在辩证唯物论指导下,在后方法语言教育有关理论关照下,探讨对外汉语教学经验的特点与价值、作用与获得等相关问题。

理论基础:本文所依据的辩证唯物论的主要观点:"一切真知都是从直接经验发源的。""理论的基础是实践,又转过来为实践服务。"认识在低级阶段表现为感性的,在高级阶段表现为理性的,"感性和理性二者的性质不同,但又不是互相分离的,它们在实践的基础上统一起来了"。"从认识过程的秩序说来,感觉经验是第一的东西。""理性认识依赖于感性认识,感性认识有待于发展到理性认识。""实践、认识、再实践、再认识,这种形势循环往复以至无穷,而实践和认识之每一循环的内容,都比较地进到了高一阶段的程度。"(毛泽东,1937)本文所借鉴的后方法时代语言教学的主要观念:"将教学理论与教学实践作人为的'二分法',对于教师来说,弊大于利。""在形成与重塑日常教学的内容和特点的过程中,教师理念、教师推理能力以及教师的认知至关重要。""教师不仅应成为策略的实践者,还应成为策略的思考者。"教师是反思型的实践者,"反思型教学是一种强调创造性、艺术性以及对教学环境敏感性的整体式教学途径"。第二语言教学重要的宏观策略应是"促进教师在自身实践基础上发展教学理论"。(库玛,2013:1—14)

二、教学经验的特点

对外汉语教学是一门科学,有自己的研究对象、研究方法、理论基础和学科体系,但在对外汉语教学中"理论和实践总是紧密地结合在一起的"(吕必松,1991),可以说,对外汉语教学是一门基于培养学习者语言能力的实践性学科。既是实践性学科,就注定教学过程有经验可积累、可学习、可承传。有关教学经验的价值和特点,吴勇毅、华霄颖、褚文怡(2014)作过很好的概括:教师实践性知识是在教学实践基础上形成的各种经验的"集合""集成",相比那些在培训课上和讲座中传授的普适性的"理论知识",实践性知识更具操作性、个人性、经验性、缄默性(tacit,有时只能意会而不能言传)、场景性(在即时当下的多变的教学场景下处理教学事件)等特征。除此以外,汉语教师在认识教学经验的特点和价值、积累和反思教学经验的过程中,还应注意教学经验的以下特点。

(一)教学经验与教学实践密不可分

经验最大的特点是来自实践,没有实践便没有经验可谈。经验的价值也正在于它是基于实践的知识或技能,因而能够在一定时期和一定程度上指导实践。经验的这一特点和价值表明,投入和深入教学实践、观察和思考教学实践,是积累经验的根本途径。就汉语教师特别是新手教师来说,教学实践中的任何感受、体验、经历、认识等都是可以积累的经验。比如,在教授外国人汉语之前,不会想到学生会造出"中国是一个多人口国"这样的句子。没有教过高级听力的老师,可能想不到学生会把"一经查出,严肃处理"听成并理解成"已经查出,严肃处理"。汉语教师要想成为经验丰富的行家里手,首先必须留心来自教学实践的这些大大小小的问题,它们是经验积累的重要取向和来源。

上述问题至少可以让教师获得这样的经验:学生使用"人口"可能会出错,他们可能把"一经"听成"已经"且不认为会影响句义。这虽是粗浅的认识,却可以成为增长专业知识和提高教学质量的起点,因为要准确回答这些问题,就需要收集语料做一些"小研究":回答"人口"一词怎么用、怎么教?为什么"多人口国""大人口国""人口多国家"都不能说,而要说"人口大国"?学生为什么会误把"一经"听成"已经",二者形音义特别是用法有何不同?思考和研究这些问题的过程,正是教师发展专业知识进而提高教学质量的过程,而这也恰是积累经验的意义所在。教师基于经验的专业发展路径是:对教学实践"走心",观察和思考相关的现象;对相关问题"动手",研究和解决相关的问题;对所得教学经验"理念化",努力使感性认识向理性认识转化。

(二)教学经验与教学理论相辅相成

感性的经验至少在形成理论之前,还不是理论和规律性的认识,至少在未经证实或屡试不爽之前,还说不上是科学的做法和有效的途径。然而,如果"只承认理性的实在性,不承认经验的实在性,以为只有理性靠得住,而感性的经验是靠不住的",其"错误在于颠倒了事实"。"理性的东西所以靠得住,正是由于它来源于感性,否则理性的东西就成了无源之水,无本之木。"感性认识和理性认识"都是统一的认识过程中的阶段"(毛泽东,1937)。同样,教学经验和教学理论都是对教学实践的认识,它们虽性质不同,但不可分离。经验是自己或他人经历过的事件,是对特定事物或在特定范围行之有效的实践知识,不仅能让教师预先知道教学中可能出现的某些问题,也能检验教学理论或有关研究成果的可靠程度。

举例来说,有人以课文"平均句长"和"每百字中非甲乙级词数的多少"来确定文本语料的难易度,平均句长之词数少、每百字中非甲乙级词数少的,则文本难度低,相反则不然。然而,照此来看,诸如"去你的""有你好瞧的""这话说的""话是这么说""两块钱是两块钱""两块一块(豆腐标价,有歧义)""终日以泪洗面""说你行你就行,不行也行""咱俩谁跟谁呀""咱们见一面少一面"(李泉、金香兰,2014)等都不可能是难句。但经验表明,不要说初中级水平汉语学习者,不少高级阶段汉语学习者也不知道"咱俩谁跟谁呀"是何意,亦不知"以泪洗面"为何物,更不理解为什么"见一面少一面"(应该是"见一面多一面")。可见,教学经验不仅可以检验教学理论和科研成果的应用价值,还可以让教师积累新经验、发现新问题,并在思考和研究这些问题的过程中获得专业发展。比如,对上述这类口语习用语、紧缩句等意义和用法进行思考和研究,便可以积累相关的感性乃至理性认识。

(三)教学经验往往因人因事因时而异

任何经验都是特定条件下的产物,实践内涵发生变化,经验也应随之变化,否则便会失去效用。与此同时,社会进步、科技发展和实践手段的变化,也会更新人们既有的观念和做法。经验因人、因事、因时而异:此人此事此时的经验,未必适合他人他事他时;此事此时是管用的经验,彼事彼时就不一定管用;即使是共识性的经验,那也只是一定时期、特定事物、部分人群的共识,异时异事异人群则不一定是共识。因此,不必固守自己的经验,也不必盲从他人的经验,经验是客观存在,但未必是客观真理。经验的价值不仅在于它可借鉴和应用,更在于它可更新和创造。一旦恪守成见、墨守成规,经验便可能误导实践。经验的运用和发展策略是不断深化实践和更新经验,并努力将感性经验上升为理性认识。

例一:赵元任(1959/1980:227)曾认为,"一个小孩要能认得两三千,三四千,才能读点儿东西;到四五千,五六千,才能看报"。然而,这一汉字使用经验已不适合当下语文生活的实际。统计分析表明,使用频率最高的581、934、2 314个汉字,分别覆盖报纸、广播电视、网络等7亿多字语料的80%、90%、99%,且这组数字及相关的覆盖比例基本保持稳定,即大约600、1 000、2 400个高频汉字分别覆盖媒体语料80%、90%、99%(李泉,2013)。可见,在当今中国社会,看报读书不需要"四五千,五六千"汉字,两三千汉字足可"通读天下"。这表明即使是大师的经验也会随时代变迁而不合时宜。

例二:常规的汉字教学方式是:学会基本笔画和书写规则后,便从笔画少的字到笔画多的字,认写同步教授汉字,至今仍如此这般,且可行有效。然而,心理学研究表明:人对事物的认知既有从部分到整体的通道,也有从整体到部分的通道。人脑对信息加工过程中表现出来的个体特征即认知方式,最主要有两种:具有场依存性特征的人,倾向于以整体的方式看待事物,在知觉中容易受环境因素影响;具有场独立性特征的人,倾向于以分析的态度接受外界刺激,在知觉中较少受环境因素的影响(中国大百科全书总编辑委员会《心理学》编辑委员会,1991:296)。教学调查也表明,学生更倾向于从整字到偏旁的教法(石定国、万业馨,1998)。换言之,汉字教学除"认写并进"外,也可以"先认后写",即先整体识认,"见识"了一定数量的汉字后,再拆分部件、由教授笔画笔顺到书写汉字。该例表明:共识性的实践经验也并不就是唯一可行的;新的理论和成果有助于更新既有的实践经验。

例三:笔者刚走上讲台时,按座位或学号顺序点名请学生回答问题。一段时间后发现,教师提问之时乃至之前,被点名的同学就开始紧张甚至焦虑,而其他同学则"悠闲地等着看热闹",回答问题成了一个人的事,互动成了师生两个人的事。这显然不利于促使全班同学参与学习。于是,我们改变既往做法,采取"乱点鸳鸯"的方式随机点名。这迫使所有同学都必须"保持在线"和"适度紧张",因为不积极参与和思考,就很可能因答不上来而尴尬以致失面子。反思发现:随机提问造成的一对多的局面,更能凸显提问的意义,学习者普遍保持在线和适度紧张,正是学习普遍发生的状态。只有积极思考和参与,知识的掌握和技能的训练才会更准确和有效。改变点名方式这个小例子表明:做法性的教学经验是可以创新的,创新机制在于,增强求新求变的意识,深入观察和反思教学实践,大胆尝试新的做法,并在实践中或借助相关理论,来证实新经验及新做法的可信及有效程度。

(四)感性的经验大都具有模糊性

经验在许多时候是一种说得出或说不出的感觉、讲得明白或讲不明白的知识、有道理可讲或讲不出道理的做法。然而,模糊性乃至不确切性未必就是没有价值,特别是某些成功的经验,其中的道理、规律和科学性也许尚未被发现和证实。很能说明这一点是中国的传统医学中医,中医的发展历程总体上说是先有实践后有理论,而不是先有理论后有实践,中医理论是在千百年中医实践的基础上逐步形成的,但至今仍有许多成功的经验并未得到理论上的说明,或者说尚未形成理论,也未能得到西医那样显微镜般的解剖阐释。认识到这一点,可以让我们重视那些一时还没找到"成功奥妙"和"科学道理"的经验,并努力借助各种可能的手段或理论与方法,研究和探索其中所包含的概念、理论、原理、规律等理性认识。

优秀的熟手教师,之所以教学效果好、深受学习者欢迎,除了是因为他们专业知识渊博、教学理论水平高和个人的综合素养及人格魅力等因素,他们在教学实践中必定积累了丰富的说得出和说不出的教学经验,其中一些经验的背后必定有某种道理、理论和科学的规律在起作用。因此,热爱实践和悉心实践,不断积累和反思、应用和更新教学经验,应成为教师的看家本领和专业发展的常态。

实际上,教学实践中很多时候是没有理论指导和现成答案的,换言之,全程支持和指导教学实践的,不全是教学理论和书本知识,很多时候是教师丰富的经验性知识,特别是一些熟手教师,而此时的经验虽不是理论却堪比理论。

三、教学经验的作用

经验体现在所从事职业的方方面面,如对二语教学学科的理解、教材的编选和使用、知识讲解和技能训练、课堂操作与管理等。教学经验包括成功和有效的知识和技能,也包括失误和教训。丰富的教学经验能够加深教师对学科的理解,能够让教师提前知晓教学的难点和重点以及教学中可能出现的问题,能够保证教学有序顺畅和高质高效。实际上,教师的职业发展既有来自外部输入的书本、理论和研究成果等"已知知识",也有基于经验和实践的"实践知识",并且实践知识也很重要(西蒙·博格,2018:16)。吴勇毅、石旭登(2014)甚至强调,教学实践性知识是"使我们变成真正意义上的'教师'的知识"。可见,教师应该广泛积累各种教学经验,多方面的经验就有多方面的作用,下面试择要加以例析。

(一)助力对学科内涵的认识

教学经验有助于加深对学科性质和特点、教学目的和教学内容等学科内涵的理解。例如:将名家名篇编入中高级对外汉语教材,是20世纪八九十年代业界普遍性的做法,编入教材的名篇就有《一件小事》《孔乙己》《阿Q正传》《雨中登泰山》《荷塘月色》《香山红叶》《亡人逸事》《百合花》以及删节或改编于名著的《觉慧与鸣凤》《林道静与卢嘉川》《草船借箭》等(李泉,2003、2011)。然而,教学实践表明,有些名家名篇的历史文化背景对学习者来说太过遥远和隔膜,许多词汇和表述方式也是百年一遇,如"虫豸、连营、典质、怪石嶙峋、绿林好汉""而且他对于我,渐渐的又几乎变成一种威压,甚而至于要榨出皮袍下面藏着的'小'来"。事实上,留学生不仅学不出某些名家名篇的妙处,即便费时费力学到的一些词汇语法或历史文化知识,对他们当前的汉语学习和日后的汉语应用价值也都不大。

有的名家名篇多处引用古诗文和典故传说,出现很多人名、地名、景物名,使用较为罕见的词语进行景物描写或穿越时空的故事讲解,如著名散文《雨中登泰山》,对汉语母语者颇有欣赏价值,但对外汉语教学中教和学这样的名篇则事倍功半,效果很不理想。文学作品中某些描写性语言也不太适合教学,如《荷塘月色》中"曲曲折折的荷塘上面,弥望的是田田的叶子。叶子出水很高,像亭亭的舞女的裙。层层的叶子中间,零星地点缀着些白花,有袅娜地开着,有羞涩地打着朵儿的;正如一粒粒的明珠,又如碧天里的星星,又如刚出浴的美人。"外国学生大都没有"荷花出淤泥而不染"这一文化背景知识,也感受不到景物描写及各种比喻之美,而是困惑于何谓"田田的叶子""袅娜地开着""羞涩地打着朵儿"?

对名家名篇教学实践的反思及其获得的教学经验,可以加深对学科及教学规律的认识,比如,对外国人的汉语教学是一种第二语言教学,跟对母语者的语文教学完全不同;汉语学习者是借助课文学习语言,而不是欣赏文学作品;名家名篇选入教材应以是否有利于第二语言教学为标准,主要看其语言的学习价值如何;教材的语言要注重实用性,要好教易学,便于语言技能的训练。深化和反思教学实践,不仅有助于积累教学经验,也有助于更新既有的教学经验。至少从21世纪初以来,对外汉语教学界更新了教材选文的经验和理念,不再一味青睐文学作品,即便名家名篇也需适合语言学习和教学,如朱自清的《春》《匆匆》《背影》就可以考虑编入汉语教材。

(二)助力教师对教学内容的认识

教学经验有助于教师深化对汉语汉字特点及其教学规律的认识。不断积累、思考和研究来自实践的各种问题和现象,便会不断加深对学习者汉语学习过程的认识,丰富对汉语特点的认识。实际上,教师对汉语教学的了解,首先始自对学习者汉语偏误现象的经验积累。比如,有些学生发不好第三声,发不准"r"和"ü";把"美丽"写成"美朋",把"农村"写成"农材",把"佳节"读成"住节",把"洒水"读成"酒水"。又如,*服务员的话,我不能听懂。*我学习汉语在人民大学。*太极拳师傅继续生病三天,所以我没学习了。*我哥哥一向没结婚,想结婚这个女人。教师对学习者这类言语偏误现象接触多了,经验也就多了,甚至会知道哪类偏误跟哪种母语的学习者有关。

积累学习者各种言语偏误的经验知识,有助于教师对教学内容的理解、对教学方法的反思和对汉语特点的认知。比如,教学中会更加注意"丽"和"朋"、"村"和"材"字形字音字义的对比,备课中会进一步研究"一向"和"一直"之间的异同。如此这般思考和研究,便是教学经验促进教师深化对教学内容理解和认识、发展专业知识和技能的表现。比如,可以说"他俩都是中国人",不能说"他俩都是同乡";可以说"我去南方/北方旅行",不能说"我去东方/西方旅行",这其中"可以说"和"不能说"之间也许正蕴含着的汉语特点和规则,如"南方/北方"跟"东方/西方"在汉语里不是同质词汇,前者是地理方位概念,后者是政治文化概念(相关方位表达多用"东部/西部")(李泉,2012)。可见,学习者言语偏误是了解汉语组合规则和使用规则的重要视窗,观察、思考和研究学习者的言语偏误,既是积累这方面经验的过程,也是了解汉语本来面目的过程。

（三）助力教师进行专业研究

实际上,教学中遇到的各种语言问题和文化现象,几乎都可以成为大大小小的研究课题,至少都是需要回答和解决的真问题。有些问题备课时做些思考和小研究,便有助于提高教学质量和效果；有些问题则需要做些深入思考和大研究才可能解决,而对各种问题进行思考和研究的过程,就是发展专业知识和提高科研能力的过程。几十年来,对外汉语教学研究所取得的丰硕成果已然充分证明:基于"问题经验"的研究是提高教师科研和教学水平的重要渠道。下面再举两个小例子,以管见教学经验助力专业研究。例一,有学生不明白"当初要是听父母的话就好了""到时候要是父母不干预就糟了"的真实含义,而是问教师"就好了""就糟了"是什么意思。实际上,能否准确理解这种"要是S就V了"句式的关键,不在于是否明白句中个别词语的意思,而在于是否真正把握该虚拟句式所隐含的复杂的语义结构关系,即表示说话人对显性的"假设和结果"所隐含的"实际情况和实际结果"的惋惜、庆幸、希望或担心的心情(李泉,1993)。例二,辞书和汉语教材将"简直"释为"表示完全如此(语气带夸张)""强调完全如此或差不多如此,含夸张语气"。学习者据此造出"今天天气简直热""他的女朋友简直漂亮"等不可接受的句子,结合诸如"我简直爱上了她"等语料考察发现,"简直"用于表达非现实的主观事件,表示已经接近但尚未达到极限程度量,并不表示"完全如此"(李泉,2014),"简直热""简直漂亮"中,形容词只表性状没有程度量(如"极了""太……了"),故不能与"简直"组合成句。

教学实践可以让教师积累起"现象与问题"的经验,反思和研究这些现象与问题,便有可能从中提炼出新观念、新知识乃至新的理论和方法。而从现象和问题出发,正是科学研究的重要路径。杨振宁(1984)曾就物理学习和研究指出,定理是从现象归纳出来的,是归纳法,"归纳法是做学问的办法,从具体工作中抽象出定理来。"吕叔湘(1984)指出：对教书上瘾的老师是因为"在教学过程中,他把自己的学问向前推进了。""教学对研究有帮助,可以从教学中从学生那儿得到启发。另一方面,研究工作对教学又会有帮助,遇到问题花一些时间钻研把问题解决了,学问就往上长了一步。"这段话清晰地说明了教学和科研相互促进的关系,而从教师发展的角度还可做如下解读：一个真正热爱教学、对教书上瘾的教师,必定会注意"从教学中和学生那儿"积累问题经验,必定会愿意花时间钻研这些问题,而钻研问题的过程就是专业知识和学术水平提高的过程,这正是教师专业发展的意义所在。

四、教学经验的获得

对外汉语教学在很大程度上说是基于实践经验的科学,套用一句俗语:经验虽不是万能的,但没有经验是万万不行的。获取经验的方法和途径也是多样的,比如,学习国外的教学经验,学习同行的教学经验,在实践中总结经验(这是最主要的途径)。实际上,积累乃至创造经验并不是一件千难万难的事。经验的获得在于对实践的留心、对现象和问题的关注、对做法的尝试和反思、对事件的分析和理念挖掘,这些是任何人都可以做到的,关键在于是否有积累经验的意识和行动以及能否持之以恒。当然,更为关键的是能否提炼出理念、概念和理论,或借助相关的理论将所获得的有关经验上升为教学理论。

(一)观察与反思既往教学实践

无论是直接的还是间接的经验、成功的还是错误的经验,都是对实践观察和反思的结果。观察是对当下实践的留心,反思是对过去实践的回放。30多年前,笔者在读研究生时曾给留学生代过几次课。在一次讲授语言点"结果补语"时,把程度补语、时量补语、趋向补语、情态补语等,顺手牵羊一并例析一番。面对教者热情的讲解,听者虽一脸茫然却也频频点头。课后反思这种"牵羊"的做法,觉得太不靠谱,一堂课能把一种补语讲清练透就很不错了,想一次性把汉语补语系统都教给学习者,实乃荒唐和不计后果。后来又得知,日本学生"频频点头"是一种习惯性的礼貌动作,表示"我在听",但不意味听懂或赞同。对这次"独角戏""满堂灌"还可做进一步反思(李泉,2018b):是否讲清楚了,学生就掌握了语法?语法现象是否都能讲得清楚?语法教学是否在黑板或PPT上的一番讲解就算完成?语法教学与课文教学是分而治之好,还是合二为一结合课文内容和具体语境来诠释语法为好?

不仅要反思自己的教学实践,总结经验和教训,还应学习和借鉴他人的经验。杨寄洲(1996)举过一个语体问题的例子:一个学了两年汉语的日本留学生,回国后担任一家银行的翻译。该行在华有个投资项目将在人民大会堂举行签字仪式,届时中国一位副总理要参加。仪式的头天晚上,这位翻译把社长讲稿的译文拿给杨寄洲看。其中有一句话是"作为亚洲一家有影响的银行,向中国和亚洲一些贫穷国家贷款是我们的拿手好戏。"该句不仅没有语法问题,甚至可以说很地道,但正如杨寄洲所言:在庄严的人民大会堂和有中国副总理参加的庄重场合,说中国是"贫穷国家",用口语词"拿手好戏",就显得极不得体。不仅如此,我们还可做进一步反思:语体"兹事体大",中高级汉语教学是否应开设语体知识与技能课?如何让学习者掌握"拿手好戏"这类词语的色彩、用法和语境?"中国是个贫穷国家"出自外国人之口为什么显得不合适?改成"中国是个发展中国家"是否客观和礼貌?

不仅要借鉴他人的教学经验,也可以反思他人的教学实践,发展自己的教学经验。20多年前,一位前辈同事教汉语报刊课,选文大都是负面的,如环境污染、假酒假药、虚假广告、传销受骗、黑社会组织等,加之课堂上这位老师介绍相关内容时的"愤青表情",着实吓到了学生。期末评估有学生反映:老师不爱中国,不喜欢她的工作,也不喜欢学生。这三条结论对教师来说,都是致命性的,但实际情况完全不是这样,这位教师爱中国、喜欢自己的工作和学生,但这位教师给学生造成的不良印象却值得反思:报刊课应以报刊语言特别是新闻语言学习为主,即使是阅读新闻事件也不应负面内容过多,否则学生就可能对中国或对教师产生错觉。教态还是不卑不亢、乐观自信为好,即便是介绍负面新闻,也无需愤世嫉俗。进一步说,教师对汉语汉字及教材内容的态度、对中国国情和历史文化的态度,都会有意无意影响学生的学习态度和对中国的认知,因此,如何展示自己的形象和教态,如何向外国学习者客观地介绍和说明中国,是汉语教师不能不思考的问题(李泉、金香兰,2013)。

不仅要反思自己和借鉴同行的教学实践经验,更需要从学生那里获得经验。课堂上察言观色来了解学生对教学效果的反应,直接跟学生讨论相关问题,都是获得教学经验不可替代的重要途径。比如,有中高级教材这样介绍大熊猫:它们的脸儿圆圆的,很像猫。它们憨态可掬,看上去有点儿笨,其实全身关节十分灵活。成年熊猫身长在160—180厘米之间,体重80—125公斤。喜欢在高高的山上吃竹叶,还喜欢爬树玩耍。熊猫的脾气十分温和、顺从,就像大姑娘一样。进而介绍熊猫在地球上生存繁衍的历史,中国对大熊猫的保护等内容。笔者曾对学过这篇课文的匈牙利、德国、以色列和日本学生做过访谈,他们均表示"课文没意思",想了解相关知识,通过其母语也能搜索到,有位同学甚至说"这篇课文就在显摆中国的国宝大熊猫"。不仅如此,他们对教材中"器官移植""保留还是废除死刑""可可西里""楼兰古国"等课文更不感兴趣,说有的课文让人"反胃""恐怖",而有的学到最后也不知道说的是"什么时候和哪儿的事?"这次小调查至少可积累如下经验:学习者的感受和意见,对教师思考教材话题的选择、课文内容的呈现方式及编者话语立场的确立有重要的参考价值;教材编写应从学习者的视角加以审视,课文的编选乃至定稿应请学生参与讨论;向学生讨教、与学习者沟通,是积累和创新教学经验的重要途径,正所谓教学相长。

(二)在实践中勇于探索与尝试

对外汉语教学应基于教学实践,总结经验并创建有自身特色的教学理论。这种"道路自信"不是一种主观选择,而是汉语汉字及二者之间的关系不同于其他语言与其文字之间的关系的客观要求(李泉,2018c)。汉语教学理论应在充分实践和充分积累经验的基础上加以总结,然而,迄今对汉语教学经验的积累和总结还很不够,甚至这方面的意识和期待远不如对国外教学理论和方法那么强烈。事实上,汉语教学的学科建设主要还得靠汉语教学界,适合汉语教学的经验、理论和方法主要应出自汉语的教学实践(李泉,2020),教师个人的教学经验主要还得靠教师自己去探索、尝试和积累。例如:

例一:多年前,笔者在美国宾州一所大学的汉语课上,教授《愚公移山》的白话故事。学完课文后有学生说:"这个故事不能说明中国人做事有毅力、有恒心、不怕困难,只能说明愚公这样的人真的很愚蠢。山挡住了他家的路,他应该搬家,不应该搬山,搬家很容易,搬山不可能。我不明白中国人为什么喜欢愚公而不喜欢智叟?"这个智慧的见解着实令人惊讶,中国人从未有过让愚公搬家的想法。好端端的一个故事,竟然被理解成"反面教材"。于是,笔者急中生智对《愚公移山》做了新解:这个寓言故事不仅表达中国人不怕困难、自强不息的民族精神,也表达中国人对家乡的热爱和眷恋,"生于斯、长于斯、恋于斯",家比天大,宁可搬山也不搬家。家、家乡、老屋是中国人一生的牵挂,并从古诗文和现实生活中的乡音和乡情、亲情和友情,讲到"有钱没钱回家过年",介绍了千百年来中国人对家和家乡难以割舍的情怀。听后那位同学们说"老师厉害,你又赢了!"

这样"创新"诠释是否合适,笔者并不敢过于自信,但这次"斗智斗勇"的教学经历,可以促使我们反思如下问题:如何恰当诠释中国文化而不使学习者误解相关文化现象的内涵?如何创造性地讲好中国文化故事借以化解学习者跨文化理解冲突?可以让我们形成这样的教学理念:既要从中国人的立场看中国文化,也要从外国人的立场看中国文化。中国人认为理所当然,外国人可能觉得不可思议。可以让我们得到这样的教学策略:对中国文化特别是神话传说、寓言和成语故事的介绍,尤其是容易误解的情况下,应努力站在外国人立场上,从跨文化的视角进行创新诠释,这样既符合相关文化故事的本质,也易于外国人理解和接受。创新诠释的前提是积累问题经验,准确把握文化差异和观念冲突之所在,并从中外两个视角来探索对文化内涵的创新解读。

例二:不少老师教听力时往往在黑板上或借助PPT先讲练生词,然后再听课文、作练习。这种做法也许可以降低听力难度,但不符合真实的交际模式。笔者上听力课从不花时间讲解生词,而是上来就听文本,并以"听文本+回答问题"为主要乃至全部环节;练习也不完全按课本的练习项目去听练,而是根据课文内容和听者的水平自行设定大小问题,意在帮助听者理解文本内容,同时检测他们听懂的程度,以便决定教学进程和方式。

基本理念:① 用"听"的真实交际模式教听力。真实的听不可能先把生词告诉听者。② 要求听者把每一次听都当作考试。真实交际就是对他们的听力测试,测试多了听感就敏锐了。③ 成为听解障碍的词语,才是真正的听力生词。如上文所举"一经"听成"已经"的例子。教材给定的生词在具体语境中可能不是生词。④ 听力训练就是"磨耳朵"。只有反复听才能提高听音辨义的能力和话语理解能力。⑤ 听力教学宜采取成就感策略。听的内容稍纵即逝,学习者往往倍感挫折。应鼓励听者为听懂一词一句而高兴。

操作要点:① 听后回答的问题由易到难,如最开始听的一两遍课文,只回答一两个几乎所有同学都能回答得上的最简单的问题,让学生热身。② 依所听遍次增多而增加问题的难度,如需要归纳或猜测才能回答、影响全文意思的关键问题、重要信息及相关语句。③ 问题可在听前提也可听后提,或先提后提也跟学生协商,借以激励他们的挑战心理。④ 难以听辨的语句要反复听,以便有针对性地磨耳朵。⑤ 鼓励听者大胆猜测和推断,并为听懂和猜对而高兴。正是在一遍遍有成就感的反复听的过程中,训练了学生对汉语语音语调及相关语义的敏感、锻炼了他们对课文的整体理解能力与对少数关键问题的判断能力。

介绍以上经验,并非想说明"这是最好的做法",而是想说明经验是可以探索和创造的;经验的背后是可以有理念和理论的;任何教师都可以创造经验,至少可以创造适合自己的教学经验。所谓课堂教学是一门艺术,即是强调课堂教学是实践性的活动,允许教师创造个性化的经验,而自己的经验用起来才最得心应手。

五、余　　论

20世纪50年代以来的对外汉语教学,一个良好的传统便是注重教学经验的积累、总结与承传。如集体备课、经验交流、听课观摩、老教师带新教师等,也正是由于更多地关注汉语本身特点和教学经验的总结与理论探索,才提出诸如"语文分开(先语后文)""字词结合""字不离词,词不离句""附丽于特定语言的语言教学法"等原创教学模式、教学理念和二语教学法理论(钟梫,1979;赵金铭,2010,2011,2014)。遗憾的是,近年来在学术研究崇尚数字化、曲线化、实证化的潮流下,积累和传授教学经验、总结和研究教学经验的传统被边缘化,连教师发展研究都不提经验二字。事实上,经验积累的过程就是实证的过程,而且是基于实践的实证,不是或不仅仅是基于数字化的实证。数字是明确的,但调查对象是否有代表性、问卷设计是否合理和周详、数字来源是否明确和可靠、数据与所得结论是否排除干扰因素、统计方法与研究目标是否密切关联等,都可能存在问题。更值得关注的是,有的数字化研究成果,往往只见各种数据、图表和曲线,却看不到多少有价值的观点和结论,或有关观点并无新意,或有关结论太过常识,或所提教学建议空泛而不当。

汉语教学经验的积累和研究永不过时、始终在路上。经验随着时代的进步和实践的深入而更新和发展。经验的价值不在于因循守旧和照搬套用,而在于创新和发展。实践既是经验的来源之所,也是实践的应用之所,反思实践和深化实践是积累经验的唯一途径。崔永华(1998)曾精辟地指出,"经验是宝贵的,是学科建设的基础,但更重要的是把经验升华为理论,这才是经验的最好的归宿,才能更有利地推动学科的发展"。然而,"把经验升华为理论"首先需要积累经验,而恰是"这一步"我们走得并不扎实和充分。换言之,对外汉语教学仍将长期处于积累和挖掘汉语教学经验、探索汉语教学规律和教学方法的阶段,这是学科建设应有的心态。忽视教学经验的积累、矮化教学经验的研究,既无助于教师的专业发展和汉语教学的学科建设,亦无助于为国际汉语教学界提供"中国经验""中国理论"。

无须忌讳"经验之谈",怕的是没经验可谈或谈不出经验背后的理念或理论。如果世界各地的汉语教师,都能滔滔不绝谈出自己的心得和体会、做法和理念,那将是怎样一种激动人心的场景?这些经验之谈中,很可能就有符合汉语教学和习得规律、有助于提高教学质量和效益的"真经验"。然而现实情况,是有的教师教书多年仍谈不出多少经验。少数教师连备课都嫌麻烦,要出版社或教材编者提供教案,还嫌人家的教案和PPT不好用(李泉,2018d),像这样教书"不能生活自理"的教师,首先要解决职业规划和爱岗敬业等专业素养问题(李泉、丁安琪,2020)。积累经验是教师专业发展务实而重要的取向和职业生涯的必备技能。要想积累教学经验并成为汉语教学的大国工匠,就要有大国工匠的精神:对职业坚守和执着、对工作热忱和投入;要有工匠的态度:崇尚实践、精益求精、追求卓越;要有工匠的技能:业务娴熟、手到擒来、举重若轻;要有工匠的境界:不计得失、心无旁骛、乐业敬业。"如果汉语教师都能具备这样一些品质和本领,不仅个人的教学会得心应手,整个行业的水平和质量也会大大提高。"(李泉、关蕾,2019)

参考文献:

陈向明:《实践性知识:教师专业发展的知识基础》,《北京大学教育评论》2003年第1期。

崔永华:《关于对外汉语教学学科的方法论问题》,《语言教学与研究》1998年第2期。

[美]库玛(B. Kumaravadivelu):《超越教学法:语言教学的宏观策略》,陶健敏译,北京大学出版社2013年版。

李泉:《"要是S就V了"句式语义语用分析》,《中国人民大学学报》1993年第4期。

李泉:《对外汉语教学理论和实践的若干问题》,《对外汉语教学的跨学科探索》,北京语言大学出版社2003年版。

李泉:《国际汉语教学辞书编撰新创获——〈汉语教与学词典〉评介》,《对外汉语研究》第8期,商务印书馆2012年版。

李泉:《关于"汉字难学"问题的思考》,《汉语国际传播研究》第1辑,商务印书馆2013年版。

李泉、金香兰:《国际汉语教师的角色认知》,《第十一届国际汉语教学研讨会论文选》,高等教育出版社2013年版。

李泉、金香兰:《论国际汉语教学隐性资源及其开发》,《语言教学与研究》2014年第2期。

李泉：《主观限量强调标记"简直"》，《国际汉语教学研究》2014年第4期。

李泉：《优秀汉语教师：知识、能力和素养及其维度与权重》，《对外汉语研究》第17期，商务印书馆2018年版。

李泉：《语法知识教学与语法事实教学——语法教学的深化与拓展》，《语言文字应用》2018年第4期。

李泉：《对外汉语教学：学科建设四十年——成就与趋势、问题与顶层设计》，《国际汉语教育》2018年第4期。

李泉：《基于信念的汉语教学法概说》，《国际汉语教学研究》2018年第2期。

李泉、关蕾：《对外汉语教学：教师、匠人、学者》，《国际汉语教育》2019年第1期。

李泉：《新时代对外汉语教学研究：取向与问题》，《语言教学与研究》2020年第1期。

李泉、丁安琪：《专业素养：汉语教师教育的起点与常态——"素养—能力—知识"新模式》，《云南师范大学学报（对外汉语教学与研究版）》2020年第5期。

吕必松：《再论对外汉语教学的性质和特点》，《语言教学与研究》1991年第2期。

吕叔湘：《教书与研究，中国教育学会对外汉语教学研究会（内部刊物）》，《对外汉语教学》1984年第1期。

毛泽东：《实践论——论认识和实践的关系——知和行的关系》，《毛泽东选集》第一卷，人民出版社1991年版。

石定国、万业馨：《关于对外汉字教学的调查报告》，《语言教学与研究》1998年第1期。

吴勇毅、石旭登：《CSL课堂教学中的非预设性事件及其教学资源价值探讨》，《世界汉语教学》2011年第2期。

吴勇毅、华霄颖、褚文怡：《叙述探究下的CSL教师成长史探究——实践性知识的积累》，《国际汉语教学研究》2014年第1期。

［英］西蒙·博格（Simon Borg）：《教师发展与国际汉语教学》（英汉对照），外语教学与研究出版社2018年版。

杨寄洲：《编写新一代基础汉语教材的构想》，《语言文化教学研究》，华语教学出版社1996年版。

杨振宁：《谈学习方法》，《光明日报》1984年5月18日。

赵金铭：《对外汉语教学法回视与再认识》，《世界汉语教学》2010年第2期。

赵金铭：《初级汉语教学的有效途径——"先语后文"辩证》，《世界汉语教学》2011年第3期。

赵金铭：《附丽于特定语言的语言教学法》，《世界汉语教学》2014年第4期。

赵元任：《语言问题》，商务印书馆1980年版。

中国大百科全书总编辑委员会《心理学》编辑委员会：《中国大百科全书·心理学》，中国大百科全书出版社1991年版。

钟梫：《15年汉语教学总结》，《语言教学与研究》(试刊)1979年第4集，又载盛炎、沙砾编：《对外汉语教学论文选评(第一集)1949—1990》，北京语言学院出版社1993年版。

方法谈：

基于汉语教学实践的老问题、真问题同样是选题的核心领域

一、写作缘起

作为一名对外汉语教师，教学经验的多寡无疑是很重要的，这一点几乎无人否定。我们也常以有经验和没经验、经验多和经验少来区分新手教师和熟手教师。业界同仁在私下里和实操层面也不避讳谈经验，然而，在学术研究中则似乎"避讳"谈教学经验的论题。近几十年来几乎看不到谈教学经验的文章。近年来教师发展研究得到了前所未有的重视，可是在大量相关文献中论及的是教师专业知识和理论、方法和技能等发展问题，不谈教学经验积累的问题。有的文章谈的是经验性的认识和做法，但文中不提或很少提及"经验"二字，有的则参照教育学的做法称作"实践性知识"。

二语教学是实操性很强的专业，知识讲解、技能训练、师生互动、课堂管理与跨文化师生关系的建立与发展等等，对教师来说，都存在一个认识和了解、感受和体悟的问题。事实上，任何实操性的工作都存在一个经验的问题，这是一种客观存在。令人不解的是，对于这样一个客观存在的事实，并且在教学实践中也承认教学经验的作用，为什么"经验"在学术研究中没有地位和不被重视呢？这可

能有两个因素:写教学经验的文章会被说成是"经验之谈",与学术研究不沾边;一些学术期刊引领学术研究向科学化发展,讲究实证研究,文章以图表化、数据化为时尚,思辨性文章不时髦。

对教学经验的重视和对一些现象的不满,促使我很想写一篇关于教学经验的文章。2018年年底北京大学对外汉语教育学院组办"黉门对话:国际汉语教师教育与发展"研讨会,我荣幸受邀参会并在会上做了20分钟演讲,把心中多年对某些现象的不满和对教学经验的高度赞赏"经验之谈""激情之谈"了一番。讲了这样一些观点:任何经验都是宝贵的,经验不是万能的,但没有经验是不行的。"紧跟国外二语教学研究的前沿"这只是高大上的口号,不接地气。教学经验是教师专业发展的重要取向,教学经验是值得研究的真问题。不要怕经验之谈,怕的是谈不出经验。这次"自嗨"发言,让我决定无论如何要把文章写出来,至少可以给自己读给自己欣赏。

二、写作思路

由于教学经验问题多年未能成为业界专门研究的课题,甚至避之而不及,所以首先就想明确"经验几乎无处不在、无时不有",并从自然现象、社会工作和科学研究三个角度加以说明:第一,长期观察某种事物或现象,便可积累起相关的经验,生活中的谚语、俗语("早霞不出门,晚霞行千里""千里之堤溃于蚁穴")大都是这类经验的结晶。第二,长期从事某种职业亦可积累起相关经验并得到经验的回馈,如"驾驶经验""行医经验""管理经验"等等。常言所谓"一回生,二回熟""吃一堑,长一智""失败是成功之母",即言经验的作用。第三,科学研究同样离不开经验的支持,千百次试验就是千百次经验积累的过程。可以说,生活和工作等人类各种活动,都离不开经验的参与。

开篇第一段230多字就是想强调"经验是宝贵的"。接下来,解释什么是教学经验,并提出在教师专业发展中教学经验是与理论知识并行的一个取向,同时指出本文的意图并非无视理论高于实践经验的基本常识,而是强调教师的专业发展应兼顾"理论"和"经验"两个取向,强调理论不是随处随时可有,但经验却可以随处随时可积累,因此是一个务实的取向。此外,由于经验涉及感性认识和理性认识的关系问题,于是找到毛泽东《实践论》的文章作为论述经验问题的理论基础。这便是文章第一部分"题解、本文意图、理论基础"的基本内容。按照一般的逻辑,文章后面的内容就应该是教学经验有些什么特点、主要作用和获得方式,这便是第二节"教学经验的特点"、第三节"教学经验的作用"、第四节"教学经验的获得",并用大小几十个例子和引述的相关理论及研究成果分别加以论述。文章最后是"余论",回顾20世纪50年代重视经验的历史传统,指出当下一些数字化研究的不足,强调教学经验积累和研究"永不过时、始终在路上",指出无须忌讳"经验之谈",怕的是没经验可谈和谈不出经验背后的理念和理论。

三、写作感想

(1) 论文选题当然可以追逐热点问题参与讨论,但是一些基于汉语教学实践的老问题、未能成为热点的真问题,同样是选题的核心领域。写一篇关于教学经验的文章是我长久的一个愿望,思考和准备了很久。

(2) 无论是做什么样的选题,材料都是关键要素,本文使用了大小几十个来自个人教学实践和文献阅读所得的例子,没有这些大大小小的例子,这篇文章就无法写下去。

(3) 写论文要有激情,要"憋着一口气",要有决心把问题搞清楚和说清楚(对我来说这并不容易)这样一种心气。

(4) 写论文当然要考虑发表的问题,但更应该把精力用在论文本身上。写教学经验的文章能否有刊物愿意发表,我并没有太大的把握。我当时想如果没人愿意发表,那就写完自己看着玩,或做讲座用。文章能发表,我特别感谢审稿专家和《语言教学与研究》编辑部的支持和抬爱。

(5) 写论文也要讲究形式好看。形式就是内容的结构安排,好看就是内容安排尽量匀称,大小标题的字数和数量尽量对应对等。这样不仅让读者读起来方便,也有助于增强论文的逻辑力量。

口语课教学模式分析*

吴中伟**

摘要：论文概括了目前汉语口语课教学的常见模式，分析了不同模式的特点和利弊，并把这些教学模式从教学法背景方面概括为三类：以听说法为代表的口语教学、以强式交际法为代表的口语教学、以任务法为代表的口语教学。论文认为，口语课的核心在于"说"，它以培养口语能力为目标，以口头表达活动为基本教学环节。口语课教学的关键是要处理好以下关系：输入和输出的平衡，学和用的平衡，语言产出的准确度、流利度和复杂度的平衡，教师、教材的指导性与学生的主体性之间的平衡。

关键词：对外汉语教学；口语课；教学模式

一、口语课的性质、目标和存在的问题

（一）口语课的定位

本文所分析的口语课，是指在分技能设课框架下的口语课，是专项技能课。与口语课同时开设的，一般还有综合课/精读课、听力课、阅读课/泛读课、写作课。这里的口语，是指口头语言，即口头形式的有声语言，包括正式风格的语言和非正式风格的语言。

口语课的目标，一般认为，是培养学生的口头表达技能和口头交际能力。口头交际能力包括语法能力、语篇能力、社会语言能力和策略能力。

---

* 原载《汉语应用语言学研究》2014年，第79—87页。
** 吴中伟，复旦大学教授，博士生导师，世界汉语教学学会理事。

我们应该在整个课程体系下来看待口语课教学目标。一方面,口语课要培养口语能力,但口语能力不只是在口语课上培养的;另一方面,口语课不仅仅是培养学生的口语能力,它必然也有助于促进学生综合语言能力的提高。综合课也是技能课,而不是知识课,综合课培养语言的综合运用能力,当然也包括口头表达能力和口头交际能力。听力课、阅读课、写作课与口语课相辅相成,聆听理解技能、口头表达技能与口头交际能力密不可分,书面交际能力和口头交际能力也是相互促进的。

口语课有不同的教学模式,对这些模式还缺乏充分的分析。对口语课的性质和特点,在教学中还存在一些模糊认识,这些模糊认识带来了口语课教学的一系列问题。

(二)口语课存在的问题

来华留学生学习汉语的主要目的是提高汉语交际能力,特别是提高口头交际能力,因此,口语课是留学生寄予重望的课。但是,口语课也是常常让他们失望的课。根据我们多年来的调查了解,学生对口语课的意见主要有:① 口语课上老师讲得太多,不给学生充分的说的机会。② 老师光让学生说,缺乏指导,学生觉得口语课上没有收获,没有进步。③ 口语课的教学内容和教学方式跟综合课几乎没有区别,特别是在初级阶段。

教师也有自己的苦衷。对口语课,教师们的认识不尽相同,主要的看法有:① 口语课应该以教为主。如果一味让学生说,学生要么只会重复早就学过的话语,要么说得乱七八糟,错误百出。② 口语课应该以学生说为主,可由于口语课上要完成教材规定的内容,不得不教。③ 口语课应该以学生说为主,可学生要么不肯开口,要么敷衍了事,很难推动。

口语课教学存在的问题说明口语课教学在具体方式方法上有较大差异,而这些差异跟教材编写理念以及教师教学理念密切相关。

(三)口语课的特点

口语课是以培养口语能力为目标的课,这一点已经得到普遍认同。口语课是否应以口头表达活动为基本环节?对这一点,恐怕还有不同意见。二者当然并不对立,但是不同的侧重,会带来不同的策略。

在对新教师培训的时候,我们常常向他们强调:不能把口语课上成综合课或者精读课。如果是指口语课上不必兼顾读写技能培养,那自然可以理解,但是,说这句话的人恐怕并不是这个意思,而是指口语课的教学方法不应跟综合课或精读课一样。那么，综合课或者精读课跟口语课的教学方法究竟有何区别？区别的根据又是什么？

基于我们对不同学校、不同教师、不同教学阶段的汉语教学的实际情况的观察，我们将口语课教学模式概括为四种，下文将对四种模式进行分析，在分析的基础上，再回过头来反思上述问题。

二、口语课教学模式及分析

汉语口语课的教学模式，根据目前的实际情况，主要有三种：基于教材的模仿活动式，无教材的主题发言式，基于教材的专题讨论式。

（一）基于教材的模仿活动式

这一模式多见于初中级阶段的口语教学，其基本特点是，口语课使用专门的口语教材，课文提供口头表达的范本，供学生学习、模仿。教学过程基本遵循PPP(呈现—操练—表达)的程序，即：① 在教师指导下学习词语、课文、语言点；② 通过多种形式的操练强化对课文的掌握；③ 模仿课文进行口头表达活动。例如，课文展示一个购物活动，其中的基本句式有"这件衣服多少钱""能不能便宜点儿"等，在经过充分操练之后，学生被要求表演"买衣服"。学生的表演基本上是重复课文里的话语。

这一过程也就是从准确到流利、从输入到输出、从学习到运用、从有控制到较少控制的过程。目前初级阶段汉语教学中，大多数学校的综合课和口语课两种课型均采用这一模式，区别主要体现在教学内容上：综合课上还需要关注汉字教学，要有读写练习，口语课不需要；初级综合课上的语言点一般是比较"大"的语言项目，口语课上的语言点往往是具有口语体特点的格式和词语。

这一模式的好处是：① 保证口语教学内容的系统、全面；② 特别适合可模式化的、有限语境或话题下的交际活动。

这一模式可能存在的问题有：① 讲练比例容易失调，导致学生开口率偏低；② 在语境和话题受到严格控制的时候，可能造成输入与输出内容几乎完全相同，学生的表达活动成为变相的课文背诵，影响学生的学习积极性；③ 在语境比较模糊或话题比较宽泛的时候，又有可能造成输入与输出内容差异过大，课文语言和学生表达活动中的语言前后脱节。

为避免上述问题，教学中需要重视以下几个方面：

第一,增加学生在讲练阶段的开口率,让互动过程贯穿在教学的整个过程中,让学生主动地学习,在互动中学习。比如,某课生词表中有"九年制义务教育",有一位教师是这么给学生讲解的:"九年制义务教育"就是从小学到初中上九年学,不用付钱。听说很多国家也实行九年制义务教育,在有的国家,上高中也不用付钱。

其实,既然是"听说",那就不妨当场来"听"学生"说"一下。如,可以引出这么一段对话:

教师:……那么,什么是义务教育呢?要不要付钱?
学生:不要付钱。
教师:什么时候不要付钱?小学、中学都不要付钱吗?
学生:……
(教师解释中国的学制,小学6年,中学6年,包括初中和高中)
教师:那你们国家呢?也有义务教育吗?也是九年吗?
学生:……

这样,课堂上互动的机会就增加了,学生的开口率也提高了,课堂气氛也活跃了。

第二,在讲练阶段,组织一系列小话题进行互动和讨论。例如,课文生词中有"干净、脏、打扫、乱、整齐、整理",可以把这些词组织在一起,让学生说明一下自己的房间。

第三,在表达阶段,补充相关词语和表达方式,满足学生表达需求。如,课文里的句子是"她是玛丽,是美国人",而在实际课堂上,学生首先需要学习的是自己的中文名字和自己国家的名称。再如,课文谈的是买苹果和香蕉,那么,在表达阶段,可以提供更多的水果名称,供学生选择。

(二)无教材的主题发言式

在准中级及更高阶段,也有一些教师倾向于不用教材,有的教师认为:口语课就是要让学生说,教材束缚了师生的手脚,教材的主题学生也不一定感兴趣,不如放手让学生来说。其常见做法是:① 教师每次事先确定一个主题,如"谈一次旅游经历""来中国以后的一个有趣的故事"等等,落实到两三个学生,要求他们做好准备;② 上课时,轮到的学生依次上台发言,其他学生充当听众;③ 教师讲评。

这一模式的好处是：让学生掌握话语权，表达其想要表达的内容，有机会"创造性使用语言"，从而大大激发学生的说话积极性和学习主动性。

这一模式可能存在的问题是：① 主题的选择往往由于缺乏总体大纲而难免重复，主题范围往往比较狭窄。② 教师的指导是针对特定发言人的，难免缺乏系统性，而且是随机的，"事后"的，因而也缺乏计划性。③ 由于缺乏传统意义上的"课文"那样的示范材料，难以保证让学生学到"纯粹的""典范的"汉语表达方式。

为避免上述问题，在教学中可采取以下对策：

第一，整个教学过程（一学期或一学年）应制定完整的教学大纲，要选好每次课的主题，提高教学内容的系统性和计划性。另外，学生的经历经验是有限的，每次都要求谈自己的经历经验，也会让学生厌倦，而且限制了语言使用的范围。不妨吸收戏剧教学法的做法，确定特定的情境，让学生事先准备剧本，课上进行表演，这样就可以大大拓展口语表达的空间。

第二，在课前准备阶段加强指导，要求应具体，学生的讲稿、脚本应经过教师修改。这对于教师来说，大大增加了工作量，但是对于学生来说，是非常有帮助的。曾经有一位留学生告诉笔者，她更喜欢背诵自己的作文，而不喜欢背诵课文，因为自己写的作文，内容更亲切、实在。当然，前提是要经过教师修改，保证语言正确。

第三，在活动阶段，要求发言人发言前在黑板上列出难词，如果是情景表演，也可以把剧本先印发给大家，以便扫除语言障碍，保证大家都能听懂，都有收获。发言或表演以后，应要求其他同学提问、复述，加强学生之间的互动，保证全班参与。

第四，在反馈阶段，可增加形式操练和延伸任务活动。发言或表演之后，学生往往会有如释重负的感觉，对于教师的反馈，往往不予重视。因此，为保证教师的讲评效果，在教师讲评之后，应该有针对语言形式的操练，或者让学生重复该任务。如果重复同一个任务难免比较乏味的话，设计一个类似的任务（延伸性任务）是一个更好的策略。如，主任务是"看病"（病人和医生的对话），那么延伸性任务可以是：同学来看望病人，病人把医生的诊断转述给同学听。

（三）基于教材的专题讨论式

高级阶段的口语教材不同于初级阶段，其"课文"往往不是为学生提供表达范本,而是围绕某一话题提供相关背景材料,为口头讨论搭建平台。在口语课上,学生在教师指导下理解材料,了解相关事件、背景、观点,就这一话题形成自己的看法,开展讨论、辩论。讨论中使用的语言,仅有一部分来自课文,大部分是自己的。

这一模式的好处是:如果话题选择得当,比较容易激发学生的表达欲望,跟前面一个模式一样,有助于激发学生的积极性和主动性。而且,由于课文确定了话题,提供了相关材料,讨论的范围就比较集中,全班参与度比较高。

其局限性是:① 一般适用于培养论辩能力,不适用于日常生活交际活动。② 适用于中高级阶段,特别是高级阶段,要求学生有相当的语言知识储备。③ 对学习能力要求比较高,那些学习主动性强,愿意挑战语言复杂度的学习者收获较大。

针对上述局限性,我们认为,相应的对策是:

第一,加强准备阶段的指导,提出问题,梳理思路,激活图式,搭建支架。

第二,在活动过程中,兼顾准确度、流利度、复杂度。当然,这并不是说在每一个活动阶段平均分配精力,而是说,可以通过不同侧重点的活动,达到三者的总体平衡。

第三,与书面表达任务相结合。在准备阶段,可要求先写好提纲和要点。在活动后,可要求完成延伸性写作任务。通过与书面任务的结合,提高对语言形式的自觉反思意识,提高语言表达质量,特别是有助于提高语言表达的正式度。

三、新模式的探索:基于任务的过程式口语教学

(一)任务型口语教材

吴中伟(2004)提出:基于交际任务的教学法启发我们在口语教学中采用一种新的思路:选择学生感兴趣的、有价值的交际任务—指导学生认真准备—让学生分组表演—教师讲评。他主张取消一般口语教材的"课文"部分。

吴勇毅(2005)分析了现行口语教材的不足,提出以任务为纲的教材的具体编写设想:"以任务为纲的教材有许多不同的编写模式,笔者尝试的是跟以往教材完全不同的一种编写模式。它不再有课文和练习两大板块之分,以任务统领全课,课文已不是传统意义上的'样板',而是任务链中的一环。"

赵雷主编的《沟通——任务型中级汉语口语》就是任务型口语教材的成功探

索。该教材"按照单元排列……每单元主题下,包括两个分话题,然后以话题为主线,围绕该话题设计任务活动,知识体系以暗线贯穿其中"(见教材《致使用者》)。该教材在几轮教学实验的基础上编成,出版后反响良好。

(二) 基于任务的过程式口语教学

在学者们关于任务型口语教学研究和任务型口语教材编写实践的基础上,我们在此进一步提出基于任务的过程式口语教学模式的设想。这一模式的主要特点包括两个方面:① 任务驱动。在整个教学过程中,让学生为完成任务而主动地学习。教材提供参考词语和表达结构,提供范句和未完成式课文,既保持教材的示范性功能,又为学生"创造性使用语言"提供一定空间。② 关注过程。尽管口语不同于写作,似乎是不可回溯的,但是在教学中,应该关注口语表达的过程。"过程式写作"方法对于口语教学有启迪意义。

其实,对"过程"的理解可以更加宽泛、全面。"过程式教学"可以是整体任务的循环完善,即,在保证语言交际活动完整性的前提下,通过多重循环,逐步完善任务中表达的准确度、流利度和复杂度。一般理解的"过程式写作"就是这样的模式。"过程式教学"也可以是对整体任务的分解合成,即,通过一个个小任务的排练,最终汇合为一个完整的任务,并通过延伸性任务强化语言学习成果。每个小任务的环节包括:准备、活动、反馈。

在这样一个模式下,教材的课文在哪儿?课文是学生自己编出来的!"编"课文的过程就是在有内容的口头表达的过程中学习如何进行口头表达。为什么还需要教材?教材的作用就是一步一步地指导学生"编写"出课文来。

这样一种模式下,口语课不仅把"说"作为基本教学目标,而且把"说"作为基本教学形态。也就是说,把学和用统一起来了。即,让学生在"说"的过程中学会如何"说"。其理论基础是"输出假说"和建构主义学习理论。

根据 Swain(1985)等的观点,输出活动对于完善语言能力有重要意义。输出是对于学习者在输入基础上形成的某个假设的检验,是对于吸收的成果的反馈。输出迫使学习者从语义分析转到句法分析,这反过来对于吸收提出了更高的要求。Schmidt(1983)进一步指出,只是给学生提供说的机会,不一定就能提高其水平,重要的是,当学习者在表达中遇到困难,面临交际失败的时候,要"推动"(push)学习者去努力完善他的输出。

建构主义的学习观认为,学习的本质是学习者在自身已有的经验与知识基础上进行知识建构,不应简单地理解为教师把知识传授给学习者。学习的过程是学习者通过新旧知识经验间的反复的、双向的相互作用而建构意义的过程,不是简单的"刺激—反应"过程。学习不是一个简单的量的累积过程。在学习过程中既有认知结构的扩充,也有认知结构的改变。学习不是独立的个人行为,而是学习共同体行为。

从建构主义的学习观和语言输出假说出发,我们主张,口语课的性质和任务,就是通过有控制的、有指导的、有内容的输出活动,促使学习者在输出过程中逐步建构语言知识,发展口头表达能力,同时促进语言综合运用能力的提高。口语课既是以培养口语能力为主要目标的课,也是以口头表达活动为基本教学环节的课。

(三)该模式要注意的问题

这一模式的局限性是:① 由于学生表达需求的多样性和复杂性,可能造成教材提供的可选材料过多,显得容量庞杂,教学中难以控制,影响教学活动的顺利进行。② 由于强调过程中多轮修正、逐步推进,可能造成教材设计上环节过于烦琐,教学中节奏过慢,导致学生厌倦。

针对上述局限性,我们认为,相应的对策是:

第一,保证容量的适度性。不同的教学阶段,学习者的语言基础和学习能力不同,不宜片面地追求交际的真实性和任务的完整性。如,在初中级阶段,在设计"点菜"活动时,我们既不宜让学生仅限于两三个菜名来表演点菜,但是也不宜拿一个真实的、多达数页的菜单来让学生自由选择。

第二,保持过程的适度灵活性。基于任务的过程式口语教材,必须在教学内容和教学环节设计上保持相当的弹性和张力,教师在实际教学中应根据学生的能力和课堂表现适当增删,灵活调整节奏和进度,保持准确度、流利度和复杂度的平衡发展。

四、基于原则的口语教学

(一)四种教学模式的教学法背景

上文我们讨论了口语课教学的四种模式。上述四种模式,从教学法背景来看,可以概括为三大类。

以听说法为代表的口语教学强调语言规则与语言知识的学习和操练,教材提供口头交际的范本,学生练习用正确的目的语说话,口语课堂以模仿教材提供的对话或独白为主要的教学形式。上述"基于教材的模仿活动式"即大致属于此类。

以强式交际法为代表的口语教学强调运用已学的语言知识完成交际目标,教师根据学习者实际交际需求,设计模拟真实的交际场景或交际活动,学习者通过协商、合作等活动方式完成任务。活动大多从真实环境中选取真实材料,这些语料的作用更多是从其内容上来考虑,或激发学习者表达的欲望,或为学生的表达提供参考内容。上述"无教材的主题发言式"和"基于教材的专题讨论式"大致可归入此类。

以任务法为代表的口语教学将语言学习与交际能力培养相结合,要求学习者通过完成特定的交际任务学习语言知识。在教学中,教师选取一些语料或练习供学生进行任务前的模仿或进行任务后的强化,这些语料可以来自教材,也可以来自真实语境,它们都是完成任务必不可少的资源。

(二)口语课的教学原则

没有一种教学法是十全十美的,也没有一种教学法是一无是处的。多元的教学对象、教学目标、教学环境必然需要多元的教学模式,即便是面对同样的教学对象、教学目标和教学环境,我们认为,也不必强求教学模式的统一。在后教学法的时代,我们提倡的是基于原则的教学。口语课的教学原则,主要是要把握好以下几个方面的平衡:

一是输入和输出的平衡。输入和输出在口语课教学中不应对立起来,更不应割裂开来。口语课应该强调输出驱动下的输入,让学生为表达的需要而主动地学习,而不应把输出活动当作对于输入效果的检查验收。

二是学和用(说)的平衡。口语课的核心在于"说"。"说"既是口语课的教学目标,也是口语课的教学手段。学生的"说"一方面提供了激活已有语言知识的机会,另一方面提供了学习新知识的平台。

三是语言产出的准确度、流利度和复杂度的平衡。在学生"说"的过程中,学生逐步深化完善已有知识,并且学习特定交际活动中新的、必要的、得体的表达方式,于是,学生在口语课上就能获得全面的进步。这种全面的进步需要教师有意识地调节、控制。

四是教师、教材的指导性与学生的主体性之间的平衡。"说"的活动能否成功,关键在于我们对于"说什么"和"怎么说"的合理设计。如果"说"的话题是学生感兴趣的,并且我们为学生的"说"搭建了适当的支架,那么,一定能激发学生口语课上的积极情感,让他们踊跃开口说。

五、进一步的思考

本文讨论的是口语课的教学模式,但是口语课的教学模式跟综合课的教学模式并不存在必然的区分。比如,如果综合课和口语课都采用任务型教学(我们相信,这是完全可行的),那么,再次回到本文一开始提到的问题:口语课上得确乎"跟综合课一样"了。也许,这没有关系。因为口语课和综合课在教学目标上有差异,因此,两种课型在教学内容的侧重点上是有区别的。如果批评"把口语课上成了综合课或精读课"的含义是指口语课上教师讲得太多,似乎综合课上教师多讲是正常的,口语课上教师多讲则是不正常的,那是对综合课的误解。

参考文献:

高顺全、吴中伟、陶炼:《拾级汉语·社会焦点》,北京语言大学出版社2010年版。

李晓琪:《对外汉语口语教学研究》,商务印书馆2006年版。

吴勇毅:《从任务型语言教学反思对外汉语口语教材的编写》,《国际汉语教学动态与研究》2005年第3期。

吴中伟:《浅谈基于交际任务的教学法——兼论口语教学的新思路》,《第七届国际汉语教学讨论会论文选》,北京大学出版社2004年版。

吴中伟、郭鹏:《对外汉语任务型教学》,北京大学出版社2009年版。

赵雷:《沟通——任务型中级汉语口语》,北京语言大学出版社2012年版。

方法谈:

在"后方法"时代如何研究教学法

拙文《口语课教学模式分析》,曾在北京语言大学与内蒙古师范大学联合举办的汉语教学国际研讨会(2013年)上报告,经修改后收入《汉语应用语言学研究》第3辑。

选择这个题目,是基于本人长期教学实践中的切身体会,也是基于多年前关于相关问题的初步思考。我曾长期从事留学生初级汉语教学,一直觉得"口语课是学生寄予重望的课,也是一门看似容易,其实难上的课"①。我也曾在第七届国际汉语教学讨论会上就口语教学提出过一点设想。②

21世纪进入第二个十年后,国内汉语二语教学界开始关注库玛的"后方法"教育理论。2012年,库玛教授在北大进行了为期三周的讲学活动,2013年,库玛《超越教学法:语言教学的宏观策略》中译本由北京大学出版社出版。另一方面,从20世纪末开始,汉语教学界关于教学模式的讨论日趋热烈。在这样的背景下,我意识到很有必要对汉语口语课的教学模式从新的视角做一些反思。

语言教学理论和实践在不断发展,人们对于第二语言教学规律的认识也在不断加深。但是,理论的多元和更新也会带来一些问题。"语言学理论的多变,心理学理论的多变,教育学理论的多变促成了教学方法的多变,多变的结果使语言教师面临困惑的局面:一是面对五花八门的教学法无所适从,唯一的办法是跟着潮流走。……二是对层出不穷的新方法采取折中的态度,不持'独树一帜'的立场,任意兼而取之,为我所用。"③"兼而取之"本没有问题,问题在于不能"任意"兼而取之。在"兼而取之"的背后,应该有最基本的原则。

"后方法"教育理论的提出对于第二语言教学理论的发展具有重要意义。"后方法"并不意味着"方法"的终结。在我看来,我们至少可以从两个层面上理解"后方法"理论:① 要"超越"教学法,首先应该发掘、汲取各种教学法的合理因素,探索二语教学的基本原则并用以指导教学,就像Brown的一本书的书名所说的那样:遵循原则的教学④;② 在遵循基本原则的前提下,任何具体教学实践都应根据具体的教学对象、教学目标、教学环境的不同(当然,也应该允许教师本人有一定的理念和风格偏好),采用相适应的教学策略,探索相适应的教学模式。

当然,汉语二语教学的基本原则有哪些,本身还需要研究。在我看来,"学"和"用"相结合,就是第二语言教学,包括汉语二语教学,应遵循的基本原则之一。

---

① 吴中伟:《沟通——任务型中级汉语口语》序,见赵雷主编:《沟通——任务型中级汉语口语》(上、下),北京语言大学出版社2012—2013年版。
② 吴中伟:《浅谈基于交际任务的教学法——兼论口语教学的新思路》,《第七届国际汉语教学讨论会论文选》,北京大学出版社2004年版,第119—122页。
③ Shen Chen, Helena Sit:《多元理论的更新和教学理论的演变》,北京语言大学对外汉语研究中心编:《汉语应用语言学研究》第3辑,商务印书馆2014年版,第69—78页。
④ H. Douglas Brown, *Teaching by Principles*, *An Interactive Approach to Language Pedagogy*, Pearson Education, third edition, 2007.

语言教学中的基本问题,包括输入、输出和互动,形式和内容,知识和能力,目标和过程,质和量,精和泛等,"上述问题归结起来,就是'学'和'用'的问题"。①

因此,这篇论文最终确定在"学用结合"这一原则下反思目前的汉语口语教学模式问题。也就是说,论文分析这些不同教学模式的目的,并不是要论证哪一种模式更好。既然没有一无是处的教学法,也没有十全十美的教学法,那么,脱离特定教学条件去寻找、论证一种最佳教学法,这本身就是不合理的。论文只是想分析不同模式的长处和短处,从"学用结合""学用平衡"的角度,探讨取长补短之策,并提出关于基于任务的过程式口语教学模式的新设想。所以,论文的基调是:一方面,"汉语也许可以这么教,但不是必须这么教";另一方面,尽管"汉语也许可以这么教",但是"汉语肯定不宜那么教"。因为,汉语教学应该遵循基本的原则。

当然,这篇论文是从理论上对于现行的几种口语教学模式进行反思,至于某种教学模式在教学实践中的特定适应性问题,那是另外一个研究课题。后者似乎特别适合采用行动研究(action research)的范式。我记得我有一位研究生后来就把"基于任务的过程式口语教学行动研究"作为她的毕业论文题目。行动研究的思路,与后方法教育理论好像特别吻合,与前几年大家谈论较多的"反思性教学"理念也相当一致。它同样是基于这样的思路:没有一无是处的教学法,也没有十全十美的教学法。因此,我们需要探讨、反思的是,某一种教学法在运用于特定的教学对象、教学目标、教学环境中时需要作出哪些微调。我曾经在一篇文章里说过:"'教学有法而无定法,贵在得法'。教学原则具有普遍性,而教学方法是有条件的,以特定的教学对象、教学环境、教学目标为参数。在某种意义上,教学研究,就是研究原则与参数之间的关系。"②这个说法是否合适,请大家给予批评建议。

最后要说明一下的是,这次重读自己的论文,发现正文里提到的文献,在文末"参考文献"里竟然没有列全,这是很不应该的。这里保持其原貌,算是给大家提供一个反面教材吧。

---

① 见吴中伟主编:《汉语作为第二语言教学——汉语技能教学》,外语教学与研究出版社2014年版,第1页。
② 吴中伟:《语法教学的几点反思》,《国际汉语教学研究》2019年第2期,第4—10页。

韩国留学生口语中使用介词"在"的调查分析

丁安琪　　沈　兰

摘要：留学生在使用介词"在"的过程中常常会出现这样那样的问题，本文通过对韩国学生使用介词"在"的情况的调查，分析了韩国学生在使用介词"在"的过程中的偏误，得出对韩国学生介词教学的一些启示。

关键词：在；时间；处所；范围；条件

一、引　言

介词是第二语言学习中较难掌握的一个部分。汉语介词很多，其中在 HSK 词汇大纲甲、乙、丙级词汇中出现的介词有"把、被、比、从、打、当、给、跟、对、和、叫、为、为了、在、照"等40个，而在初级阶段，学习者能够使用的介词并不太多，它们大部分集中在"在、跟、对、和、给、从、为了"7个介词上。（赵葵欣，2000）其中"在"是留学生使用最多的一个介词。

本文通过对韩国学生学习和掌握介词"在"的情况的调查所做的一些分析，试图为对韩国学生的介词教学提供一些思路。

---

*　原载《语言教学与研究》2001年第6期，第18—22页。
**　丁安琪，华东师范大学教授，博士生导师，国际汉语文化学院副院长，国际汉语教师研修基地副主任。

二、研究方法

（一）调查对象

本调查的对象背景单一，是韩国三星集团公司人力开发院2000年4月至2000年12月部分汉语学员，共三期54人。这54人平均年龄为35岁，入学前只有部分学生曾经到过中国，对汉语有一些感性的认识，其余学生从来没到过中国，对汉语没有任何感性认识。他们入学时全部为零起点，学习时间为10周，共324学时，折合中国学时16周，相当于一个整学期。调查是在他们学习结束之后进行的，此时学生已经学完了汉语的基本语法。

（二）调查手段

1. 调查内容设计

本调查采取的方式是模拟实际交际场景的对话问答式，根据调查内容可以分为两部分，第一部分是由测试者提问，被测试者回答，主要由被测试者介绍、说明、描述事物以及阐述自己对事物的看法等。第二部分是按角色回答型，由测试者与被测试者同时模拟实际生活中的交际场景，按照不同的角色进行表演，如在饭店预订房间，在机场送别等。测试者与每个被测试者的交谈时间为半个小时，将测试内容录音，所得语料总时间为27个小时。

与此同时，我们对王朔的《顽主》也做了统计分析，以便于对母语为汉语者与韩国学生在使用"在"时的不同做一些对比分析。

2. 数据收集与分析

在对录音材料进行转写以及对王朔的作品进行统计时，为了便于统计和计算，我们把在一个句子中出现两个"在"字的句子做了分别统计，如："在上大学的时候，我住在汉城。"这样的句子，我们将其按两个句子处理，分别归入"在上大学的时候……"表示时间和"住在汉城"表示处所。

三、结果与分析

（一）结果

在对韩国学生27个小时的录音进行转写的过程中，我们共整理得出103个使用"在"的句子，其中34个句子是动词"在"的用法，如"我家在水原""我们公司的工厂在苏州"等。学生对动词"在"的用法掌握得非常好,我们所得的 34 个句子中,没有一例使用错误。

在 103 个句子中,"在"作介词使用的有 69 个,占总数的 67%。其中正确的句子有 26 个,占介词使用总数的 37.68%,使用错误的句子有 43 个,占使用总数的 62.32%。

(二) 分析

1. 用法及语法成分分布分析

据吕叔湘(1980),"在"字结构用法有五:① 表示时间;② 表示处所;③ 表示范围;④ 表示条件,构成"在+动名词短语+下"的格式,用在动词或者主语前边;⑤ 表示行为的主体。

根据这样的意义分类,我们对学生使用"在"做介词的情况做进一步分析,学生对"在"字结构的使用情况见表1。

表　1

用　法	所使用句子数目	在句子总数中所占的百分比
表示时间	3	4.35%
表示处所	59	85.5%
表示范围	6	8.7%
表示条件	1	1.45%
表示行为的主体	0	0%
总　计	69	100%

从表1可以看出:在 69 个句子中有 59 个是表示处所的,占总数的 85.5%。由此可以得知:学生在使用"在"字结构时,主要集中在"表示处所"这一用法上。这跟我们在对王朔的《顽主》进行整理分析时所得出的结果是一致的。在王朔的《顽主》中,我们共整理得出 152 个使用"在"的句子,其中动词用法为 6 个,占总数的 3.95%,介词用法为 146 个,占总数的 96.05%。在介词用法中,不同意义的使用情况分布见表2。

表　　2

用　　法	所使用句子数目	在句子总数中所占的百分比
表示时间	4	2.74%
表示处所	138	94.52%
表示范围	2	1.36%
表示条件	2	1.36%
表示行为的主体	0	0%
总计	146	100%

《顽主》中表示处所的句子共出现138个,占介词用法总数的94.52%。由上面的分析可以看出,韩国学生与母语为汉语者在使用介词"在"的时候,最常使用的都是表示处所的用法。

在表示处所的"在"字结构用法中,有的可以放在动词或者形容词的前边做状语;有的可以放在动词或者形容词的后边做补语。那么韩国学生和母语为汉语者在状语或者补语的使用方面是不是也保持一致呢?调查显示,他们所使用的句子在这方面有很大的差异,《顽主》里,在表示处所的用法中,"在"字结构做状语的共有64个句子,占46.04%;做补语的有75个,占53.96%。也就是说,中国人使用介词"在"表示处所的时候,做补语的用法比做状语的用法略多,然而在我们所收集到的韩国学生所使用的表示处所的"在"字句中,用在动词或者形容词前边的有55个,占总数的93.22%;用在动词或者形容词后边的有4个,占总数的6.78%。由此可见,韩国学生在使用这一用法时,"在"字结构做状语的情况远远多于做补语的情况,"在＋处所＋VP"是学生所使用的典型结构。

2. 错误类型分析

我们在上文的分析中,只考虑了学生对"在"字结构的用法及语法成分的使用分布情况,没有考虑学生在使用该结构时的正误。正如我们在结果中所指出的那样,学生在使用该介词时存在很多问题,使用的正确率远远低于我们在调查前所做的估计。但是这并不代表学生对每一个用法的掌握都同样不好。我们在分析中发现：

一，学生使用"表示时间"这一用法时，主要使用句型为"在……时候/时期"，虽然使用的句子数目很少，只有三个，但是使用正确率却是100％。由此可见，学生对这一义项的掌握比较扎实。在使用"表示条件"这一义项时，我们收集到的例句也只有两句，正确率也是100％，不过使用的却是同一句型，即"在……的帮助下"。这一用法语义难度比"表示时间"及"表示处所"要大，但是学生在使用时却没有出现错误，可能是在学习中把"在……的帮助下"作为一个整体词组来记忆的。

二，学生使用最多的是"在＋处所＋动词性词语"这一句型，出错最多的也是这一句型。他们的错误大体可以分为四类：

A. 介词缺漏，如：

（1）*我三星电子公司当科长。
（2）*我现在水原工厂工作。
（3）*他每天外边和别人玩玩儿。

这类错误在所有错句中所占的比例非常大，我们认为这是母语对目的语学习所形成的负迁移。在韩语中，与汉语介词"在"相当的副词格助词需要放在表示场所、地点的名词性词组后面，如"我在北京外国语大学学习"按照韩语的语序排列应该是"我北京外国语大学在学习"。学生受母语的影响，先把介词的宾语说了出来，同时由于大部分的韩语词尾或者补助词在汉语中没有相对应的词，在由韩语转化为汉语的过程中，学生们已经习惯了把各种词尾或者助词直接省略不说，所以在说完了介词宾语以后，也就直接说出了动词，而把介词"在"置于脑后了。

B. 状语后置，如：

（4）*我工作常常在外边。
（5）*为什么我学习汉语在这儿？
（6）*我住了两年在中国台湾。

这类错误并不多，在我们所搜集的例句中只有上述三例。一方面，在韩语中表示时间或者处所的状语虽然偶尔也可以放在动词后边,但大部分跟汉语一样需要放在动词前边,另一方面,汉语"'时空类状语要放在动词前'这一规则规律性强,对照清楚",所以学生掌握较好。

C. 方位词多余。如:

(7)*在中国香港里,高楼很多。

(8)*在中国里,我们的市场占有率不太多。

这类错句是在不该用方位词的地方用上了方位词。"在+宾语"表示处所时,如果宾语本身是表示普通事物,而不是处所名词,在这些宾语的后边应该加上方位词,使之变为表示处所的词语。但是如果"在"后边的宾语本身已经表示地理范围了,如"中国香港""中国",那么它本身已经是处所了,就不能再加方位词了。学生在学习过程中,不了解"教室""学校"等名词与"中国香港""中国"类名词的差别,按照"我们在教室里学习"这样的格式来套用,犯了泛化的错误。

D. 错用。如:

(9)*我在三星 SDI 的购买课课长。

在我们的例句中,这类错句虽然出现了几个,但是我们认为这类句子纯属偶然性偏误。学生在学习此类表达方式时,接受了两个常用句子,一是"我在三星 SDI 当购买课课长。"一是"我是三星 SDI 的购买课课长。"由于我们的录音材料来源是 SST(Samsung Speaking Test,三星外语口语考试),学生在考试时面对录音设备都会表现出不同程度的紧张情绪,出现类似偏误是难免的。

三,在使用"表示范围"这一义项时,我们所收集的例句中只出现了两例:

(10)*韩国对电子产品比中国比较有优势。(韩国在电子产品方面比中国有优势。)

(11)*中国对农产品比韩国比较有优势。(中国在农产品方面比韩国有优势。)

这两例均出现错误,错误类型属于该用"在"而未用。可见,用"在"字结构表示时间或者处所以外的意义时,难度比较大,学生掌握起来不容易。

四,除了上述各种错误以外,我们发现在学生所使用的句子中还存在"在"多余的两种错误,一是:

(12) * 现在我的妈妈和我们一起住在。
(13) * 我也愿意在中国住在。

我们认为,这类问题产生的原因是学生在学习的初级阶段接受"在"字结构作补语的用法时,不是把"在+处所词语"看成是动词"住"的补语,而是把"住在"作为一个词语来记忆的,因此混淆了"住"与"住在"的区别。

二是:

(14) * 最近在中国家电的价格降价很大。
(15) * 汉城大学校是在韩国最好的大学。

这类句子中国人是不会使用"在"的,如例(14)我们一般说成"最近中国家电的价格降得很厉害";例(15)我们一般说成"汉城大学是韩国最好的大学"。但是学生却使用了"在",关于这一点,储泽祥(1997)和赵葵欣(2000)都已经作出了比较详尽的论述,我们不再赘述。

四、对教学的启示

基于上述分析,我们试着对韩国学生进行介词"在"的教学提出一些看法。

一,受母语的影响,韩国学生在使用"在+处所+VP"时,常常遗漏介词"在",尤其是在初期阶段。这就需要我们在教学中不断强化"在"的使用。

二,学生由初期的"在"字结构作状语发展到"在"字结构作补语时,容易将"住在""座落在"等看成一个词使用,这一方面给学生正确使用"在"字结构作补语带来了一些便利,另一方面也影响了学生对"住""座落"等词的掌握,我们在教学中需要注意帮助学生对这些词语加以区分,以便准确掌握它们的用法。

三，汉语中，某些方位词语在表达时必须使用介词"在"，而另一些方位词语在使用时则绝对不能使用介词"在"。如果教师对或用或不用介词表示方位处所的特点讲解不清楚，可能会给学生带来很大的困惑，因此我们认为，课堂上老师对此加以适当强调可能会对学生掌握汉语介词"在"的特点有所帮助。

以上只是对韩国学生学习和使用介词"在"所做的一些微观的分析，其他国家的留学生在使用"在"时存在什么样的问题，以及韩国学生在使用其他介词时存在什么样的问题，学生对这些介词的使用有没有一些共性的规律在里面，还需要我们做进一步的调查和研究。

参考文献：

储泽祥：《现代汉语方所系统研究》，华中师范大学出版社1997年版。

范继淹：《论介词短语"在+处所"》，载《范继淹语言学论文集》，语文出版社1986年版。

李大忠：《外国人学汉语语法偏误分析》，北京语言文化大学出版社1996年版。

吕叔湘主编：《现代汉语八百词》，商务印书馆1980年版。

苗春梅等：《韩国语入门》，外语教学与研究出版社1995年版。

王还：《说"在"》，载《门外偶得集》，北京语言学院出版社1987年版。

王还：《再说说"在"》，载《门外偶得集》，北京语言学院出版社1987年版。

赵葵欣：《留学生学习和使用汉语介词的调查》，《世界汉语教学》2000年第2期。

朱德熙：《"在黑板上写字"及相关句式》，《语言教学与研究》试刊1978年第3期。

方法谈：

如何掌握确定选题的技巧？

选题是论文写作最重要的一步。在论文写作之前，我们首先要确定论文的选题。但对于国际中文教育的研究生或者新手教师来说，选题往往是最困难的一件事，甚至有的学生会请求导师给自己指定一个题目。《韩国留学生口语中使用介词"在"的调查分析》一文2001年发表于《语言教学与研究》，写作该文时，本人尚为硕士毕业不久的新手教师。20年来国际中文教育领域的研究有了突飞猛进的发展，其研究设计、研究方法、数据分析、文献梳理等都发生了巨大的变化，今天重新审视该文，会发现有诸多不足之处。但就该文的选题来看，仍跟当下的选题方式具有高度的一致性。因此我们仅就该文的选题与大家分享一些粗浅心得，希望能为大家带来一些启发和思考。

该论文选题来源于笔者的工作实践。彼时笔者正在韩国三星人力开发院担任汉语教师。由于所有学员均为三星公司拟派往中国任职的职员，因此三星人力开发院非常重视学员的汉语口语表达能力，并且开发了专门的三星口语考试(Samsung Speaking Test，简称SST)。为了保证考试的公平性，三星公司会对每一位考生的考试全过程进行录音。在对SST考试录音进行评价的过程中，笔者发现考生口语表达中存在很多偏误，于是便针对这些偏误去查找相关文献以寻求帮助学生提高汉语水平的方法。但并不是所有的问题都能找到现成的解决方案，其中学生使用介词"在"的偏误就需要自己根据材料进行分析、总结。论文的选题范围就此确定。确定范围后，我们又对此前的研究文献进行了检索，发现当时还没有人专门对韩国留学生的口语中具体某个介词的使用偏误进行研究，那么论文选题的创新性也得到了确认：首先是针对韩国学生的研究较少；其次，是对口语中的偏误进行的研究不多；第三，针对具体介词偏误的研究也不多。至此，我们决定以此为题，进行深入研究。

因此，对于具有一定教学实践经验的研究生或者新手教师来说，论文选题的最重要的来源之一就是自己的教学实践。我们每天在自己的教学工作岗位上，总会发现这样或那样的一些问题。有的问题我们可以通过查阅资料、咨询有经验的老教师等顺利解决，但还有一些问题是没有答案的，对于这些问题的解决，需要我们去查阅资料、研究分析才能完成。这一类的问题就可以成为我们论文的选题。

当然，除了上述来源于教学实践的选题之外，还有很多其他的选题来源，如跟踪研究的热点寻找合适选题。每个领域在一定的阶段都会有自己的热点话题，参与这些热点话题的讨论也可以为自己确定一个研究选题。以最近两年为例，受新冠疫情的影响，线上教学成为汉语教学的主要形式之一，针对线上汉语教学的各类研究就成为当下的热点话题。此外，从文献阅读中寻找选题也是常见的方法。在文献阅读的过程中，我们可能会找到自己擅长的感兴趣的方向，也可能会看到新的理论、新的方法、新的技术等，这些都可以为我们确定选题方向提供参考。

选题从不同的角度可以分为不同的类别。

从创新性来说，可以分为开拓性选题和推进型选题。开拓性选题创新性非常高，前人完全没有涉足过，如果研究成功，将会有很大成就，我们在一些论文中会看到"填补了某某领域的空白"的表述方式，大多属于开拓性选题。但此类选题研究资料少，研究难度大。推进型选题是在前人研究的基础上进一步推进，因为前人研究已经有了较多成果，因此具有很好的写作基础，但是该类选题创新有一定的困难。本论文属于推进型选题，如果单独来看题目中的几个元素，韩国留学生、口语、介词，此前都已经有了相关的一些研究，但是将三个元素聚合在一起，研究文献就大大减少。笔者认为推进型选题更适合研究新人。

从理论与实践的角度来看，可以分为理论性选题和实践性选题。理论性选题是对复杂的理论问题进行探讨的选题，实践性选题是对工作实践进行研究的选题。本论文来源于笔者的教学实践，属于实践性选题。通常我们会要求学术型学位论文尽量写理论性选题，专业学位论文最好写实践性选题，但即便是实践性选题，也要注意需要有一定的理论基础。本论文虽然没有明确研究的理论基础，但是我们可以看出偏误分析理论与对比分析理论是其重要的理论基础。文章对韩国留学生口语中使用介词"在"的偏误类型及原因进行了详细的分析，同时将韩国学生使用"在"的情况与母语者使用"在"的情况进行了对比分析，以找到韩国学生在口语中使用介词"在"的特点。需要注意的是在我们选择母语者文本的时候，我们选择了作家王朔的作品，一个重要的原因在于王朔是北京作家，其作品普通话口语特征非常鲜明。

在老师们评价学生选题时，往往会提到题目太大或者太小，但大多数学生存在的问题是选题太大。选题过大，论文涉及的因素会过多，如果每个因素都论述到，面面俱到则无法深入；如果仅对其中一些因素进行论述，则有以偏概全之嫌。因此专家通常建议选题要小，小题大做。"在"仅仅是汉语介词中的一个词，但通过对这个词的分析，可以让我们了解到韩国留学生对汉语介词的掌握情况，熟悉韩国留学生在口语中使用介词时的偏误情况，为我们开展对韩国学生的介词教学提供参考。

选题非常重要,它决定着研究者的研究方向,对论文的成功与否具有重大影响。一个好的选题往往能够事半功倍。希望国际中文教育领域的研究生与新手教师能够熟悉确定选题的方法,掌握确定选题的技巧,为自己的研究奠定一个良好的基础。

教学分析与教学计算：大数据时代汉语教学研究方法探新[*]

郑艳群[**]

一、大数据时代如何为汉语教学画像？

应用虚拟词语空间理论可以为汉语知识画像，在可视化模型中提高获取知识的能力（郑艳群，2015）。同理，对汉语教师、学生、教学环境及其相互关系的特征进行描写和提炼，可以为汉语教学画像。其核心功能是帮助人们明确教学中行为主体（教师和学生）和行为客体（教学环境）的属性及教师、学生和教学环境之间的相关因素，以便把握这些因素发生的条件，挖掘并解释教学与学习规律，为汉语教学提供精准服务。

教学是一个复杂的、动态的系统。对教学和学习中的信息进行搜集、整理、分析和利用，可以从不同的维度空间描绘教学系统的构成、特性和运行规则，有利于教学研究。在大数据时代，我们可以通过技术手段形成对教学的认知，完成汉语教学画像。

（一）教学分析的定义

教学系统是由教师、学生、教学环境组成的。其中，教学环境既包括由纸质教材、教具和其他硬件设施设备等构成的实体环境，也包括由各类软件、平台和数字化资源等构成的非实体环境。

---

[*] 原载《国际汉语教学研究》2020 年第 2 期，第 32—39 页。本文有关内容曾在"第二届国际汉语教师培养与发展暨数字化汉语教学研讨会"（2019 年 5 月 25 至 26 日，北京）和"新技术应用与汉语国际传播研讨会暨第六届汉语国际传播研究分会年会"（2019 年 10 月 25 至 27 日，成都）上做主旨报告。本文得到北京市社科基金重大项目"大数据视角下汉语课堂教学建模研究"（15ZDA33）和教育部人文社会科学重点研究基地重大项目"汉语国际传播资源与推送平台研究、开发与应用"（16JJD740004）资助。感谢匿名审稿专家的宝贵意见。

[**] 郑艳群，北京语言大学教授，博士生导师，世界汉语教学学会智能教育分会副理事长。

教师和学生利用教学环境,教学环境对教师教学和学生学习产生影响。实体环境和非实体环境根据教学和学习活动性质的不同而具有不同的地位。

在此,我们将教学分析定义为:教学分析是指通过教学系统中丰富的信息来探究教学系统的各个组成要素及其相关关系的过程。

(二)教学分析的必要性和可行性

教学系统在运行过程中会产生非常丰富的信息。这些信息记录了教学发生、发展及变化的全过程,教学运行过程中的各种关系和规律都在教学系统中有所体现,都可以通过教学分析揭示出来。另外,正如李泉(2018)指出的,教师对汉语教学方方面面问题的理解和认识可能是了然于心的,也可能是在潜意识中存在着的,但都直接或间接地影响教师的教学实践及其效果。从教学系统中发现和总结教学规则是教学研究工作者的任务。

如今,信息化手段为记录和描写课堂教学、信息化教学平台为记录教学的轨迹提供了绝佳的条件。大量的教学数据得以保留,其中教材和教师智慧也会在教学过程中以数据的形式得以保留,这些隐藏在数据中的对象的属性及其关联关系为挖掘教学和学习规律奠定了基础。

值得一提的是,教学分析与以往的思辨性或经验性教学研究并非对立的。教学分析既始于思辨性教学研究,最终也将通过数据分析回归到教学思辨。然而,有效地使用大数据技术对教学研究进行全面和完整的把握,首先要重新审视和思考教学分析的研究内容和研究方法。

二、教学分析研究的内容框架:
横向和纵向及其相互关系

教学分析的对象是复杂的,它要求我们从多个维度空间把握研究内容,既要考虑教学的结构构成和过程实现,又要考虑教师、学生、教学环境及其一切交互表现形式和结果。

以往由于研究手段或技术工具的限制,研究者主要关注某些特征或关系,其研究和描写多为断点式或结论性的,由此得到的思辨或实证研究结果常常是对教学系统中某个点或某个侧面的画像,未能反映复杂教学系统的全貌。

教学的实施体现为一系列的过程。就微观的系统而言,围绕语言教学,教师与学生通过传统教学手段和现代化教学手段在教学环境中的互动形成了"教学风貌",这些"教学风貌"都将纳入教学分析的视野,通过技术手段得以描绘。

其中既包括从时间上围绕教学的发生和发展做的过程分析,又包括从空间上围绕教学事件的形态与功能做的切片分析(如图1)。不同的教学模式、教学手段、教学策略在教学过程和教学切片信息中都会有所体现。不同的研究目的、不同的观测视角所获得的教学过程和教学切片信息,经过编码、形式化表达后都将成为汉语教学画像的素材和支撑。对教学过程和教学切片横纵交织全息的描写和分析、归纳和总结,将汇总为教学基因图谱,从而完成对教学的画像。

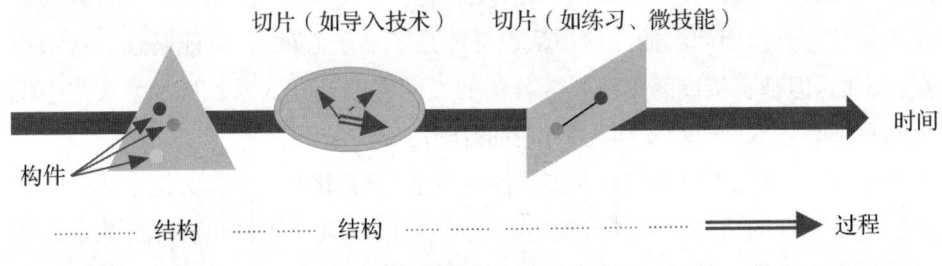

图1 教学分析内容框架示意图

(一)横向时间上的教学结构和过程分析

沿用郑艳群、袁萍(2019)的认识,在教学系统中,构件是教学中相对独立且相对较小的教学事件,特定的构件或构件的特定组合形成结构,结构或它们的组合在时间上的顺序呈现形成过程。

对教学结构和过程的描写构成了教学发生、发展的动态图景,是教学研究的基本内容。从中我们可以发现系统运作的原理及根植于结构和过程的其他相关问题,如有什么样的练习形式,什么样的练习形式对应什么样的微技能训练。这是按照教育技术理论实现教学绩效管理的基础,也是教学分析的基础研究工作。

而教学系统本身通常是有层次性的。首先,从宏观层入手,可以逐层地划分出中观层、微观层,这是一个自上而下逐步求精的工作过程;而各层级内部根据概念、通过辨识出构件及结构和过程的具体形态完成建构,这是一个自下而上逐步构建的工作过程。

(二)纵向空间上的教学切片组织分析

切片的本意是把物体切成薄片。在医学上,切片是带有生物组织结构的薄片,可以用来在显微镜下进行观察和研究。借用这一概念,我们把教学过程中某个较小时间段上具有完整教学意义的"风貌"称为教学切片。如果把时间轴看作横向教学发展的过程,那么教学切片则是纵向空间上教学组织的完整体现。

教学切片中的元素分工、分组和协调合作体现为切片的组织结构。它可能是一个极小时间点上的"教学风貌",如一个反馈性话语;也可能是稍大时间段上的"教学风貌",如新课前教学导入环节的内容、方式和呈现的细致分析。与教学过程一样,切片的组织结构也是与教学任务相对应的。教学切片分析和研究的目标是围绕当前这个教学生态而言的。

三、教学分析研究的方法:教学计算

如果把计算看作运用计算机科学基本概念求解问题、设计系统和理解人类行为的方式,那么我们就有可能对教学中的问题、解决方案进行清晰、抽象的计算。基于这一认识,教学系统中教师、学生、教学环境及其关系的数据也可以进行测量、采集、分析。

教学计算的目的是通过特征表达、特征计算、特征提取等一系列步骤来探究教学中的特定问题。其中,特征是对事物或概念的特性进行抽象的结果。研究者对事物或概念的抽象结果往往取决于当前的研究视角。

(一)特征表达

有效的特征表达是教学分析的前提。适当的表达方式不仅可以描述信息,还能正确反映教学系统的要素、结构和功能之间的关系,更重要的是使教学特性可以计算提取,使教学研究的内容可以计算。

任何一项对教学特性的研究都是在特定环境和视角下对研究对象进行抽象化的思考,从而生成研究问题,再依此对研究对象进行特征表达。教学特性研究聚焦教学微环境、切片中的微组织结构,应用体现教学特征的观测视角,以获得区别性特征,从而实现特征表达的个性化呈现。

特征表达手段应随描述目标而设定,其中最基础的是文字表达和图画表达。对于复杂的、动态的研究对象,我们需要拓展更多和更有效的表达手段。通常情况下,在教学分析研究中需要将语言本体或语言教学信息的描述映射到相应的特征空间、平面或向量来实现对特征的表达。这是教学分析对象的系统性、复杂性和动态性对特征表达方式的要求。具体方式需要根据整体内容和细节内容的性质、上下位关系决定,就像多媒体手段有其自身的属性空间。

例如,关于汉语教学中的导入手段,通过研究已有汉语教学导入手段的文献,我们发现学者们的认识观点达 400 条之多。其特点是:第一,已有认知可能分处不同的平面,如语言内容平面、语言内容实现方式平面、语言形式呈现平面;也可能分处同一认知平面的不同维度,如语言内容平面的体裁和题材、新知或旧知、语言单位等。第二,当认知为同一维度的时候,其差异常体现为特定集合中的不同取值,如"背景知识"的"题材"属性取值范围为集合{政治;经济;文化历史知识}①,导入内容的"呈现"属性取值范围为集合{文字;对比;扩展;设疑;含错;巧问;翻译;总结}。这充分反映了导入问题的复杂性及特征表达的重要性。教师在"导入"中如何处理这些相关因素,目前我们并不清楚。我们的目标是可以在一个统一的系统性框架下对导入技术的特点和运用规则进行观测。(郑艳群、刘冰,2018)

(二)特征计算

依据教学理论,参照教学原理,利用相应的技术和算法,可以对特征进行计算。目的是计算出事物的属性特征,并将结果作为特征予以表达。例如:在发音方面,利用关联规则计算可以得知,日本学生常常不分 p 和 f;在认知风格方面,通过计算可以得知,场依存型汉语教师经常使用开放性的问题。② 崔永华(2016)曾提出后方法时代的汉语教学理论如何建立、应当具备哪些特征的问题。在实际教学中,"结构—功能"相结合的教学理论融合了"结构"派教学与"功能"派教学所长,目前已经成为对外汉语教学的一项基本原则。实际教学中并没有完全的结构派,也没有完全的功能派,只有"结构"或"功能"倾向,并且同一类型教学过程中体现出的倾向可能是不同的。如何评说这一现象,正是教学法特征计算需要解决的问题。

例如,我们可以按照教学特征持续时间的长短、优先展现的特征等对汉语语法教学过程中体现的"结构""功能"特征进行计算,来探究"结构—功能"相结合原则在语法教学中的运用规则(郑艳群、王雅思,2018)(如图 2 所示)。

(三)特征提取

对研究结果的特征提取是在特征计算的基础之上得出一个抽象程度更高的特征集的过程和方法。这通常是一个进一步分类的过程,即针对各种不同的应用对信息做识别和预测,从原信息中甄别出有用信息。因此,要在已有的特征集

---

① 此处所列举的集合并非学科知识全集,实为来自文献的教师认知。下同。
② 此研究原结果出自吴勇毅、段伟丽(2016)。

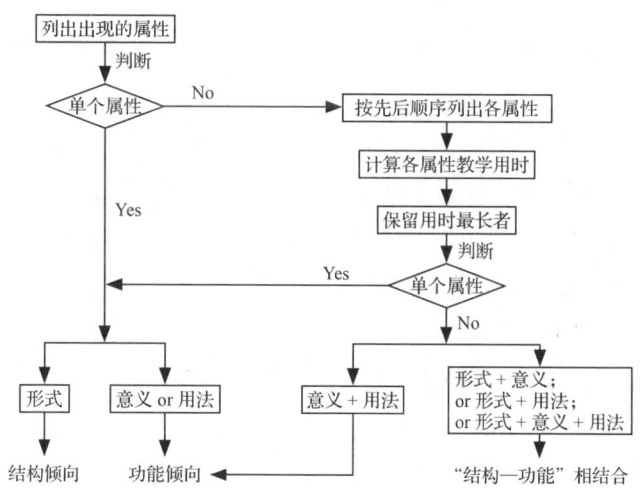

图2 汉语教学"结构""功能"特征计算示意图

当中进行选择,使得目标特征具有最强或最优的代表性和典型性,并且还要选择出最有效的特征。特征选择得好,便可以降低数据集合的维度,也可以使后续的计算性能得到提高。有些特征是本质性的,即反映当前研究问题根本特性的特征,如教学的结构和过程问题;有些特征是区别性的,即区别于其他事物或概念、区别于其他环境下的特征,如目的语环境下的汉语口语教学设计区别于非目的语环境下的汉语口语教学设计。

有效的特征提取是发现规则的必要条件。在大数据时代,我们可以将计算出的数据倾向作为判断结论的依据。当然,数据大小并不是判断正确与否的唯一标准。有时,理论认识中的共识未必与实践中的高概率事件一致。

四、教学分析的研究范式:理论模型推导、应用模型构建及对比分析

(一)从已有教学认知出发,推导理论模型

多年来的汉语教学研究积累了许多思辨性或经验性研究成果,体现了学界对相关问题的理性思考或经验总结,这些研究成果常以论文或著作的形式体现。在教学分析研究中,运用内容分析法并借鉴扎根理论的思路,通过对已有研究文献做细致的文本内容分析,对其中体现的教学认知进行计算,可以推导出理论

模型。

例如,郑艳群、周梦圆(2018)以已有汉语写作教学研究文献为数据源,从学科概念出发提取出其中关于构件、结构和过程的信息并进行编码处理,建立了"汉语写作教学文献—结构与过程详解数据库";在宏观层、中观层、微观层的系统架构下,确立了汉语写作教学的构件系统,进而通过对结构和过程特征的计算,揭示了"写作前""写作中""写作后"各基本教学环节内部、各基本教学环节之间结构和过程类型的认知倾向,并可视化呈现了教学的结构形态、过程模式及关联关系的特征和分布规律,从而推导出汉语写作教学结构和过程的理论模型。图 3 以微观层过程的理论模型为例,呈现了相关研究结果。① 从图 3 可以看出已有理论认知关于从"写作前"到"写作中"的教学进程中微观层过程类型和接口事件的运用倾向,以及从"写作中"到"写作后"的教学进程中微观层过程类型和接口事件的运用倾向。

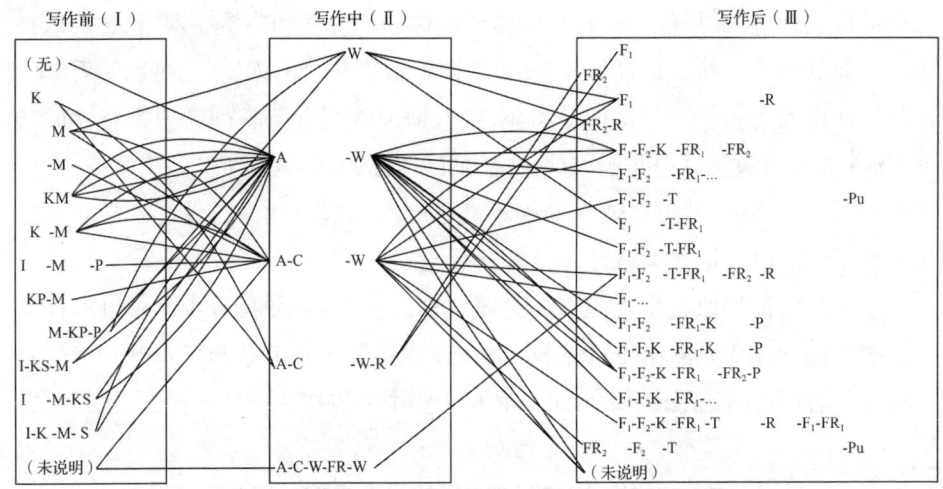

图 3　汉语写作教学三大环节之间的微观层过程理论模型示意图

---

① 在"写作前"环节,I、K、M、P、S 分别代表导入、知识讲解、范文分析、练习、总结;在"写作中"环节,A、C、W、F、R 分别代表布置作文、启发构思、学生写作、反馈、修改;在"写作后"环节,F_1、F_2、R、FR_1、FR_2、K、T、P、Pu 分别代表教师批改、课堂总评、修改、师生共同分析并修改习作中出现的问题、学生互评互改、知识讲解、典型习作评改、练习、发表。其中,在"写作后"这一宏观层基本环节下,由中观层构件反馈、修改进一步衍生出了微观层构件,包括 F_1、F_2、FR_1、FR_2。从基本环节之间的接口事件来看,从"写作前"到"写作中"环节,范文分析(M)与布置作文(A)的共现关系突出,体现了写作教学理论对读写关系的重视,旨在通过范文分析促进写作。从"写作中"到"写作后"环节,"学生写作(W)"与"教师批改(F_1)"的共现关系突出,体现了写作教学理论对师生一对一书面反馈的重视,旨在通过个性化的、有利于反复查看的书面反馈来促进学生进行写作反思。

(二)以教学实际为基础,构建应用模型

教学实录是教师在实践中积累的丰富教学经验的体现,凝聚了教师的教学智慧。那些被权威机构或权威专家评估、认证过的规范化教学实录可视为教学实践智慧的典型代表,这些实录不仅承载了全息的教学现象,还隐含了教学规律。从规范化教学实录入手开展实证研究,有利于从正面归纳总结现实教学中典型的、代表性强的、值得推广的教学认知。

例如,我们通过"规范化综合课教学实录数据库"开展实证研究,与理论模型(郑艳群、朱世芳,2020)进行对比,从中发现中观层的 IG、GT、IVT、VTP[①]结构及对应的过程是应用模型中独有的结构类型和过程类型。这表明:在教学实践中,当单位教学时长受限时,教学重心可放在生词、语法、课文中的任一教学事件上,导入、综合练习等可根据实际情况进行精简。

对大数据的理解将决定教学分析研究的方法。按照大数据的观点,教学分析不仅要重视全样本大数据,还要重视个体大数据。对个体大数据的深入挖掘有助于我们对教学做出细致而具体的研究。一方面,我们可以采用案例分析的路子,对规范化教学实录样本进行特征表达、计算和提取,全面描写和深度挖掘个体大数据;另一方面,我们也可以采用数理的方法,高效地处理复杂数据,比如通过教学仿真来判断有效和可能的教学模式[②]。目前,案例研究应用较多,而数理研究还处于萌芽阶段,因为数理研究有赖于教学大数据的使用。随着样本规模的扩大,通过对案例的叠加,我们可以逐渐提高教学分析的信度和效度。我们有理由相信,这将是时代的发展趋势,是面向未来的教育研究的方向。

基于教学分析开展实证研究的目标在于构建能够描述教学系统及其特性的应用模型,这是为教学系统画像的基础。应用模型既可以以理论模型为基础,通过有监督的机器学习获得;也可以通过无监督的机器学习,在教学大数据中浮现;还可以将有监督的机器学习和无监督的机器学习结合起来形成,即半监督学习。

(三)对比理论模型与应用模型,促进教学反思

教学理论与实践的关系问题是教学研究的永恒课题。教学理论需要在实践

---

① 此处 I、G、T、V、P 分别代表导入、讲练语法、讲练课文、讲练生词和综合练习。
② 仿真指的是"利用模型对实际系统进行实验研究的过程",如果采用的是数学模型,则称作数学仿真。比如,可以通过建立数学模型并对其进行计算,进而分析具体情况(熊光楞等,1988:1)。语言教学涉及的因素多,彼此之间关系复杂,传统实验的方法对此难以驾驭且研究进程过长。而开展教学仿真研究可以达到检验教学效果、发现相关因素、创新教学法的目的。

中进行检验,并在实践中不断发展;而教学实践是检验已有理论假设的一项可靠标准,且其中的创新性教学思想有待于研究者进一步提出理论假设,丰富已有的理论认识。

通过对理论模型做进一步实证研究,以及对应用模型与理论模型做对比分析,我们既可以发现教学理论与教学实践的共性特征,又可以发现其中的差异性特征。从逻辑上来看,我们可于共性中证实已有认识,于差异中证伪或补充、修正相关认识;从教学研究来看,这有助于探讨理论与实践的关系,也有助于发现教学规则,创新教学方法,开展教学反思。

例如,郑艳群、袁萍(2019)在对汉语语法教学结构和过程进行理论建模和应用建模的基础上,通过对比分析发现,应用模型中的高频构件"总结"很可能是影响语法教学效果的重要参数,有待实验验证,且应用模型中的许多过程类型可视为理论模型中相关过程类型的变体形式,应进一步探讨其应用的背景或条件,并将其纳入教学认知的视野(理论模型与应用模型的三种关系如图4所示)。

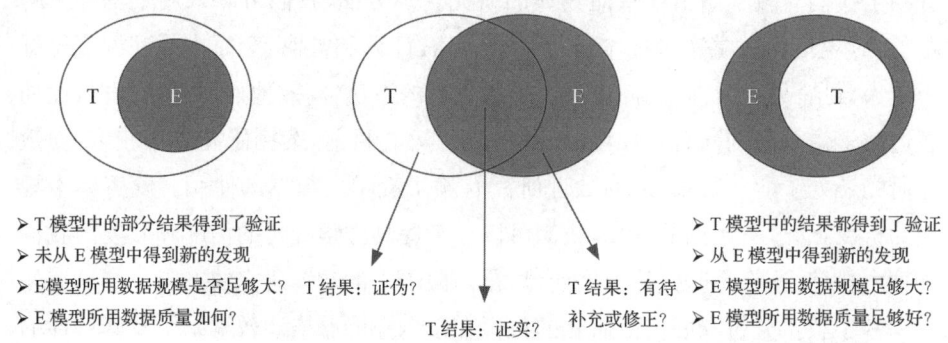

图 4　理论模型(Theoretical Model)与应用模型(Empirical Model)关系图

五、运用教学计算开展教学分析研究的意义

(一)理论意义

1. 从类型学视角探究教学法和教学模式

类型学是一种科学研究方法。该方法已经广泛应用于考古学、建筑学、语言学等多个研究领域。在语言学领域,类型学"就是要发现不同表现类型中的功能共性,即'万变不离其宗'的变化。或者说是寻找对个性变异的共同限制,即差异

中反映出来的共性"(陆丙甫,2001)。

如果把这样的研究思路应用到汉语教学领域,我们就可以尝试开展教学法和教学模式的教学类型学研究,通过教学分析,建立教学法和教学模式的类型学图谱。就像语言类型学中建立语义图模型一样,教学类型图谱可以揭示教学的普遍特征和变异模式,包括从教学结构和过程中得出跨教学法、跨教学模式的系统性和规律性认识,从各教学维度空间中找到定义不同教学法和教学模式特征表达的变量及其使用条件,全面、深刻地认识教学原理和规律。例如,我们不妨做这样一个假设:写作教学或存在一个结构和过程的标准模型,基于特定教学法和教学模式的教学结构和过程可能是不同变量设置下标准模型的变体。

2. 以教学分析和教学计算促教学理论建设

学科的发展离不开科学的研究方法,不断地探讨适应学科发展的科学的研究方法非常必要。教学分析和教学计算可以帮助我们在大数据时代,在占有教学数据的基础上,充分应用数据开展教学研究。

教学分析和教学计算可以适应大数据时代教学研究的需要。通过对教学数据的分析,对教学系统要素及其关系的形式化表达,我们能够在有效学习的基础上探究有效的教学分析技术。因此,如能将教学分析与教学计算视为学科发展的分支领域,突破学科的边界,实现跨学科联合,定会促进汉语教学研究的科学化,促进大数据时代汉语教学理论的建设,也有利于促进汉语教学学科的发展。

(二) 实践意义

1. 开展精准的教学评价

教学质量评测也是教学分析的重要应用领域。目前的教学质量评测主要是由教学管理者基于教师的教学表现和已有的相关理论,或者是基于学生的评教结果展开,带有较强的主观性;随着大数据技术的发展,教育领域虽然对教学质量评价机制、神经网络在教学评价中的应用进行了理论探讨(柳炳祥等,2005;朱宗元、王秋霞,2018),但从目前来看其实际应用非常有限,且基本未出现针对外语教学的研究。

教学分析和教学计算可以将教师的教学行为进行量化,提高教学质量评测的精准度和客观性,使个性化且全面的教学质量评价与反馈落到实处。而且教学分析以教学过程分析和教学切片分析为研究对象,通过对教学事件及相关因素的计算与分析,能够监测教学并精准定位,从而使教师可以采取科学高效的教学干预策略,为教学过程的绩效管理提供保障。

2. 促进教师发展和教学生态建设

信息化和智慧化教育的发展使资源在教学中的重要性日益凸显。而在教育生态系统中，人是最核心的因子，是最重要的软实力资源。从人力资源来看，通过教学分析和教学计算可以发现教师的实践性知识，包括教学方法、策略、技巧等，以及其中体现出的教师元认知，从而构建教师知识和能力图谱，为教师教育和发展、教师管理和评估提供标准和依据。从环境资源来看，通过教学分析，一方面可以从微观视角认识资源的形态，建立多属性标注的优质教学资源库，为教师及时推送适合的教学资源并请其提供资源使用建议，从而提高资源服务水平；另一方面，教师有时可以以资源的形态存在，那么就可以建立教师和教学的模型，为动态的教情诊断、预测、干预和评估奠定基础，进而指导智能化教学系统和平台的开发，创建智慧教学与学习的生态环境。

参考文献：

崔永华：《后方法时代的汉语教学理论建设》，《国际汉语教学研究》2016年第2期，第4—7页。

李泉：《基于信念的汉语教学法概说》，《国际汉语教学研究》2018年第2期，第21—29页。

柳炳祥、章义来、方俊等：《基于数据挖掘的教学评价方法》，《计算机与现代化》2005年第4期，第87—89页。

陆丙甫：《从宾语标记的分布看语言类型学的功能分析》，《当代语言学》2001年第4期，第253—263页。

吴勇毅、段伟丽：《后方法时代的教师研究：不同认知风格的汉语教师在课堂教学策略运用上的差异》，《语言教学与研究》2016年第2期，第40—52页。

熊光楞、肖田元、张燕云：《计算机仿真应用》，清华大学出版社1988年版。

郑艳群：《虚拟词语空间理论与汉语知识表达研究》，商务印书馆2015年版。

郑艳群、刘冰：《语法教学中的"导入"技术》，第二届语言教学与研究国际学术研讨会，2018年。

郑艳群、王雅思：《汉语综合课中"结构""功能""结构—功能"相结合特征考察》，第二届语言信息化与智能化国际学术研讨会暨上海第十一届青年语言学者论坛，2018年。

郑艳群、袁萍:《"应然"与"实然":初级汉语语法教学结构和过程研究》,《语言教学与研究》2019年第1期,第1—11页。

郑艳群、周梦圆:《"应然"与"实然":汉语写作教学结构和过程研究》,第十届亚太地区汉语教学国际研讨会,2018年。

郑艳群、朱世芳:《基础汉语综合课教学结构和过程理论模型研究》,《汉语学习》2020年第1期,第76—83页。

朱宗元、王秋霞:《基于神经网络的高校课堂教学评价策略重构与检验》,《中国教育信息化》2018年第12期,第84—87页。

 方法谈:

遇到瓶颈时,除了坚持,不妨借鉴和学习其他学科的理念、知识和技术

计算机辅助教学系统(Computer Assisted Instruction,简称CAI),不仅要反映教学目标和内容,还要反映教学策略和教学经验。这其中不仅有量化的问题,还有形式化的问题,以及模型反映的模式与规律。人们期待的智能化计算机辅助教学系统,则是更多地通过计算体现教学策略和教学经验的产物。

早年我在从事CAI设计和开发时,经常感到困惑的是汉语教学策略和教学经验有哪些?教学路径有哪些?最优的教学路径是怎样的?为此,我曾在《对外汉语教学和研究中的量化问题》(2006)中感叹道:多年的经验证实,哪个课题量化研究做得好,那么CAI设计就得心应手,其质量也必有保证;相反,如果缺乏量化研究,CAI设计起来就不够得心应手,甚至是无所适从,其质量难以令人满意。遗憾的是,我们感觉不够得心应手或无所适从的时候比较多,时常感觉一些量化文章宽泛且不具体,而另一些文章太理论化且缺乏可操作性。实际上,当计算机作为一种新的技术手段被引入对外汉语教学领域,成为一个不争的事实之时,量化方法无疑是一个链接汉语教学和计算机的双向通道。随着量化研究的进一步开展,这个通道将会越来越宽广和顺畅,从而促使对外汉语教学和研究的面貌有一个新的改观。基于这一思路,我也曾就语法教学形式化表达问题提出过看法(郑艳群,2008)。

面对复杂的教学系统,如何系统地开展量化和形式化研究,一段时间以来困

扰着我。一来没有思路,二来没有手段。当我重新学习"三个平面理论"(张斌、胡裕树,1984)的时候,心中激动。根据"三个平面理论"的核心思想,在语法研究中既要明确区别句法、语义、语用三个不同的平面,又要在具体分析句子时把这三个平面紧密交融地结合起来,以期对语法规律进行全面而有效的研究和阐释。与此同时,人类基因图谱研究和基因测序技术也处于一个兴盛时期,让我感到通过技术手段探究复杂教学问题是可能的。它们的共同之处或许在于通过空间概念和架构来表达元素或对象之间的相互关系,使得复杂关系可以条分缕析地舒展开。或许我们可以将汉语教学系统放在一个空间去看待,它在时间轴上,每一个或大或小的点、切片,以及这些构件的不同侧面、不同维度,应该也可以舒展开去考察和分析。于是,我想到了建模。建模是对系统进行研究的重要手段和前提,建模是为了理解事物而对事物做出的一种抽象和描述。因此,我们应该为汉语教学建立模型,系统和完整地表达教学中的信息和规律。

关于建模,有如下几个问题需要考虑。第一,建模的材料来源。我们既可以根据关于教学系统的已有知识和经验来建模,也可以从教学实践中得到教学实录样本。第二,建模的方法。我们可以从文献中得到教学认知,但这些认知散落于文献中,且可能存在概念不同或认识不同的情形,因此要非常耐心地通过内容分析或规范分析搜集信息并进行处理。而对于教学实践中的信息,我们可以借鉴语料库/数据库技术,就像语料库技术极大地促进了语言本体研究的时候,我们完全有理由相信数据库技术可以极大地促进语言教学研究。第三,建模中对待数据的态度。通过考察、标注和统计分析,按照大数据的理念报告各类数据倾向。第四,建模的起点。对教学规律的探索可以说是无止境的,但首要的问题是在时间轴上表现出的教学结构和过程,所有的教学步骤、环节等信息是模型的基础。然后就可以方便地讨论建立在结构和过程之上的其他问题。第五,讨论两类模型之间的关系。当我们既可以从已有认知得到理论模型,也可以从教学实践得到应用模型的时候,两者之间的关系必须加以研究,不然使用者不知何去何从。如何对待两者之间的关系,可以通过共有和各自独有的角度,从对理论的证实、证伪和新发现等逻辑关系看待,即"应然""实然"和"对比"三类范式。

在开展具体工作的时候,不仅探求对具体问题的解决,也探求对研究方法的总结和提炼。在这里,教学分析是研究对象,教学计算是手段,这就是本文讨论的两个主要内容。其中,教学分析是相对教育技术中的学习分析而言的;而通过技术手段对教学规律进行挖掘和分析,在计算时代,情感计算、基因计算、环境计算开拓了新的领域并为该领域的发展起到了积极的促进作用,计算是表达关系的重要手段。我认为,在教学研究中应用教学计算的概念不仅可以概括已有的研究,而且可以激发我们为关系挖掘做出更多的努力,于是我斗胆提出并定义了教学计算。至此,本文的写作正是按照背景、概念、结合研究实例的研究方法阐述,再到最后从类型学和方法论方面的思考这一顺序展开,与大家交流。

不断地追问,不断地探求,这是每个科研工作者应有的基本态度。在追问和探求的过程中,在遇到瓶颈和困惑的时候,除了坚持,借鉴和学习其他学科的理念、知识和技术,有时候会给我们带来柳暗花明的体验。科学研究的综合、细化和交叉,也许会为我们展现一幅新的图景,带领我们走入一片新的天地。

参考文献:

张斌、胡裕树:《语法系统和语法教学》,《语文学习》1984 年第 3 期,第 13—15 页。

郑艳群:《对外汉语教学和研究中的量化问题》,《国际汉语教学动态与研究》2006 年第 1 期,第 39—50 页。

郑艳群:《理想的对外汉语学习词典模型》,《辞书研究》2008 年第 2 期,第 64—73 页。

对外汉语教学本位观的理论蕴涵及其现实问题[*]

施春宏[**]

摘要：本文探讨对外汉语教学本位问题提出和拓展的必要性、可能性和现实性问题。文章从语言教学与研究所面对的基本问题出发，分析了对外汉语教学本位的层次性，并根据建立教学本位的基本观念及教学效度探讨了对外汉语教学本位观的理论蕴涵，尤其是相关的本体论和方法论问题，由此指出各种教学本位之间是互补式共存的。文章接着讨论了当前关于本位问题所采取的辩护原则，在此基础上根据各级语言单位所存在的构式性特征及语言教学中的整合效应，提出语言教学过程中需要建立分层次的综合本位观。文章最后讨论了元语言意识与教学本位之间的关系。

关键词：教学本位；构式性特征；分层次的综合本位观；本体论承诺；元语言意识

引 言

汉语语法研究中的"本位"（basic unit）问题曾有过热烈的讨论，目前影响最大的是词组本位，争议较大的是字本位。[①] 所谓语法本位，指的是以什么为基础

---

[*] 原载《世界汉语教学》2012年第3期，第390—408页。收入本书时，文字上略有校改。

[**] 施春宏，北京语言大学教授，博士生导师，《语言教学与研究》主编，国家社科基金重大项目首席专家。

[①] 关于"本位"的理解，"其含义含混并常见变异"（史有为，2009）。这确实是很多争议的本源。本文对此不作辨析，只按一般理解，将其作为语言教学以及相关研究的基本单位或立足点。另外，本位观和本位意识也有所不同，前者呈现为一种明确的理论主张，后者则主要是一种潜在的直觉感知。由于两者在如何认识教学对象的性质及采取相应的教学策略上具有一致性，因此本文对此不做详细区分。

或基本单位来描写语法现象,建构语法体系。大体而言,传统语言学的各级语法单位都曾经被当作某种本位,如词本位、句本位、词组本位、小句中枢以及语素本位、字本位,另有音节本位的提法。如果将本位问题衍生到生成语法中,甚至可以说它基本上可以看作中节本位(X杠本位);当然也可以看作短语本位,因为它的所有生成过程主要是基于短语层面的操作。如果立足于比句子更大的单位的话,自然可以提出语段本位或篇章本位、语篇本位。基于某种本位的研究和教学,可以称作"本位观"(unit-based view, unit-based analysis)。上面这些都是单一本位观,如果认为研究和教学过程中需要同时以两个或多个单位为基点,那么自然就会提出复本位的观念。当然,对这些概念的理解,有的不能简单地就字面来说明问题,如以马建忠为代表的"词本位"实际主要指词类本位,以黎锦熙为代表的"句本位"实际主要指句法成分以及由此衍生出的句子模型本位。至于语法研究中的字本位,根据主张者的阐释,并非研究字的内部结构问题,而是将字作为研究语法系统的基点和基础。① 也就是说,被选作本位的语法单位,在结合相关规则之后,根据其理论目标是应该能够描写出语法系统来的。

  跟本体研究的本位之争相似,对外汉语教学中的本位问题(即以什么作为语言教学的基本单位)之争,这些年似乎成了热点。其中最突出的是对字本位和词本位孰是孰非的论争。与此相关的还有语素本位,以及以词层面之上的语言单位为基础的带有本位观的认识。至少在目前,这些有关教学本位的争论,似乎谁也说服不了谁,而且有时演变成了对外汉语教学中的"话语权之争"。然而,经过对各种本位观的理论蕴涵和实践效度的考察,我们发现,这些争论常常是自说自话,甚至有些意气用事;而且主要是申明和阐述自己所主张的本位观的长处,却很少检视各种本位观"天生"的不足之处,这样就会在辩护的过程中基本上采取证实的策略,各逞其能,各取所需,而很少考虑证伪的需要和方式。显然,这样的争论是不容易实现真正意义上的对话的。其实,如果将教学本位观放到语言观、本体论和方法论这样更高的层面来认识的话,我们就会发现,各种教学本位观之间是差异性凸显、互补式共存的,每种本位观都既有尺长寸短之处,同样也有尺短寸长之时。本文即从这些方面来探讨对外汉语教学本位问题提出和拓展的必要性、可能性和现实性问题。本文更多地侧重于相关问题的理论思考,较少涉及

---

① 这里的字本位是基于本体研究所做的理解,还有一种字本位是基于对外汉语教学所做的理解,下文多有说明。

相关教学策略的设计和操作。

一、对外汉语教学本位的层次性及其逻辑结构

语言教学与研究所面对的基本问题可以从结构和功能两个方面来认识。从结构方面着眼,需要面对的基本问题是:如何认识和处理语言成分的性质和成分与成分之间的关系,并使之变得可以操作。因此,所谓的研究本位和教学本位都应体现于此,即立足于语言单位和/或结构关系。从功能方面着眼,需要面对的基本问题是:这些语言成分及其关系表达怎样的交际功能,适应何种语境,从而在结构、功能、语境之间建立一定的对应关系。如果说语言研究还可以只管结构的话(这显然是不充分的),那么语言教学则不能放下功能不管,因为语言的交际功能是语言教学及其研究乃至语言研究的根本目标。

由于结构关系(及其蕴涵的语言规则)是隐性的,因此,作为显性实体成分的各级语言结构单位(就汉语而言,还包括汉字,下同)便更容易成为各种本位观的立足点,无论是本体研究本位观还是教学本位观。这样,既会有词本位和语素本位、字本位,也必然有词组本位、句本位/句子本位/小句中枢(三者内涵不完全相同),甚或语段本位/篇章本位。由此还可以进一步推展开去,如果注重于语音系统,便可以提出新的本位观。如汉语习得中如果语调系统掌握得不好,自然会影响习得效果,那么因此而建立"语调本位",也是可能的。不仅是语调,各种非音段的韵律单位都对语言教学和习得有影响,因此也可以提出一个"韵律本位",或者区分出音段本位和超音段本位。像对外汉语教学中有人提出"音节本位",与这种背景不无关系。而且我们相信,随着学界对某种语言单位所具有的语言价值和语言学价值的新发现,新的本位观也有可能呈现出来。[①] 如语块理论、构式理论目前开始流行起来,那么适时地提出所谓的"语块本位""构式本位"也是完全可能的。[②] 以上基于语言结构单位这样的实体成分而提出的各种本位理论都

[①] 施春宏(2010a)曾通过对网络语言现象的分析探讨了语言价值和语言学价值这两个元语言学概念的内涵及其学术意义。语言价值关涉语言生活为作为交际系统的语言提供特定的语言成分,形成特定的结构关系,实现特定的功能;语言学价值关涉语言生活、语言现象启发、推动人们做出有意义的语言学概括。

[②] 如Goldberg(1995:4)中说:"构式被当作语言的基本单位(Constructions are taken to be the basic units of language)。"这主要是基于构式本体而言的。而Goldberg(2006)正是基于这种构式分析法(Constructionist approach)来探讨语言习得过程中的概括性(generalization)问题,认为语言习得是通过构式而进行的。

可以看作"显性本位观"(overt unit-based view)。

如果立足于隐性的结构关系的话,可以合乎逻辑地提出类似"关系本位"或者"规则本位"之类的本位观。这种本位观可以看作"隐性本位观"(covert unit-based view)。由于认知语言学特别强调各级语言单位之间的连续性,因此基于这种观念的教学和研究是不大提出某种本位观的。然而,认知语言学特别强调概念结构、语义结构在认知、研究中的主导性作用,如果以此为基础,认为它是概念本位或意义本位也未尝不可。从这个角度看,上面的关系本位/规则本位和各种显性本位(除了作为形义配对体的语块本位、构式本位外)实际都是形式本位。当然,概念本位或意义本位也可以看作是一种隐性本位,它不能直接呈现为语言系统中的某个显性的语言片段。对外汉语教学界虽然并没有在这些方面提出什么本位观,但教学过程中特别关注规则、概念、语义在语言习得中的作用,这是毫无疑问的。

其实,人们在提出某个显性本位观的同时,往往蕴涵着隐性本位观,因为就结构主义基本原则而言,没有游离于结构关系、系统之外的语言成分、语言单位,也没有不实现为语言成分、语言单位的语言结构关系。如在汉语本体研究和教学研究中影响比较大的"词组本位"就是如此。朱德熙(1982)指出:"由于汉语的句子的构造原则跟词组的构造原则基本一致,我们就有可能在词组的基础上来描述句法……如果我们把各类词组的结构都足够详细地描写清楚了,那么句子的结构实际上也就描写清楚了,因为句子不过是独立的词组而已。"由此"建立一种以词组为基点的语法体系"(朱德熙,1985:74)。显然,建立词组本位的基础是"汉语的句子的构造原则跟词组的构造原则基本一致",也是为了更方便地描写汉语句法结构关系。

由于每个层级的语言单位都是一种客观存在,因此在此基础上提出的语言学范畴都有一定的心理现实性(psychological reality)(袁毓林,1993),以此作为一种观察、描写、教学的基点,是完全可以的。如果教学和研究过程中又侧重于其中的某个层面、某种单位,那么,就很容易将这个层面、这种单位作为研究和教学的支点了。如对外汉语教学中特别强调汉字教学,就是因为汉字不同于一般的拼音文字,其形义关系在学习(书面)汉语中起到了相当重要的作用。因此字本位观便具有特别的理论价值和实践意义。又由于各种语言单位在语言系统中呈现为层级分布,因此基于不同层级单位而形成的本位自然体现出层次性。

上面无论是形式本位还是意义本位,都是一种基于结构关系的本位,因此可以叫作"结构本位"。而如果注重于任何语言单位都应该实现为一种功能,那么就可能提出什么"功能本位"。结构本位和功能本位是从不同角度来对待同样的现象,因此在实际的教学中往往将结构和功能结合起来。

再进一步,语言教学自然都以提高学习者的语言能力为旨归,那么这种基于教学根本目标的观念自然也可以称之为"能力本位"。这种本位跟上面提到的各种本位在性质上截然不同。甚至还有素质本位、学生本位的问题,就更是另一个层面的问题了。

如此说来,似乎什么都可做"本位"。其实上面很多所谓的本位,在实际教学中并不呈现为"某某本位"这种名称,只是在教学策略上凸显特定教学内容的地位和作用罢了。常见的本位就是基于结构单位而提出的若干本位。实际上,所有的本位都可以归纳为两个方面,一是基础本位(from X),一是目标本位(for X,包括 for whom 和 for what)。如本文论及的本位大多属于基础本位,而所谓的能力本位、素质本位以及词典学中的"用户本位"之类就是目标本位。上述各种本位看似复杂,其实它们处于特定的逻辑结构关系之中,形成一个可能的本位系统。各种单一本位间的系统层级关系如图1所示。

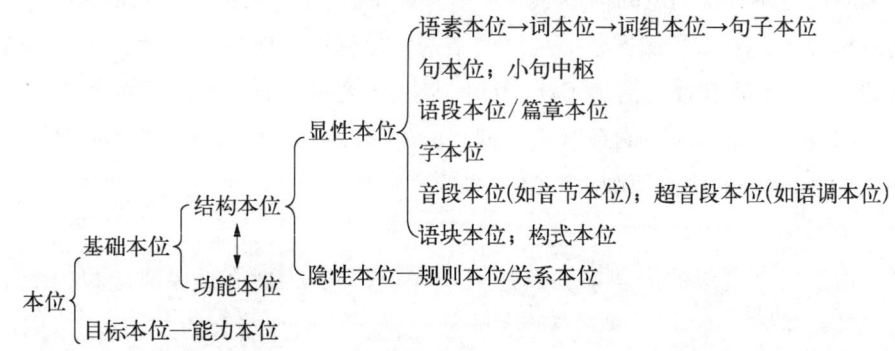

图1

目前语言教学乃至语言研究中的名目繁多的本位或准本位(即有实无名)大体都可在图1中找到自己的定位。

当然,如果觉得单一的本位并不能解决问题(实际上单本位也确实都有局限),就可能形成复本位,也可叫综合本位。如有人认为"词和词组双本位"比较适合第二语言汉语教学语法的特点(何清强,2006);有人指出字本位和词本位各有优势和侧重点(刘颂浩,2006),二者在一定程度上可以兼顾(刘颂浩,2010)①;有人提出"以词·语素·汉字为基本框架的教学理念"(施正宇,2008),认为"汉语作为第二语言教学应当遵循汉字、语素和词汇并重的基本原则,建立有别于西方第二语言教学的对外汉语教学模式"(施正宇,2010)。有人则主张中文的"字本位"和汉语的"句本位"各司其职,各适其用(张朋朋,2005;王红君,2007)②。还有人新近提出并阐释了一种新型的二语教学语法体系——"三一语法"(冯胜利、施春宏,2011),其基本框架包括句子的形式结构、结构的功能作用、功能的典型语境这三个维度,它们彼此独立而又相互联系,构成一个有机整体。显然,这也可以看作一种综合本位观,但跟一般综合本位观的显著区别在于,它将语境因素引入语法教学体系之中。这种"三一语法"虽非严格意义上的"本位"分析,但从教学的基本立足点和出发点来考虑,跟"本位"意识也有相通之处。当然,没有哪种理论会将所有的本位揽入其中的。

需要注意的是,对外汉语教学的本位问题跟本体研究中的本位问题虽然在名称上大体一致,但内涵常有不同,尤其是在具体内涵和操作上,有时会显示出显著的差异。如对外汉语教学中的词本位主要强调词在教学和习得过程中的作用,而本体研究中的词本位则主要凸显词类分析在语法分析中的地位。又如对外汉语教学中的字本位对一个个"字"的构造问题相当关注,而本体研究中的字本位对此并不关注。其主要原因来自根本目标的差异,一者基于教学实践,一者基于理论分析。本位问题就是"眼光、视角、立足点"的问题,既然这些方面有差异,其内涵必然有所不同。

二、对外汉语教学本位观的理论蕴涵

上面从语言作为一个符号系统所具有的结构特征及其所表达的功能这个角度分析了各种汉语教学本位观(及本体研究中的本位观)出现的可能性。这里再进一步从各种本位自身的特性来阐述对外汉语教学本位观的理论蕴涵,尤其是本体论和方法论方面的问题。

---

① 管春林(2008)则认为字本位和词本位是"具有本质区别的汉语语言观",根本不可能结合。
② 这里的"字本位"并非只是指汉字本身的教学,而是包括甚至更主要地实现为在汉字习得基础上的阅读和写作,因为该观点认为,"文言文和白话文都是'字本位'","从能力的角度看,文字能力就是阅读和写作能力",因此最佳的教学顺序是"先'文言'后'白话'"(张朋朋,2005)。

（一）各级语言单位的构式性特征与确立教学本位的关系

上文已经指出，语言文字系统中的各类单位大多曾被当作教学本位提出过。为什么会如此纷繁而莫衷一是呢？这是跟教学活动的阶段性、教学内容的层级性和教学课型的针对性相联系的，每一个教学阶段、每一种教学课型都需要有针对性地重点解决某些具体的教学任务。如语音、汉字、语素、词汇、词组、句子、语段等在什么阶段教、如何教、如何配合等，都要根据习得者的认知特点做出特定的安排。如果不同层级单位之间都是由严格的组合关系组装而成的话，那么教会了基础单位，自然就可以很方便地进入高一层级单位的学习。然而，语言又并非这样的简单的机械系统。由于语言文字系统中的各类单位处于不同的层级关系之中，各种语言单位都是语言系统的特定组成部分。底层单位在组合成高一层级单位的过程中必然会"浮现"（emerge）出自身所没有的特征。也就是说，各个层级和各个单位都有自己的独特性，语言系统的每个层次都有其他层级单位所不能涵盖的特征。因此基于某个具体层级的本位观自然不能解决所有语言问题。这样，学习底层单位固然有利于学习高层单位，但不能必然地替代高层单位的学习。这一基本事实，从哲学层面来说就是一种"本体论存在"（ontological existence），即作为一种实在的对象而为人所认知。这种本体论存在必然导致习得者在学习每个层级的语言单位时都有"从头开始"之处。既然如此，各种语言单位便都有可能在不同的教学体系（及研究体系）中被作为观察或操作的立足点来对待，这就形成了基于各种语言单位的本位观。

这样的观察结果，自然使我们联想到了认知语言学尤其是构式语法理论关于"构式"的本质特征的认识。所谓"构式"（construction），简而言之，就是其整体中含有各个部分所不具备的、别的成分或结构也不具备的形式或意义方面的特征（Goldberg，1995：4）。即上下层级单位之间、不同单位之间不具有严格推导关系。显然，就大的原则着眼，上面对各级语言单位独特性的认识正体现了它们各自所具有的"构式性"（constructionality），即构式中所具有的特殊属性，或者说形如构式那样所具有的独特属性。既如此，在语言习得和教学中自然需要重点掌握和突破这种构式性特征。当下的语块理论，实际上也是强调各个具体"语块"（chunk）在习得过程中体现的构式性或者叫语块性的特征。构式性特征为我们认识语言教学中的本位观提出了一个新的观察角度，这是确立教学本位单位的一个客观基础。

（二）教学本位观对语言系统建构过程的基本假设

从语言各层级单位的构式性来看教学本位观，只是看到了它们的整体性和特殊性。然而，教学本位观的提出，实际上还跟语言单位的可分析性和可推导性有关，跟语言习得过程中的规则化操作过程有关。本位观试图解决的问题，不只是本位自身的形式和意义问题，更重要的是通过对本位成分（作为本位的语言单位）的规则化操作生成语言结构。这既是对客观语言系统建构过程的基本假设，也是对习得者语言系统建构过程的一种假设。如果只有整体性，而没有对建构过程的规则化操作的追求，就没有必要提出各种本位观了。其实，各种本位观，都是将本位成分作为观察的基点，由此向下（如果还有下位层次的话）和向上两个方向拓展，在确立基本成分后，将基本成分之间的关系规则化，从而有效地分析、学习其他层级的成分、单位。对基本成分的认识就是"本位"的立足点，对基本关系的说明就是本位观的描写能力、解释能力和教学效果的体现。也就是说，凡是坚持某种本位观的人，不管是有意识还是无意识，都是将语言系统（社会的和个体的，既成的和习得的）看作是由"基本成分＋规则"组成的。而对基本成分的选择，实际上就体现为分析哲学中所强调的"本体论承诺"（ontological commitment）了，即将它视为自己理论系统、教学理念中的一种存在。[①] 就本位观所涉及的各个语言单位而言，当然是一种本体论存在，但如何认识和确定它的地位和作用，显然就跟本体论承诺密切相关了。作为本体论存在，字、词素、词、短语、句、段、篇是各具特征但又相互依存的不同层级单位，但就理论研究和教学需要而言，则完全可以选择其一而赋予它特别的地位。也就是说，任何本位观都基于某种理论背景的本体论承诺。

显然，各级语言单位的构式性特征跟语言系统建构性假设之间是存在着一定的矛盾的，而这种矛盾的客观存在正是各种本位观之间争议的根本原因，也是我们进一步探讨教学本位观的必要性和可能性的基本前提。

这里需要特别指出的是，认知语言学理论尤其是构式语法理论强调构式的独特性，将各个构式都看作一个"象征单位"（symbolic unit）。这种理论常常认

---

① 本体论承诺是由美国分析哲学家蒯因（W. Quine）提出的。蒯因（Quine，1953）在对科学语言做逻辑分析时指出，任何理论学说都具有某种本体论立场，都以承认或否认这样那样事物存在为其本体论前提。蒯因指出，在讨论本体论问题时要注意区别两种不同的问题：一个是何物实际存在的问题，另一个是我们说何物存在的问题，前者是关于"本体论的事实"问题，后者则是语言使用中的所谓"本体论的承诺"问题。其实，任何科学研究都必然信守某种"本体论承诺"，即按某个理论认为何物存在从而进入考察的视野。施春宏（2010b）将这个概念引入对语言事实和语言学事实的关系的分析中，请参看。

为词法和句法是一个连续体,因此没有必要对它们作出区分(Langacker,1987),即便是词,跟大于词的语法构式也没有什么不同的特征(Croft & Cruse,2004:254),两者之间的差别主要体现为象征单位数量的多少、结构的复杂程度、构造的自由程度(Langacker,1987:53—54)。基于这样的认识,显然没有必要提出具体的单位本位观。然而从教学实践过程来看,从语素/字到词到句子,组合性越大的单位,规则性的作用力越大,语言间对比分析的可能性也越大,因此可操作性体现得就越具体。我们不能由于过于强调不同层级单位之间的"同"而忽视了其"异"。其实,连续统并不意味着等同,只是注意到了交界面的存在及其特定的语言地位及语言学地位。我们固然可以将这些语言单位都看作象征单位,看作符号,但不同层次的象征单位之间的差异仍然醒目地存在着,若要充分地描写、解释和教、学这些不同层级的象征单位,就需要作出进一步的分类,概括各个层级单位的特征和规则,操练这些规则。将构式看作语法的基本单位或者将所有的语言单位都看作构式,这都没有问题,但不能因此忽略不同层面的单位之间的性质差异。就如将个人、家庭、社区、社会、国家都看成一个一个的"构式",但不能因此而认为它们之间的差异可以忽略,它们之间不同的建构关系就不再需要突出了。

(三)教学本位观所体现的方法论原则

如果上面对"基本成分+规则"这种操作理念的认识比较合理的话,那么从方法论原则的角度来看,各类教学本位观实际上是与还原论相联系的,都认为语言系统的建构过程在一定程度上可以还原到某个层次,哪怕语言中确实存在着大大小小的无法充分还原的构式。打个比方说,分子和原子固然在性质上并不相同,分子的性质固然不能从原子的性质推演出来,研究分子的方法和研究原子的方法固然有差异,但分子"浮现"出来的结构和功能毫无疑问是依赖于原子的数量及其排列组合关系的,因此通过对这种成分及其关系的说明,在一定程度上发现、建构分子的结构和功能,理论上是可以的,实践中是可能的,也是必要的(当然也是不充分的,下面将对此有所说明)。

也就是说,教学本位观在对语言系统的理解上都体现了一种还原主义方法论原则,虽然有的本位观倡导者未必有此明确的意识,甚至否定这种观念的存在。所有的本位观实际上都是将语言系统还原到其所关注的本位成分及其关系,而且认为基本上是可以而且应该还原到这个层面的。从上文分析来看,各种教学本位观强调的是被当作本位的那级语言单位的构式性,认为其他层级的语言单位可以在一定程度上基于规则性地分析、推导出来。当然,这里的还原论不是简单地将整体还原为部分之和,而是基于教学策略的需要,认为可以通过强化对本位成分的理解和学习而更方便、更有效地学习其他语言成分。从根本上说,各种本位观的分歧实际体现了语言教学中如何看待基本语言事实及其存在方式的问题,这必然涉及操作过程中的本体论承诺以及与此相关的"方法论承诺"(methodological commitment)问题。

虽然各种单一本位观都是一种还原论,但各种本位观的还原程度是不一样的。比较而言,目前的字本位(无论是基于教学的还是基于理论研究的)、语素本位都是一种强还原论,试图将基本教学内容都还原到"字"或"语素"的层面。相对于这种彻底的还原论而言,高一层次的本位观则是相对的还原论,是将自上而下和自下而上两种路径结合在一起的,而且对自身的规则性分析也相当重视。

(四)教学本位观视野中还原的必要性和不充分性

上文说过,任何本位观的提出都是基于某种本体论承诺。然而,任何理论都是"片面"的,任何承诺都只是一种视角。对外汉语教学界之所以提出了诸多指向的本位观,是因为不同的倡导者都同时看到了语言成分的构式性特征和非构式性特征。看到了本位成分的构式性特征,于是确立了本位;看到了非本位成分的非构式性特征,于是去利用本位成分及其关系来做规则性推导。基于非构式性特征,采取还原策略就呈现出必要性;基于构式性特征,则显示出还原策略的不充分性。

作为还原的策略,其客观基础就是语言单位形义关系的透明性,这是非构式特征的具体体现。如果语言成分只有构式性,没有非构式性特征,那么这些成分的形义关系就是不透明的,就都得一个一个地学,无论哪个层面都是如此。实际上并非如此,人们在教与学的过程中,相当程度地利用了"成分+规则"的习得策略,越是强还原论者,对此越是强调。强还原论者特别强调语言成分形义关系的透明性,基本倾向于整体等于部分之和的原则。而一般的本位观并不如此,而是采取有限还原的策略。如学生在词层面理解时,利用的是语素及其关系的策略;在句层面理解时,利用的是词及其关系的策略,还有句与句之间的关系策略;但对特定的词、句,仍然认为有一定的特殊性。

既然每个层级的语言成分都有透明与不透明的问题,不透明的成分具有"构式性"特征,那么就只好当作一个组块、构式来处理了。像语块分析,就是看到了语块的不透明之处(即便它的内部仍然由其他成分构成),因此将它作为习得的一个基本单元同样有其合理性。传统教学中的词本位观重视词汇教学,但没有重视比词更大的单位中的不透明现象,因此虽有语块的意识,但没有放到应有的位置。就还原的相对效度而言,词本位教学当然首先重视解决词的问题,对解决词组和语素的问题也有一定的效度,但对句子、语段的问题解决起来就比较困难了。而就语素而言,词本位当然没有语素本位解决得到位。又如字本位,就汉字在学习语言中所具有的某种理解、认知、组构的功能而言,当然有特定的教学要求和教学价值,但如果以此而主张取消词和词本位(乃至其他本位)①,试图解决词层面的所有问题以及比词(字组)更高层面的单位问题,就显然有些脱离语言系统和教学实际了。字本位看到了汉语和汉字、汉语教学和汉字教学的联系,而没有充分认识到它们之间的本质差异。其实,字本位在概括字与字之间的关系时,就必然要用到词法、句法的概念(当然可以围绕"字"来另构一套术语去表述,但其基本关系是无法避开的)。汉字对词义理解确实很有帮助,这是汉字的"过人之处";但汉字也更多地侧重于有局限的理解和构词,而不是造句组段构篇。②毫无疑问,无论字本位、词本位的分析多么精细,教法多么高妙,都未必能构造出一篇合格的作文来。因为从字到词(字组),再到句,再到段、篇,每个层次都有自己的"浮现"特征,而这些特征是不能通过简单的字、词加上组字规则、组词规则所能说明的。就篇章而言,字本位无从作为,词本位小有作为,词组本位、句本位等颇有作为,但都无法大有作为。③

从根本上说,本位观都不是一种整体论,而是一种还原论。在教学中是需要还原论的,整体论会模糊我们对问题的看法,会使我们无从着手。还原论不是不要整体,而是将整体分析为部分加规则。但任何还原论都有简单化的倾向,将复杂问题简单化有时是策略的需要,但终究是有限的策略。

因此,我们可以说,教学本位观中的还原策略既有必要性,又呈现出不充分性。必要,是因为特定教学单位(语言单位)、特定教学阶段的独特性;不充分,是指语言单位的层级性,每个单位的构式性特征决定了语言单位之间的不完全推导性。而

---

① 孙德金(2011)论述了对外汉语教学中"词"作为一级教学单位的现实性和必要性,同时对字本位理论否认汉语"词"的存在的观念及其论证方式提出了质疑。

② 跟字本位相关度比较高的是语素本位,但汉字和语素并不相同。语素是语言系统的基本单位;而汉字,在一般理解中属于文字系统的结构单位,字本位理论则认为它是语言单位。所以,有学者强调:"'字本位'是语言学理论,不是文字学理论。"(潘文国,2002)就一般理解而言,语素内部无法再分析出下位结构了,而汉字除了独体字外都可以分析出结构成分;字本位虽然强调它是语言单位,但在理解字义时,常常会借助于对汉字结构的分析。学习语素只能是整体性地学,而学习汉字一般都是从结构成分(笔画、部件或偏旁)及其关系入手的。

③ 就对外汉语教学而言,词本位、词组本位有相当多的交叠之处。教学中的词本位实际上也主要关心在词语习得的基础上组词造句的问题。

且,不同教学阶段、不同教学内容、不同课型对语言成分的构式性特征及其程度的认识存在着一个动态发展的过程,因此,问题的关键不在于是否需要还原(绝对需要),而是还原到什么层次,如何还原,多大程度上还原,还原后的效应和局限如何。也就是对还原论施加必要的限制,为还原划界。这是任何本位论者所必须思考的问题。教学中的还原,并非要还原到某个单一层次、在每个阶段采取同样的还原,而是要逐层还原、逐阶段还原,每个层次、每个阶段的还原都要考虑到特定层次、特定阶段所体现的构式性特征。然而,各个本位观目前对此并无明确的分析。

(五)教学本位的绝对性和相对性

由上可知,在教学中确立一定的教学本位是绝对必要的,它有利于在特定阶段、针对特定内容有针对性地突破教学中的重点和难点问题。然而,也正因为教学阶段、教学内容的差异,采取任何教学本位都是策略性的,具有相对性。就教学本位的相对性这一点来说,它又是绝对的。

各种教学本位观都各有所长,但同时又各有所短。"长"在自己所处的层面及相邻层面的相对规则性的部分;"短"在更高或更低的层面及相邻层面的难以规则化的部分。也就是说,任何本位观最方便处理的对象是该本位观所立足的语言层次(尤其是该层次中的典型现象),然后相对方便地旁涉上一个层级和下一个层级,而对更高层级和更低层级的语言现象,在处理时都明显地力有不逮。没有贯通整个教学过程、适应所有基本教学内容和任务的教学本位。从汉字书写角度考虑,字本位当然是唯一有效的;从理解字义、组字构词的角度,字本位也是相当有效。但字本位观的目标并不局限于此。然而,当它试图将这种本位意识扩展到短语和句子层面时,则往往力不从心甚至自不量力了。但这也不是说在这些层面,字本位就一点作用都不能发挥了。其实,字本位到了词语和句层面似乎更注重理解,而不怎么关心生成了(虽然字本位主张者未必同意这种看法)。[①]

[①] 有先生认为"'字本位'理论第一次真正提出了语言的'生成'问题"(潘文国,2002),恐怕言过其实,除非该理论对"生成"做出仅限于自己理论所理解的界定。如若将生成理解为"积字成句",那么在提高词汇学习效率方面,字本位还是有很强的理论价值和现实意义的。但该文指出,"字本位"的立论基础之一是梁代刘勰的"夫人之立言,因字而生句,积句而成章,积章而成篇",认为"这才是一个完整的'立言'的生成过程"。其实关键不在于认识到这种具有层级关系的单位的组合形式,而在于如何规则化地去描写和解释整个语言系统。没有系统的规则化的说明,没有对整个语言系统的描述,就很容易流入简单的思辨阐述中。其实,刘勰的说法是一种文学性的表达,就结构系统的"生成"而言是一种极其模糊的认识,没有提供任何生成的规则说明。正如陆俭明(2011)指出的那样,"'字本位'理论在解决汉语语法难题方面的优越性尚未得见"。理论研究的字本位如此,对外汉语教学中的字本位也是如此。潘文还指出,"我们认为至少就汉语而言,'词本位'与'字本位'的最大区别之一就在于一个是静态的研究,一个是动态的研究"。这种论断恐怕也不能为人所接受。

生成和理解毕竟是运用有所不同的认知策略和交际策略。不仅字本位有这方面的问题。像"了、着、过"、"把"字句等汉语教学中的老大难问题,以及各个大大小小、或紧或松的语块,都不是字本位、语素本位、词本位所能解决的。还有先生从语法不教什么入手,提出对外汉语语法教学的原则,其中之一是"属于词汇范畴的不教"(孙德金,2006)。由此推开去,不仅是语法教学,其他层面的教学都需要考虑教什么和不教什么的问题。有学者特别强调语段/篇章教学的性质和地位(彭小川,1999;郭颖雯,2003;张宝林,2006;陈晨,2006,2008;吕文华,2012),还有先生区分"说的汉语"与"看的汉语",认为两者适应的教材和教法都应该有所不同(赵金铭,2004),也是有这方面的考量的。这些虽不是直接讨论教学本位问题,但毫无疑问,它显示了不同本位的教学原则和策略的差异。

相对而言,词组本位特别强调句法和语义的透明度问题,因此在规则化方面做得比较充分,充分展示了规则所体现的透明性。而且在吸收新的理论成果方面,词组本位也相对积极。就其理论构建过程而言,词组本位实际上主要呈现为一种规则观。但构式理论、语块理论的出现,对词组本位实际提出了某种挑战。而且词组本位在处理字本位、词本位所面对的基本问题时,往往也捉襟见肘。如何将构式观、语块观和规则观结合起来,如何将不同层级的本位观结合起来,可能是所有本位观所面对的根本问题。

因此,在语言教学中,针对具体教学内容、在特定的教学阶段,采取特定的还原策略是必要的,但同时要考虑到,任何形式的还原都是不充分的,更不是只有还原到某个层面才能解决所有问题、只要还原到某个层面就能解决所有问题。任何本位观都必须面对什么阶段教什么和怎么教才相对有效的问题。

三、对外汉语教学本位观的现实问题

在上文对教学本位所蕴含的本体论承诺和方法论原则分析的基础上,这里再进一步结合特定本位观的倡导者和支持者对其所作的辩护来说明本位观所面对的现实问题,进而提出新的本位认识及其分析策略。

(一)当前关于本位问题所采取的辩护原则

在对外汉语教学与研究中,凡是提出了某种教学本位,自然就认为以此为起点的教学和研究相对于其他教学本位而言具有更大的适应性、概括力和解释力。因此,为之做出辩护是其义不容辞的义务。

综观当下教学本位倡导者所做的辩护,基本上都是采取证实的方式,常常通过举出一些实例,以此说明采取某个教学本位就能较好地解决教学问题,而采取其他教学本位则费时低效。

然则,这样的辩护往往是只见其一,不见其二,只见到或构建对自己有利的证据,而见不到或者忽视甚至有意回避对自己不利的证据。其实,就现代科学和科学哲学的基本论证理念而言,作为科学的辩护,既需要"证实"(confirmation),也需要"证伪"(falsification),甚至说更需要证伪。举几个适合于自己假说的例子并不难,而要驳斥那些不利于自己假说的情况,则殊为不易。证伪法作为一种方法论,不是指要证出理论、假说是伪的,而是说任何理论和假说都有自己的边界,越出这个边界,理论和假说就是伪的了。因此,建构理论、提出假说,一个重要的目标就是明确划定理论或假说的边界。也就是说,不但要指出该理论或假说能做什么,还要明确指出它不能做什么。如果只从证实的角度来考虑,便不容易发现自身的局限,往往会夸大该理论或假设的效度。极而言之,甚至有无限夸大的可能性,以为自己所倡导的理论就是最佳理论,能面对和解决所有问题。

这里以对外汉语教学中的字本位教学为例。就目前的实际情况而言,有些学者坚持比较彻底的字本位观,认为对外汉语教学就得从字本位出发,而且字本位能解决其他本位根本无法解决的问题。当然,毫无疑问,其他教学本位观确实难以解决跟汉字教学相关的某些问题①,但不能因此认为字本位就能充分解决词本位、句本位等其他本位中所能有效解决的问题。我们这里可以列出几条,字本位教学解决起来似乎比较困难。如:① 如何利用"家"的字义来简明地理解"人家、大家(书法大家、大家闺秀)、作家、国家"的含义并有效地使用它们?如何

---

① 字本位教学法的根本目的当然不只是教汉字,而是把汉字看作汉语教学的基本单位,试图在讲清汉字形、音、义的基础上,可以比较方便地讲解和学习由汉字构成的单位了(张朋朋,1992)。正是基于此,主张字本位观的人便将"怎样处理'字'这一语言教学单位"视为"汉语教学中最根本的问题"(白乐桑,1996)。这样的理解,我们推测,也许是基于汉字所具有的这样一些基本特点:(1)汉字的表意性;(2)数量的有限性;(3)构词的能产性;(4)词义的相对透明性。这种观念有其合理和有效之处,尤其是在长期采用词本位而忽视汉字在教学中的地位和作用的背景之下。但不能因此就可以说"现在越来越多的人都认识到汉语句法结构的基本单位是'字',而不是'词'"(贾颖,2001),甚至主张对外汉语教学应由"字本位"更进一步地向"字中心"教学路子作战略转移(张德鑫,2006)。其实,字本位在彰显汉字构词具有一定生成能力的过程中,并没有充分考虑到这样一些重要问题:(1)汉字表意的局限性;(2)字和义的非完全对应性所带来的组合上的复杂性;(3)因字构词的有限组合性;(4)习得字和习得词的交互递推性;(5)词义的不完全透明性(更不用说虚词的意义和用法了);(6)字的功能对词的功能不具有充分的预测性;(7)比词更高的单位,跟字的关系更加疏远了。我们注意到,凡是主张字本位教学法的,基本上都是在字和词的关系上做出说明,而很少超出词的范围在短语、句子的层面上论证其生成能力。然而,汉语习得不是甚至主要不是字和词的习得问题(当然,这样说并不意味着忽视了字和词习得的重要性)。

让学生明白两个及物动词"教"和"学"组成的"教学"却成了不及物动词,两个及物动词"买"和"卖"组成的"买卖"却成了名词? ② 知道了"了、着、过"的字义(其实这是何其困难的事),如何说明"了、着、过"的用法? ③ 知道了"把"字及相关字与字组的意思,如何说明"这本书把他读傻了"的结构和用法? ④ 如何说明"阅读报纸、阅报、读报、读报纸"都可以说,而单单"阅读报"就不行? ⑤ 如何说明"张三打了他"中的"他"不能指张三,"张三打了(他)自己"中的"(他)自己"可以且必须指张三,而"张三说李四打了自己"中的"自己"可以两指? 这些问题恐怕都不是通过调整字本位的理论本身所能解决的,因为它们从根本上说就不是"字"的问题,无论我们如何调整或扩大对"字"的理解。同样,它们恐怕也不能用词本位加以解决。

目前的字本位理论还缺少实证方面的研究。王骏(2005)在"字本位"的背景下做了专题实证研究,但刘颂浩(2006)认为这项研究从实际过程来看仍然没有脱离词本位的框架。也就是说,字本位,目前在有效的辩护方面,做得还不够。

其实,语言系统中的很多现象(甚至可以说是绝大部分现象)都是"跨层次交互作用"的(interactive),都是"不同界面"(interface)的语言单位相互作用的结果。例如在韵律语言学背景下,有人通过实验证实了下列各个句子在可接受程度方面有差异(邓丹、石锋、冯胜利,2008):

(1) a. 学生**看清晰**了黑板上的图像。(黑板上的图像已经看清晰了。)
　　b. 学生**看清楚**了黑板上的图像。
　　c. 学生**看清**了黑板上的图像。
(2) a. 班长**讲明确**了对方的来意。(对方的来意已经讲明确了。)
　　b. 班长**讲明白**了对方的来意。
　　c. 班长**讲明**了对方的来意。
(3) a. 保安**关严密**了单位的大门。(单位的大门已经关严密了。)
　　b. 保安**关严实**了单位的大门。
　　c. 保安**关严**了单位的大门。

每组中例(a)都不能接受,例(c)一般都能接受,例(b)有的能接受,有的不能接受。显然,这不是单纯的字(字形、字义和字组等)的问题,也不是单纯的词法(词和非词、双音节词和三音节词)的问题,同样也不单纯是句法的问题,而是词法、句法和韵律相互作用的结果。其中,就划线动补结构的补语而言,例(a)是"音足调实"的双音节补语;例(b)是带轻声的补语;例(c)是单音节补语。三者在音节长度上的显著不同决定了它们带宾语的合法度上的差异。

我们之所以举这个例子,只是想说明,目前提到的任何教学本位可能都解决不了这个问题,因为它是一种界面交互现象,是韵律、词法、句法交互作用的结果。而我们又不能回避这个问题的存在。而且这个现象跟汉语的话题句、"把"字句、"被"字句、受事主语句等也有一定的关联。

我们坚持某个教学本位,论证时不能总是在概念上打转转,甚至打语录仗;也不能只是举几个听话的例子。考察各种本位观的理论意义和实践价值,关键就是看其解决问题的能力:解决什么问题,如何解决问题,还有哪些问题不好解决甚至无法解决。对特定本位观的分析,既要有证实的辩护,还得有证伪的说明。在讨论教学本位时,面对批评,必须要考虑:对方能解决的问题,自己是否能够解决,是否更经济地解决了。要勇敢地面对别人举出的"反例",然后尝试寻找解决的办法。否则,是无法说服人的,也难以彰显自身解决问题的能力。对任何本位观,都要听其言,观其行;不但观其所行,还要观其所未行;不但要观其所易行,还要观其难行及未行之处。对任何理论都是如此。实际的效果是检验特定本位活力的根本标准。一个现实问题是,我们没有恐怕也无法根据字本位来编一本学汉语的词典("字组典"?)和语法手册("字法手册"?),同样没有恐怕也无法根据词本位或其他本位编一本功能性字典。其实,即便是字本位,目前也没有编出一本功能性的"字"典。对语言教学而言,我们要的不仅是理论的辩护,更重要的是操作性的指导和帮助。有先生以"计算"的眼光来审视汉语语法研究的"本位"问题时指出,"研究能否取得成果,重点不在于选择什么'本位',而在于我们对语言成分本身认识到了什么程度"(詹卫东,2005),语言教学也是如此。

目前经常出现的现象是对传统教学模式的批评。然而通过对当下提出的一些教学本位观的分析,我们发现,当人们批评传统教学模式的失败之处时,较少针对具体论点的分析,不太注意基于自身理论提出相应的解决策略,所做的批评常常是印象式评说。印象式评说,空灵的指责,只能逞一时之快,并不能说服他人,难以引起真正的讨论。

(二)语言教学过程中需要建立分层次的综合本位观

前文已经指出,所有的本位,首先在解决该本位所在的语言层次时比较方便,其次是可以解决该层级单位的上一层级的某些问题,而对下一层级单位的认识也有一定的影响力。随着层级距离的增大,其教学效果也就显著降低。即层级距离和教学效果成反比关系。如果再考虑每个层级的成分都有典型和非典型的差别,它们之间的关系将更加复杂。

如果这种认识是合理的,那么,在面对语言系统和语言交际时,坚持单一的教学本位观,便既有一定限度的合理性,但同时又有很大程度上的局限性。这是各种本位观所面对的基本现实,常为某些论证有意无意地忽略。任何理论和方法、策略,都是作用与局限相伴随的。如果坚持单一本位,并试图将它贯穿到教学过程的始终和教学的各个阶段、各种课型,无论是理论上还是实践上都是不可取的。

对外汉语教学过程是循序渐进、螺旋递升的,教学内容和教学手段都体现出阶段性和整合性特征,使我们需要分层次的"综合本位观"(stratified integrated unit-based view)。综合本位不是片面地要求机械地同时使用各种本位,而是根据语言学习的步骤和语言能力发展过程选择性地使用相关本位,不同本位相互作用,交相为用;同时也不排斥在某个核心阶段、某个核心任务上,需要采取单本位策略以求得定向突破的效果。因此,这种分层次的综合本位观,从根本上说,就是具有整合观念的习得视角,也是基于因材/才施教理念的教学策略。赵金铭(1996)指出,在对外汉语语法教学中,初级阶段只需教最基本的语法形式,使习得者具备区分正误的能力;中级阶段侧重语义语法的教学,使习得者具备区别语言形式异同的能力;高级阶段侧重语用功能语法的教学,使习得者具备区别语言形式之高下的能力;并进而指出"三个语法教学阶段是一个完整的体系",后一阶段是对前一阶段的"继续、深化和出新,在讲授内容上照顾到内部有机衔接和整体的融会贯通"。显然,这样的认识跟分阶段、有侧重、相配合的本位理论在根本精神上是一致的。

分层次的综合本位观的具体内容到底如何,需要进一步探讨,这里只就宏观方面做些说明。具体说来,它可以从纵和横两个层面来认识。纵的方面,即根据语言系统构造的层次性和教学过程的阶段性而依次采取主导性的本位策略,并辅之以上下层次的教学本位。如前所述,各个层次的语言单位都有"构式性"特征,而这正是教学本位存在的必要性和可能性的基础,因此需要建立相应的教学本位。[1]

---

[1] 史有为(2009)在梳理了学界对"本位"理解的种种歧见之后,指出:"本位不是科学研究所必需的唯一选择。……因此之故,质疑'本位'就毫不奇怪,也就非常需要了;也因此之故,放弃对'本位'的追逐实质上可能就是一次思想解放。"

但是各个层次的语言单位跟上下级单位之间又在一定程度上有规则性的组织关系,因此必然可以利用其他层级语言单位的本位策略来解决问题。这样,不同层级的教学本位自然就出现了有主有从、交叠存在的情况。我们观察了那些坚持单一本位策略的理论主张和实践过程,发现"言"和"行"常常并不合拍。这也能看出单一本位在面对不同阶段、不同教学内容时的困境。无论何种本位,甚至主张取消所谓的本位,都得处理语言系统各个层级的结构成分及其关系。

横的方面是将结构和功能结合起来。目前比较受重视的任务教学法,将语言教学目标分解为不同的教学任务,让学习者在参与、体验、互动中习得具体教学内容。这种干中学、用中学的教学模式显然特别强调语言功能的分析和交际场景的设置,从而将形式结构、语义功能语境化。显然,任务教学法的具体"任务"仍然跟特定本位相关联。冯胜利、施春宏(2011)提出的"三一语法"就试图将结构、功能、语境结合起来,每一个结构都有特定的功能,每一个结构和功能的结合体都有适切的语境。语言教学要同时将这三者结合起来,才能有效完成教学任务。这些探索虽没有打着教学本位的旗号,但实际上都体现出一种本位观的意识。

需要说明的是,倡导什么样的教学本位是与具体的教学目标相联系的,这个教学目标不能是笼统的整体目标,如提高汉语水平,提高语感,而应该是具体化、结构化的,如什么样的汉语水平,哪个方面的语感,达到什么程度等。就此而言,提倡建立分层次的综合本位观,也是合乎语言习得的实际和语言教学的基本要求的。就对外汉语教学的阶段性而言,越是初级阶段,需要突破的越是较为初级的单位,如字、语素、词;而到了中高级阶段,句式、语段/篇章便逐步成为基本教学任务了。如篇章教学法在虚词教学方面显然比字本位、词本位、语素本位、短语本位等要相对有效一些。而且到了中高级阶段,较为初级的本位策略往往已经内化为语言习得者的一种基本能力了,因此综合运用的空间就更大了。这不是说教学阶段跟语言单位层级一一对应(实际上即便是初级阶段,也有句式、语段/篇章的某方面教学任务),而是说在有所兼顾的基础上有所侧重,形成面和点的有效结合。

其实,我们的教学和研究的实践也常常是采取这种多层次的综合本位观的。如白乐桑、张朋朋编写的《汉语语言文字启蒙》(法国 La Gompagnie 1989 年出版;中文版由华语教学出版社 1997 年出版),在简介中作者说该教材采取的是"字本位教学法"。然而刘颂浩(2006)、施正宇(2010)认为它的字本位中结合了词本位的策略。白乐桑本人后来对此也有认识:"我基本赞同陆先生的观点。字本位不等于教字。以前教字的教材还是词本位的。"①很多人批评传统的教学法是词本位教学,其实也不尽然。它实际采取的是"词本位+规则本位"并一定程度上兼顾字本位。如传统教材的内容一般包括课文、生词、注释、练习,其中的注释,很多都是关于规则和用法(尤其是特殊用法)的,后面的练习也大多是关于规则的。传统的基于行为主义的操练法也是以规则本位加词语替换为主的。不要看到"生词"在教材中作为一个部分出现就认为该教学法是唯词本位的。其实,凡是基于语言系统中间层次的本位,都必然是一种承上启下的本位,教学策略就是要立足于此并能使它变得进可攻,退可守。

从初级到高级整个教学过程来看,分层次的综合本位观,实际是在主张这样的教学本位策略:有本位,并根据特定阶段特定目标特定内容而有侧重,而并非超时空地唯某个本位;有的目标只有综合本位才能实现;而且大多数目标常常需要综合本位才能实现。每个本位都有它最擅长解决的地方,也有不擅长解决和无法解决的地方,正如各不相同的语言学理论一样。从原则来看,没有包打天下的理论,也没有大一统的、独步天下的、以不变应万变的教学本位。这跟"教学有法,但无定法,贵在得法"在基本精神上是一致的。不妨模仿着这样说:"教学有本位,但又无适应一切教学内容和过程的本位,贵在选择适切的本位。"分层次的综合本位观的基本精神就是分目标、分阶段、分内容、分课型地采取不同的本位策略。无论是本体研究还是语言应用和教学研究、教学实践,本位问题都只是策略问题,而不是原则问题。而坚持某个单一的本位,实际上就是把它当作原则性的问题了。然而,将策略看作原则,这个原则实际上就有了问题,只能成为加引号的原则了;强硬地坚持某种本位必然会使我们看不到引号之外的东西。当然,回过头来说,就特定的教学过程或内容而言,选择了某个本位,就带有原则性的东西了。我们通常说要以培养能力为目标,这没有错,但能力必须有所寄托。就语言能力而言,能力也是分层次的,策略是逐步适应的,有原则性也有灵活性。所有的教学和研究,其根本都是问题驱动的,因此寻找问题解决策略就成了关键。就此而言,解决"什么问题"很关键,而所有的本位都是跟这个根本问题相联系的,如何使具体教学本位到位地使用是本位观存在的基础。

(三)加强元语言意识与教学本位之间关系的研究

既然分层次的综合本位观强调对外汉语教学的阶段性和整合性,那么哪个

---

① 参见彭泽润、潘文国(2010)中白乐桑的发言。

教学阶段、什么样的教学内容适合什么样的本位就成了问题的根本了。前面已经指出，语言系统的每个层级的语言单位都有一种"构式性"特征，因此都可以作为教学本位的立足点。这样问题也就变成了：在什么阶段学习什么语言单位，掌握该语言单位怎样的一些内容，哪些内容需要同时学习或交互式学习。

解决问题的关键就是对特定语言单位、语言结构的元语言意识的考察和分析。所谓"元语言意识"（metalinguistic awareness），简单说来就是对整体及其部分的辨识和对整体与部分之间规则性操作的认识。如语音意识，包括音节意识、声调意识、声母意识、韵母意识、音位意识。甚至还有更具体的，就汉语学习而言的塞音和塞擦音的送气意识、舌尖后音的翘舌音意识等；普通话背景学生学习英语辅音时的清浊音区分意识等。

具体教学本位的确立和实施应该跟习得者某种元语言意识的出现和发展相关联。没有元语言意识的实证分析，任何教学本位的提出和实施都缺少充分的基础。而对当前汉语习得中元语言意识的研究现状，我们曾做过一些分析，发现基本上都集中于汉字（如形声字的声旁意识、形旁意识及表音表意线索的意识、正字法意识等）、语音（如声调意识、音位意识等）等领域，语素层面和词汇/词法层面（如语素意识、复合词构词法意识、词汇结构意识等）的研究也有一些；句法意识方面的研究较少，基本上还处于面上的说明；而关于"构式意识"（constructional awareness）的研究则基本上没有开始（施春宏，2011）。因此，需要加强汉语元语言意识，尤其是句法意识、构式意识发展过程的实证性研究。由于各个层面都具有独特的特征，因此这些层面的元语言意识显然跟汉字、语音、词汇/词法层面元语言意识的表现方式和呈现过程并不相同，而这就需要我们在研究观念和方法上作出创新。而且还需要考虑元语言意识形成和发展的方式，也许有的元语言意识是独立发生的，有的是伴随发生的，有的则是互动发生的。这决定了我们采取教学本位时要强化针对性，或以某个单一本位为主，或实施某些本位时有主有从，或在相关本位配合实施时交相为用。在某个阶段某种元语言意识开始萌芽时，就要强调某种"本位"教学；如果在某个阶段某种元语言意识已经基本形成，那么对该语言单位及其关系的教学就不再需要作为重点。有研究指出，中高级汉语水平学习者，汉字的正字法意识已经基本形成（冯丽萍，2006），部件意识和部件位置意识都已经具备了（郝美玲，2007），那么中高级阶段的汉语教学就应不再以汉字教学为重点了，新见汉字的学习可以更多地由学习者自己强化完成。如果某几种元语言意识综合体现在某个教学过程中，那么就要采取综合的本位教学模式,整合相关内容。

就各级各类语言单位的元语言意识研究而言,大体说来可以包括这样一些内容:该层级语言单位的心理现实性,对该层级语言单位形义之间关系的意识,结构或规则的透明度对习得的影响程度(这跟习得该层级单位时是整体表征还是分解表征直接相关),该层级语言单位所包含的"原型构式"(prototypical construction)的意象图式的构建过程,在元语言意识形成过程中自上而下和自下而上的互动方式,元语言意识形成和发展(即在什么时候、哪个阶段、什么水平上具备哪种类型的元语言意识),元语言意识的形成与语感培养的关系等。实际上,就汉语词汇、句法、语段/篇章的元语言意识而言,重要的就是了解习得过程中习得者何时及如何处理形式和/或意义及其关系的问题。如在习得复合词的过程中,有的研究者认为复合词是以整词形式表征的(如 Monsell, 1985; Fowler, Napps & Eldman, 1985);而有的学者认为并非如此,复合词习得中存在着词素分解表征的证据(如 Taft & Forster, 1975; Marelli, Crepaldi & Luzztti, 2009; Juhasz & Berkowitz, 2011);还有的学者认为是整词表征和词素表征相互激活的混合表征(Caramazza, Laudanna & Romani, 1988)。其实,暂不论其实验的具体情况,仅就语言学理论而言,如果一个语言单位内部是有结构关系而这些关系又是受到规则制约的(这是显而易见的),那么说这种结构关系对习得结构整体没有影响,这是无法想象的。就汉语习得而言,在字本位看来,整词表征必然是一个伪命题。当然,如果我们考虑到整词中的"构式性"特征的话,整词表征在这个层面上也有一定的启示性。也许综合表征更适合汉语教学实际。当然,就具体的构词类型而言,整体表征的形式或许也是存在的,如汉语的单纯词以及在复合词中构词成分和关系的透明度几无的情况下。这就必然要求我们探讨结构关系信息在习得过程中的作用问题,而这方面的研究自然对探讨特定单位的元语言意识的形成和发展具有重要的作用。实际上还有这样的情况,即便从语言系统本身来看,某些词的内部形义关系是透明的,但就学习者个体的既有知识和能力而言,这种透明性未必为学习者所了解和掌握,因此也完全可能采取整词表征的习得策略。在习得该词及相关内容后,由于对其内部形义关系产生的新认知在习得新的同类现象时有效利用类推的策略,此时就又可以看作是分解表征在发挥作用了。

当前的对外汉语教学(尤其是语法教学),对初级阶段和中级阶段的教学比较关注,实际上学界关于教学本位的争论也大多在这个层面上展开。然而,中高级阶段的教学尤其是语法教学教什么、如何教,一直存在着很大的问题,以致"语法教学实际上从中高级阶段开始就中断了"(吕文华,1994/2008)。对此,施光亨(1990)早就指出:"几十年来,语言教学法的理论和方法在不断发展之中,就总体而言,它们多数比较适用于初级阶段。中高级汉语教学如何吸取这些理论方法中有用的东西,总结自身的经验,逐步形成自己的教学法,有待我们去探索。但无论如何,研究汉语的内部规律,确定相应的指标,应该是我们的当务之急。"中高级汉语的语法教学尤其需要自己的"航标"。有先生在总结对外汉语语法教学理论和实践的基础上,概括出"句型为体,字词为翼"的教学思路(李芳杰,2000),但这也主要是针对初中级的语法教学而言的。显然,中高级汉语语法教学缺少初中级汉语教学所具有的明确的教学目标和教学内容,一个很重要的原因就是我们对进入句层面之后的语言教学观念和方法探讨得并不充分,对更高层次语言单位的元语言意识基本上没有什么探讨。我们曾提出在这个阶段要加强句式意识、篇章意识等构式意识的培养(施春宏,2011),或者说需要采取相应的构式本位的教学策略,就是基于人们对这些构式类型的形义关系复杂性的认识。要想准确地习得句式、语段/篇章,仅仅从形式上加以分解,或者辅之以抽象的句式意义、语段/篇章的衔接和连贯的说明,这是远远不够的,还需要对特定句式、语段/篇章类型的语境适应性的分析。这是教学工作面对的难题,也是本体研究的重要课题。而何种类型的构式意识在什么阶段形成,其发展过程如何,构式中的形义关系对构式习得的影响,构式的"构式性"特征和非构式性特征在构式习得中的关系,都是构式意识所要关注的重要论题。由于构式理论(以及相应的语块理论)的观念是近些年才引入语言教学中的新理论,人们对这方面的认识尚不够深入,因而具体的成果还比较少。但这个问题不解决,中高级阶段的语言教学的瓶颈就难以突破,我们就一直难以找到具体的航标。

四、结　语

目前我们对各种本位观的论述很多还处于概念层面上的说明,在论证具体本位的效度时基本上都采取证实的辩护策略,而对各种本位观的建构原则、教学策略、具体目标、评估体系、测试手段、反馈机制等还缺少深入的探讨。

本文对教学本位的分析是基于各层级语言单位的构式性特征和非构式性特征之间关系以及语言教学过程中存在整合效应的认识,认为单一的教学本位观在特定的教学阶段、针对特定的教学内容是有一定的效度的,但绝不是充分的,所有的教学策略都是根据具体的教学对象、内容、场景而选择的。凡是将一个完整过程分段处理的,都只能是一种过渡性的策略,有一定的效度和方便之处;但若因此而认为基于某个片段、某个侧面的教学和习得就能代替整体的教学和习得,显然是失之片面的。由此本文提出分层次的综合本位观。这种本位观的基本观念合乎语言构造和语言学分析的基本原则,合乎语言习得过程中的认知经验和发展过程。因此本文分析了提出这样的本位观的理论蕴涵和现实意义。限于篇幅和目前的研究所限,本文对此并没有展开论述,对其具体操作过程更没有涉及。

另外需要说明的是,很多主张某一教学本位的论述中,实际上对"本位"和"意识"并未加以区别,从而将教学过程中所具有的某种语言单位意识简单地当作本位策略来看待了。其实,很多所谓的本位观,实际上就是基于某种语言单位的一种立足点,一种视角,一种教学策略。而且,即便主张某本位,和实际是否完全按其主张去运作,有时是两回事;一个人在教学方面的成功,跟他所主张的某种本位观,也未必存在着严格的对应关系。同时我们也应该意识到,研究者和教学者对本位的要求实际上并不一致。研究者可以只管一小块,因而可以采取单一本位;而教学者实际面对的是具有层级关系的语言文字系统和不断发展递升的语言习得过程。这也是我们提出分层次综合本位观的一个现实基础。

而要想真正地认识到在什么情况下采取某种教学本位效度较高,什么情况下需要采取综合性的教学本位,就需要对各种类型的元语言意识展开深入的研究。然而,目前关于习得过程中的元语言意识研究,基本上都局限于词和词层面以下的语言层级。对外汉语教学界对汉语教学本位的认识也大体与此相适应。显然,这对说明语言习得的发展过程而言是很不充分的。如何进一步探求词层面之上语言单位习得过程中的元语言意识问题,是摆在我们面前的一项迫切的任务。

参考文献:

白乐桑:《汉语教材中的文、语领土之争:是合并,还是自主,抑或分离?》,《世界汉语教学》1996年第4期。

陈晨:《近十年对外国学生习得汉语篇章的研究述评》,《海外华文教育》2006年第4期。

陈晨：《对外汉语语篇教学研究：回眸与思考》，《海外华文教育》2008 年第 2 期。

邓丹、石锋、冯胜利：《韵律制约句法的实验研究——以动补带宾句为例》，*Journal of Chinese Linguistics*，2008 年第 2 期，第 195—210 页。

冯丽萍：《外国留学生汉字正字法意识及其发展研究》，《云南师范大学学报（对外汉语教学与研究版）》2006 年第 1 期。

冯胜利、施春宏：《论汉语教学中的"三一语法"》，《语言科学》2011 年第 5 期。

管春林：《"字本位"与"词本位"教学方法结合质疑——兼与刘颂浩先生商榷》，《暨南大学华文学院学报》2008 年第 4 期。

郭颖雯：《篇章语言学与语段、语篇口语教学》，《语言教学与研究》2003 年第 5 期。

郝美玲：《留学生汉字正字法意识的萌芽与发展》，《世界汉语教学》2007 年第 1 期。

何清强：《论第二语言汉语教学语法的"本位"》，《汉语学习》2006 年第 2 期。

贾颖：《字本位与对外汉语词汇教学》，《汉语学习》2001 年第 4 期。

李芳杰：《句型为体　字词为翼——关于对外汉语教学语法体系的思考》，《第六届国际汉语教学讨论会论文选》，北京大学出版社 2000 年版。

刘颂浩：《对外汉语教学中的多样性问题》，《暨南大学华文学院学报》2006 年第 4 期。

刘颂浩：《关于字本位教学法和词本位教学法的关系》，《华文教学与研究》2010 年第 1 期。

陆俭明：《我关于"字本位"的基本观点》，《语言科学》2011 年第 3 期。

吕文华：《对外汉语教学语法探索》，北京语言学院出版社 1994 年版；增订本，北京语言大学出版社 2008 年版。

吕文华：《语段教学内容的选择和分布》，《语言教学与研究》2012 年第 1 期。

潘文国：《"本位"研究的方法论意义》，《华东师范大学学报（哲学社会科学版）》2002 年第 6 期。

彭小川：《对外汉语语法课语段教学刍议》，《语言文字应用》1999 年第 3 期。

彭泽润、潘文国：《"词本位"还是"字本位"有利于汉语语言学？——第一届"汉语独特性理论与教学国际研讨会"学术观点综述》，《通化师范学院学报》2010

年第 9 期。

蒯因：《从逻辑的观点看》，江天骥、宋文淦、张家龙、陈启伟译，上海译文出版社 1987 年版。

施春宏：《网络语言的语言价值和语言学价值》，《语言文字应用》2010 年第 3 期。

施春宏：《语言事实和语言学事实》，《汉语学报》2010 年第 4 期。

施春宏：《面向第二语言教学汉语构式研究的基本状况和研究取向》，《语言教学与研究》2011 年第 6 期。

施光亨：《中高级汉语教学呼唤"航标"》，《语言教学与研究》1990 年第 4 期。

施正宇：《词·语素·汉字教学初探》，《世界汉语教学》2008 年第 2 期。

施正宇：《从汉字教学看对外汉语教学中的本位问题》，《民族教育研究》2010 年第 6 期。

史有为：《"本位"梳疑》，《语言科学》2009 年第 4 期。

孙德金：《语法不教什么——对外汉语语法教学的两个原则问题》，《语言教学与研究》2006 年第 1 期。

孙德金：《从汉语作为第二语言的角度看汉语"词"的问题》，《玉溪师范学院学报》2011 年第 5 期。

王骏：《在对外汉语词汇教学中实施"字本位"方法的实验报告》，《暨南大学华文学院学报》2005 年第 3 期。

王红君：《"字本位"理论与对外汉语文教学模式研究》，北京语言大学硕士学位论文，2007 年。

袁毓林：《语言学范畴的心理现实性》，《汉语学习》1993 年第 4 期。

詹卫东：《以"计算"的眼光看汉语语法研究的"本位"问题》，《汉语学报》2005 年第 1 期。

张宝林：《汉语教学参考语法》，北京大学出版社 2006 年版。

张德鑫：《从"词本位"到"字中心"——对外汉语教学的战略转移》，《汉语学报》2006 年第 2 期。

张朋朋：《词本位教学法和字本位教学法的比较》，《世界汉语教学》1992 年第 3 期。

张朋朋：《谈"字本位"的内涵》，《汉字文化》2005 年第 4 期。

赵金铭：《对外汉语语法教学的三个阶段及其教学主旨》，《世界汉语教学》1996 年第 3 期。

赵金铭：《"说的汉语"与"看的汉语"》，见赵金铭主编：《汉语口语与书面语教学——2002 年国际汉语教学学术研讨会论文集》，北京大学出版社 2004 年版。

朱德熙：《语法分析和语法体系》，《中国语文》1982 年第 1 期。

朱德熙：《语法答问》，商务印书馆 1985 年版。

Caramazza, Alfonso, Alessandro Laudanna, Cristina Romani (1988), Lexical access and inflectional morphology. *Cognition* 28, 3: 297—332.

Croft, W. & D. Alan Cruse (2004), *Cognitive Linguistics*. Cambridge: Cambridge University Press.

Fowler, Carol A., Shirley E. Napps, & Laurie B. Feldman (1985), Relations among regular and irregular morphologically related words in the lexicon as revealed by repetition priming. *Memory & Cognition* 13, 3: 241—255.

Goldberg, Adele E. (1995), *Constructions: A Construction Grammar Approach to Argument Structure*. Illinois, Chicago: The University of Chicago Press.

Goldberg, Adele E. (2006), *Constructions at Work: The Nature of Generalization in Language*. Oxford: Oxford University Press.

Juhasz, Barbara J. & Rachel N. Berkowitz (2011), Effects of morphological families on English compound word recognition: A multitask investigation. *Language and Cognitive Process* 26: 653—682.

Langacker, Ronald W. (1987), *Foundations of Cognitive Grammar. Vol. 1: Theoretical Prerequisites*. Stanford: Stanford University Press.

Marelli, Marco, Davide Crepaldi & Claudio Luzzatti (2009), Head position and the mental representation of nominal compounds: A constituent priming study in Italian. *The Mental Lexicon* 4, 3: 430—454.

Monsell, Stephen (1985), Repetition and the lexicon. In Andrew W. Ellis (ed.) *Progress in the Psychology of Language*, Vol 2: 147—195. Hillsdale, NJ: Lawrence Erlbaum Associates, Inc.

Taft, M., & K. I. Forster (1975), Lexical storage and retrieval of prefixed words. *Journal of Verbal Learning and Verbal Behavior* 14: 638—647.

方法谈：

在语言事实和学理逻辑的互动中建构理论体系

一、论文构思与写作

这篇文章的构思和写作，有三个大的背景或机遇：教材编写、课题研究、工具书编撰。

2004年我领命开始撰写《作为第二语言的汉语概说》（后由北京大学出版社于2009年出版），这本书是赵金铭先生任总主编的"汉语作为第二语言教学丛书"中的一本。在写作过程中，除了阅读本体研究论著和教材外，还阅读了不少有关汉语二语教学与习得研究的文献，其间发现了一个有趣的现象：学界经常讨论教学本位和习得本位问题，各持己见，各申其长，但彼此并不怎么认同。完成这本书稿后，我于2008年又领命撰写另一本面向第二语言教学的书稿《汉语基础知识（语法篇）》（后由北京语言大学出版社于2011年出版），这本书是刘珣先生和崔永华先生共任总主编的"国际汉语教师标准丛书"中的一部。由于是专门介绍汉语语法系统的基本知识，并涉及汉语作为二语教学的原则和策略，我便接触了更多的关于对外汉语教学本位观问题的探讨。梳理后发现，语法系统每个层级的语言单位都有被作为教学本位的情况，即便是汉字本位的倡导者也多立足于语法体系的建构来认识。这就很有意思了。当然，同时还有一些非语言结构系统的本位问题，如交际本位、能力本位等。就此而言，我直观地感觉到这里面蕴含着两个方面的大问题：一是语言事实问题，即语言系统到底是如何建构的，语言教学到底是怎样操作的，语言教材到底是如何编写的；二是学理逻辑问题，即这些不同的本位之间到底存在怎样的关系，有无更为底层的逻辑关系在影响着理论体系的建构，是否还有更高层面的语言观和方法论的制约。这两个问题认识不清楚，是很难在不同本位观之间取得共识的。为此，我还对面向第二语言教学的语言学教材做了较为系统的考察，并从编写原则和策略上做了一些思考，后来完成了一篇文章《面向第二语言教学的语言学教材编写中的若干问题》（刊于《语言教学与研究》2010年第2期）。

也就是在这段时间，我开始展开了对构式语法理论与应用的系统研究，并申请到教育部人文社会科学重点研究基地重大项目"面向第二语言教学的汉语构式系统研究"(项目批准号：10JJD740001)。构式语法特别强调构式特征的整体性和浮现性，这对充分认识各种"本位观"所面对的语言现象及其特征非常有启发。为充实研究基础，我又较为系统地对汉语构式(特别是句型句式和习语、框式结构这些传统研究非常关注的内容)研究基本情况做了个摸底，并完成了一篇论文《面向第二语言教学汉语构式研究的基本状况和研究取向》(刊于《语言教学与研究》2011年第6期)。这种考察促进了我对教学本位观的理论蕴含的思考。

还有一个动因，就是我2008—2009年间去哈佛大学跟随冯胜利先生从事博士后项目研究，主要工作就是在冯先生指导下探索"三一语法"的理论与实践问题。所谓"三一"，就是二语教学中要将教学语法点的内容从形式结构、功能作用、典型语境方面一分为三，同时在具体教学过程中又有效地合三为一。回国后便一直断断续续地在做"三一语法"的思考，除了与冯先生合作撰写论文《论汉语教学中的"三一语法"》(刊于《语言科学》2011年第5期)外，还基于"三一语法"的基本理念与冯先生一道编撰了一本面向二语教学的专著性工具书《三一语法：结构·功能·语境——初中级汉语语法点教学指南》(后由北京大学出版社于2015年出版)。

上面这些工作都是写作"本位观"这篇文章的基础，应该说，这篇文章的写作是水到渠成的事。由于有了这些丰富的基础工作，这篇文章的写作过程本身没有遇到多大障碍，大部分内容都在前面七八年间触及了，材料的收集和观点的整理已基本完成，接下来的工作就是按文章自身应有的逻辑向前推展。大概从开始整合到最后定稿，前前后后两年左右的时间，虽然中间某些局部内容有大的调整，但整体思路比较自然，论证过程比较充实，体系建构比较顺手，理论阐释也比较通畅。当然，文章肯定还存在这样那样的问题。相对于我的其他万字以上长文(此文2万多字)，这是写得比较快的一篇了。我最近完成的《跨层序列词法化的结构原理及词汇化表现》(与陈艺骞合撰，将刊于《世界汉语教学》2022年第2期)，从2011年开始构思，前后二十几稿，历时十年余。

二、论文发表之后

该文发表之后，受到了学界一定程度的关注。对外汉语教学/汉语国际教育/国际中文教育界著名学者也对本书的基本观点和研究路径有所肯定，这里摘引两则学界资深专家的评议。

赵金铭任总主编的商务印书馆"对外汉语教学专题研究书系(第二辑)"中有李泉先生主编的《汉语作为第二语言教学的教学理论研究》一书(商务印书馆,2019年),其中收有本文,作为该书第二章"教学理论研究:新视角与新观念"之第五节。在该书前言性"综述"中,李先生指出:

  文章内容宏富,分析透彻。可贵的是,文章不是孤立地观察对外汉语教学中的某一具体本位问题,而是结合语言学理论和汉语语法本位观来分析和评估对外汉语教学各种本位观,因而立论客观、通达。其中,强调本位的多元性和本位的综合性特征,尤其有助于减少不必要的分歧和执着,并为加强不同教学内容和层次上的本位研究提供了理论支撑。该文是对外汉语教学本位研究最具有理论色彩的重要文献。

崔希亮先生曾为笔者主笔的专著《汉语教学理论探索》(商务印书馆,2021年)赐序,其文《汉语国际教育研究的宏观视野》先期刊于《海外华文教育》2020年第1期。崔先生在文中写道:

  春宏十分重视理论的建构,例如他在讨论汉语教学本位观的时候,注意到了各种观点自说自话,因此他提出所谓本位在实际教学中并不呈现为"某某本位"这种名称,只是在教学策略上凸显特定教学内容的地位和作用罢了。各种本位看似复杂,其实它们处于特定的逻辑结构关系之中,形成一个可能的本位系统。……学者们各执一端,坚持认为自己的本位观就是最好的,从而排斥其他的本位观,这种做法是比较狭隘的。……我们的汉语教学理论,不光在理论上要合逻辑、要自洽、要有比较强的解释力,更重要的是在实践当中,要能真正管用、能真正解决问题。正如春宏所说的,"汉语教学过程是循序渐进、螺旋递升的,教学内容和教学手段都体现出阶段性和整合性特征,使我们需要'分层次的综合本位观'(stratified integrated unit-based view)"。

我自己也将这种"分层次的综合本位观"贯穿到我后来编写的各种面向汉语二语教学的语言学教材中。如我在基础教材《汉语纲要》(北京语言大学出版社,2018年)中将字本位写入其中(参见该书下册第四章第一节"语法概述"中对

"字本位"问题的专门介绍和讨论),认为将字本位放到语法体系中去认识似乎更合乎其本质。我认为,字本位也是一种汉语观,并将学界关于字本位的认识概括为:"汉语是以字为基本单位的语言(即字基语言),而并非以词为基本单位的语言(即词基语言)。"也就是说,字本位观中的"字",不仅指作为书写单位的汉字,也包括作为语音单位的音节和作为意义单位的概念,它是语音、语法、语义交织的枢纽。将"字本位"理论直接引入现代汉语基础教材并从汉语基本特点来认识,这在学界还是首次。我主笔的《汉语基本知识》系列教材(包括《语音篇》《词汇篇》《语法篇》《汉字篇》共四卷,北京语言大学出版社在2011—2020年间先后出版),也都是将这种"分层次的综合本位观"的观念渗透其中。与冯胜利先生合撰的《三一语法:结构·功能·语境——初中级汉语语法点教学指南》同样蕴含了这种观念。

三、研究随想

基于我们对汉语教学本位观的理论蕴涵及其现实问题的认识和探索,我们觉得下面几个方面或许对研究相关问题有些启发:

一是语言事实观察的全面性。学界关于教学本位观的争议,很大程度上是与如何认识语言事实的多层性和多面性、教学内容的层级性和教学手段的阶段性有关。如果侧重于某个层级、某个方面、某个阶段,自然容易强调单一的本位观或较为受限的复合本位观。单一本位观或复合本位观虽有一定的效度,但难以充分反映丰富的语言事实和面对复杂的教学内容,必然带来教学实践上的诸多困境和影响理论概括的广度和深度。

二是学理逻辑分析的必要性。学界在论证特定教学本位观的效度并批评别的本位观的局限时,往往并未基于充分的学理逻辑,而更多地采取以己之长攻人之短的策略。这本来无可厚非,但所见到的短长往往只是从单一本位所观照的单一语言要素出发,而且多从证实入手,证伪的论证手段少有关注。这必然影响了论证的效度。另一方面,如果将本位之争放到语言观、方法论高度来看,则更容易发现各种本位既存在差异性又有互补性,就更能得出合乎教学实践的认识。

三是理论体系建构的可能性。既然各种教学本位观都有自己的长短,而语言学习又是一个逐步发展的整体过程,那么,是否存在着一个相对统一的理论体系来将这些本位观统一起来,进而建构一种新的认知框架呢?其实,在复杂现实面前所产生的困境,一定反映了当前理论的局限,并蕴含了理论突破的空间。从

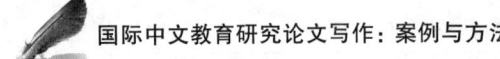

语言自身的系统特征、语言习得的元语言意识、语言教学的整合效应和学术研究的根本追求来看,看似纷杂的各种教学本位可能都处于特定的理论体系中。论证和建构这种合乎逻辑的本位系统正是本文追求的根本目标。本文构建的分层次综合本位体系未必充分,但可为讨论相关本位观问题提供一种基本参考。

基于此,我们觉得,在语言事实和学理逻辑的互动中建构理论体系,是本项研究的当然之义。

后　记

　　研究论文写作是青年学子孜孜以求却又难得其法的一门艺术。国际中文教育领域的论文写作尤其如此,作为一个成长中的、跨学科的、重实践的学科,理论体系的成熟与教学实践的深入相携并行,理论指导实践与实践反哺理论的双向成就更是一项久久为功的事业。

　　本书的编撰也是这项事业的实践之一。有别于系统展开的写作教材,本书采用案例+写作之道的方法,约请知名学者介绍自己的论文写作经验,以已刊出的经典论文为案例,回顾其写作过程,解剖各环节的构思与方法,让读者沉浸于论文作者的写作全过程,与作者一起还原如何发现问题、如何明确选题、如何综述前人研究成果、如何设计分析框架、如何有效论证、如何发展出新的方法与理论,等等。

　　本书共收录十六篇案例论文及其写作之道,并按照论文研究的大方向进行排序,即汉语言本体、汉语教学。在约请专家学者赐文的过程中,我们有幸得到了陆俭明教授、马真教授、崔希亮教授、柯彼德教授、古川裕教授、吴勇毅教授、王洪君教授、冯胜利教授、李泉教授、郭锐教授、施春宏教授、陶红印教授、吴中伟教授、丁安琪教授、郑艳群教授、徐晶凝教授的大力支持,也得到《中国语文》《中国语言学报》《当代语言学》《语言科学》《语言教学与研究》《国际汉语教学研究》《华文教学研究》《世界汉语教学》《语言学论丛》《汉语应用语言学研究》《汉语学习》等期刊的鼎力相助,同意我们将已经刊发的经典论文作为案例收入教材之中,在此一并表示衷心的感谢!

　　本书的顺利编撰离不开师长与同仁的指导与支持。感谢本书专家委员会主席陆俭明教授及各位师长,他们的全球视野、跨学科意识与前瞻性是本书高质量完成的保障。感谢崔希亮教授的全程指导,除撰文学术研究与写作方法之外,崔老师欣然应允作序,指导论文遴选,并在校对环节亲自勘误,其间辛劳不足为外人道也,感恩之情,难以言表。感谢所有精选案例并赐稿写作之道的专家学者,他们的写作心得金针度人,每读每新。感谢上海大学出版社期刊社党委书记曾桂娥教授独辟蹊径,策划了这套"案例+写作之道"的学术论文写作丛书。感谢上海大学研究生院、上海大学出版社与上海大学国际教育学院的大力支持,感谢朱焱炜、李慧、杨一飞、黄友、张丽华、仇立颖、周梅、鄢胜涵、杨昱华等老师的宝贵建议。本书也是上海高水平地方高校建设计划2022年度上海大学一流研究生教育培养质量提升项目成果。

"却顾所来径,苍苍横翠微。"基于案例论文的写作之道深入浅出,不仅细致描绘了杰出学者垂范后学的治学理路与研究范式,也展现了一幅幅学海牧文的生动画面:扣门问津的执着、心之开关奥义、"求救信"里的研究前沿、让语料库自己说话、令人激动的偏误、语言事实与学理逻辑的碰撞……希望在这一次次的理性演示与心灵交互中,青年学子能够获得如何写作研究论文的训练,收获"原来如此"的顿悟、"还可以这样"的启发、模仿写作的冲动以及投身研究继往开来的自觉。果真如此,本书的编撰目的就达成了。

我们深知,国际中文教育研究方兴未艾,群星璀璨。遗憾的是,限于时间所迫,本书的编撰还有许多不足之处,许多学界大咖和他们的典范文章也未及收入本书。但是窥斑见豹,所录案例论文及其写作之道可以大致反映国际中文教育研究的动态与前沿,不同方向的选题、不同类型的研究范式、不同风格的行文以及不同的心路历程都能恰如其分地给青年学子以治学示范与精神激励。真诚希望青年学子能够从中有所获益,也真诚欢迎各位方家的批评指正。

阚怀未　裴雨来　江南

2023年4月